行政判例研究　XXVII-1

社團
法人　韓國行政判例研究會　編

2022

博英社

Studies on Public Administration Cases

Korea Public Administration Case Study Association

Vol. XXVII-1

2022

Parkyoung Publishing & Company

刊 行 辭

　　수년째 이어지고 있는 팬데믹과 국내외 격변하는 여러 사정들 가운데에서도 2022년 상반기를 무사히 마무리하며 학회지 행정판례연구 제27집 제1호를 발간하게 되었습니다.

　　한국행정판례연구회는 1984년 대한민국 행정법학계와 실무계가 함께 창립한 학회로 그동안 대한민국 행정법 발전에 크게 기여해 왔다고 감히 자평할 수 있습니다. 이제 금년 2022년 학회의 역사와 전통을 계승하는 한편 미래 대한민국 행정법학의 나아갈 바를 제시하기 위하여 제14대 집행부를 구성하였습니다. 학회의 발전을 위해 회원 여러분들께서 새 집행부에 많은 관심을 부탁드립니다.

　　2022년 상반기에 5회의 월례발표회를 개최하여 10개의 대상판결에 대한 심도 있는 발표와 토론을 진행하였습니다. 이번에 출간되는 학회지 행정판례연구 제27집 제1호는 그간 월례발표회에서 발표되었던 판례평석 및 외국 행정판례 분석 등 8편의 논문으로 구성되어 있습니다. 옥고를 보내주신 필자 여러분께 깊은 감사를 드립니다. 또한 학회지가 일정에 따라 간행될 수 있도록 노력하여 주신 출판이사 계인국 교수, 이승민 교수, 출판간사 강상우 변호사, 석호영 교수, 장윤영 교수, 황선훈 박사에게도 감사드립니다. 학회지 행정판례연구가 명실상부 최고의 권위와 수준을 유지할 수 있도록 노고를 아끼지 않으신 간행편집위원장 최진수 교수와 연구윤리위원장 김의환 변호사를 비롯한 편집위원과 윤리위원께도 깊은 사의를 표합니다.

2022년 6월

사단법인 한국행정판례연구회 회장

박정훈

차 례

行政行爲의 效力 ————————————————— 1

선행행위의 후행행위에 대한 규준력 및 개발행위허가에 있어서 사법
심사(강현호) ··· 3

行政行爲의 瑕疵 ———————————————— 61

하자의 승계와 쟁송법적 처분(최계영) ································ 63

損害塡補 ———————————————————— 103

국가배상법상 이중배상금지규정의 의의(김치환) ··············· 105
국가배상법상 고의, 과실 요건과 권익구제방안(이은상) ······ 143

外國判例 및 外國法制 硏究 ——————————— 177

最近(2021) 미국 行政判例의 動向과 分析(김재선) ············ 179
최근(2020－2021) 일본 행정판례의 동향과 검토(이혜진) ······ 211
최근(2020－2021) 프랑스 행정판례 동향과 분석(박우경) ······ 255
최근(2020) 독일 행정판례 동향과 분석(계인국) ················· 313

附　　錄 —————————————————————— 351

研究倫理委員會 規程 …………………………………………… 353

研究論集 刊行 및 編輯規則 …………………………………… 359

「行政判例研究」 原稿作成要領 ……………………………… 370

歷代 任員 名單 ………………………………………………… 374

月例 集會 記錄 ………………………………………………… 382

行政判例研究 Ⅰ~ⅩⅩⅦ-1 總目次 —————————— 415

行政判例研究 Ⅰ~ⅩⅩⅦ-1 總目次 ………………………… 417

主題別 總目次 ………………………………………………… 467

研究判例 總目次 ……………………………………………… 499

Table of Contents

Die präjudizielle Wirkung des vorangegangenen Verwaltungsaktes auf den nachfolgenden Verwaltungsakt und die gerichtliche Überprüfung in der Erschließungsgenehmigung (Kang, Hyun Ho) ·· 57

Succession of Illegality and Dispositions under Litigation Law (Choi, Kae－young) ·· 100

Significance of the prohibition of double compensation under the State Compensation Act.(Kim, Chihwan) ··························· 140

A Study on Intention and Negligence Requirements for Liability for damages under the State Compensation Act and Remedies for Violation of Rights and Interests(RHEE, Eun－Sang) ············ 175

Analysis of the Significant Administrative Law Cases in 2021 of the United States Supreme Court: Focused on the mandatory COVID－19 vaccine decisions(Kim, Jae Sun) ······················ 209

A Research and Review of the recent (2020－2021) Japanese Administrative Cases(YI, HYE JIN) ······························ 252

Décisions référés du Conseil d'État français en lien avec l'épidémie de Covid－19(PARK, Woo Kyung) ······························· 309

Analyse der aktuellen Rechtsprechung des Deutschen
    Bundesverwaltungsgerichts(Prof. Dr. jur. Inkook Kay) ········· 349

行政行爲의 效力

선행행위의 후행행위에 대한 규준력 및 개발행위허가에
있어서 사법심사(강현호)

선행행위의 후행행위에 대한 규준력 및 개발행위허가에 있어서 사법심사

강현호*

Ⅰ. 대상판결의 개요
　　A. 사실관계
　　B. 원심판결
　　C. 대법원 판결
　　D. 이 사건의 쟁점
Ⅱ. 변경신고의 수리가 후행행위에 끼치는 효력
　　A. 신뢰보호원칙의 관점
　　B. 선행행위의 규준력의 관점
　　C. 선행행위의 규준력과 그 한계

D. 소결
Ⅲ. 개발행위허가와 그에 대한 사법심사
　　A. 개발행위허가
　　B. 한국에서의 재량론
　　C. 독일에서의 재량론
　　D. 소결
Ⅳ. 대상판결에 대한 평석
　　A. 불확정법개념과 재량
　　B. 환경이익에 대한 평가
　　C. 정당한 형량의 관점

Ⅰ. 대상판결의 개요

A. 사실관계

피고는 강진군수이다. 원고는 2011. 2. 15. 피고로부터 전남 강진군 외 2필지(이하 '이 사건 신청지'라 한다) 지상에 가축분뇨의 관리 및 이용에 관한 법률[1])에 의거하여 가축분뇨배출시설(오리사) 설치허가를 받

---

* 성균관대학교 법학전문대학원 교수.

았다.2) 이 사건 신청지 지상의 가축분뇨배출시설이 오리축사였을 때에
는 액비저장탱크나 이 사건 시설과 같은 별도의 분뇨처리시설이 존재하
지 아니하였다.3)

　　2016. 12. 27. 위 가축분뇨배출시설의 축종을 오리에서 돼지로 변
경하는 가축분뇨배출시설 변경허가를 신청(이하 '배출시설 변경허가신청'이
라 한다)하였다. 배출시설 변경허가신청을 하면서, 돈사에서 배출되는
돈분을 액비저장탱크 2기에 일시적으로 저장하여 1차 발효과정을 거친
후 위탁업체에서 전량 수거할 계획임을 전제로, 액비저장탱크 2기의 구
체적 용량 등을 기재한 '축분처리시설 설치명세서 및 도면'과 위탁업체
인 청수영농조합법인과 체결한 '액비공급 및 수거계약서'를 첨부하였다.
　　'축분처리시설 설치명세서 및 도면'의 주요내용은 아래 표와 같다.

축사면적	사육마리수	분배출량	계획용량	
			액비저장탱크 1	액비저장탱크 2
6,783.6㎡	5,888	47.9㎥/일	5,073.75㎥	1,653.75㎥
			6,727.5㎥	

　　피고는 2017. 2. 13. 원고의 위 신청을 허가하는 내용의 가축분뇨
배출시설 변경허가처분(이하 '배출시설 변경허가처분'이라 한다)을 하였다.4)
　　원고는 2017. 6. 22.경 가축분뇨법 제11조 제2항, 같은 법 시행규칙
제6조 제2항에 따라 피고에게 위 도표의 저장시설을 수정하는 내용의

---

1) 이하 '가축분뇨법'으로 약칭함.
2) 가축분뇨법시행령 제6조 별표 1에 의하면, 허가대상 배출시설은 오리 사육시설의
　경우는 면적인 3,000㎡ 이상의 경우이므로, 동 오리축사는 그 기준을 넘는 것으로
　볼 수 있음.
3) 이것은 아마도 가축분뇨법 시행령 제9조에 의하여 처리시설의 설치가 면제되는 경
　우라고 판단된다.
4) 가축분뇨법 제11조 제2항.

'가축분뇨배출시설 변경신고서'를 제출하였다. 위 신고서에는, 액비저장탱크 2기 대신 폭기조5) 4기 및 액비저장조 3기 등을 설치하여 돈분에 물리·화학 및 생물학적 처리를 함으로써 분뇨를 액비화하는 내용의 '축산폐수처리시설 설치 사양서'가 첨부되었으며, 그 구체적 내용은 아래 표와 같다.

사육마리수	분배출량	계획용량				
		집수조	유량저장조	처리수조	폭기조	액비저장조
4,810	30㎥/일	220㎥×2개	198㎥	198㎥	297㎥×4개	650㎥×3개

피고는 2017. 7. 5. 위 변경신고를 수리하였다. 원고는 2018. 10. 8. 위 변경신고서에 기재된 것과 동일한 이 사건 시설을 축조하기 위하여 위 변경신고 시 제출한 도면 등을 첨부하여 이 사건 신청지에 액비화 처리시설 설치공사를 하기 위한 공작물설치 및 토지형질변경의 개발행위허가를 신청(이하 '이 사건 신청'이라 하고, 그 신청의 대상인 액비화 처리시설을 '이 사건 시설'이라 한다)하였다. 그런데 피고는 군 계획위원회의 심의를 거쳐 2019. 1. 2. 아래와 같은 이유로 이를 불허가(이하 '이 사건 거부처분'이라 한다)하였다.

---

5) https://www.labtable.co.kr/: 폭기조(曝氣槽, Aeration Tank)는 활성오니법을 이용한 폐수처리 시 이용되는 반응장치이다. 폭기란 하수처리시 사용되는 용어로, 물속에 공기를 불어넣거나 공중에 물을 살포하여 물과 공기를 충분히 접촉시키는 조작이다. 이러한 조작을 통하여 산화작용과 호기성 세균에 의한 소화작용을 촉진하게 된다. 미생물은 소화작용에 의해 탄산가스, 황화수소, 메탄가스 등을 제거한다. 즉, 오수에 폭기하여 미생물로 하여금 물을 정화하게 하는 방법이다. 폭기조는 활성오니법의 주요 설비로, 공기흡입식, 기계교반식, 양자병용식 등이 있다. 폭기조의 유효용적은 처리하는 배수의 수질과 수량 및 조작조건에 따라 정한다.

국토의 계획 및 이용에 관한 법률 제58조(개발행위허가 기준) 및 시행령 제56조(개발행위허가의 기준)에 부적합
- 사업 대상지는 ○○저수지와 인접하여 공사 · 운영 시 관리 미흡 또는 재해가 발생될 경우 저수지 수질오염 우려가 있으며, ○○저수지는 생활용수, 농업용수로 향후 ○○공원 물놀이시설 용수공급 등 강진의 청정용수로 보존해야 할 가치가 높음
- 인근 마을 주민들에게 피해(악취 등) 발생 우려

원고는 다음의 사유를 주장하면서, 이 사건 거부처분이 위법하므로 취소되어야 한다고 주장하고 있다.

1. 신뢰보호원칙 위반

원고는 배출시설 변경허가처분을 받은 후 배출시설 변경허가신청 당시 계획한 액비저장탱크 2기를 이 사건 시설로 변경하는 내용의 가축분뇨배출시설 변경신고를 하였고, 피고는 이를 수리함으로써 이 사건 시설이 관계법령의 기준에 부합하므로 이 사건 신청을 허가할 것이라는 신뢰를 부여하였다. 그럼에도 피고는, 위 변경신고와 동일한 내용의 이 사건 신청을 불허하는 이 사건 거부처분을 함으로써 신뢰보호원칙을 위반하였다.

2. 재량권 일탈 · 남용

이 사건 시설은 기존에 계획한 액비저장탱크에 비하여 가축분뇨의 오염물질 정화나 악취제거의 정도가 훨씬 탁월하여 주변 환경에 미치는 영향이 미미하므로 이 사건 거부처분으로 달성할 수 있는 공익은 불분명한 반면, 원고가 입게 될 손해는 막대하다. 따라서 이 사건 거부처분은 비례의 원칙에 위배되어 재량권을 일탈·남용한 것이다.

B. 원심 판결

(1) 신뢰보호원칙 위반여부에 대한 판단

1) 행정상의 법률관계에 있어서 행정청의 행위에 대하여 신뢰보호의 원칙이 적용되기 위하여는, 첫째 행정청이 개인에 대하여 신뢰의 대상이 되는 공적인 견해표명을 하여야 하고, 둘째 행정청의 견해표명이 정당하다고 신뢰한 데에 대하여 그 개인에게 귀책사유가 없어야 하며, 셋째 그 개인이 그 견해표명을 신뢰하고 이에 상응하는 어떠한 행위를 하였어야 하고, 넷째 행정청이 그 견해표명에 반하는 처분을 함으로써 그 견해표명을 신뢰한 개인의 이익이 침해되는 결과가 초래되어야 하며, 마지막으로 위 견해표명에 따른 행정처분을 할 경우 이로 인하여 공익 또는 제3자의 정당한 이익을 현저히 해할 우려가 있는 경우가 아니어야 한다(대법원 2001. 9. 28. 선고 2000두8684 판결 등 참조).

2) 피고가 2017. 7. 5. 이 사건 시설에 관한 가축분뇨배출시설 변경신고를 수리한 것만으로, 피고가 원고에게 이 사건 신청을 허가할 것이라는 공적 견해를 표명한 것이라고 보기 어렵다. 따라서 이와 다른 전제에 선 원고의 이 부분 주장은 받아들이지 아니한다.[6]

① 가축분뇨법 제11조 제2항은 같은 조 제1항에 따라 배출시설의 설치허가를 받은 자가 환경부령으로 정하는 중요 사항을 변경하려는 때에는 '변경허가'를 받아야 하고, 그 밖의 사항을 변경하려는 때에는 '변경신고'를 하여야 한다고 규정하고 있고, 그 위임에 따라 가축분뇨법 시행규칙 제6조 제1항 제2호는 '처리시설의 규모를 변경하는 경우'를 변경신고 사항으로 정하고 있으며, 같은 조 제2항에서는 변경신고서에 배출시설 설치허가증 및 그 변경내용을 증명할 수 있는 서류를 첨부할 것을 정하고 있다.

---

6) 광주고등법원 2020. 9. 25. 선고 2019누12288 판결 [건축허가신청반려처분취소].

그런데 ❶ 가축분뇨법령 어디에도 위에서 규정한 사항 외에 별도의 변경신고 수리요건이 정하여져 있지 아니한 점, ❷ 관련 규정이 허가와 신고를 명확하게 구별함에도 불구하고 신고제를 허가제와 같이 운용하는 것은 부당한 점을 더하여 고려하면, 배출시설 변경 신고를 받은 행정청은 원칙적으로 신고서의 기재사항이나 첨부서류가 모두 구비되었는지 등 형식적인 요건을 우선 심사하고, 필요한 경우에 한하여 실질적 심사를 하여야 하며, 관련 법령에서 정한 심사요건에 규정되지 않은 사유를 들어 그 신고의 수리를 거부할 수는 없다고 보아야 한다.

따라서 피고의 위 변경신고 수리는, 원고가 제출한 신고서의 기재사항이나 첨부서류가 모두 구비되었다는 의미로 볼 수 있을지언정, 이를 넘어서 이 사건 시설에 이 사건 거부처분의 사유가 된 '수질오염이나 악취발생의 우려'가 존재하지 아니한다는 의미까지 포함하는 것으로 볼 것은 아니다.

② 원고의 위와 같은 배출시설 변경신고서 제출에 대한 피고의 내부 검토자료에는 '허가사항 변경신고 건으로, 가축분뇨법에 의거 적정하므로 변경수리하고, 공사착공에 관한 개발행위에 해당되는지 여부는 국토교통부에 질의하여 그 결과에 따라 착공수락 하고자 함'이라고 기재되어 있는데, 이를 통해 위 변경신고 수리와 개발행위허가는 별도의 절차이며 변경신고 수리 과정에서 대상시설의 개발행위허가 요부나 그 허가기준 충족 여부까지 판단하는 것은 아님을 알 수 있다.

2. 재량권 일탈 · 남용 여부에 대한 판단

1) 개발행위허가는 허가기준 및 금지요건이 불확정개념으로 규정된 부분이 많아 그 요건에 해당하는지 여부는 행정청의 재량판단의 영역에 속하므로 그에 대한 사법심사는 행정청의 공익판단에 관한 재량의 여지를 감안하여 원칙적으로 재량권의 일탈이나 남용이 있는지 여부만을 대상으로 하고, 사실오인과 비례 · 평등의 원칙 위반 여부 등이 그

판단 기준이 된다(대법원 2017. 10. 12. 선고 2017두48956 판결 등 참조). 그리고 비례의 원칙은 법치국가 원리에서 당연히 파생되는 헌법상의 기본원리로서, 행정목적을 달성하기 위한 수단은 목적달성에 유효·적절하고, 가능한 한 최소 침해를 가져오는 것이어야 하며, 아울러 그 수단의 도입에 따른 침해가 의도하는 공익을 능가하여서는 안 된다(대법원 2019. 7. 11. 선고 2017두38874 판결 등 참조).

　　2) 앞서 본 사실, 앞서 든 증거 및 변론 전체의 취지를 종합하여 알 수 있는 아래의 사정을 종합하면, 이 사건 거부처분은 비례의 원칙에 위배되어 재량권을 일탈·남용한 위법이 있다.

　　① 가축분뇨의 '처리시설'이란 가축분뇨를 자원화 또는 정화하는 자원화시설 또는 정화시설을 말한다(가축분뇨법 제2조 제8호). 원고의 이 사건 신청은 가축분뇨의 '처리시설' 설치를 위한 것으로서, 가축분뇨를 자원화 또는 정화하는 '처리시설'의 기능을 고려하여 볼 때 수질오염 등을 이유로 한 이 사건 거부처분은 그 목적달성에 유효·적절한 수단이라고 볼 수 없다.

　　② 이 사건 시설은, 가축분뇨→집수조→유량조정조→농도저감설비→처리수조→폭기조 4기→액비저장조 3기를 거치면서 가축분뇨를 고체와 수분으로 분리하고, 1차 이온응집 정화제 처리와 2차 생물학 반응처리를 하여 분뇨에 포함된 오염물질을 약 97%(소수점 이하 버림)[7] 까지 제거할 수 있게 설계되어 있다.

---

7) 원고가 2017. 6. 22. 배출시설 변경신고서를 제출할 때 첨부한 '축산폐수처리시설 설계 사양서'에 따르면 이 사건 시설의 처리효율은 아래 표와 같다.

오염물질(mg/L)	원폐수 농도	처리 후 농도	제거효율
BOD(생물학적 산소요구량)	60,000	900	98.5%
SS(부유물질)	60,000	270	99.55%
T-N(총질소)	5,300	1,272	76%
T-P(총인)	400	108	73%
합계	125,700	2,550	97.97%

이에 반하여 액비저장탱크는, 위탁업체가 수거하기 전까지 최장 45일 간 가축분뇨를 수분과 고체로 분리하지 않고 혼합하여 축사 내 세정수와 함께 운반한 후 톱밥을 이용하여 1차 발효하는 과정 동안 이를 저장하는 시설에 불과하다. 따라서 이 사건 시설이 액비저장탱크에 비해 악취 발생이나 수질오염 발생의 가능성이 더 크다고 볼 근거가 없고, 오히려 액비저장탱크의 경우 어떠한 처리도 하지 않은 혼합식 분뇨를 최장 45일간 저장하다가 위탁처리업체에서 수거하는 것이므로, 이 사건 시설과 비교하여 운반이나 처리과정에서 정화되지 않은 분뇨가 유출될 위험이 더 크다고 할 수도 있다. 이러한 점에서 피고가 원고의 이 사건 신청을 거부하고 액비저장탱크를 이용하여 가축분뇨를 위탁처리하도록 하는 것은 ○○저수지의 보존이나 인근 마을 주민들에 대한 피해 방지를 위한 적절한 수단이라고 볼 수도 없다.

③ 이 사건 시설의 위와 같은 오염물질 정화 및 악취제거기능을 고려할 때 이 사건 거부처분으로 달성하려는 공익은 불분명함에 반하여, 피고의 배출시설 변경허가처분에 따라 오리를 모두 처분한 원고가 이 사건 거부처분으로 돼지를 사육하지 못함으로써 입는 불이익은 매우 크다.

④ 만일 원고가 피고 주장대로 이 사건 시설로 생성한 액비를 무단 방류하는 등 이 사건 시설을 적절하게 운영하지 아니할 경우, 피고는 가축분뇨법 제17조 제4항에 따라 개선명령을 하거나, 원고가 이를 이행하지 아니하는 경우 가축분뇨법 제18조 제1항에 따라 배출시설의 변경허가를 취소하거나 배출시설의 폐쇄 또는 6개월 이내의 사용중지를 명할 수 있고, 가축분뇨법 제50조 제7호에 따라 형사처벌을 받게 할 수도 있으므로, 이 사건 시설을 원천적으로 금지하지 아니하고도 피고가 우려하는 이 사건 시설 운영으로 인한 수질오염이나 악취에 대한 해결방안이 존재한다.

3. 결론

그렇다면 원고의 이 사건 청구는 이유 있어 이를 인용할 것인바, 제1심판결은 이와 결론이 달라 부당하므로, 이를 취소하고 원고의 이 사건 청구를 인용한다.

C. 대법원 판결

1. 관련 법리

국토계획법상 개발행위허가는 허가기준 및 금지요건이 불확정개념으로 규정된 부분이 많아 그 요건에 해당하는지 여부는 행정청의 재량판단의 영역에 속한다. 그러므로 그에 대한 사법심사는 행정청의 공익판단에 관한 재량의 여지를 감안하여 원칙적으로 재량권의 일탈·남용이 있는지 여부만을 대상으로 하고, 사실오인과 비례·평등원칙 위반 여부 등이 그 판단 기준이 된다.

특히 환경의 훼손이나 오염을 발생시킬 우려가 있는 개발행위에 대한 행정청의 허가와 관련하여 재량권의 일탈·남용 여부를 심사할 때에는 해당 지역 주민들의 토지이용실태와 생활환경 등 구체적 지역 상황과 상반되는 이익을 가진 이해관계자들 사이의 권익 균형 및 환경권의 보호에 관한 각종 규정의 입법 취지 등을 종합하여 신중하게 판단하여야 한다.

'환경오염 발생 우려'와 같이 장래에 발생할 불확실한 상황과 파급효과에 대한 예측이 필요한 요건에 관한 행정청의 재량적 판단은 그 내용이 현저히 합리성을 결여하였다거나 상반되는 이익이나 가치를 대비해 볼 때 형평이나 비례의 원칙에 뚜렷하게 배치되는 등의 사정이 없는 한 폭넓게 존중하여야 한다.

그리고 처분이 재량권을 일탈·남용하였다는 사정은 그 처분의 효력을 다투는 자가 주장·증명하여야 한다(대법원 2019. 12. 24. 선고 2019두 45579 판결 등 참조).[8]

2. 판단

1) 관련 법리와 기록에 비추어 살펴보면, 원심의 판단은 다음과 같은 이유로 수긍하기 어렵다.

가) 피고가 밝힌 재량적 판단의 근거는 이 사건 시설이 인근 마을의 농업용수 취수원과 관광자원 등으로 활용되는 ○○저수지와 불과 24m로 인접하여 이 사건 시설이 노후되거나 이 사건 시설 관리자가 무단방류하는 경우 회복하기 어려운 환경오염을 유발할 수 있고, 인근 마을에 악취 피해를 유발할 수 있다는 것이다.

나) 원심 판시와 같이 이 사건 시설이 가축분뇨의 오염물질 대부분을 정화하는 성능을 갖추고 있다면 단순히 가축분뇨를 저장하여 위탁업체로 하여금 이를 수거하게 하는 기존 방식보다 환경상 위해 우려가 적은 것으로 볼 여지도 있다. 그러나 피고의 재량적 판단의 주된 근거는 ○○저수지에 바로 인접해 있는 이 사건 시설의 입지에 비추어 볼 때, 이 사건 시설이 적정하게 관리·운영되지 않은 채 무단방류 등이 이루어질 경우 환경에 미칠 악영향과 파급효과가 크다는 것이므로 원심 판시와 같은 사정만으로 피고의 재량적 판단이 현저히 합리성을 결하였다고 단정하기는 어렵다. 더욱이 원심은 이 사건 시설이 기존의 '저장탱크' 방식에 비하여 인근 마을에 악취 피해를 줄 염려가 더 작다는 점에 관하여 별다른 근거를 제시하지도 아니하였다.

다) 또한 환경이 오염되면 원상회복이 거의 불가능한 경우가 많아 사후 규제만으로 환경오염으로 인한 피해를 회복하는 데 한계가 있다. 환경이 심각하게 오염될 우려가 있는 경우에는 이를 미리 방지하는 것

---

8) 대법원 2021. 3. 25. 선고 2020두51280 판결[건축허가신청반려처분취소].

이 중요하다. 이 사건에서 특히 ○○저수지에 바로 인접해 있는 이 사건 시설 입지를 고려한다면 이 사건 시설이 적정하게 관리·운영되지 않을 경우 그로 인한 환경상 피해를 되돌리기 어려울 것으로 보이는데도, 사후 규제 수단이 있음을 들어 환경오염 우려를 불식시킬 수 있는지도 쉽게 납득하기 어렵다.

2) 사정이 이와 같다면, 원심으로서는 이 사건 시설이 환경상 위해 우려가 있다는 피고의 재량적 판단이 현저히 합리성을 결여하였거나 형평이나 비례의 원칙에 뚜렷하게 배치되는 등의 사정이 있는지에 관하여 추가 심리하거나 원고의 증명책임으로 돌려 원고의 청구를 배척하여야 한다. 그럼에도 그 판시와 같은 사정만으로 이 사건 처분에 재량권을 일탈·남용한 하자가 있다고 판단한 원심판단에는 재량권 일탈·남용에 관한 법리, 증명책임의 소재 등을 오해하여 필요한 심리를 다하지 아니한 잘못이 있다.

3. 결론

그러므로 원심판결을 파기하고, 사건을 다시 심리·판단하도록 원심법원에 환송하기로 하여, 관여 대법관의 일치된 의견으로 주문과 같이 판결한다.

D. 이 사건의 쟁점

이 사안에서는 원고가 가축분뇨배출시설의 허가 내지 변경허가를 득하였고, 그 후 동 시설에 대해서 처리시설의 규모를 변경하고자 변경신고를 하였는바, 피고는 변경신고를 수리하였다. 여기서 원고는 변경신고에 근거하여 변경신고의 내용을 이행하기 위한 후속조치로써 처리시설설치를 위한 후행허가(개발행위허가)를 신청하였는바, 피고는 이를 거부하였다. 그러므로, 변경신고에 대해서 행정청이 수리를 한 후에 그 변경신고의 내용을 이행하기 위하여 요청되는 후행행위를 거부하여 신고내용의 이행을 불가능 하는 것에 대해서 법적으로 어떤 평가를 하여야 하는가 하는 점이다. 특히, 변경신고의 수리라는 행위가 후행하는 개발행위허가와의 관계에서 어떤 효력을 가지는 지에 대해서 살펴볼 필요가 있다.

　　다음으로는 원심과 상고심 모두 피고의 재량권의 일탈·남용 문제를 다루고 있는데, 원심과는 달리 상고심은 환경오염의 발생 우려와 관련하여 행정청이 가지는 재량권을 존중하는 방향으로 판시하고 있는 듯 하다. 그래서 두 번째 쟁점으로는 피고 행정청이 가지는 재량과 그에 대한 사법심사에 대해서 다루기로 한다.

Ⅱ. 변경신고의 수리가 후행행위에 끼치는 효력

　　변경신고의 수리가 수리된 내용의 이행을 위한 신청과 그에 대한 행정청의 행위에 대해서 어떠한 영향을 끼칠 것인가에 대해서 한편으로는 원고의 주장대로 신뢰보호의 관점에서 접근할 수도 있고, 다른 한편으로는 선행행위의 후행행위에 대한 구속력 내지 규준력의 관점에서 접근할 수도 있는 듯 하다.

A. 신뢰보호원칙의 관점

　　신뢰보호원칙(Vertrauensschutzprinzip)이란 행정의 상대방이 행정청의 명시적 또는 묵시적(黙示的) 언동 내지 견해표명을 신뢰한 경우, 그 신뢰가 보호가치 있을 때에는 이를 보호해야 한다는 원칙이다.9) 신뢰보

---

9) 홍정선, 행정법원론(상), 박영사, 2020, 17면; 박정훈, 행정법의 체계와 방법론, 2005, 박영사, 145면 이하.

호원칙은 어떻게 보면 인간 이성의 판단에 있어서 당연한 사물적 법칙으로 볼 수도 있을 것이나, 이에 대해서 최초로 법적으로 긍정된 것은 독일 연방행정법원의 '과부사건10)'을 통해서라고 한다. 동 원칙은 이후 학설과 판례를 통하여 형성되어 오다가 1976년 독일 연방행정절차법에서 '위법한 수익적 행정행위의 직권취소(제48조)'의 제한 근거로 제도화되었다. 우리나라에서도 판례 또는 관련법령의 해석을 통하여 인정되어 오다가, 최근에는 행정기본법 제12조(신뢰보호의 원칙) 제1항에서 "행정청은 공익 또는 제3자의 이익을 현저히 해칠 우려가 있는 경우를 제외하고는 행정에 대한 국민의 정당하고 합리적인 신뢰를 보호하여야 한다."라고 명시적으로 신뢰보호원칙을 규정하기에 이르렀다.

　신뢰보호원칙은 그 내용상 불이익 처분의 경우에도 더 큰 불이익을 받지 아니한다는 경우에도 적용될 수 있겠으나, 주로 행정청이 상대방에게 어떠한 수익적 조치를 하여 주겠다는 신뢰를 부여하였지만, 추후에 이러한 조치를 하지 않게 되거나 수익을 부여한 후 이를 취소 내지 철회하는 경우에 많은 문제가 될 것이다.11) 우리 법원은 신뢰보호원

---

10) BVerwGE 9, 251 ff. (Witwen—Urteil: 과부사건): 구 동독의 한 과부가 서독으로 이주를 하려고 하였다. 당시에 동독에서는 60세가 넘는 노인들에 대해서는 부양의무를 면하기 위해서 서독으로 이주하는 것을 허용하였다. 그래서 한 과부가 서독으로 가고자 하였는데, 그 즈음에 서독에서는 자신의 동독에 비교하여 경제적 우위를 과시하고자 한시적으로 동독으로부터 이주하는 노인들에게 고령연금을 지급하였다. 그래서 그 과부는 서독의 관할행정청에게 자신이 노인연금을 탈 수 있는가에 대해서 문의하였고, 서독의 관할행정청은 노인연금을 받을 수 있다고 회신하였다. 이를 믿고 이 과부는 서독으로 이주하였으나, 그만 그 법규정이 기한의 경과로 인하여 실효되어서 서독의 행정청은 과부에게 노인연금의 지급을 거절하였다. 이에 이 과부는 행정법원에 제소를 하였고, 연방행정법원은 신뢰보호의 원칙에 기초하여 행정청에게 고령연금을 지급할 것을 명하는 판결을 한 사건이다.
11) 대법원 1998. 5. 8. 선고 98두4061 판결 [폐기물처리업허가신청에대한불허가처분취소]: 폐기물처리업에 대하여 사전에 관할 관청으로부터 적정통보를 받고 막대한 비용을 들여 허가요건을 갖춘 다음 허가신청을 하였음에도 다수 청소업자의 난립으로 안정적이고 효율적인 청소업무의 수행에 지장이 있다는 이유로 한 불허가처분이 신뢰보호의 원칙 및 비례의 원칙에 반하는 것으로서 재량권을 남용한 위법한

칙의 적용과 관련하여 다음과 같은 도그마틱에 입각하여 판단을 하고
있다: 행정상의 법률관계에 있어서 행정청의 행위에 대하여 신뢰보호의
원칙이 적용되기 위하여는, 첫째 행정청이 개인에 대하여 신뢰의 대상
이 되는 공적인 견해표명을 하여야 하고, 둘째 행정청의 견해표명이 정
당하다고 신뢰한 데에 대하여 그 개인에게 귀책사유가 없어야 하며, 셋
째 그 개인이 그 견해표명을 신뢰하고 이에 상응하는 어떠한 행위를 하
였어야 하고, 넷째 행정청이 그 견해표명에 반하는 처분을 함으로써 그
견해표명을 신뢰한 개인의 이익이 침해되는 결과가 초래되어야 하며,
마지막으로 위 견해표명에 따른 행정처분을 할 경우 이로 인하여 공익
또는 제3자의 정당한 이익을 현저히 해할 우려가 있는 경우가 아니어야
한다.[12]

　　신뢰보호원칙의 적용에 있어서 실제적으로 가장 문제가 되는 것이
바로 공적 견해표명의 존재여부이다.[13] 공적 견해의 표명과 관련하여
지금까지의 판례는 공적 견해의 표명에 이르게 된 구체적인 과정을 상
세하게 들여다보고 공적 견해표명이 있었는지 여부에 대한 판단을 내리
고 있는데, 아직까지는 행정청의 견해표명의 인정에 대단히 소극적인
입장이다.[14] 견해표명의 존재여부를 판단함에 있어서 사후적인 판단자

처분이라고 본 사례.
12) 대법원 2020. 7. 23. 선고 2020두33824 판결 [기타부담금부과처분취소] 등.
13) 박정훈, 행정법의 체계와 방법론, 2005, 박영사, 148면, 150면 이하 각주 33): 공적
　　견해표명 등 신뢰보호의 요건에 판례는 공익과 사익의 형량을 추가하고 있음을 밝
　　히면서, 신뢰보호원칙이 궁극적으로 공익과 사익의 형량으로 귀착된다는 점에서
　　결국 비례원칙의 한 적용례라고 보고 있다.
　　최계영, 신뢰보호 원칙의 적용요건 - 공적 견해표명의 의미를 중심으로, 2016, 670면.
14) 대법원 1997. 9. 12. 선고 96누18380 판결 [토지형질변경행위불허가처분취소]: 종교
　　회관 건립을 그 이용목적으로 하여 사업계획개요서를 제출한 원고의 이 사건 토지
　　거래계약허가 신청에 대하여, 피고 소속의 허가업무 담당공무원이 그 신청서의 제
　　출자인 원고의 직원 소외인을 통하여 이 사건 토지상에 종교회관을 건축할 수 있
　　는지에 관하여 관련 업무담당 부서인 건축과, 산업과 등의 담당공무원들에게 건축
　　법, 도시계획법, 농지의보전및이용에관한법률(당시 시행 중이었으나, 농지법(1994.

의 관점에서 접근하여서는 아니되고, 민원인 내지 신청인의 입장에서 접근할 필요가 있는 듯하다. 그리고, 행정기본법이 제정된 이후에는 공적 견해표명과 관련하여 보다 완화된 입장이 견지되어야 할 것으로 보인다. 왜냐하면, 행정기본법 제12조 제1항은 '행정에 대한 국민의 정당하고 합리적인 신뢰를 보호하여야 한다'고 하여 문언상 볼 때 행정청의

---

12. 22. 법률 제4817호로 제정되어 1996. 1. 1.부터 시행) 부칙 제2조 제3호에 의하여 폐지됨) 등 관련 법규상 그 건축의 가능 여부, 건축의 전제가 되는 토지형질변경의 가능 여부, 형질변경시 녹지지역 내의 농지인 이 사건 토지에 대한 그 전용협의 가능 여부 등을 문의하여 가능하다는 답변을 들은 다음, 위 소외인에게 토지거래계약허가에 따른 용도제한을 설명하면서 조속한 시일 내에 위 종교회관 건물의 건립을 약속하는 각서까지 요구하여 제출받았고, 곧이어 피고는 그 소속의 위 담당공무원들에 의하여 위와 같이 토지이용목적에 대하여 관련 법규상의 구체적·개별적인 검토를 거쳐 가능하다고 판명된 그 토지거래계약을 허가하였고, 그에 따라 원고는 위 종교회관 건축을 위한 토지형질변경이 당연히 가능하리라 믿게 되었음을 알 수 있는바, … .

대법원 2020. 6. 25. 선고 2018두34732 판결 [관리처분계획인가처분취소]: 신뢰보호의 원칙은 행정청이 공적인 견해를 표명할 당시의 사정이 그대로 유지됨을 전제로 적용되는 것이 원칙이므로, 사후에 그와 같은 사정이 변경된 경우에는 그 공적 견해가 더 이상 개인에게 신뢰의 대상이 된다고 보기 어려운 만큼, 특별한 사정이 없는 한 행정청이 그 견해표명에 반하는 처분을 하더라도 신뢰보호의 원칙에 위반된다고 할 수 없다(대법원 2015. 1. 29. 선고 2014두3839 판결 등 참조).

대법원 2020. 7. 23. 선고 2020두33824 판결 [기타부담금부과처분취소]: 소외 2는 고양시청 ㅁㅁㅁㅁ과에서 개발제한구역 내 행위허가 업무를 담당하였으나, 행위허가와 관련한 부담금 부과·징수 업무의 담당자는 ㅁㅁㅁㅁ과에 별도로 있었다. 소외 1은 사전에 이 사건 차륜전삭고 건축에 관한 제반 자료를 미리 제출하지 아니한 상태에서 고양시청을 방문하여 소외 2와 이 사건 차륜전삭고 건축에 관한 인허가 사항을 협의하였다. 그 과정에서 소외 2가 사전검토 없이 이 사건 차륜전삭고 건축을 위한 행위허가와 관련하여 부담금 부과에 관하여 언급한 것은 종전의 이 사건 어린이집 사례에 비추어 마찬가지로 부담금이 부과되지 않을 수도 있다는 가능성을 언급한 것일 뿐, 필요한 법리검토의 결과는 아니라고 보인다. 사정이 이러하다면, 소외 2가 소외 1에게 부담금 부과 면제가 가능하다고 말하였다 할지라도, 소외 2의 조직상의 지위와 임무, 그와 같은 언동을 하게 된 경위 등에 비추어 그 사유만으로 신뢰의 대상이 되는 공적인 견해가 표명된 것이라고 보기 어렵고, 그 후 피고가 개발제한구역법령의 정당한 해석에 따라 원고에게 부담금을 부과한 것이 신뢰보호원칙에 위배된다고 볼 수 없다.

견해표명보다는 넓게 해석될 수 있는 '행정에 대한 신뢰'까지로 넓히고 있기 때문이다.

원심에서는 원고가 주장한 신뢰보호원칙 위반에 대해서 판단을 하고 있는데, 처리시설 변경신고를 수리한 행정청의 행위가 후행하는 개발행위허가에 대한 신뢰를 부여하였다는 원고의 주장에 대해서. 처리시설 변경신고에 대한 수리가 행정청이 원고에게 개발행위허가를 발급할 것이라는 공적인 견해를 표명한 것으로 보기에는 어렵다고 판단하였다. 이유로서는 ❶ 가축분뇨법령에 별도의 변경신고 수리요건이 정하여져 있지 아니한 점, ❷ 행정청이 관련 법령에서 정한 심사요건에 규정되지 않은 사유를 들어 그 신고의 수리를 거부할 수는 없으므로, 신고를 수리만 하였지 실질적 심사를 하지 아니한 점을 들고 있다. 원심은 배출시설의 설치를 위한 변경신고에 있어서는 관할행정청은 수동적으로 형식적 요건에 맞으면 수리를 하여야 하므로 변경신고의 수리에 있어서는 행정청이 처리시설의 설치와 관련한 요건들에 대하여 실질적인 심사를 할 기회가 없었다고 보고 있다.15)

이러한 원심의 판단에 대해서는 다음과 같은 물음을 할 수 있을 것이다.

첫째, 변경신고의 수리이므로 심사 기회가 없었다는 주장에는 동의하기 어려운 면도 있다. 왜냐하면 변경신고의 내용을 보면 처리시설의 설치가 표시되어 있고, 처리시설의 규모변경은 - 사물본성적으로 - 공작물의 설치 내지 토지의 형질변경을 수반하게 되기 때문이다. 더구나 가축분뇨법 제12조 제1항에는 변경신고를 한 자에게 처리시설을 그에 맞게 처리시설을 변경할 법적인 의무까지 부과하고 있다. 그렇다면, 당연하게도 변경신고를 수리하는 경우에 발생할 후속행위로써 개발행위허가에 대한 판단까지 하였어야만 하는 것은 아닌가 생각되기도 한다. 피

---

15) 만약에 실질적인 심사를 할 기회가 부여되었다고 한다면 신뢰를 부여한 견해표명이 있었다고 볼 수 있는가라는 물음도 던질 수 있을 것이다.

고가 내부 검토자료에서 개발행위허가에 대한 기록이 있음을 통해 볼 때, 원심이 제시하는 근거로서 수리만 할 뿐이었다는 판단의 타당성에 다소 문제가 있음을 인지할 수 있으며, 피고는 이미 신고의 수리에 따른 개발행위허가에 대해서 충분하게 인지를 하고 있었음을 알 수 있다. 여기서 변경신고의 법적 성질과 관련하여 자체완결적 신고인지 아니면 수리를 요하는 신고인지와 관련하여 법문언에서는 명확한 근거를 찾기는 어려워 보인다. 왜냐하면, 행정청의 수리를 요한다는 명시적 내용이 없기 때문이다. 그렇지만, 배출시설의 설치와 관련하여 아래 셋째에서 보듯이 이를 자체완결적 신고로 운영하는 것은 행정적 처리에 있어서 문제를 야기할 수 있을 것이다. 이런 예가 있으므로 신고제도에 대해서 보다 명확한 법적 규정이 요청된다.

　　둘째, 만약에 동 사안에 대해서 변경신고가 아니라 변경허가를 받은 후에 개발행위허가를 신청하였다면 피고는 어떠한 판단을 하였을까 하는 물음을 던져 본다. 원심의 논지에 의하면 허가의 경우에는 그 요건들을 실질적으로 심사를 하면서 후행하는 개발행위허가가 필요하다는 사항까지 행정청이 충분하게 인지할 수 있었으므로 후행하는 개발행위허가를 거부하는 것은 원심의 판단 과정의 논리적 귀결로는 견해표명이 있었고 나아가 신뢰보호원칙에 대한 위반이라고 판단하였을 수도 있을 것이다.

　　셋째, 입법정책적인 관점에서 처리시설의 설치와 관련하여 변경신고로 가능하게 되는 행위의 범위가 다소 넓다는 비판이 가능하다고 사료된다. 처리시설의 규모가 변경되는 경우에는 그에 따른 개발행위허가가 수반되는 등 법률관계에서 커다란 변경을 가져옴에도 불구하고 법정책적인 충분한 고려가 없이 신고를 확대해 온 문제를 지적할 수 있을 것이다. 우리나라에서 입법이 이루어질 때 허가사항으로 하여야 함에도 불구하고 규제완화 내지 절차간소화란 명목으로 신고사항으로 하는 경우가 늘어나는 것은 문제라고 할 수 있다. 여기서 허가는 한편으로는 국민에게 부담으로 작용하지만, 다른 한편으로는 국민에게 유익하기도 하다는 점이 지적될 수 있다. 왜냐하면 허가를 통해서 계획된 사업에 대한 허용성을 기속적으로 확인할 수 있으며 또한 후행하는 행위에 대한 예측가능성이 고양되기 때문이다.16) 그러므로, 최근에 행정규제의 완화 차원에서 허가제를 폐지하고 이를 신고제나 간소화 절차로 변경하는 것은 행정편의주의적인 경향에서 출발하여 행위의 적법성에 대한 위험부담을 국민들에게 전가하는 효과도 있음을 인지할 필요가 있다고 사료된다. 적어도 수리를 요하는 신고에 대해서는 그 법적 실질을 허가로 보아 실질적인 심사를 한 것으로 볼 수도 있으며, 그렇다면 변경신고를 수리한 경우에 신뢰보호원칙의 적용과 관련하여 다른 결론에 이를 가능성도 고려할 수 있을 것이다.

B. 선행행위의 규준력의 관점

1. 행정행위의 효력

다음에서는 신뢰보호의 관점이 아니라, 선행행위가 후행행위에 대하여 가지는 규준력의 관점에서 살펴보고자 한다. 즉 선행하는 변경신고의 수리라는 행정행위가 후행하는 공작물의 설치 및 개발행위허가에 대해서 어떤 효력을 미치는가라는 관점이다.17) 이러한 문제제기는 선행행위가 존재하고 그와 관련이 있는 후행행위가 발급되는 경우에 가능할 것이다. 왜냐하면, 행정행위는 규율(Regel)의 성격을 지니기 때문이다.

---

16) Maurer/Waldhoff, Allg. VerwR., 20. Aufl., C.H.Beck, 2020, § 9 Rn. 42.

17) Erichsen, Hans-Uwe/Knoke, Ulrich, Bestandskraft von Verwaltungsakten, NVwZ 1983. S. 186: Hier stellt sich die Frage, ob und inwieweit durch einen bestandskräftigen Verwaltungsakt gesetzte Rechtsfolgen vorgreiflich für die in einem nachfolgenden Verwaltungsakt zu treffende Regelung sind.
물론 이 경우에 행정청이 변경허가라는 선행행위를 한 것은 아니고 상대방이 변경신고를 하였고 이를 수리한 것에 불과하다는 주장도 있을 수 있을 것이나, 변경신고를 수리한 것 역시 선행행위로 볼 수 있을 것이다.

규율로서의 행정행위는 발급된 내용에 따라서 권리와 의무를 근거 지우
거나 변경하거나 제거하거나 기속적으로 확인하는 등의 법적 효과를 나
타낸다.[18] 행정행위는 그 규율의 특성으로 인해서 원칙적으로 지속적
(in Dauerhaftigkeit)으로 존속하게 되는바 이를 존속력(Bestandskraft)이라
고 한다. 형식적 존속력을 불가쟁력이라고 하고, 실질적 존속력은 행정
의 상대방과 당해행정청을 포함하여 당사자를 기속하는 효력과 취소나
철회를 통한 폐지 가능성의 제한과 연관이 있다.[19] 행정행위는 구성요
건적 효력(Tatbestandswirkung)도 발하는데, 이는 행정행위는 다른 국가
기관으로부터도 존중되어야 하고 그 규율 내용을 주어진 구성요건으로
서 그들의 결정의 토대로 삼아야 한다는 효력이다.[20]

　사안의 경우와 같이 선행하는 행위에 후속하는 후행행위가 예정되
어 있는 경우, 특히 다단계 행정절차에 있어서 이러한 선행행위는 어떠
한 모습으로든 후행행위에 효력을 발하게 될 것이다.[21] 존속력이 가지
는 효력의 내용을 구분해 보자면, 첫째, 행정행위의 존속과 관련하여 폐
지를 금지 내지 제한하는 효력과, 둘째, 행정행위의 내용과 관련하여 모
순되지 않도록 하는 효력(Abweichungsverbote)을 가진다.[22] 본 사안에서
는 주로 모순금지의 효력이 문제가 될 것인데, 모순금지의 효력은 마치

---

18) 김중권, 行政行爲의 效力과 拘束效의 體系에 관한 小考, 공법학연구 제13권 제2호,
　　2012/05, 354면.
　　Maurer/Waldhoff, Allg. VerwR., 20. Aufl., C.H.Beck, 2020, § 9 Rn. 6.
19) Maurer/Waldhoff, Allg. VerwR., 20. Aufl., C.H.Beck, 2020, § 10 Rn. 12 ff.
20) Maurer/Waldhoff, Allg. VerwR., 20. Aufl., C.H.Beck, 2020, § 10 Rn. 20 ff.
　　홍강훈, 독자적 행정행위 효력론 에 근거한 행정행위 효력의 새로운 재구성, 143면:
　　결과적으로 행정행위의 효력은 (형식적·실질적) 존속력, 구성요건적 효력 두 개만
　　논하는 것으로 충분하다.
21) Ruffert, in: Erichsen/Ehlers, AllgVerwR, § 22 Rn. 18.
22) Stelkens/Bonk/Sachs/Sachs, 9. Aufl. 2018, VwVfG § 43 Rn. 41 ff.
　　Seibert, Max−Jürgen, Die Bindungswirkung von Verwaltungsakten, Baden−Baden,
　　1989, S. 195 ff.
　　김중권, 行政行爲의 效力과 拘束效의 體系에 관한 小考, 공법학연구 제13권 제2호,
　　2012/05, 355면.

판결의 기판력과 같이 행정청이 어떤 후행적 결정을 내림에 있어서 선행결정의 내용과 모순되어서는 아니된다는 것을 주된 내용으로 한다. 이러한 모순금지의 효력은 법치국가원리의 구성요소인 법적 안정성과 효율적인 행정 수행에 그 기초를 둔다.[23] 본 사안에서는 처리시설의 변경신고의 수리라는 행위와 이러한 수리된 변경신고의 내용을 이행하기 위한 과정에서 후행행위가 등장하게 되므로, 여기서 선행행위의 효력으로 인해서 후행행위는 어떠한 영향력을 받게 되는가의 문제로 치환할 수 있을 것이다.

2. 행정행위의 규준력

존속력을 발하는 행정행위는 후행하는 행정행위에 대해서 일정한 조건 하에서 모순금지의 효력을 발하게 되는데, 이러한 효력을 규준력 내지 기결력(die präjudizielle Wirkung)이라고 할 수 있으며, 본 사안에도 문제될 수 있을 것이다.[24] 유효한 행정행위는 그러한 규준력을 발하게 되고, 문제는 어느 범위에서 그러한 규준력을 발하는가가 문제될 수 있다. 선행행위를 통하여 규율되는 법적 효과가 후행행위와의 관계에서, 선행행위의 내용이 후행행위에 기준이 되고 변경될 수 없는 토대가 될 수 있는 선결적 효과로서의 규준력을 가지는 지의 여부 그리고 만약에 규준력을 가진다면 어느 범위까지 가지는가의 문제는 지금까지는 법적 규정이 없고 행정법 도그마틱에서도 해결되지 않고 있는 영역으로 보인다. 일단 규준력의 범위는 먼저 사안에 대하여 심사를 하고서 발급되는 행정행위의 규율 내용으로부터 도출될 것이므로, 규준력은 규율의 내용과 그 규율을 근거지우는 법령에 종속적이다.[25] Erichsen에 따르면, 규

23) Erichsen, Hans-Uwe/Knoke, Ulrich, Bestandskraft von Verwaltungsakten, NVwZ 1983, S. 188.
   김중권, 행정법, 2019, 법문사, 303면.
24) 정하중/김광수, 행정법개론, 2022, 법문사, 271면 이하; 박균성, 행정법강의, 2022, 박영사, 360면 이하; 김중권, 행정법, 2019, 법문사, 304면.

준력이 문제되기 위해서는 선행행위의 규율이 후행행위의 법적 효과에 대해서 실체법적인 결정요건이어야 하며, 후행행위는 선행행위의 규율을 스스로 포함하면서 하나의 새로운 독자적인 규율을 내려야 한다. 이런 점에서 규준력은 특별한 효력이 아니라 두 개의 행정행위의 상호 간의 관계와 근거가 되는 실체법에 터잡은 것이다.[26]

　　우리나라에서는 하자의 승계와 관련하여 규준력 이론이 원용되기도 하지만, 선행행위와 후행행위가 등장하는 점에서는 유사하기도 하지만 선행행위의 후행행위에 대한 모순금지의 요구로서의 규준력이 가지는 본질을 고려할 때 하자의 승계를 판단하는 이론과는 차이가 있다고 사료된다. 하자의 승계의 문제는 선행행위의 위법성을 전제로 하여서만 의미가 있지만, 규준력은 선행행위가 적법한 경우에도 문제가 된다.[27]

　　선행행정행위의 후행행정행위의 규준력과 관련하여 - 아직까지 우리나라에서는 논의가 된 바가 없으므로 사전결정의 구속력에 대한 견해를 원용하여 - 이를 부정하는 견해와 긍정하는 견해로 구분해 볼 수 있다.[28]

　　첫째, 부정적인 견해로써 선행행위에 대해서 후행행위에 대한 규준력을 명시적으로 인정하지는 아니하고, 다만 후행행위를 발급함에 있어서 선행행위에 대한 신뢰를 보호할 필요가 있는 경우에 그러한 신뢰에

---

25) Ossenbühl, NJW 1980, 1353, 1354.

26) Erichsen, Hans-Uwe/Knoke, Ulrich, Bestandskraft von Verwaltungsakten, NVwZ 1983, S. 190. : 부분허가(Teilgenehmigung)나 선취된 결정(Vorbescheid)에 있어서는 규준력이 발생할 여지가 없는데, 왜냐하면 해당부분에 대해서 규율 자체를 선취하였고 후행행위에 남겨진 그 무엇이 존재하지 않기 때문이다. 규준력은 행정청이 후행행위를 발급함에 있어서 독자적인 규율을 할 여지가 있는 경우의 효력이다.

27) 정남철, 현대행정의 작용형식, 2016, 법문사, 242면.

28) 박균성, 행정법강의, 2022, 박영사, 360면 이하.
　　Erichsen, Hans-Uwe/Knoke, Ulrich, Bestandskraft von Verwaltungsakten, NVwZ 1983, S. 190: Erichsen에 의하면, 여기서 말하는 선행행위가 후행행위의 규율에 영향을 끼치는 규준력과, 부분허가 내지 사전결정에 있어서의 종국적으로 선취된 결정과는 구분되어야 한다는 입장이다.

대해서 고려하자는 견해이다.[29)

　둘째, 긍정적인 견해로써 선행행위는 - 무효가 아니한 - 선행행위의 대상이 된 사항에 있어서 후행행위에 대하여 규준력을 가지는 것은 행정행위가 효력을 발하는 한 자연스럽다고 보고, 선행행위를 발급한 행정청은 사정변경이 없는 한 즉, 특별한 사정이 없는 한 후행행위에서 선행행위를 존중하여야 하고 선행행위에서 결정되지 아니한 부분에 대해서만 결정하여야 한다는 견해이다.[30)

　부정적 견해는 후행행위를 함에 있어서 선행행위에 대한 규준력을 긍정하기 보다는 다만 선행행위에 대한 신뢰를 고려하자고 하지만, 신뢰에 대해서 어떻게 고려하는 것인지에 대해서 구체적인 기준이 없다는 문제와 다른 한편으로 신뢰를 고려하는 경우에는 선행행위를 행정청의 견해표명으로 포섭하면서 신뢰보호원칙의 적용과 어떻게 구별할 수 있는가가 문제될 수 있을 것이다.

　조심스럽지만 선행행위의 후행행위에 대한 규준력을 이제는 보다 적극적으로 긍정하여야 하지 않는가 사료된다. 이러한 긍정은 제4차 산업혁명의 시대와 무관하지는 않을 것이다. 행정의 전자화 내지 정보화

---

29) 대법원 1999. 5. 25. 선고 99두1052 판결 [종합토지세등부과처분취소]: 원고가 피고로부터 이 사건 주택사업계획에 대하여 사전결정을 받았고, 이에 따라 원고가 이 사건 주택사업의 준비를 하여 온 사실이 인정되나, 이 사건 원고의 주택사업계획을 승인할 경우 공익을 현저히 침해하는 우려가 있으므로, 신뢰보호의 원칙은 적용될 수 없다고 할 것이다.

30) 박균성, 행정법강의, 2022, 박영사, 362면.
　　대법원 1998. 4. 28. 선고 97누21086 판결 [폐기물처리사업부적정통보취소]: 폐기물처리업의 허가에 앞서 사업계획서에 대한 적정·부적정 통보 제도를 두고 있는 것은 폐기물처리업을 하고자 하는 자가 스스로 시설 등을 설치하여 허가신청을 하였다가 허가단계에서 그 사업계획이 부적정하다고 판명되어 불허가되면 허가신청인이 막대한 경제적·시간적 손실을 입게 되므로, 이를 방지하는 동시에 허가관청으로 하여금 미리 사업계획서를 심사하여 그 적정·부적정 통보 처분을 하도록 하고, 나중에 허가단계에서는 나머지 허가요건만을 심사하여 신속하게 허가업무를 처리하는 데 그 취지가 있다.

의 진행과 관련하여 선행행위의 후행행위에 대한 법적인 영향에 대해서 과학기술의 도움으로 상당 부분 스크리닝이 가능한 시대에 접어 들었다. 선행행위의 후행행위에 대한 영향력과 그 범위 그리고 효과 등에 대해서 미리 파악하고 후행행위의 단계에서 이에 대해서 어느 정도를 고려하여야 할 것인지에 대해서 기준을 마련하는 등의 법제적인 정비가 필요하다는 정도만 언급하기로 한다.

아직까지 우리나라에서 학자들은 선행행위의 후행행위에 대한 규준력의 문제를 주로 하자의 승계와 관련하여서만 논의하는데 그치고 있는바, 향후 이를 보다 확장하여 일반적인 선행행위와 후행행위의 관련성이라는 측면에서 보다 깊은 연구가 필요하다.

C. 선행행위의 규준력과 그 한계

선행행위가 후행행위와 연관성이 있고 규준력을 발한다고 할 때, 어떠한 한계의 범위 내에서 규준력을 발하는가를 고찰할 필요가 있다. 규준력이 발생하는 범위와 관련하여 객관적 한계, 주관적 한계, 시간적 한계 그리고 내용적 한계로서 예견가능성과 수인가능성의 한계를 지닌다고 볼 수 있다.[31] 선행행위와 후행행위의 결정대상의 동일성과 관련한 객관적 한계, 선행행위와 후행행위의 당사자의 동일성과 관련된 주관적 한계, 선행행위와 후행행위 결정시점에 존재하였던 사실적 - 및 법적 상황이 동일한가의 시간적 한계 그리고 선행행위의 발급시에 후행행위에 대해서 예측가능성과 수인가능성의 한계 내에서 선행행위는 후행행위에 대해서 규준력을 발휘할 수 있을 것이다. 여기서 예측가능성은 관

---

31) Sachs in Stelkens/Bonk/Sachs/Sachs, 9. Aufl. 2018, VwVfG § 43 Rm 55.
   김중권, 行政行爲의 效力과 拘束效의 體系에 관한 小考, 공법학연구, 제13권 제2호, 2012/05, 365면.
   정남철, 현대행정의 작용형식, 2016, 법문사, 237면.

할행정청의 관점에서 선행행위를 발급하는 시점에 이미 후행행위를 예측할 수 있었는가가 문제되고, 수인가능성은 관할행정청이 예측할 수 있는 후행행위가 선행행위의 규준력을 벗어나는 경우에 행정의 상대방이 이를 수인할 수 있는가라는 점에서 수인가능성이 문제된다는 점이다.

이상과 같은 한계 내에서 선행행위가 후행행위에 대해서 규준력을 발휘한다고 한다면, 선행행위는 규준력에 반하는 후행행위를 발급하지 못하도록 저지하는 힘을 발하게 되고, 규준력에 반하는 후행행위에 대해서 그 효력을 부인할 수 있는 근거가 될 수 있을 것이다. 효력을 부인한다는 의미와 관련하여 판결의 기판력과 같이 강한 효력을 인정할 수 있는가 아니면 후행행위의 위법성을 근거지우는가 또는 전체적으로 후행행위의 위법성을 판단함에 있어서 형량의 한 요소로서 고려될 것인가도 문제될 수 있을 것이다.[32]

D. 소결

선행행위의 후행행위에 대한 규준력 이론을 적용하여 본다면 다음과 같이 판단할 수 있을 것이다. 배출처리시설설치에 대한 변경신고를 수리한 것이 선행행위이고 변경신고의 내용을 이행하기 위하여 요청되는 개발행위허가신청의 거부를 후행행위라고 할 수 있다.

첫째, 선행행위와 후행행위의 결정대상의 동일성 여부를 살펴보면, 선행행위인 처리시설변경신고시에 액비처리시설과 폭기조에 대한 내용이 포함되어 있으므로, 양자 모두 결정 대상이 포함되어 있어서 동일성을 긍정할 수 있다고도 볼 수 있을 것이다. 처리시설의 설치는 공작물의 설치허가와 개발행위허가를 필요로 하는 것이므로 처리시설의 설치에 대한 변경신고를 수리함에 있어서 적어도 이러한 업무를 담당하는

---

32) Sachs in Stelkens/Bonk/Sachs/Sachs, 9. Aufl. 2018, VwVfG § 43 Rn. 43. BVerwGE 143, 87 Rn. 15 f.

행정청의 입장에서는 결정의 대상이 되지 않을 수는 없을 것이다.

둘째, 배출시설설치에 대한 변경신고의 수리와 개발행위허가의 당사자는 모두 피고인 군수와 행정의 상대방인 원고로서 당사자의 동일성이 인정된다고 사료된다.

셋째, 배출처리시설설치에 대한 변경신고를 수리할 시점에 존재하였던 사실적 상황과 법적 상황의 동일성과 관련하여 특별한 예외적 상황이 존재한다는 점이 보이지 아니하므로 사실적 상황과 법적 상황의 동일성을 긍정할 수 있을 것이다.

넷째, 예측가능성과 수인가능성의 한계와 관련하여, 배출처리시설설치를 위한 변경신고의 수리에 있어서 관할행정청인 피고의 입장에서 볼 때 배출처리시설의 설치를 위하여 후행하는 공작물의 설치허가와 개발행위허가에 대한 예측이 가능하고, 또한 이러한 후행행위가 거부되는 경우에는 행정의 상대방의 관점에서 선행행위가 형애화 되는 결과를 가져오게 되므로 수인하기가 어렵게 된다.

그러므로, 선행행위의 규준력의 관점에서 볼 때, 배출처리시설설치에 대한 변경신고를 수리한 경우 이러한 수리처분은 후행하는 공작물의 설치허가와 개발행위허가에 대해서 규준력을 발하게 되고, 따라서 행정청은 공작물의 설치허가와 개발행위허가를 특별한 사정이 없는 한 거부할 수 없게 된다. 그리고 이러한 선행행위의 규준력을 벗어나는 후행 개발행위허가의 거부는 효력이 시정되어야 마땅하다. 효력을 시정하는 방안으로서 규준력을 벗어난 후행행위의 위법성을 직접적으로 긍정하는 방안과 후행행위의 위법성 판단에 있어서 이를 형량의 중요한 요소로 보는 방안이 있을 수 있을 것이다. 형량의 중요한 요소로 보는 경우에는 우선순위를 인정하여 - 다른 특별한 사정이 없는 한 - 위법성을 긍정할 수 있는 방안도 고려할 수 있을 것이다.

III. 개발행위허가와 그에 대한 사법심사

A. 개발행위허가

개발행위허가제도란 건축물의 건축이나 토지의 형질변경 등 개발행위를 하려는 자가 관할행정청으로부터 허가를 받도록 하는 제도로서, 그 취지는 국토의 무분별한 난개발을 방지하고 체계적이고도 계획적인 개발을 유도하기 위함에 있다.[33] 국토계획법에서 개발행위허가에 대해서 규정을 두고 있는바, 개발행위를 허가함에 있어서 지역의 특성, 개발상황, 토지의 용도별 특성이나 도시·군계획사업과의 관계, 주변지역의 토지이용실태, 주변환경이나 경관과의 조화, 환경상의 영향 등 법령상 요청되는 다양한 기준들을 충족하도록 하고 있어서 어떠한 경우가 이러한 기준들을 충족하는 지와 관련하여 행정청에게 재량이 부여되어 있다고 보아, 판례는 이러한 개발행위허가를 재량행위로 보고 있다.[34]

사실 개발행위허가를 발급함에 있어서 제시되는 기준들은 대단히 복합적이고 다양한 이익들을 고려하도록 규정하고 있다. 법문언을 보면, '용도지역별 특성', '성장관리방안의 내용', '지역의 특성', '원형보전의 필요', '환경오염 등이 발생할 우려'와 같은 개념들이 등장하고 있다.

향후 이러한 허가기준들의 등장이 점증할 것으로 예상할 수 있다. 특히, 국민이 가지는 기본권에 대하여 제대로 된 고려가 부족한 채로

---

33) 강현호, 행정법의 이해, 동방문화사, 2018, 566면: 독일에서는 모든 개발행위(開發行爲)에 대해서 별도의 개발행위허가를 받도록 하지 아니하고 있으며, 다만 공간적으로 영향이 큰 사업이어서 다양한 이해관계가 고려되어야만 하는 사업에 대해서만 공간질서절차(Raumordnungsverfahren)를 거치도록 하고 있다. 그러므로 독일에서는 우리나라와 같은 개발행위허가제도를 운영하고 있지는 아니하며, 개발행위허가의 대상이 되는 구체적인 행위에 대한 허가(예: 건축허가)를 발급함에 있어서 계획과의 적합성이 함께 고려되고 있다.

김해룡 교수는 우리나라의 개발행위허가는 이중규제에 해당된다고 보고 있다.

34) 대법원 2020. 7. 23. 선고 2019두31839 판결 [건축허가취소처분취소].

입법이 되는 행정입법의 현실을 직시할 때, 행정의 상대방이 가지는 법적 지위는 점차적으로 약화될 수밖에 없을 것이다. 그러므로, 재량에 대한 통제를 수행하는 법원의 역할은 점점 더 중요해지고 있다.

B. 한국에서의 재량론

1. 재량에 대한 일반론

원심과 대법원에서 행정청이 한 공작물설치 및 개발행위허가에 대한 거부처분에 대해서 재량권 일탈·남용에 대한 심사를 하였다. 원심은 피고의 거부처분에 대해서 재량권의 일탈·남용을 긍정하였고, 대법원은 부정하는 취지로 파기환송을 하였다. 그렇다면, 먼저 한국에서의 재량에 대한 재량권의 일탈·남용 심사가 무엇이길래 법원마다 달리 판단하였을까라는 궁금증을 가지고 먼저 재량에 대한 일반적 고찰을 해 본다.

현대 법치국가에서 행정청이 가지는 재량은 법령의 규정 즉 재량수권규범에 의하여 발생하게 된다. 즉, 법령에서 행정청에게 요건이 구비되는 경우에는 무엇 무엇을 할 수 있다거나 또는 무엇을 하는 경우에 어느 정도의 범위를 정하여 주는 것으로부터 발생하게 된다. 행정청이 행위를 함에 있어서 재량을 가지는 경우를 재량행위라고 하고, 재량이 부여되지 않은 경우를 기속행위라고 할 수 있다. 과거에는 기속행위와 재량행위와의 구별과 관련하여 요건재량설, 효과재량설 등이 주장되고 있었으나 현재적으로는 해당 근거규정의 문언이나 체제에 초점을 맞추는 입장(일종의 문언기준설)과 해당 행위의 내용이나 성질에 초점을 맞추는 입장(일종의 행위성질설)으로 대별할 수 있을 것이다.[35] 문언기준설에

---

35) 정하중, 행정법개론, 법문사, 2022, 166면 이하; 박균성, 행정법강의, 박영사, 2022, 219면 이하; 김중권, 행정법, 법문사, 2019,107면; 김중권, 국민건강보험법의 부당이득징수처분의 법적 성질, 행정판례연구 Vol.26 No.1 [2021], 22면 이하; 김남철, 행정법강론, 박영사, 2018, 150면 이하.
강현호, 행정법의 이해, 동방문화사, 2018, 35면: 종래 효과재량설을 설명하면서 ①

의하면 법률의 문언이 분명한 경우에는 예를 들면 행정청은 법률요건이 구비되는 경우에는 무엇 무엇을 하여야 한다(muss)라고 규정되어 있는 경우에는 기속행위이고, 그렇지 아니하고 행정청은 법률요건이 구비되는 경우에는 무엇 무엇을 할 수 있다(kann)라고 규정되어 있는 경우에는 재량행위라고 할 수 있을 것이다. 문언기준설의 입장을 기본으로 하면서도, 문언이 불분명한 경우에는 법령의 규정방식 뿐만 아니라 그 취지, 목적, 행정행위의 성질 등을 모두 고려하여 판단한다는 견해와 헌법상의 기본권 보장의 요청을 기준으로 하는 기본권기준설,[36] 그리고 이러한 견해들을 모두 종합적으로 고려하여 판단하자는 종합설 등으로 구분할 수도 있을 것이다. 현재적으로는 원칙적으로 문언을 기준으로 하면서도, 행위의 성질, 기본권의 회복 등 다른 요소들을 종합적으로 고려하여 판단하는 견해가 지배적이라고 할 수 있을 것이다.[37]

국민의 기득권을 제한·박탈하거나 새로운 의무를 명하는 침익적 효과가 발생하는 행위는 기속행위이고, ② 국민을 위하여 새로운 권리·이익을 주는 수익적 효과가 발생하는 행위는 재량행위로 보는 입장이라고 설명하였는데, 동 견해는 행정행위의 성질에 따라서 분류를 하고 있으므로 성질설이라고 하는 것이 타당하다.

김중권, 행정법, 2019, 법문사, 23면: 대상행위의 성질에 의거한 판례의 논거는 법치국가원리의 차원에서 결정적인 문제가 있다. 왜냐하면 행위의 성질이 부담인지 수익인지 여부는 입법상의 근거유무를 정하는 데 있어서 바로미터이지, 해당 행위의 성질을 논하는 데 동원될 수 없기 때문이다. 의식하지 않았지만 결과적으로 입법적 개선을 소홀히 하게 만들었고 더 이상의 논의전개가 저지되었다. 법적 판단에 가장 중요한 재량유무여부가 어떤 확고한 기준이 아닌 법원의 개별적 판단에 궁극적으로 좌우되는 것은 법적 안정성의 차원에서도 문제가 있다.

36) 강현호, 행정법의 이해, 동방문화사, 2018, 230면 이하: 기본권기준설에서는 기본권의 회복이라는 것에 초점을 맞추어, 어떠한 행위가 자연적 자유에 해당하는 행위로서 그러한 행위에 대한 허가가 기본권의 회복을 가져오는 경우에는 기속행위이고, 그러한 행위가 상대방에게 기왕에 존재하지 아니하던 새로운 권리를 부여하는 경우에는 재량행위로 본다.

37) 박균성, 행정법강의, 박영사, 2022, 220면; 김남철, 행정법강론, 박영사, 2018, 152면 이하.

홍강훈, 기속행위와 재량행위 구별의 새로운 기준, 공법연구 제40집 제4호, 2012/6, 316면: 독일에는 우리나라와 같이 법률의 문언이 불분명한 경우의 재량과 기속의 판례 역시 같은 입장으로서, 판례는 행정행위가 그 재량성의 유무 및 범위와 관련하여 이른바 기속행위와 재량행위로 구분된다고 할 때, 그 구분은 해당 행위의 근거가 된 법규의 체재·형식과 그 문언, 해당 행위가 속하는 행정 분야의 주된 목적과 특성, 해당 행위 자체의 개별적 성질과 유형 등을 모두 고려하여 판단하여야 한다고 꾸준하게 설시하고 있다.[38] 판례 중에서는 특히 행위의 성질에 대해서 보다 강조하는 입장도 상당수 존재한다.[39] 그리고, 예외적으로 문언상으로는 ~ 할 수 있다

구분기준에 관한 학설자체가 존재하지 않는다. 이는 추측하건대 다음과 같은 이유 때문일 것이다. 즉, 독일에는 입법상 재량으로 규정할지 기속으로 규정할지 애매한 행위의 경우 그 중간영역에 존재하는 Soll 규정이라는 개념이 있어서 입법자가 이를 적극적으로 활용하고, 입법과정의 선진적 절차를 통해서 Kann, Muss, Soll 규정 어디에도 해당하지 않는 애매한 문구는 걸러지게 되므로 법문상 표현이 불분명한 경우가 존재하지 않기 때문일 것이다.

38) 대법원 2020. 10. 15. 선고 2019두45739 판결 [교육환경평가심의결과(불승인)통보취소].

39) 대법원 2004. 3. 25. 선고 2003두12837 판결[개발제한구역내행위허가(기간연장)신청불허가처분취소] 개발제한구역 내에서는 구역지정의 목적상 건축물의 건축 및 공작물의 설치 등 개발행위가 원칙적으로 금지되고, 다만 구체적인 경우에 이러한 구역지정의 목적에 위배되지 아니할 경우 예외적으로 허가에 의하여 그러한 행위를 할 수 있게 되어 있음이 그 규정의 체제와 문언상 분명하고, 이러한 예외적인 개발행위의 허가는 상대방에게 수익적인 것이 틀림이 없으므로 그 법률적 성질은 재량행위 내지 자유재량행위에 속하는 것이다.
대법원 2007. 5. 31. 선고 2005두1329 판결【도로점용허가거부처분취소등】도로법 제40조 제1항에 의한 도로점용은 일반 공중의 교통에 사용되는 도로에 대하여 이러한 일반사용과는 별도로 도로의 특정부분을 유형적·고정적으로 특정한 목적을 위하여 사용하는 이른바 특별사용을 뜻하는 것이고, 이러한 도로점용의 허가는 특정인에게 일정한 내용의 공물사용권을 설정하는 설권행위로서 공물관리자가 신청인의 적격성, 사용목적 및 공익상의 영향 등을 참작하여 허가를 할 것인지의 여부를 결정하는 재량행위이다.
대법원 2009. 7. 9. 선고 2008두11099 판결【개인택시운송사업면허제외처분취소】여객자동차 운수사업법에 의한 개인택시운송사업면허는 특정인에게 권리나 이익을 부여하는 행정행위로서 법령에 특별한 규정이 없는 한 재량행위이고, 위 법과 그 시행규칙의 범위 내에서 면허를 위하여 필요한 기준을 정하는 것 역시 행정청의 재량에 속하는 것이다.

라고 규정되어 있더라도, 관련법령들을 체계적으로 고려하여 기속행위
로 판단하는 경우도 있다.[40)]

　　재량과 관련하여 가장 중요한 변화의 하나는 행정기본법 제21조
(재량행사의 기준)에서 "행정청은 재량이 있는 처분을 할 때에는 관련 이
익을 정당하게 형량하여야 하며, 그 재량권의 범위를 넘어서는 아니 된
다"라고 하여 재량행사를 함에 있어서 정당한 형량의 요청에 대해서 명
시적으로 규정하고 있는 점이다. 행정청이 재량처분을 하는 경우에 관
련된 이익을 정당하게 형량할 의무를 법적으로 규정하고 있다. 이러한
행정기본법의 취지는 재량의 영역을 행정청의 판단영역으로 두고 법원
은 테두리 심사에 만족하기 보다는, 정당한 형량을 통한 완전한 사법심
사의 영역으로 가져 오겠다는 입법자의 의지가 보인다고 할 수 있다.[41)]

---

40) 대법원 2014. 4. 10. 선고 2012두16787 판결[변상금연체료부과처분취소]: 구 국유재
산법 제51조 제2항은 '변상금을 기한 내에 납부하지 아니하는 때에는 대통령령이
정하는 바에 따라 연체료를 징수할 수 있다'고 규정하고 있으나, 구 국유재산법 시
행령 제56조 제5항에 의하여 준용되는 구 국유재산법 시행령 제44조 제3항은 '변상
금을 납부기한 내에 납부하지 아니한 경우에는 소정의 연체료를 붙여 납부를 고지
하여야 한다'고 규정하고 있고, 변상금 연체료 부과처분은 국유재산의 적정한 보호
와 효율적인 관리·처분을 목적으로 하는 행정행위로서 국유재산 관리의 엄정성이
확보될 필요가 있으며, 또한 이는 변상금 납부의무를 지체한 데 따른 제재적 성격
을 띠고 있는 침익적 행정행위이고, 연체료는 변상금의 납부기한이 경과하면 당연
히 발생하는 것이어서 그 부과 여부를 임의로 결정할 수는 없으며, 구 국유재산법
시행령 제56조 제5항, 제44조 제3항은 연체료 산정기준이 되는 연체료율을 연체기
간별로 특정하고 있어서 처분청에 연체료 산정에 대한 재량의 여지가 없다고 보이
므로, 변상금 연체료 부과처분은 처분청의 재량을 허용하지 아니하는 기속행위라
고 할 것이다.
대법원 1989. 10. 24. 선고 88누9312 판결 [위조확인서제거신청거부처분등취소]: 정
부공문서규정 제36조 제2항의 규정(제36조(문서의 열람 및 복사) ② 행정기관은
일반인이 당해 행정기관에서 보관 또는 보존하고 있는 문서를 열람 또는 복사하고
자 할 때에는 특별한 사유가 없는 한 이를 허가할 수 있다.)도 행정기관으로 하여
금 일반국민의 문서열람 및 복사신청에 대하여 기밀 등의 특별한 사유가 없는 한
이에 응하도록 하고 있고, 원고가 피고에 대하여 복사를 신청한 서류를 피고가 보
관하고 있는 것으로서 비밀 또는 대외비로 분류된 문서라고 볼 증거가 없으므로,
피고는 원고의 이 사건 서류복사신청에 응할 의무가 있음 … .

특히, 관련 이익을 정당하게 형량하여야 하는데 여기서 정당한 형량이라는 것은 결국 형량요소들에 대한 수집과 수집된 형량요소들에 대한 평가 그리고 최종적인 형량을 포함하는 것으로서 행정처분의 과정에 대한 심사를 핵심으로 하고 있다. 이러한 과정에 대한 심사가 바로 결과에 대한 심사에 한정하는 비례성 심사와 다른 점이다.[42]

2. 판단여지와 재량

현대 행정법 하에서 재량과 관련된 논의는 이제 법령의 구성요건에 불확정법개념(unbestimmter Rechsbegriff)이 사용된 경우에 이것을 어떻게 평가하여야 할 것인가로 귀결되는 듯하다. 왜냐하면, 현대국가에서는 다양한 이익들을 고려하여 행정을 하여야 하므로 입법자들도 법령의 구성요건 부분에 요청되는 다양한 이익들을 고려하도록 불확정법개념들을 많이 사용하기 때문이다. 이러한 경우에 불확정법개념의 해석·적용과 관련하여 판단여지를 긍정하는 입장[43]과 이 경우도 재량론으로

41) 김중권,「행정기본법」의 보통명사 시대에 행정법학의 과제 I : 처분관련 규정을 중심으로, 공법학연구, 22(2), 2021, 42면: 제21조는 재량행위에서의 이익형량의 요청을 명문화하였는데, 역설적으로 그로 인해 판단여지의 문제를 재량의 차원에서 접근하는 것은 심각한 부조화를 드러낸다. 일종의 구성요건해당성의 문제인 성립요건의 충족여부를 판단하는 데 이익형량을 기반으로 하는 것은 심각한 법왜곡을 야기할 수 있다. 특히 법외적 관점에서 사법적 판단을 내리게 하여 심각한 문제가 있다. 사법심사의 방식에서도 성립요건의 충족여부와 효과선택의 합당성여부를 나누어 접근하는 것이 체계적이고 설득력있는 논증에 이바지한다. 제21조의 마련을 계기로 재량과 판단여지의 문제를 새롭게 고민할 필요가 있다.
42) 강현호, 계획적 형성의 자유의 통제수단으로서 형량명령, 토지공법연구 제66집, 2014/8, 215면 이하: 형량명령은 이차원적인 비례의 원칙과는 달리 삼차원 내지 다차원적인 측면들을 지니고 있다는 것이다. 대표적으로 비례의 원칙에서는 주어진 행정결정이 어떤 효과를 가져오는가에 초점이 맞추어져 있다면, 형량명령에서는 필수적으로 계획적 작용으로 표출되지 아니한 대안의 고려가 요청된다는 점이다.
43) 김남진·김연태, 행정법 I, 법문사, 2020, 222면 이하: 재량은 복수행위 사이의 선택의 자유가 법에 의하여 처음부터 인정되고 있는 경우를 의미하는데 대하여, 판단여지는 불확정법개념의 해석 적용이라는 법률문제로서 본래 법원에 의한 전면적 심사의 대상이 되는 영역에 있어서 예외적으로만 인정되는 점 등의 차이가 있다.

해결하자는 입장[44]으로 구분할 수 있다. 이와 관련하여 판례는 국토계
획법 제56조 제1항 제2호의 규정에 의한 토지의 형질변경허가는 그 금
지요건이 불확정개념으로 규정되어 있어 그 금지요건에 해당하는지 여
부를 판단함에 있어서 행정청에게 재량권이 부여되어 있다고 할 것이므
로, 국토계획법에 의하여 지정된 도시지역 안에서 토지의 형질변경행위
를 수반하는 건축허가는 결국 재량행위에 속한다라고 하여 소위 판단여

정하중/김광수, 행정법개론, 법문사, 2022, 176면: 여기서는 재량의 유월·남용이 문
제가 되는 것이 아니라 행정청의 결정이 판단여지의 한계 내에서 이루어졌는지가
문제가 되는 것이다.

석종현·송동수, 일반행정법총론, 박영사, 2020, 185면 이하: 법치국가의 원리에 비
추어 법률의 구성요건은 객관적인 것으로서 요건충족의 판단은 예견가능하여야 하
므로 구성요건의 해석문제는 재량문제일 수 없는 것이다.

김해룡, 행정재량론고 - 행정재량 인식 관련 판례에 대한 비판적 고찰 -, 공법연구
제40집 제3호, 2012/2, 203면 이하: 불확정적 법개념의 해석과 적용에 있어 판단여
지의 경우도 재량과 유사성이 있기는 하지만, 그것은 어디까지나 법적 사실관계가
불확정적 법개념에 해당하는가 하는 소위 포섭의 과정에서만 인정될 수 있는 것일
뿐, 불확정적 법개념의 해석과 적용의 전단계에서 다의적이고 선택가능한 판단이
인정되는 것은 아닐 뿐만 아니라 그것도 어디까지나 사법부가 행정의 전문성을 감
안하여 스스로의 판단을 자제함으로서 인정되는 영역이라는 점에서 재량과 크게
차이가 난다고 할 것이다.

홍정선, 행정법특강, 박영사, 2013, 192면: 법치국가원리상 규범의 구성요건은 객관
적인 것으로서 요건충족의 판단은 예견 가능한 것이어야 하므로 요건부분에 재량
을 부여할 수는 없다.

홍정선, 행정법원론(상), 박영사, 2020, 362면: 판단여지의 개념은 인정할 필요가 있
다고 본다.

김중권, 행정법, 법문사, 2019, 98면: 행위성립요건의 충족, 즉 구성요건해당성의 충
족여부와 관련해서 법적 관점에서 상반된 판단이 동시에 존재할 수 없고, 하나의
판단만이 존재할 수 있다.

김남철, 행정법강론, 박영사, 2018, 144면: 요컨대 법이 정한 요건을 행정청의 재량
으로 그 충족 여부를 판단하는 것은 행정청의 자의를 배제하여야 한다는 법치행정
의 원리에도 저촉된다는 점에서 양자를 구별하는 견해가 타당하다.

44) 김철용, 행정법, 고시계사, 2020, 204면; 김동희, 행정법 I, 박영사, 2019, 282면 이하.
박정훈, 불확정개념과 판단여지, 행정작용법(中凡김동희교수정년기념논문집), 2005,
266면 이하.

지론을 별도로 인정하기 보다는 재량론으로 해결하고 있다.[45)]

그렇지만, 판단여지는 재량과는 구분되는 것이 타당하다고 보이는데, 첫째, 입법자의 의도를 고찰할 때, 불확정법개념의 경우에는 재량을 부여하려는 의도가 있는 것이 아니기 때문이고, 둘째, 법령의 구성요건의 해당 여부가 해당될 수도 있고 되지 않을 수도 있다는 재량의 관점에서 접근하는 것은 법치국가의 원칙으로부터 파생되는 명확성의 원칙에 비추어 문제가 될 수 있고, 셋째, 구성요건에 불확정법개념이 사용된 경우 행정청이 이러한 요건의 충족 여부에 대해서 특정한 결정을 내렸다면, 이에 대해서는 헌법상 기본권 보장의 이념에 비추어 볼 때 원칙적으로 완전한 사법심사를 하여야 마땅하기 때문이다.[46)]

---

45) 대법원 2010. 2. 25. 선고 2009두19960판결; 대법원 1996. 9. 20. 선고 96누6882 판결; 대법원 2000. 10. 27. 선고 99두264 판결.

참조: 서울고등법원 2013. 6. 20. 선고 판결 : 확정 [기각결정취소]: 행정기관이 법률요건으로 규정된 개념 자체로는 의미가 명확하지 않고 해석의 여지가 있는 불확정개념을 해석·적용함에 있어서 둘 이상의 다른 판단이 행하여질 수 있는 사안에서, 전문성과 대체불가능성 때문에 법률요건에서의 전제사실을 인정하거나 또는 인정사실을 포섭하는 법적 평가에 관하여 판단여지가 인정되는 경우가 있고, 이러한 판단에 대하여 법원은 행정기관이 판단의 여지 내에서 내린 결정이라면 수용하여야 한다(판단여지설). 피고가 이 사건 처분을 함에 있어서 '권위주의적 통치에 항거하여 헌법이 지향하는 이념 및 가치의 실현과 민주헌정질서의 확립에 기여하고 국민의 자유와 권리를 회복·신장시킨 활동'이라는 개념의 의미가 추상적이고 포괄적이어서 서로 다른 판단이 가능할 뿐만 아니라, 준사법적 기관으로서 피고는 전문성과 대체불가능성을 갖고 있으므로, 이 사건 처분의 적법성을 심사하는 법원 역시 피고가 판단의 여지 내에서 결정을 하였다면 이를 수용하여야 한다. 그러나 이와 같이 피고에게 법률요건상 불확정개념에 대하여 판단의 여지가 인정되는 경우에도 법원의 심사가 완전히 배제되는 것은 아니고, 예를 들면 ① 전제되는 사실의 인정을 잘못하였다거나, ② 인정 사실을 포섭하는 법적 평가에서 객관적인 판단 기준을 위반하였다거나, ③ 평등원칙 등 법의 일반원칙을 위반한 경우에는 위법한 처분이고, 따라서 법원의 심사대상이 된다.

46) 강현호, 행정법의 이해, 동방문화사, 2018, 37면.

김해룡, 행정재량론고 - 행정재량 인식 관련 판례에 대한 비판적 고찰 -, 공법연구 제40집 제3호, 2012/2, 216면: 예를 들어 여름 장마 후에 어떤 축대의 지반이 약해져 있을 경우, 그 상태는 붕괴위험이 있거나 그렇치 않은 두 가지 경우가 있고, 그

C. 독일에서의 재량론

1. 독일에서의 재량의 분류

현재 독일에서의 재량론을 고찰해보면 - 우리나라와 달리 - 기속행위와 재량행위 부분에서 요건재량설이니 효과재량설이니 하는 견해는 찾기 어렵고 법문언이 어떻게 규정하고 있는가에 따라서 구분하고 있다. 즉, 재량(Ermessen)이라는 표현을 사용하고 있거나, 또는 할 수 있다(kann), 할 권한이 있다(ist befugt, ist berechtigt)라고 표현되어 있는 경우에는 재량이 부여된 것으로 보고 있으며, 경우에 따라서는 규율의 전반적인 체계로부터도 재량을 도출할 수 있다고 본다. 그에 반하여 해야만 한다(muss), 발급되어져야 한다(ist zu erteilen), 하여서는 아니된다(darf~nicht tun)라고 표현되어 있는 경우는 행정청에게 기속적으로 행위할 의무가 부여되어 있다고 보고 있다.[47]

독일에서는 엄격한 기속행위와 재량행위 사이에 일종의 재량적 기속행위로서 당위규정(Soll-Vorschriften)을 두고 있는데, 법문언에서는 'soll'로 표현되고 있다. 예를 들면, 독일 연방건설법전 제181조 제1항 제1호는 "연방건설법적 조치의 실행으로 임대차관계가 폐지되어서 임차인에게 형평성(Billigkeit)이 요청하는 경우, 지방자치단체는 본 법률의 집행에 있어서 발생할 수 있는 경제적 불이익을 방지하거나 전보하기 위하여 신청에 따라서 금전으로써 손실을 전보한다(soll)."라고 규정하고 있다.[48] 당위규정이 사용된 경우에 행정청은 통상적인 경우(im

---

중 하나만이 옳은 경우이다. 이때 경찰당국이 실질적으로 위험한 것을 위험하지 않다고 판단한다면, 그 판단은 분명 오류가 된다. 이러한 점에서 어떤 불확정적인 법률개념(예: 위험)으로 표현된 사실관계는 진정 하나만의 판단이 옳은 것이고, 따라서 여타의 판단과 공존할 수 없는 것이다. 위의 예에서 축대가 위험한 상태이면서 다른 한편 위험하지 않은 것이라는 이중적인 상태는 성립되지 아니한다.

47) Maurer/Waldhoff, Allg. VerwR., 20. Aufl., C.H.Beck, 2020, § 7 Rn. 9 f.; Hain/Schlette/Schmitz, AÖR 122, S. 33 ff.

48) BauGB § 181 Härteausgleich (1) ¹Soweit es die Billigkeit erfordert, soll die

Regelfall) 또는 전형적인 경우(im typischen Fall)에는 법적인 구성요건이 충족된다면 행위를 하여야 할 의무를 부담하게 되고, 다만 예외적인 경우(in Ausnahmefälle) 또는 비전형적인 상황(in atypischen Situationen)에서는 행정청은 재량을 가지게 된다. 그래서, 형평성이 요청하는 경우라는 요건이 충족되면, 지방자치단체는 원칙적으로 손실을 전보할 의무를 부담한다.[49]

이에 더하여 독일 연방행정법원은 행정청의 재량과 관련하여 의도된 재량(Intendiertes Ermessen)이라는 개념도 사용하고 있는바, 의도된 재량이란 재량행사에 있어서 재량행사의 방향이 법률에 의해서 미리 제시되고 있는 경우로서, 원칙적으로 그러한 결과가 의도되어 있으므로 그러한 행위를 할 의무를 부담하고, 그러한 결과로부터 예외적으로만 도외시 될 수 있는 경우이다.[50] 의도된 재량의 존재여부는 법규범의 목

Gemeinde bei der Durchführung dieses Gesetzbuchs zur Vermeidung oder zum Ausgleich wirtschaftlicher Nachteile – auch im sozialen Bereich – auf Antrag einen Härteausgleich in Geld gewähren 1.einem Mieter oder Pächter, wenn das Miet— oder Pachtverhältnis mit Rücksicht auf die Durchführung städtebaulicher Maßnahmen aufgehoben oder enteignet worden ist; … .

49) Maurer/Waldhoff, Allg. VerwR., 20. Aufl., C.H.Beck, 2020, § 7 Rn. 11.
EZBK/Krautzberger, 143. EL August 2021, BauGB § 181 Rn. 39: Die Regelung in einer Vorschrift, dass eine Behörde sich in bestimmter Weise verhalten soll, bedeutet in der Regel eine strikte Bindung. Abweichungen sind nur in atypischen Fällen gestattet. Ob ein Fall in diesem Fall „atypisch" ist, ist gerichtlich voll nachprüfbar.

50) BVerwGE 72, 1 Rn. 22: Dabei kann vor allem eine Rolle spielen, ob es sich um eine Ermessensbetätigung handelt, deren Richtung vom Gesetz vorgezeichnet ist (sogen, intendiertes Ermessen), bei der also ein bestimmtes Ergebnis dem Gesetz nähersteht, sozusagen im Grundsatz gewollt ist und davon nur ausnahmsweise abgesehen werden darf(여기서는 무엇보다도 법률에 의하여 그 방향이 미리 제시되어진 재량행사(소위 의도된 재량)인지 즉 특정한 결과가 법률에 의하여 의도된 것인지 여부가 중요하다. 그러한 특정한 결과로부터는 다만 예외적으로만 벗어날 수 있다.).
Maurer/Waldhoff, Allg. VerwR., 20. Aufl., C.H.Beck, 2020, § 7 Rn. 12.

적과 체계 등에 대한 해석을 통해서 긍정될 수 있는데, 그러한 해석이 항상 쉬운 것은 아니다.[51] 연방행정법원에 의하면, 법률의 해석에 의거하여 행정청에게 '일견 우선순위(prima facie-Vorrang)'를 긍정하는 경우에는 행정청에게 의도된 재량이 부여되어 있는 것으로 보아, 재량규정(kann)으로 되어 있더라도 기속적으로 재량을 행사하여야 한다. 일견 우선순위가 강한 전형적인 경우와 그렇지 아니한 비전형적인 경우의 구별은 결국 형량을 통하여 결정되게 되는데, 일견 우선순위가 강한 것에 비례하여 행정청은 기속적으로 재량을 행사하여야 하고 그와 반대로 특별한 예외적 상황이 강할수록 행정청은 재량을 행사할 수 있게 된다.[52] 당위규정(Soll-Vorschriften)과 의도된 재량은 유사하지만, 당위규정은 원칙적으로 기속행위로서 행정청은 통상적인 경우에 법적 구성요건이 충족되면 행위를 하여야 할 의무를 부담하고 다만 예외적인 경우에만 행정청에게 재량이 주어짐에 반하여, 의도된 재량에서는 원칙적으로 재량행위인데 법문언의 해석을 통해서 일견 우선순위(prima facie-Vorrang)가 인정되는 경우에는 행정청은 그러한 우선순위의 기속을 받게 된다는 점에서 차이가 있다.[53] 의도된 재량이라는 개념에 대해서는 kann 규정과 soll 규정의 경계를 무너뜨리므로 혼란을 초래한다는 비판도 있다.[54]

---

51) Riese in Schoch/Schneider, VwGO § 114 [Nachprüfung von Ermessensentscheidungen] Rn. 28.
52) BVerwGE 72, 1 Rn. 22.
53) 홍강훈, 기속행위와 재량행위 구별의 새로운 기준, 공법연구 제40집 제4호, 2012/6, 300면.
54) Maurer/Waldhoff, Allg. VerwR., 20. Aufl., C.H.Beck, 2020, § 7 Rn. 13: Maurer/Waldhoff 교수들은 재량의 본질이 입법자의 의도라는 관점에서 개별적 상황에 대한 심사인데, 입법자가 통상적으로 특정한 결정을 의도하고 다만 예외적으로만 다른 결정을 내리려고 한다면, 그에 상응하는 Soll-Vorschrift의 제정이 제시된다.

독일에서 기속과 재량 사이의 스펙트럼			
muss	soll	intendiertes Ermessen	kann
엄격한 기속행위	기속재량행위		어느 정도 자유로운 재량행위
	재량적 기속행위 완화된 기속행위	기속적 재량행위	
하여야만 한다	무엇 무엇을 한다	할 수 있다	할 수 있다 자격(권한)이 있다

독일에서는 법규범의 구성요건부분에서 불확정법개념을 사용하고, 법률효과부분에서 재량이 허용된 경우를 결합규정(Koppelungsvorschrift)이라고 한다.[55] 이에 대한 판단은 원칙적으로 불확정법개념에 대해서는 전면적 사법심사를 하고, 재량에 대해서는 재량의 하자 여부에 대해서 심사를 각각 수행한다.[56] 또한, 독일의 연방행정법원은 통신법상 규제적인 조치과 관련하여 규제재량(Regulierungsermessen)이라는 개념을 사용하였는데, 규제재량의 특징이 구성요건에 불확정법개념과 법률효과에 재량이 결합되어 있다는 점에서 결합규정과 규제재량은 서로 친숙하다고 할 수 있다.[57] 규제재량은 연방통신위원회(Bundesnetzagentur für

---

55) Maurer/Waldhoff, Allg. VerwR., 20. Aufl., C.H.Beck, 2020, § 7 Rn. 49.

56) BVerwGE 46, 175, Rn. 40: Über die Versetzung eines Soldaten entscheidet der zuständige Vorgesetzte, sofern ein dienstliches Bedürfnis gegeben ist, nach seinem Ermessen. Das Vorliegen eines dienstlichen Bedürfnisses für die Versetzung ist als unbestimmter Rechtsbegriff gerichtlich voll nachprüfbar, die daran anschließende Ermessensentscheidung jedoch nur auf Ermessensfehler(당해부대의 상관은 그의 재량에 따라서 직무상 필요가 있는 경우 군인의 전보발령에 대해서 결정을 한다. 전보발령을 위한 직무상 필요의 존부는 불확정법개념으로서 완전한 사법심사의 대상이 되고, 그에 따른 재량결정은 재량하자에 한정되어서만 사법심사를 받는다.).

57) 문병효, 규제재량과 행정법원의 통제, 공법학연구 제15권 제1호, 2014, 210면: 이러한 규범구조는 다수의 불확정법개념들을 통해 조정된 형량을 그와 비로소 연결되는 재량활동과 분리하지 못하도록 하며 형량을 법원의 완전통제 하에 두지 못하게

Elektrizität, Gas, Telekommunikation, Post und Eisenbahnen) 같은 합의제 행정관청이 규제권한을 행사함에 있어서 권한행사의 요건에 고도의 평가적 요소들을 내포하고 있고 절차적으로도 전문가적 식견을 가진 자들의 견해의 조정과정을 거쳐서 행정결정이 내려지는 경우에 인정되고 있으며, 이러한 규제재량에 대한 통제는 연방건설법전상 지구상세계획에 대한 통제의 메커니즘으로 발전된 형량명령이론을 원용하여 이루어지고 있다.58)

한다. 오히려 형량은 연방통신위원회에 부여된 규제재량 자체의 분리할 수 없는 요소이다. 당법원은 불확정법개념을 구체화하는 것은 원칙적으로 법원의 일이며 행정청의 법적용을 무제한 심사해야 한다는 점을 간과하지 않는다. 오히려 법률에 규정된 결정프로그램이 고도로 복잡하거나 규율대상이 가진 특별한 역동성 때문에 너무 모호하고 행정결정을 집행함에 있어 그 구체화가 매우 어려워서 법원의 통제가 사법의 기능한계(Funktionsgrenzen der Rechtsprechung)에 부딪힐 수 있다 (BVerwG 6 C 45.06, Urteil vom 28. November 2007, Rn. 29 f.: Diese Normstruktur schließt es aus, die durch zahlreiche unbestimmte Rechtsbegriffe gesteuerte Abwägung von einer sich etwa daran erst anschließenden Ermessensbetätigung zu trennen und erstere der vollen gerichtlichen Kontrolle zu unterwerfen. Vielmehr ist die Abwägung ein untrennbarer Bestandteil des Regulierungsermessens selbst, das der Bundesnetzagentur bei zweckentsprechender Auslegung des Gesetzes insoweit eingeräumt ist. Der Senat übersieht dabei nicht, dass die Konkretisierung unbestimmter Rechtsbegriffe grundsätzlich Sache der Gerichte ist, die die Rechtsanwendung der Verwaltungsbehörden uneingeschränkt zu überprüfen haben. Doch kann ein gesetzlich vorgegebenes Entscheidungsprogramm wegen hoher Komplexität oder besonderer Dynamik der geregelten Materie so vage und seine Konkretisierung im Nachvollzug der Verwaltungsentscheidung so schwierig sein, dass die gerichtliche Kontrolle an die Funktionsgrenzen der Rechtsprechung stößt).

58) BVerwG, Urteil vom 2. April 2008 - 6 C 15/07, Rn. 50: Diese umfassende, durch zahlreiche unbestimmte Rechtsbegriffe gesteuerte Abwägung kann von der Ermessensbetätigung der Bundesnetzagentur nicht getrennt werden, sondern ist vielmehr Bestandteil des ihr in Anlehnung an das Planungsermessens eingeräumten Regulierungsermessens (s. Urteil vom 28. November 2007 BVerwG6 C 42.06Rn. 28 ff.). Das Regulierungsermessen wird fehlerhaft ausgeübt, wenn eine Abwägung überhaupt nicht stattgefunden hat - Abwägungsausfall, in die Abwägung nicht an Belangen eingestellt worden ist, was nach Lage der Dinge in sie eingestellt werden

2. 불확정법개념과 판단여지

결국 독일에서도 문제는 법령의 구성요건부분에 불확정법개념들이 많이 사용되고 있는바, 이에 대해서 법적으로 어떻게 바라볼 것인지가 중요한 문제이다. 법령의 구성요건에 사용된 불확정법개념은 공익, 공공의 이익, 상당한 이유, 교통상 이익, 신뢰성(예: 영업을 영위하기에 요청되는 신뢰성이 결여된 신청인), 적합성(예: 청소년을 정서적으로 위험하게 하기에 적합한 도서), 필요성, 특별한 곤란, 경관에 대한 침해 등으로서 내용적으로 구체화의 정도도 다양하고 특정성에 있어서도 차이를 보인다. 이러한 개념 아래에 포섭할 수 있는 범위가 다양하므로, 그의 해석이나 구체적인 경우에 적용은 쉽지 아니하다. 독일 판례상 판단여지(判斷餘地)로 인정된 경우는 ① 국가시험에 있어서의 시험평가결정, ② 학교교육영역에서 시험유사결정, ③ 공무원법상의 각종 평가, ④ 전문가 등이 참여하여 독립적으로 업무를 수행하는 위원회의 결정, 그리고 ⑤ 환경법이나 경제법 등의 영역에서 이루어지는 예측적 결정 등을 들 수 있다.[59]

---

musste - Abwägungsdefizit, die Bedeutung der betroffenen Belange verkannt worden ist - Abwägungsfehleinschätzung - oder der Ausgleich zwischen ihnen in einer Weise vorgenommen worden ist, der zur objektiven Gewichtigkeit einzelner Belange außer Verhältnis steht - Abwägungsdisproportionalität - (stRspr zum Planungsermessen, s. nur Urteil vom 21. März 1996 BVerwG4 C 19.94 BVerwGE 100, 370[383 f.] = Buchholz 407. 4 §17FStrG Nr. 113 S. 114 f. m. w. N.)(다음과 같은 규율재량의 행사는 하자가 있다: 첫째, 衡量이 전혀 개시되지 않은 경우에; 둘째, 만일 衡量에서 사물의 본성에 의하여(nach Lage der Dinge) 衡量에 포함되었어야만 할 利益들이 포함되지 않았을 경우에; 셋째, 관계된 私益의 比重이 잘못 측정되어졌을 경우; 넷째, 관계된 公益들 사이의 상호 교량이 개개 公益의 객관적인 비중(objektive Gewichtigkeit)과 너무 거리가 먼 방법으로 이루어진 경우).
강현호, 형량명령의 원칙에 관하여, 성균관법학 제7호, 1996, 213면 이하.
59) Jacob/Lau: Beurteilungsspielraum und Einschätzungsprärogative NVwZ 2015, 243; Kment/Vorwalter: Beurteilungsspielraum und Ermessen JuS 2015, 197 f.

　　불확정법개념의 판단에 있어서 원칙적으로 하나의 타당한 판단만
이 존재한다. 불확정법개념은 인식의 영역이고 인식의 영역에서는 선택
의 영역이 있을 수 없으며, 하나의 올바른 결정만이 존재할 뿐이다. 즉
법적 관점에서 예를 들면 신뢰성이 있기도 하고 없기도 할 수는 없고,
오직 하나의 올바른 결정만이 존재할 뿐이다. 물론 경계선상에 있는 경
우에는 무엇이 옳은지에 대해서 물음이 제기될 수 있을 것이다. 실제로
는 이러한 불확정법개념의 적용에 있어서는 가치적 평가, 미래에 대한
예측, 다양한 관점의 고려와 형량 등을 통해서만 가능하므로, 하나의 올
바른 결정을 내리기가 쉽지 아니하다. 또한 법규정은 명확하지만, 실제
사실적 상황에 대한 판단이 전문가적으로도 충분하게 설명될 수 없는
경우도 있을 수 있다. 이러한 경우에도 행정청은 구체적인 경우에 하나
의 특정한 결정을 내려야 한다.[60] 행정청이 내린 이런 특정한 결정에
대해서 법원이 어디까지 심사할 수 있는가가 문제인데, 법원은 사실적
또는 법적인 어려움에도 불구하고 완전하게 심사를 하여야 한다.[61]

　　현재적으로 독일에서는 불확정법개념에 대한 심사와 관련하여, 결
국 입법자의 결정을 가장 중요시 여기는 소위 규범적 수권이론
(Normative Ermächtigungslehre)이 지배적 견해라고 할 수 있다. 동 견해
에 따르면, 입법자가 불확정법개념을 사용한다는 것은 행정에게 자기책
임적이고 사법적으로 단지 제한적인 심사만 가능한 결정을 내릴 수 있
도록 수권하고 있다고 본다. 제한적인 심사가능성으로서의 판단여지는
행정청이 당해 법률을 통하여 최종적인 판단을 수권받은 경우에만 그

---

60) Maurer/Waldhoff, Allg. VerwR., 20. Aufl., C.H.Beck, 2020, § 7 Rn. 26ff.
61) BVerfGE 84, 34 − Gerichtliche Prüfungskontrolle, Rn. 46: Beruht die angefochtene
　　Verwaltungsentscheidung auf der Anwendung unbestimmter Rechtsbegriffe, so ist
　　deren Konkretisierung grundsätzlich Sache der Gerichte, die die Rechtsanwendung
　　der Verwaltungsbehörden uneingeschränkt nachzuprüfen haben(공격받는 행정결정
　　이 불확정법개념의 적용에 기인한 것이라면, 그의 구체화는 원칙적으로 법원의 임
　　무로서 행정청의 법적용에 대해서는 제한 없이 심사를 하여야만 한다.).

범위에서 허용된다고 보고 있다.[62] 규범적 수권이론이 지배적 견해로
자리잡게 된 이유는 제한적 심사로서의 판단여지를 일반적 법이론적 규
범논리적 및 실제적 고려에만 의존하지 아니하고, 입법자에 의하여 규
율되는 것이고 따라서 법률로부터 직접 도출하는데 있다.[63]

　　연방행정법원과 연방헌법재판소는 같은 방향으로 나아가고 있는
데, 불확정법개념에 대해서 온전한 사법심사가 가능하다는 입장이고,
다만, 예외적으로 특별한 이유가 있고 개별적으로 법적인 규정으로부터
도출될 수 있어야만 제한된 사법심사(판단여지)가 가능하다는 입장이
다.[64] 기본권의 제한에 있어서는 연방헌법재판소는 이러한 예외를 더욱
좁게 보고 있다. 연방헌법재판소는 행정법원이 행정의 결정에 대해서
사안적으로나 법적으로 어떠한 제한도 없이 심사하여야 할 의무를 부담
한다고 강조한다.[65] 제한된 사법심사는 단지 불확정법개념이 고도의 복
잡성과 규율되는 사안의 특별한 역동성으로 인하여 너무나 모호하고 행
정결정의 추론에 있어서 그의 구체화가 너무나 어려워서 사법적 통제가

---

62) Maurer/Waldhoff, Allg. VerwR., 20. Aufl., C.H.Beck, 2020, § 7 Rn. 31 ff.
63) Maurer/Waldhoff, Allg. VerwR., 20. Aufl., C.H.Beck, 2020, § 7 Rn. 34: 물론 규범적
　　수권이론의 문제는 첫째, 명시적으로 수권을 포함하는 법률이 드물다는 것인데, 이
　　제는 해석을 통해서 도출할 수 있다고 보고 있는바, 이러한 해석은 다시금 이전의
　　다양한 관점의 고려로 회귀하게 되는 것이라고 볼 수 있으며, 둘째, 법률을 통해서
　　부여된 판단여지가 기본법 제19조 제4항과 합치할 수 있는지 여부이다. 왜냐하면
　　동 조항은 경우에 따라서 국민들에게 주관적 공권의 부여를 요청하기 때문이다.
64) BVerfGE 129, 1 = BVerfG, 31.05.2011 − 1 BvR 857/07 Rn. 75: Deren durch Art.
　　19 Abs. 4 Satz 1 GG garantierte Effektivität darf auch der Gesetzgeber nicht durch
　　zu zahlreiche oder weitgreifende Beurteilungsspielräume für ganze Sachbereiche
　　oder gar Rechtsgebiete aushebeln. Die Freistellung der Rechtsanwendung von
　　gerichtlicher Kontrolle bedarf stets eines hinreichend gewichtigen, am Grundsatz
　　eines wirksamen Rechtsschutzes ausgerichteten Sachgrunds(입법자가 사안 또는 사
　　안을 규율하는 법영역 전체에 대해서 수많은 또는 광범한 판단여지를 통하여 기본
　　법 제19조 제4항 제1문을 통하여 보장된 기본권보장의 효율성을 형해화하여서는
　　아니된다. 법적용에 대한 사법적 심사의 면제는 효과적인 권리보호의 원칙에 의거
　　하여 항상 충분한 근거가 있어야 한다).
65) Maurer/Waldhoff, Allg. VerwR., 20. Aufl., C.H.Beck, 2020, § 7 Rn. 36.

법원의 기능적 한계에 부닥치는 경우에만 고려된다고 한다.[66]

D. 소결

이상에서 먼저 한국과 독일에서의 일반적인 재량론을 고찰해 보았다. 문제가 되는 것은 역시 법령의 구성요건 부분에 불확정법개념들이 사용되는 경우에 이를 어떻게 다룰 것인가 하는 점이다. 개발행위허가의 발급여부와 관련하여서도 구성요건부분에 다수의 불확정법개념들이 사용되고 있는바, 구체적인 사실관계를 불확정법개념으로 포섭함에 있어서 이를 재량으로 볼 것인가 아니면 완전한 사법심사가 가능하다는 전제하에 사법심사가 기능적 한계에 부닥치는 경우에 판단여지를 긍정함에 그칠 것인가의 견해가 대립된다고 하겠다. 판례는 개발행위허가를 재량행위로 보아, 테두리 심사로 만족하고 있으나, 불확정법개념이 있다고 하여 섣불리 재량행위로 보기보다는, 법치국가의 원칙 및 그에 따르는 예견가능성과 명확성의 원칙에 의거하여 법원의 기능적 한계에 이르지 아니하는 한 완전한 사법심사를 하여야 할 것이다. 이런 점에서 독일의 연방헌법재판소 내지 연방행정법원의 판단여지이론을 참조할 필요가 있을 것이다.

---

66) BVerfGE 84, 34, 50: Unbestimmte Rechtsbegriffe können allerdings wegen hoher Komplexität oder besonderer Dynamik der geregelten Materie so vage und ihre Konkretisierung im Nachvollzug der Verwaltungsentscheidung so schwierig sein, daß die gerichtliche Kontrolle an die Funktionsgrenzen der Rechtsprechung stößt. Der rechtsanwendenden Behörde mag in solchen Fällen ohne Verletzung rechtsstaatlicher Grundsätze ein begrenzter Entscheidungsfreiraum zuzubilligen sein.

Ⅳ. 대상판결에 대한 평석

A. 불확정법개념과 재량 그리고 사법심사

판례는 국토계획법상 개발행위허가는 허가기준 및 금지요건이 불확정개념으로 규정된 부분이 많아 그 요건에 해당하는지 여부는 행정청의 재량판단의 영역에 속한다라고 하여, 불확정법개념의 존재를 인식하면서도 이를 판단여지로 보아 완전한 사법심사로 나아가기보다는 테두리 심사에 그치는 재량의 영역으로 나아가고 있다. 그러나, 불확정법개념들을 많이 사용한다고 하여 이를 섣불리 재량으로 판단하는 것은 국민의 기본권 보장에 중대한 장애를 가져온다. 불확정법개념의 사용은 구체적인 사실관계가 이러한 요건에 해당하는가라는 포섭의 문제로서 완전한 사법심사의 대상이 되어야만 한다. 구체적인 사실관계가 법령의 구성요건에 포섭될 수 있는 지 여부는 행정청이 재량적으로 포섭된다고 판단할 수도 있고 또는 포섭되지 않는다고 판단할 수도 있는 문제가 아니라, 포섭과 관련하여서는 오직 하나의 올바른 판단만이 존재한다고 보는 것이 합리적이다. 포섭에 있어서 사실관계의 확정의 문제나 법령의 모호함의 문제 그리고 법원의 판단의 능력의 한계 등으로 인해서 어려움이 있을 수는 있으나 이러한 어려움이 행정청에게 재량을 부여하는 것이 아니라 다만 법원의 심사의 한계를 인정하면서 판단여지를 긍정하는 방식으로 해소되어야 하는 것이다.[67]

불확정법개념에 대한 사법심사는 규제재량에 대한 통제에서도 활용된 형량명령에 따라야 할 것이다. 불확정법개념과 같이 다의적이고 추상적인 법개념이 사용된 경우에 이에 대한 통제는 계획법체제 하에서의 계획행정청의 활동에 대한 통제와 대단히 유사하기 때문이다. 형량

---

67) 홍강훈, 결합규정(Koppelungsvorschriften)의 해석방법에 관한 연구, 공법학연구 제13권 제3호, 2012/8, 204면.

명령은 독일의 판례 발전사에 있어서 21세기 최고의 금자탑으로 평가
받고 있으며, 무엇보다도 행정청의 결정과정에 대한 심사를 통하여 보
다 심도 깊은 통제를 수행하게 된다.[68]

B. 환경을 포함한 관련이익에 대한 형량

  판례는 환경의 이익과 관련하여 환경 훼손이나 환경 오염이라는
가치를 대단히 중요시하고 있는 것으로 보인다. 환경보호의 중요성을
강조하는 것은 2016도55490 대법원판결이 시동을 걸었다.[69] '환경오염
발생 우려'와 같이 장래에 발생할 불확실한 상황과 파급효과에 대한 예
측이 필요한 요건에 관한 행정청의 재량적 판단은 폭넓게 존중하여야
한다면서 실질적인 사법심사로 나아가지 아니하고 있는 듯하다.[70] 그러
나, 독일의 판례에서 볼 수 있듯이 법령의 구성요건부분에 대해서는 완

---

68) 강현호, 형량명령의 원칙에 관하여, 성균관법학 제7호, 1996, 217면.
69) 이상덕, 토론문에서 이 판례를 계기로 대법원 재판실무의 방향전환이 있었음을 지
   적하고 있다.
70) 대법원 2021. 6. 30. 선고 2021두35681 판결 [가축분뇨배출시설변경허가신청불허가
   처분취소청구]: 환경의 훼손이나 오염을 발생시킬 우려가 있다는 것을 처분사유로
   하는 가축분뇨 처리방법 변경 불허가처분의 재량권 일탈·남용 여부를 심사할 때
   에는 가축분뇨법의 입법 취지와 목적, 자연환경과 환경권의 보호에 관한 각종 규
   정의 입법 취지, 구체적 지역 상황과 상반되는 이익을 가진 이해관계자들 사이의
   권익 균형 등을 종합하여 신중하게 판단하여야 한다. 그리고 '환경오염 발생 우려'
   와 같이 장래에 발생할 불확실한 상황과 파급효과에 대한 예측이 필요한 요건에
   관한 허가권자의 재량적 판단은 그 내용이 현저히 합리성을 잃었다거나 상반되는
   이익이나 가치를 대비해 볼 때 형평이나 비례의 원칙에 뚜렷하게 배치되는 등의
   사정이 없는 한 폭넓게 존중하여야 한다.
   국가법령정보센터에서 주변환경이라는 단어로만 검색해도 현행법령에 736개 조문
   에서, 행정규칙에는 무려 2,000여 개가 넘는 조문이 검색된다. 법원이 환경에 대해
   서 과잉적인 가치를 부여하는 경우에는 행정입법자들은 어떤 식으로든지 요건부분
   에 환경이라는 가치를 포함하려고 할 것이고, 그에 따라서 환경에 대해서 과잉대
   우하는 결과를 가져오게 될 것이다.

전한 사법심사의 노력을 게을리 하지 말아야 할 것이다. 환경오염의 발생 우려와 관련하여서도 관련된 고려요소들을 수집하고 평가하고 저울질 해 보아야 할 것이다. 환경보호와 관련된 고려요소도 충분하게 수집하여 형량하여야 하지만, 행정의 상대방의 기본권 역시 중요한 고려요소로서 형량에 포함시켜야 한다.

우리 인류가 살아가는 모든 방식은 어떤 식으로든 환경과 관련을 맺고 있으며 환경을 이용하지 아니할 수 없는 것이다. 환경오염을 예방하고 환경에 대한 보존에 노력하여야 하는 것은 모든 국민과 국가의 임무라고 할 것이지만, 그렇다손 치더라도 환경 외에도 고려되어야 할 많은 다양한 이익들이 존재하고 있으며 그러한 이익들이 전체적으로 조화를 이루어야 할 것이다. 이러한 조화는 결국 관련된 이익들의 정당한 형량을 통하여 해소될 수밖에 없을 것이다. 여기서 형량요소들에 대한 치열한 공방이 요청되고, 그것이 바로 완전한 사법심사로의 길이 아닌가 사료된다.

C. 정당한 형량의 관점

정당한 형량의 관점에서 대법원 판례가 제시한 근거에 대하여 몇 가지 의견을 제시해 볼 수 있을 것이다. 정당한 형량이란 결과만을 보고 일견적인 판단을 하는 것보다는 형량의 요소들을 구체적으로 열거하고 그 요소들에 - 가능하다면 - 수치화된 가치를 부여한 연후에 판단을 내리자는 것이다. 즉, 정당한 형량의 관점에서의 통제란 행정결정의 과정(Vorgang)에 대한 통제에 무게중심을 두는 통제로서, 행정결정의 결과(Ergebnis)만을 통제하는 비례원칙에 의한 심사를 넘어서는 것이다. 형량명령에 의한 통제란 법적 요건에의 해당 여부와 관련한 사실관계 그리고 토대가 되는 자료를 근거로 판단의 구체적인 과정까지 포함하는 심사를 의미한다.71) 형량명령에 대해서 사법심사의 완화를 가져온다는 주장도 있으나, 한 가지만 지적한다면 형량명령으로 인해서 독일에서는 너무나 많은 행정결정 특히 도시계획결정이 무효화 되고 있다는 것이다. 과연 사법심사를 완화하는 것이었다면 어떻게 이런 결과를 가져올까 의문이 들 수 있을 것이다. 형량명령은 비례원칙과 같은 일견적 심사가 아니라 과정을 꼼꼼하게 따져보는 실질적 심사이며, 이런 심사과정에서 형량의 오판이 발견되면 행정결정을 위법하게 만든다. 그래서 독일의 행정청은 형량명령이 너무 심사강도가 높아서 행정을 수행하기 어렵다는 하소연을 하였으며, 이에 독일의회도 연방건설법전 제214조 이하에서 형량명령위반의 법적 효과를 제한하는 규정을 두기에 이르렀다는 점을 지적하고 싶다.72)

첫째, 형량에 있어서 중요한 요소의 하나가 바로 기본권에 대한 고려인데, 특히 행정의 상대방이 향유하는 직업의 자유, 행복추구권 그리고 재산권적 가치가 중요한 위치를 차지함에도 불구하고, 이와 관련하여 어떠한 기본권들이 고려되었으며 무게는 어떻게 보고 있는지에 대해서 나타나지 않고 있다.73)

둘째, 처리시설이 저수지에 인접해 있는 입지를 고려요소를 보고 있는데, 문제는 이에 대해서 어느 정도의 가치를 부여하고 있는 지는 나타나고 있지 않다. 그리고, 처리시설의 입지를 고려하는 경우에는 처리시설로부터 오염물질이 유출된다면 액체는 흐를 것이고 저수지에 유

---

71) 김해룡, 행정재량론고 - 행정재량 인식 관련 판례에 대한 비판적 고찰 -, 공법연구 제40집 제3호, 2012/2, 206면.
　　이상덕, 발제에 대한 토론문에서 이상덕 판사는 독일의 형량명령이론에 대해서 이 것이 형식적 내지 절차적 통제이지 필수고려요소들을 모두 고려하여 이익형량한 결과가 최적인지에 관한 실질적 통제가 아니라고 하면서, 결과적으로 형량명령이 사법심사를 완화한 것이라고 주장하고 있다.
72) 강현호, 형량명령의 원칙에 관하여, 성균관법학 제7호, 1996, 236면.
73) BVerfGE 24, 367 (401); BVerfGE 46, 325 (334); BVerfGE 51, 150 (156).

출되지 아니하는 경우에는 토양을 오염시키게 될 것인데, 토양에 대한 오염에 대해서 어떠한 가치를 부여하고 있는 지가 나타나고 있지 아니하다. 즉, 저수지로부터 멀리 떨어져 있는 경우와 비교를 통하여 환경에 미치는 정도에 대한 평가가 요청된다고 할 것이다.

셋째, 처리시설의 노후화로 인한 오염물질의 누출 위험을 고려요소로 상정하는 경우에, 대안에 대한 고려도 함께 이루어져야 할 것이다. 시설의 현대화 내지 개·보수에 대한 고려요소 역시 함께 수집되어야 한다고 사료된다. 구체적인 위험이 아닌 장래의 예측적 위험에 대해서는 어느 정도의 가치를 부여할 수 있는 지에 대한 검토도 필요하다.

넷째, 원심에서 제시되고 있듯이 축산폐수처리시설 설계 사양서에 의하면 변경신고에 제시된 처리시설의 환경오염저감정도가 기존의 액비저장방식보다 환경오염저감을 위해서 우월한 수치를 제시하고 있는 바, 이러한 서류에 대해서 어떠한 가치를 부여할 것인지에 대해서 판단되지 않고 있다.

다섯째, 환경오염이 회복하기 어려운 것이라는 추상적인 판단을 하고 있는데, 환경의 자정작용 등에 대한 고려와 더불어 보다 객관적인 자료에 대한 수집이 요청된다. 수질오염의 경우에도 강우 등을 통해서 비교적 신속하게 정화가 이루어지는 것을 볼 수 있는바, 객관적이고 실증적인 자료에 근거한 판단이 요구된다.

정당한 형량의 관점에서는 형량에 있어서 필요한 요소들이 빠짐없이 수집되고 그러한 수집된 요소들에 대해서 가치를 부여하는 작업이 요청되고, 나아가 그러한 요소들의 경중에 대한 비교교량이 이루어져야 한다.

이런 관점에서 대법원의 판단에 있어서 고려요소들이 다소 누락되어 있다는 점과 환경에 대한 고려에 있어서 뒷받침이 되는 자료가 다소 불충분하다는 점, 그리고 국민이 기본권으로서 향유하는 직업의 자유와 행복추구권 및 재산권의 보장에 대한 고려 여부도 불분명하다는 점이 아쉽다고 할 것이다. 나아가 축산업을 통해서 이루어지는 음식물쓰레기의 처리와 국민에게 제공하는 식품의 가치 등의 요소들도 함께 고려되어 종합적으로 판단되었으면 더욱 좋지 않을까 하는 바람을 해 본다.

V. 결론

행정행위는 발급되면 폐지되지 않는 한 효력을 발하게 된다. 선행하는 행정행위는 어떤 식으로든 후행행정행위에 영향을 미치게 된다. 지금까지 우리는 행정행위를 단편적으로 바라보고 그 효력을 탐구하는 데 그쳤다. 그러나, 사회가 발달하면서 모든 분야에 복잡하고 다양한 이익들이 관여하면서 일회적인 행정행위로 사안이 마무리되지 않는 경우가 증가하고 있다. 이런 시대를 살고 있는 우리는 행정행위를 하나의 커다란 시간적 흐름 가운데서 살펴보아야 할 때가 되었다.

이 사안에서 등장하는 배출처리시설의 허가나 신고를 단편적으로 바라보고 규율하는 경우에는 후행하는 행정행위와의 관계에서 문제가 발생할 수 있음을 알 수 있다. 이제는 어떤 행정행위를 발급하는 경우에 이와 연관성이 있는 후행행위와의 관련성까지 고려하여야 할 필요가 있다. 특히, 행정의 간소화 내지 규제의 완화 차원에서 전개되는 신고제도의 남용으로 인해서 제대로 된 심사가 없이 마치 행정청의 행위가 있었던 것처럼 효력을 발하게 되는 경우에는 더욱 빈번하게 문제가 될 수 있을 것이다.

선행행위가 후행행위에 대해서 끼치는 효력에 대해서 이를 규준력이라는 이름으로 살펴보고 이러한 규준력이 미치는 조건과 한계 그리고 범위 등에 대해서 보다 깊은 연구가 필요하리라 사료된다. 물론 규준력의 주요한 내용의 하나로서 신뢰의 이익이 등장하게 되는바, 전체적으로 규준력에 위반하는 후행행위의 효력을 어떻게 다루어야 하는 지에 대해서도 보다 깊은 연구가 필요하다.

　　규준력의 문제와 더불어 행정행위의 요건 부분에 불확정법개념들이 사용되는 경우에 나아가 이와 결부하여 행정행위의 효과부분에는 재량적 용어들이 등장하는 경우에 이러한 법규범 하에서 이루어지는 행정청의 행위들을 어떻게 바라볼 것인가가 중요하다. 법규범의 개방성, 모호성, 다중성 등으로 인해서 행정청에게 광범한 재량이 부여되는 것으로 보고, 법원 역시 이에 대한 사법심사를 느슨하게 한다면 행정의 상대방에 놓여 있는 국민의 권익보호는 어디서 찾을 것인가가 문제될 수 있다. 향후 사회가 복잡 다양하게 전개될수록 입법을 하는 자는 법적 구성요건에는 다수의 불확정법개념을 사용하고, 법적 효과부분에도 행정청에게 재량을 부여하는 규범들을 활용하게 될 가능성이 높다. 행정청은 이런 규범구조하에서 행정을 수행하게 되는바, 이는 결국 행정권의 지배로 귀결될 가능성이 높다. 이러한 상황은 우리 헌법이 취하고 있는 권력분립의 정신에 부합되지 아니한 바, 우리 헌법은 사법부에게 보다 심도 깊은 통제를 요청하게 된다. 그러한 통제의 최고봉에 위치하는 것이 바로 형량명령의 원칙이다. 형량명령은 결과에 초점을 맞추는 비례의 원칙과는 달리 행정의 과정에 대한 통제까지 포함하여 행정청의 결정을 심사한다. 법적 구성요건에 해당하는 지 여부에 대해서는 오직 하나의 올바른 결정이 있을 수 밖에 없으므로 완전한 사법심사를 하여야 한다면, 이러한 사법심사의 기제는 형량명령이 될 것이다. 이러한 지향은 행정기본법에서 행정청이 재량처분을 함에 있어서 관련된 이익들을 정당하게 형량하여야 할 의무를 부과함으로 인해서 더욱 분명하게 되고 있다. 이런 관점에서 우리 대법원의 재량에 대한 심사는 다소 느슨하게 전개되고 있는바, 보다 심도 깊은 통제로 나아가야 할 것이다.

참고문헌

강현호, 행정법의 이해, 동방문화사, 2018.

강현호, 형량명령의 원칙에 관하여, 성균관법학 제7호, 1996, 219-240면.

강현호, 형량과정과 형량결과의 법적 의미, 공법연구 제26집 제1호, 1998, 245-262면.

강현호, 계획적 형성의 자유의 통제수단으로서 형량명령, 토지공법연구 제66집, 2014/8, 203-225면.

김남진·김연태, 행정법 I, 법문사, 2020.

김남철, 행정법강론, 박영사, 2018.

김동희, 행정법 I, 박영사, 2019.

김순양, 일선 규제업무 담당공무원의 재량행위(裁量行爲) 원인에 관한 실태 분석, 규제연구 제26권 제1호, 2017, 31-79면.

김철용, 행정법, 고시계사, 2020.

김중권, 행정법, 법문사, 2019.

김중권, 行政行爲의 效力과 拘束效의 體系에 관한 小考, 공법학연구 제13권 제2호2012/05, 345-379면.

김중권, 국민건강보험법의 부당이득징수처분의 법적 성질, 행정판례연구 Vol.26 No.1 [2021], 3-45면.

김해룡, 행정재량론고 - 행정재량 인식 관련 판례에 대한 비판적 고찰-, 공법연구 제40집 제3호, 2012/2, 191-221면.

문기덕, 실무자가 쓰는 행정법 이야기 : 재량행위의 이해와 현실적 문제, 지방행정 제57권 658호, 2008, 108-117면.

문병효, 규제재량과 행정법원의 통제, 공법학연구 제15권 제1호, 2014, 207-241면.

박균성, 행정법강의, 박영사, 2022.

박정훈, 행정법의 체계와 방법론, 박영사, 2005.

박정훈, 불확정개념과 판단여지, 행정작용법(中凡김동희교수정년기념논문집), 2005.

석종현 · 송동수, 일반행정법총론, 박영사, 2020.

송시강, 행정재량과 법원리. 행정법연구(48), 2017, 113－151면.

정남철, 행정구제의 기본원리, 법문사, 2015.

정남철, 현대행정의 작용형식, 법문사, 2016.

정하중/김광수, 행정법개론, 법문사, 2022.

최계영, 신뢰보호 원칙의 적용요건 － 공적 견해표명의 의미를 중심으로, 2016, 665－697면.

최선웅, 행정소송에서의 기속재량. 행정법연구(52), 2018, 131－159면.

홍강훈, 결합규정(Koppelungsvorschriften)의 해석방법에 관한 연구, 공법학연구 제13권 제3호, 2012/8, 177－212면.

홍강훈, 기속행위와 재량행위 구별의 새로운 기준, 공법연구 제40집 제4호, 2012/6, 293－332면.

홍강훈, "독자적 행정행위 효력론에 근거한 행정행위 효력의 새로운 재구성 공정력, 존속력, 구속력 개념 간의 역사적 이론적 비교분석" 공법연구 제49집 제1호, 2020. 10., 117쪽 이하.

홍정선, 행정법특강, 박영사, 2013.

홍정선, 행정법원론(상), 박영사, 2020.

BVerfGE 84, 34(50).

BVerfGE 129, 1.

BVerfGE 149, 407(Rotmilan).

BVerwGE 9, 251(Witwen－Urteil).

BVerwGE 46, 175, Rn. 40.

BVerwGE 72, 1, Rn. 22.

BVerwG, Urteil vom 28. November 2007 － 6 C 45.06, Rn. 29 f.

BVerwG, Urteil vom 2. April 2008 － 6 C 15/07, Rn. 50.

Erichsen, Hans-Uwe/Knoke, Ulrich, Bestandskraft von Verwaltungsakten, NVwZ 1983.

Hain/Schlette/Schmitz, AÖR 122.

Jacob/Lau: Beurteilungsspielraum und Einschätzungsprärogative NVwZ 2015, 241.

Kment/Vorwalter: Beurteilungsspielraum und Ermessen JuS 2015, 193.

Maurer, Hartmut/ Waldhoff, Christian, Allgemeines Verwaltungsrecht, 20. Aufl., C.H. Beck, 2020.

Riese in Schoch/Schneider, VwGO § 114 [Nachprüfung von Ermessensentscheidungen] Rn. 28.

Seibert, Max-Jürgen, Die Bindungswirkung von Verwaltungsakten, Baden-Baden, 1989.

국문초록

어떤 행정행위든지 일단 발급되면 폐지되지 않는 한 효력을 발하게 되고, 발급된 선행행위는 어떤 식으로든 후행행정행위에 그 효력을 미치게 된다. 아직까지 우리는 행정행위를 단편적으로 바라보고 그 효력을 탐구하는데 그쳤으나, 사회가 발달하게 되고 여러 분야에 복잡하고 다양한 이익들이 관여하면서 일회적인 행정행위로 사안이 마무리되지 않는 경우가 증가하고 있다. 이제는 행정행위를 바라봄에 있어서 시간적 흐름 가운데서 살펴보아야 할 때가 되었다. 본 사안에서 등장하는 배출처리시설의 허가나 신고를 단편적으로 바라보고 후행행위와의 관련성을 고려하지 아니하고 규율하는 경우에는 후행하는 행정행위와의 관계에서 문제가 발생할 수 있음을 알 수 있다. 이제는 어떤 행정행위를 발급하는 경우에 이와 연관성이 있는 지 까지 고려하여야 할 필요가 있다. 특히, 행정의 간소화 내지 규제의 완화 차원에서 전개되는 신고제도의 남용으로 인해서 제대로 된 심사가 없이 마치 행정청의 행위가 있었던 것처럼 효력을 발하게 되는 경우에는 더욱 빈번하게 문제가 될 수 있을 것이다.

선행행위가 후행행위에 대해서 미치는 영향력에 대해서 이를 규준력이라는 이름으로 살펴보고 이러한 규준력이 미치는 조건과 한계 그리고 범위 등에 대해서는 향후 보다 깊은 연구가 요청된다. 그리고, 규준력의 주요한 내용의 하나로서 선행행위에 대한 신뢰가 등장하게 되는바, 기존의 신뢰보호원칙과 더불어 전체적으로 규준력에 위반하는 후행행위의 효력을 어떻게 다루어야 하는 지에 대해서도 보다 깊은 연구가 필요하다.

규준력의 문제와 더불어 행정행위의 요건 부분에 불확정법개념들이 사용되는 경우에, 나아가 이와 결부하여 행정행위의 효과부분에는 재량적 단어들이 등장하는 경우에, 이러한 법규범 하에서 발급되는 행정청의 행위들을 어떻게 바라볼 것인가가 중요하다. 법규범의 개방성, 모호성, 다중성 등으로 인해서 행정청에게 광범한 재량이 부여되는 것으로 보고, 법원 역시 이에 대한 사법심사를 느슨하게 한다면, 행정의 상대방에 놓여 있는 국민의 권익보호는 대단히 위태롭게 된다. 사회가 복잡 다양하게 전개될수록 입법을 하는 자는 법적 구성요건에는 다수의 불확정법개념을 사용하고, 효과부분에도 행정청에게 재량을 부여하게 될 가능성이 높다. 행정청이 이런 규범구조하에서 행정을 수행하게 된다면 헌법상의 삼권분립의 원칙이 형해화되고 행정권의 지배로 귀결될 가능성이 높다. 이러한 행정권의 독주 상황은 우리 헌법에 부합되지 아니한 바, 우리 헌법은 사법부에게 보다 심도 깊은 통제를 요청하게 된다. 이러한 통제의 최고봉에 위치하는 것이 바로 형량명령의 원칙으로서, 형량명령은 행정결정의 결과에 초점을 맞추는 비례의 원칙과는 달리 행정결정의 과정에 대한 통제까지 포함하여 행정청의 결정을 심사한다. 법적 구성요건에 해당하는 지 여부에 대해서는 오직 하나의 올바른 결정이 있을 수 밖에 없으므로 완전한 사법심사를 하여야 한다면, 이러한 사법심사의 기제는 형량명령이 될 것이다. 본 사안을 통해서 알 수 있듯이 우리 대법원의 행정청의 재량에 대한 심사는 다소 느슨하게 전개되고 있는바, 보다 심도 깊은 통제로 나아가야 할 것이다. 행정청의 재량에 대한 완전한 사법심사는 새로이 제정된 행정기본법이 행정청이 재량처분을 함에 있어서 관련된 이익들을 정당하게 형량하여야 할 의무를 부과하고 있는 것을 통해서도 지지되고 있다.

　　주제어: 선행행정행위, 규준력, 신뢰보호, 재량행위, 개발행위허가,
　　　　　 정당한 형량

Zusammenfassung

Die präjudizielle Wirkung des vorangegangenen Verwaltungsaktes auf den nachfolgenden Verwaltungsakt und die gerichtliche Überprüfung in der Erschließungsgenehmigung

Kang, Hyun Ho*

Wenn ein Verwaltungsakt erlassen wird, tritt er in Kraft, soweit er nicht aufgehoben wird. Die vorangegangene Verwaltungshandlung wirkt sich in gewisser Weise auf die nachfolgende Verwaltungshandlung aus. Verwaltungshandeln haben wir bisher nur bruchstückhaft auf ihre Wirksamkeit hin betrachtet. Im Zuge der gesellschaftlichen Entwicklung sind jedoch in allen Bereichen komplexe und vielfältige Interessenlagen im Spiel und es kommt vermehrt vor, dass Fälle nicht durch einen einmaligen Verwaltungsakt gelöst werden.

Es ist ersichtlich, dass Probleme im Hinblick auf spätere Verwaltungshandlungen auftreten können, wenn die in diesem Fall auftretenden Genehmigungen oder Anzeige von Emissionsbehandlungsanlagen lückenhaft betrachtet und geregelt werden. Nun ist beim Erlass eines bestimmten Verwaltungsakts die Relevanz für den darauf bezogenen Folgeakt zu berücksichtigen. Insbesondere der Missbrauch des im Sinne einer Verwaltungsvereinfachung oder

---

* Professor, Law School, Sungkyunkwan University.

Deregulierung entwickelten Anzeigesystems können häufiger diese Probleme auftauchen.

Es wird angenommen, dass eine eingehendere Studie erforderlich ist, um die Wirkung vorhergehender Verwaltungshandlungen auf nachfolgende Handlungen in Bezug auf Grenze und Umfang dieser präjudiziellen Wirkung zu untersuchen. Da sich die Belange des Vertrauens als einer der Hauptinhalte der normativen Kraft herausstellt, bedarf es natürlich einer tiefergehenden Untersuchung, wie mit der Wirkung der die präjudizielle Wirkung als Ganzes verletzenden Folgehandlung umzugehen ist.

Neben dem Problem der präjudizielle Wirkung, wenn unbestimmte Rechtsbegriffe in den Tatbeständen des Verwaltungshandelns verwendet werden, und damit verbunden, wenn Ermessensbegriffe in der Rechtsfolgeseite des Verwaltungshandelns auftreten, wie ist das Handeln der Verwaltungsbehörden unter diesen rechtlich zu beurteilen? Wenn die Offenheit, Mehrdeutigkeit und Vielfalt der Rechtsnormen als große Ermessensspielräume der Verwaltung angesehen werden und die Gerichte auch hierüber die gerichtliche Kontrolle lockern, stellt sich die Frage, wo Schutz für die Rechte und Interessen der Bürger zu finden ist. Da sich die Gesellschaft in einer komplexen und vielfältigen Zukunft entwickelt, wird der Gesetzgeber mit hoher Wahrscheinlichkeit eine Reihe von unbestimmten Rechtsbegriffen für Rechtsnormen verwenden, die Verwaltungsbehörden einen weiten Ermessensspielraum in Bezug auf Rechtsfolgen einräumen. Verwaltungsbehörde führen die Verwaltung unter dieser normativen Struktur durch, was mit hoher Wahrscheinlichkeit zur Dominanz der Verwaltungsmacht führen wird. Diese Situation entspricht nicht dem Prinzip der Gewaltenteilung, der in unserer Verfassung verankert ist, und unsere Verfassung verlangt von der Justiz eine tiefergehende Kontrolle über die Verwaltung. Es ist das Abwägungsgebot, das an der Spitze einer solchen Kontrolle steht. Anders als der ergebnisorientierte Grundsatz der Verhältnismäßigkeit prüft das Abwägungsgebot die Entscheidung der Verwaltungsbehörde einschließlich des Verwaltungsvorganges. Diese Orientierung an gerechte Abwägung wird deutlicher, da das Grundverwaltungsgesetz die Verwaltungsbehörde zu einem gerechten Interessenausgleich bei der Ermessensverfügung verpflichtet. Aus dieser Sicht wird die Überprüfung des Ermessensspielraums des Obersten Gerichtshofs von Korea etwas locker entwickelt, sodass wir zu einer eingehenderen Kontrolle durch Abwägungsgebot übergehen sollten.

Schlüsselwörter: Vorangegangener Verwaltungsakt, Präjudizielle Wirkung, Vertrauensschutz, Ermessenshandlung, Erschließungsgenehmigung, gerechte Abwägung

투고일 2022. 6. 8.
심사일 2022. 6. 28.
게재확정일 2022. 6. 29

行政行爲의 瑕疵

하자의 승계와 쟁송법적 처분(최계영)

하자의 승계와 쟁송법적 처분*

최계영**

대법원 2020. 4. 9. 선고 2019두61137 판결

Ⅰ. 대상판결의 개요
  1. 사실관계
  2. 소송경과
  3. 판결요지
Ⅱ. 문제의 소재
Ⅲ. 사업종류 결정의 처분성
  1. 실체법적 논거
  2. 쟁송법적 논거와 절차법적
    논거
Ⅳ. 사업종류 결정과 산재보험료
  부과처분 사이의 하자의 승계

  1. 기존의 논의구조
  2. 두 가지 예외
  3. 추가된 세 번째 예외
    - 쟁송법적 처분
  4. 절차적 보장이 하자의 승계
    에 미치는 영향
  5. 확인적 행정행위 - 예정되었으
    나 현실화되지 않은 불이익
Ⅴ. 대상판결의 의미와 전망

Ⅰ. 대상판결의 개요

1. 사실관계

(1) 원고는 1992. 1. 13.경 피고 근로복지공단(이하 '피고'라고 한다)

---

 * 이 논문은 서울대학교 법학연구소의 2022학년도 학술연구비 지원을 받았음 (서울
   대학교 법학발전재단 출연).
** 서울대학교 법학전문대학원 교수

에 시흥시 ○○공단에 있는 철판코일 가공 공장(이하 '이 사건 사업장'이라
고 한다)에 관하여 사업종류를 '도·소매 및 소비자용품 수리업'으로 하
여 산재보험관계 성립신고를 하고, 그에 따라 산재보험료를 납부하여
왔다.

　(2) 피고는 2018. 1. 15. 원고에 대하여 이 사건 사업장의 사업종류
를 2014. 1. 1. 기준으로 '도·소매 및 소비자용품 수리업'(산재보험료율
9/1,000)에서 '각종 금속의 용접 또는 용단을 행하는 사업'(산재보험료율
19/1,000)으로 변경한다고 결정하고 이를 통지하였다(이하 '이 사건 사업종
류 변경결정'이라고 한다).

　(3) 이 사건 사업종류 변경결정에 따른 후속조치로서, 원심공동피
고 국민건강보험공단은 원고에 대하여 2018. 1. 22. 2014. 1. 1.부터
2016. 12. 31.까지의 기간에 대한 산재보험료로 93,675,300원을, 2018.
2. 21. 위 기간에 대한 산재보험료로 59,912,370원을 각 추가로 납부하
라고 고지하였다(이하 두 차례의 납부고지를 통틀어 '이 사건 추가보험료 부과
처분'이라고 한다).

　(4) 원고는 피고를 상대로 이 사건 사업종류 변경결정의 취소를 구
하고, 원심공동피고 국민건강보험공단을 상대로 이 사건 추가보험료 부
과처분의 취소를 구하는 내용의 이 사건 소를 제기하였다.

2. 소송경과

　(1) 1심은 이 사건 사업종류 변경결정과 이 사건 추가보험료 부과
처분이 모두 행정소송법상 처분임을 전제로 두 처분을 모두 취소하였
다.[1] 처분성 여부는 쟁점이 되지 아니하였다.

　(2) 원심은 이 사건 사업종류 변경결정은 처분이 아니고 이 사건

---

1) 울산지방법원 2018. 10. 11. 선고 2018구합5844 판결.

추가보험료 부과처분만 처분이라고 보아, 전자에 대한 취소청구를 각하하고 후자에 대한 취소청구를 인용하였다.[2] 사업종류 변경결정이 처분이 아니라고 판단한 근거는 다음과 같다.

① 산재보험료 및 그 산정의 기초가 되는 사업종류 및 산재보험료율은 근로복지공단의 사업종류변경 통지가 아니라 고용산재보험료징수법령[3]이 위와 같이 정한 기준과 당해 사업의 실질에 의하여 결정된다.

② 사업주로서는 국민건강보험공단[4]의 산재보험료 고지가 있은 후에야 비로소 산재보험료 및 연체금 납부의무를 부담하게 되므로, 근로복지공단의 사업종류변경 통지만으로는 사업주의 법률상 지위에 어떠한 구체적, 직접적인 법률적 변동이나 불이익이 발생할 여지가 없고, 국민건강보험공단이 사실상 근로복지공단의 사업종류변경 통지에 구속되어 산재보험료를 산정, 고지할 수밖에 없다 하더라도 이와 달리 볼 것은 아니다.

③ 통상적으로 근로복지공단의 사업종류변경 통지가 있는 경우 그에 따른 국민건강보험공단의 산재보험료 고지도 곧바로 뒤따르게 되므로, 국민건강보험공단의 산재보험료 고지와 별도로 근로복지공단의 사업종류변경 통지의 처분성을 인정하여 이를 먼저 다투게 할 실익은 크지 않을 뿐만 아니라, 사업종류 적용의 적법·타당성 여부는 근로복지공단을 상대로, 나머지 위법사항은 국민건강보험공단을 상대로 이중의 소를 제기하도록 하는 것은 소송경제에 반하고 사업주의 권리구제를 더욱 어렵고 복잡하게 만든다. 결국 사업종류변경 통지 및 그에 따라 산정된 산재보험료 액수 등에 불복이 있는 경우, 국민건강보험공단을 상대로 산재보험료 부과처분의 취소 등을 구하는 소를 제기하여 사업종류변경

---

2) 부산고등법원 2019. 11. 22. 선고 2018누23725 판결.
3) '고용보험 및 산업재해보상보험의 보험료징수 등에 관한 법률'과 그 하위 법령을 통칭.
4) 국민건강보험공단이 고용노동부장관의 위탁을 받아 대외적으로 산재보험료를 고지하고 징수하는 업무를 수행한다.

의 적법·타당성 여부까지 포함하여 산재보험료 산정에 관한 모든 위법사항을 한꺼번에 주장하도록 하는 것이 사업주의 권리구제의 효율성과 편의성, 소송경제의 측면에서 바람직하다.

④ 대법원은 사업주의 사업종류변경신청에 대한 근로복지공단의 거부행위가 항고소송의 대상이 되는 행정처분에 해당한다고 판시한 바 있다(대법원 2008. 5. 8. 선고 2007두10488 판결). 그런데 사업의 실태와 현황이 잘못 평가되어 사업종류가 결정된 결과, 과다하게 산정, 고지된 산재보험료를 납부해 오던 사업주로서는 사업종류변경신청이 거부된다면 종전과 마찬가지로 과다하게 산정된 산재보험료를 납부해야 하는 법률상 불이익이 계속되는 반면, 근로복지공단이 사업의 실태와 현황을 잘못 평가하여 사업종류변경 통지를 하더라도, 위 ②항에서 본 바와 같이 국민건강보험공단의 산재보험료 고지가 없는 상태에서는 사업주에게 그와 같은 법률상 불이익이 발생하지 않으므로, 사업종류변경신청에 대한 거부행위와 사업종류변경 통지는 그 법률적 효과에 있어서 근본적인 차이가 있다. 따라서 사업종류변경신청 거부행위의 처분성이 인정된다고 하여 바로 사업종류변경 통지의 처분성까지 인정되는 것은 아니다.

⑤ 피고는 이 사건 사업종류 변경결정을 하면서 행정심판, 행정소송 등 불복방법을 함께 고지하였으나, 그것만으로 원고의 법률상 지위에 아무런 영향을 미치지 못하는 위 결정의 처분성이 인정되는 것은 아니다.

3. 판결요지

대법원은 이 사건 사업종류 변경결정의 처분성을 부정한 원심의 판단이 잘못되었음을 이유로 이 부분 원심판결을 파기하고 원심 법원으로 사건을 환송하였다. 처분성을 긍정한 논거는 아래 (1)과 같다. 나아가 이 사건에서 직접 쟁점이 된 사항은 아니지만 방론으로 사업종류 변경결정의 하자가 산재보험료 부과처분에 승계되는지에 관한 판단을 덧붙였다. 그 구체적 내용은 (2)와 같다.

(1) 사업종류 변경결정이 처분인지

① 사업종류별 산재보험료율은 고용노동부장관이 매년 정하여 고시하므로, 개별 사업장의 사업종류가 구체적으로 결정되면 그에 따라 해당 사업장에 적용할 산재보험료율이 자동적으로 정해진다. 고용산재보험료징수법은 개별 사업장의 사업종류 결정의 절차와 방법, 결정기준에 관하여 구체적으로 규정하거나 하위법령에 명시적으로 위임하지는 않았으나, 고용산재보험료징수법의 사업종류 변경신고에 관한 규정들과 근로복지공단의 사실조사에 관한 규정들은 개별 사업장의 구체적인 특성을 고려하여 사업종류가 결정되고 그에 따라 산재보험료율이 결정되어야 함을 전제로 하고 있다. 따라서 근로복지공단이 개별 사업장의 사업종류를 결정하는 것은 고용산재보험료징수법을 집행하는 과정에서 이루어지는 행정작용이다.

고용노동부장관의 고시에 의하면, 개별 사업장의 사업종류 결정은 그 사업장의 재해 발생의 위험성, 경제활동의 동질성, 주된 제품·서비스의 내용, 작업공정과 내용, 한국표준산업분류에 따른 사업내용 분류, 동종 또는 유사한 다른 사업장에 적용되는 사업종류 등을 확인한 후, 매년 고용노동부장관이 고시한 '사업종류예시표'를 참고하여 사업세목을 확정하는 방식으로 이루어진다. 1차적으로 사업주의 보험관계 성립신고나 변경신고를 참고하지만, 사업주가 신고를 게을리하거나 그 신고 내용에 의문이 있는 경우에는 산재보험료를 산정하는 행정청인 근로복지공단이 직접 사실을 조사하여 결정하여야 한다. 이러한 사업종류 결정의 주체, 내용과 결정기준을 고려하면, 개별 사업장의 사업종류 결정은 구체적 사실에 관한 법집행으로서 공권력을 행사하는 '확인적 행정행위'라고 보아야 한다.

② 개별 사업장의 사업종류가 사업주에게 불리한 내용으로 변경되면 산재보험료율이 인상되고, 사업주가 납부하여야 하는 산재보험료가 증가한다. 따라서 근로복지공단의 사업종류 변경결정은 사업주의 권리·의무에도 직접 영향을 미친다고 보아야 한다. 근로복지공단이 개별 사업장의 사업종류를 변경결정하고 산재보험료를 산정하면, 그에 따라 국민건강보험공단이 이미 지난 기간에 대한 부족액을 추가로 징수하거나 장래의 기간에 대하여 매월 보험료를 부과하는 별도의 처분을 할 것이 예정되어 있기는 하다. 그러나 개별 사업장의 사업종류를 변경하고 산재보험료를 산정하는 판단작용을 하는 행정청은 근로복지공단이며, 국민건강보험공단은 근로복지공단으로부터 그 자료를 넘겨받아 사업주에 대해서 산재보험료를 납부고지하고 징수하는 역할을 수행한다. 따라서 근로복지공단의 사업종류 변경결정의 당부에 관하여 국민건강보험공단으로 하여금 소송행위를 하도록 하기보다는, 그 결정의 행위주체인 근로복지공단으로 하여금 소송당사자가 되도록 하는 것이 합리적이다.

어떤 처분을 위법하다고 판단하여 취소하는 확정판결은 소송상 피고가 되는 처분청뿐만 아니라 그 밖의 관계행정청까지 기속한다(행정소송법 제30조 제1항). 처분청과 관계행정청은 취소판결의 기속력에 따라 그 판결에서 확인된 위법사유를 배제한 상태에서 다시 처분을 하거나 그 밖에 위법한 결과를 제거하는 조치를 할 의무가 있다(대법원 2015. 10. 29. 선고 2013두27517 판결 등 참조). 근로복지공단의 사업종류 변경결정을 취소하는 판결이 확정되면, 그 사업종류 변경결정을 기초로 이루어진 국민건강보험공단의 각각의 산재보험료 부과처분은 그 법적·사실적 기초를 상실하게 되므로, 국민건강보험공단은 직권으로 각각의 산재보험료 부과처분을 취소하거나 변경하고, 사업주가 이미 납부한 보험료 중 정당한 액수를 초과하는 금액은 반환하는 등의 조치를 할 의무가 있다.

따라서 사업주로 하여금 국민건강보험공단을 상대로 개개의 산재보험료 부과처분을 다투도록 하는 것보다는, 분쟁의 핵심쟁점인 사업종류 변경결정의 당부에 관해서 그 판단작용을 한 행정청인 근로복지공단을 상대로 다투도록 하는 것이 소송관계를 간명하게 하는 방법일 뿐만 아니라, 분쟁을 조기에 근본적으로 해결하는 방법이기도 하다. 바로 이러한 취지에서 이미 대법원은, 근로복지공단이 사업주의 사업종류 변경신청을 거부하는 행위가 항고소송의 대상인 '거부처분'에 해당한다고 판시한 바 있다(대법원 2008. 5. 8. 선고 2007두10488 판결).

③ 피고(근로복지공단)의 내부규정은 행정절차법이 규정한 것보다 더욱 상세한 내용으로 사전통지 및 의견청취절차를 규정하고, 그 처리 결과까지 문서로 통보하도록 규정하고 있다. 또한 기록에 의하면, 피고는 이러한 내부규정에 따른 사전통지 및 의견청취절차를 거친 후 원고에게 그 처리결과인 이 사건 사업종류 변경결정을 알리는 통지서(갑 제4호증)를 작성하여 교부하였는데, 거기에는 사업종류 변경결정의 내용과 이유, 근거 법령이 기재되어 있을 뿐만 아니라, "동 결정에 이의가 있을 경우에는 처분이 있음을 안 날로부터 90일 이내에 행정심판법 제28조에 따른 행정심판 또는 행정소송법에 따른 행정소송을 제기할 수 있음을 알려드립니다."라는 불복방법 안내문구가 기재되어 있음을 알 수 있다. 이러한 피고의 내부규정과 실제 사업종류 변경결정 과정을 살펴보면, 피고 스스로도 사업종류 변경결정을 행정절차법과 행정소송법이 적용되는 처분으로 인식하고 있음을 알 수 있고, 그 상대방 사업주로서도 피고의 사업종류 변경결정을 항고소송의 대상인 처분으로 인식하였을 수밖에 없다. 이와 같이 불복방법을 안내한 피고가 이 사건 소가 제기되자 '처분성'이 인정되지 않는다는 본안전항변을 하는 것은 신의성실원칙(행정절차법 제4조)에도 어긋난다.

(2) 사업종류 변경결정의 하자가 산재보험료 부과처분에 승계되는지

근로복지공단의 사업종류 변경결정에 따라 국민건강보험공단이 사업주에 대하여 하는 각각의 산재보험료 부과처분도 항고소송의 대상인 처분에 해당하므로, 사업주는 각각의 산재보험료 부과처분을 별도의 항고소송으로 다툴 수 있다. 그런데 근로복지공단이 사업종류 변경결정을 하면서 개별 사업주에 대하여 사전통지 및 의견청취, 이유제시 및 불복방법 고지가 포함된 처분서를 작성하여 교부하는 등 실질적으로 행정절차법에서 정한 처분절차를 준수함으로써 사업주에게 방어권행사 및 불복의 기회가 보장된 경우에는, 그 사업종류 변경결정은 그 내용·형식·절차의 측면에서 단순히 조기의 권리구제를 가능하게 하기 위하여 행정소송법상 처분으로 인정되는 소위 '쟁송법적 처분'이 아니라, 개별·구체적 사안에 대한 규율로서 외부에 대하여 직접적 법적 효과를 갖는 행정청의 의사표시인 소위 '실체법적 처분'에 해당하는 것으로 보아야 한다. 이 경우 사업주가 행정심판법 및 행정소송법에서 정한 기간 내에 불복하지 않아 불가쟁력이 발생한 때에는 그 사업종류 변경결정이 중대·명백한 하자가 있어 당연무효가 아닌 한, 사업주는 그 사업종류 변경결정에 기초하여 이루어진 각각의 산재보험료 부과처분에 대한 쟁송절차에서는 선행처분인 사업종류 변경결정의 위법성을 주장할 수 없다고 봄이 타당하다. 이 경우 근로복지공단의 사업종류 변경결정을 항고소송의 대상인 처분으로 인정하여 행정소송법에 따른 불복기회를 보장하는 것은 '행정법관계의 조기 확정'이라는 단기의 제소기간 제도의 취지에도 부합한다.

다만 근로복지공단이 사업종류 변경결정을 하면서 실질적으로 행정절차법에서 정한 처분절차를 준수하지 않아 사업주에게 방어권행사 및 불복의 기회가 보장되지 않은 경우에는 이를 항고소송의 대상인 처분으로 인정하는 것은 사업주에게 조기의 권리구제기회를 보장하기 위한 것일 뿐이므로, 이 경우에는 사업주가 사업종류 변경결정에 대해 제소기간 내에 취소소송을 제기하지 않았다고 하더라도 후행처분인 각각의 산재보험료 부과처분에 대한 쟁송절차에서 비로소 선행처분인 사업종류 변경결정의 위법성을 다투는 것이 허용되어야 한다.

Ⅱ. 문제의 소재

대상판결은 고용산재보험료징수법에 따른 사업종류 결정과 산재보험료 부과처분의 관계를 다루고 있다. 원심은 사업종류 결정의 처분성을 부정하고 산재보험료 부과처분 취소소송에서 사업종류 결정의 위법성을 함께 다투어야 한다고 판단하였다. 이에 반해 대상판결은 사업종류 결정은 처분이고, 사업종류 결정의 위법성은 산재보험료 부과처분 취소소송에서 다툴 수 없다고 판단하였다. 사업종류 결정의 처분성이 주된 쟁점이고, 사업종류 결정의 하자가 산재보험료 부과처분에 승계되는지의 문제는 일종의 방론으로 서술되었다. 사업종류 결정을 처분으로 볼 경우 후속 법률관계가 어떻게 전개되는지 설명하기 위한 부분으로 보인다. 그런데 이 방론 부분에서 실체법적 처분과 쟁송법적 처분의 구별, 쟁송법적 처분에 대한 하자의 승계의 인정 등 기존의 판례에 없었던 개념과 법리가 새로이 제시되고 있다. 이하에서는 사업종류 결정의 처분성(Ⅲ), 사업종류 결정과 산재보험료 부과처분 사이의 하자의 승계(Ⅳ)에 관하여 차례로 검토할 것이다.

Ⅲ. 사업종류 결정의 처분성

대상판결은 사업종류 결정의 처분성을 실체법, 쟁송법, 절차법의 세 층위에서 논증하고 있다. 앞의 판결요지[Ⅰ.3.(1)]의 ①, ②, ③에서 들고 있는 논거는 각각 실체법적 차원, 쟁송법적 차원, 절차법적 차원에 초점을 맞추어 처분성을 논증하고 있다. 이하에서는 편의상 ①을 [실체법적 논거], ②를 [쟁송법적 논거], ③을 [절차법적 논거]라 부르도록 하겠다.

1. 실체법적 논거

(1) 확인적 행정행위

대상판결에서는 사업종류 결정이 확인적 행정행위이므로 처분이라고 판단하고 있다("개별 사업장의 사업종류 결정은 구체적 사실에 관한 법집행으로서 공권력을 행사하는 '확인적 행정행위'"). 사업종류 결정이 실체법상 행정행위의 하위유형인 확인적 행정행위이므로 처분이라고 평가하고 있는 것으로 보인다. 그러면 여기에서 확인적 행정행위는 어떠한 의미로 사용된 것인가. 특히 효과 측면에서의 확인적 행정행위 개념은 우리나라 교과서에서 보편적으로 소개되는 분류가 아님에도 여러 판례에서 등장하고 있으므로 그 의미를 분명히 할 필요가 있다.

(2) 확인의 두 가지 사용례

1) 준법률행위적 행정행위의 하위유형인 확인

현재 우리나라의 교과서 대부분에서 확인 또는 확인행위는 준법률행위적 행정행위의 하위유형으로 논의된다.5) 특정한 사실 또는 법률관

---

5) 효과에 초점을 맞추어 독일과 유사하게 확인적 행정행위 개념을 사용하는 문헌으로는 김중권, 김중권의 행정법, 제3판, 법문사, 2019, 235쪽.

계에 관하여 의문이 있는 경우에 공적 권위로써 그 존부 또는 정부를
판단하는 행위라고 정의된다. 이는 행정청의 정신작용6)이 사실 또는 법
률관계의 확인(판단)에 있다는 점에 초점을 맞춘 개념 정의로서, 행정행
위의 효과에 초점을 맞추고 있는 독일의 확인적 행정행위[2)]와는 다른
개념이다. 사실 또는 법률관계를 확인하는 효과를 넘어서는 별도의 법
적 효과가 법률의 규정에 근거하여 발생하는 경우도 해당된다는 점에서
도 차이가 있음을 알 수 있다. 발명특허, 행정심판 재결 등이 예로 언급
되는데, 전자는 발명특허권의 취득이라는 형성적 효과를 갖고, 후자에
는 행정심판청구 인용시의 취소재결, 처분재결, 처분명령재결 등 형성
적·이행적 효과를 갖는 재결이 포함된다. 공통적인 특성으로 행정청의
결정이 법률관계의 확인 또는 판단을 내용으로 하므로 재량의 여지가
없고 기속행위라고 설명된다.7) 이는 효과의 측면이 아니라 요건의 측면
에서의 특성이다.

2) 독일식의 또는 효과 측면에서의 확인적 행정행위 개념

반면 독일에서 '확인적 행정행위'(feststellender Verwaltungsakt)는 행
정행위의 개념요소인 규율(Regelung)을 충족하는가와 관련해서 논의되
는 개념이다. 규율은 권리·의무 등 법률관계를 발생·변경·소멸시키는
결정뿐만 아니라 이를 구속력 있게 확인하는 결정도 포함하는데,8) 후자
에 해당하는 것이 확인적 행정행위이다. 이는 행정행위를 판결의 유형

---

6) 준법률행위적 행정행위는 의사표시 이외의 정신작용을 구성요소로 하는 행정행위
   로서, 정신작용의 내용에 따라 확인, 공증, 통지, 수리로 분류된다.
7) 이상 김남진·김연태, 행정법 Ⅰ, 제11판, 법문사, 2007, 227쪽; 김남철, 행정법 강론,
   제7판, 박영사, 2021, 183쪽; 김유환, 현대 행정법, 전정판, 2021, 148, 149쪽; 김철
   용, 행정법, 제10판, 고시계사, 2021, 209, 210쪽; 류지태·박종수, 행정법신론, 제14
   판, 박영사, 2010, 175쪽; 박균성, 행정법강의, 제16판, 박영사, 2019, 242쪽; 정하중·
   김광수, 행정법개론, 제16판, 법문사, 2022, 207, 208쪽; 하명호, 행정법, 제3판, 박
   영사, 2021, 129쪽; 홍정선, 행정법특강, 제12판, 박영사, 2013, 227, 228쪽 등.
8) Pietzcker/Marsch in: Schoch/Schneider, Verwaltungsrecht, Werkstand: 41. EL Juli
   2021, VwGO § 42 Abs. 1 Rn. 25.

분류와 유사하게(이행판결, 형성판결, 확인판결), 명령적 행정행위, 형성적 행정행위, 확인적 행정행위로 분류한 데 따른 것이다. 확인적 행정행위란 법률관계 또는 그로부터 도출되는 개개의 권리·의무를 시민에 대하여 구속력을 가지고 확인하는 행정행위를 말한다.[9] 행정청이 현재의 법적 상태를 단순히 알리려고 한 경우(사실상의 통지, 안내 등)는 규율로서의 성격이 없어서 행정행위가 아니고, 구속력 있게 확인하고자 한 경우에만 행정행위, 즉 확인적 행정행위에 해당한다.[10] 이와 같이 독일의 확인적 행정행위 개념은 효과의 측면에 초점을 맞춘 개념이다. 권리·의무나 법률관계를 형성하지는 않지만, 이를 구속력 있게 확인하기 때문에 규율로서의 성격이 인정되어 실체법적 행정행위에 포함되는 행정작용을 가리킨다.

3) 판례에서의 용례

　판례에서는 확인적 행정행위라거나 법적 지위, 법률관계 등을 확인하는 행정행위라는 논거를 두 가지 서로 다른 맥락에서 사용한다. 하나는 소송요건 단계에서 처분성 인정 여부와 관련해서이고, 다른 하나는 본안판단 단계에서 행정청의 재량이 있는지와 관련해서이다.

　처분성과 관련하여 사용된 예로는 다음과 같은 판례들이 있다. 유족연금수급권 이전에 관한 국방부장관의 심사·확인 결정은, "선순위 유족의 수급권 상실로 청구인에게 유족연금수급권 이전이라는 법률효과가 발생하였는지를 '확인'하는 행정행위"이므로 거부결정에 대한 항고소송의 방식으로 불복하여야 하고 당사자소송을 바로 제기할 수 없다고 한다. 권리 변동은 선순위 유족의 수급권 상실 시점에 법률에 근거해서

---

9) Kopp/Ramsauer, VwVfG, 10 Aufl., C.H.Beck, 2008, §35 Rn. 51.
10) Pietzcker/Marsch, a.a.O., VwGO § 42 Abs. 1 Rn. 26. 확인적 행정행위도 개념상 기존 법상태를 확인하는 것이므로, 구속력 있는 확인으로서 행정행위에 해당하는지 아니면 단순한 사실행위인 확인으로서 행정행위에 해당하지 않는지를 개별 사안에서 가리는 것은 독일에서도 쉽지 않은 문제라고 한다.

일어나지만, 행정청의 확인이 있어야 지급이라는 후속 집행행위가 가능
하므로 확인적 행정행위라는 것이다.[11] 또한 국방전력발전업무훈령에
따른 연구개발확인서 발급은 사업관리기관이 개발업체에게 해당 품목
의 양산과 관련하여 경쟁입찰에 부치지 않고 수의계약의 방식으로 국방
조달계약을 체결할 수 있는 지위(경쟁입찰의 예외사유)가 있음을 인정해
주는 '확인적 행정행위'로서 처분에 해당한다고 한다. 수의계약 체결 여
부와 상관없이 수의계약 체결이 가능한 지위에 있음을 확인하는 효과만
으로도 행정행위에 해당한다는 것이다.[12]

　　기속행위와 재량행위의 구별과 관련하여 사용된 예로는 다음과 같
은 판례들이 있다. 행정청의 공무원에 대한 의원면직처분은 "공무원의
사직의사를 확인하는 확인적 행정행위의 성격이 강"하므로 재량의 여지
가 거의 없다고 한다.[13] 의원면직처분은 공무원의 신분을 소멸시키는
형성적 효과를 가지므로 그 효과가 확인에 그친다고 할 수 없고, 따라
서 이는 행정청의 요건 판단의 성격이 확인임과 관련된 것이다. 앞서
본 연구개발확인서 사건에서는 처분성 판단뿐만 아니라 본안판단 단계
에서도 확인적 행정행위라는 논거가 쓰였다. 연구개발확인서 발급 여부
결정은 확인적 행정행위이므로, 법령에서 정한 "발급 요건을 충족한다
면 연구개발확인서를 발급하여야 하며, 관련 국방예산을 배정받지 못했
다거나 또는 해당 품목이 군수품 양산 우선순위에서 밀려 곧바로 수의
계약을 체결하지는 않을 예정이라는 이유만으로 연구개발확인서 발급
조차 거부하여서는 안 된다"는 것이다.[14][15]

11) 대법원 2019. 12. 27. 선고 2018두46780 판결.
12) 대법원 2020. 1. 16. 선고 2019다264700 판결.
13) 대법원 2007. 7. 26. 선고 2005두15748 판결.
14) 대법원 2020. 1. 16. 선고 2019다264700 판결.
15) 이외에도 법률 해석의 전제로서 확인에 해당한다고 판단한 사례도 있다. 친일재산
　　국가귀속결정의 성질을 "특별법의 시행에 따라 그 취득·증여 등 원인행위시에 소
　　급하여 당연히 국가의 소유로 되는 것이고, 위원회의 국가귀속결정은 당해 재산이
　　친일재산에 해당한다는 사실을 확인하는 이른바 준법률행위적 행정행위의 성격을

4) 소결

처분성에 관한 판례는 효과 측면의 확인적 행정행위 개념을, 재량에 관한 판례는 준법률행위적 행정행위의 하위유형인 확인 개념을 전제로 하고 있는데, 두 개념의 차이에 대한 명확한 인식 없이 이를 혼용하고 있는 것으로 보인다. 위의 연구개발확인서 발급행위처럼 두 성격을 모두 갖는 작용도 있지만(요건 측면에서 행정청은 사실이나 법률관계 존부의 확인만 할 수 있을 뿐 재량이 없고, 효과 측면에서 확인적 효과만 갖고 법률관계를 변동시키지 않는 행위), 두 개념은 개념징표도 다르고 적용되는 법리도 다르므로 구별이 필요하다.

사견으로는 재량이 없음을 논증하기 위해 준법률행위적 행정행위인 확인 개념을 사용할 필요는 없다고 생각한다. 법률행위적 행정행위와 준법률행위적 행정행위의 구별실익은 재량행위인지 여부, 부관의 허용성 여부에 있다고 설명되는데, 이는 결국 근거 법령의 해석 문제일 뿐이기 때문이다.16) 그러나 효과 측면에서의 확인적 행정행위 개념은 다음과 같은 점에서 필요하다고 생각한다. 우선 법률관계를 변동시키지 않더라도 강학상 행정행위에 해당하고 처분일 수 있음을 보여주는 개념이기 때문이다. 처분성에 관한 최근의 판례에서 (특히 중간적 행정결정과 관련하여) 자주 쓰이는 이유가 바로 법률관계의 변동이 없음에도 처분임을 나타내기 위한 것이라고 보인다. 다음으로 — IV.의 5.에서 볼 바와 같이 — 하자의 승계와 관련하여 예외적으로 승계를 인정할 수 있는 기준이 되거나 적어도 긍정적인 방향으로 고려할 요소가 될 수 있기 때문이다. 확인적 행정행위는, 한편으로는 법률관계를 확정시키는 효과가

가지는 것"이라고 판단하였는데, 이는 선의의 제3자 보호 조항의 제3자의 의미를 해석하기 위한 전제로 판단된 것이다(대법원 2008. 11. 13. 선고 2008두13491 판결).
16) 김남진·김연태, 앞의 책, 188, 189쪽; 김유환, 앞의 책, 120쪽; 김남철, 앞의 책, 138쪽; 김중권, 앞의 책, 231-232쪽; 류지태·박종수, 앞의 책, 180, 181쪽; 정하중·김광수, 앞의 책, 190, 191쪽; 하명호, 앞의 책, 112, 113쪽 등.

있으므로 처분으로 보아 다툴 기회를 부여할 필요가 있지만, 다른 한편
으로는 법률관계를 변동시키지 않으므로 후행 처분에서 그 위법성 주장
을 차단하여 법적 안정성을 확보할 필요성이 낮기 때문이다.

(3) 사안의 검토

대상판결에서 사업종류 결정이 확인적 행정행위라고 한 것은 처분
성을 논증하기 위한 것으로서 효과 측면에서의 확인적 행정행위 개념에
기초하고 있다. 근로복지공단이 개별 사업장의 사업종류를 결정하면,
산재보험료율이 자동적으로 정해지고 이에 따라 산재보험료의 액수(보
수총액×산재보험료율)도 자동적으로 결정된다. 산재보험료 납부의무는
산재보험료 부과처분에 의해 비로소 발생하지만, 사업종류 결정은 산재
보험료 금액 결정의 구속력 있는 법적 기초가 된다. 현재의 사업종류
결정이 타당하지 않음을 이유로 산재보험료를 증액하여 부과하기 위해
서는 사업종류 변경결정이 선행되어야 하고, 그러한 결정 없이 곧바로
다른 사업종류에 해당한다는 이유로 높은 산재보험료율을 적용할 수는
없다. 따라서 법률관계를 변동시키지는 않더라도 법률관계를 구속적으
로 확인하는 효과를 갖고, 이를 통해 강학상의 행정행위(대상판결에서는
'실체법적 처분'이라 표현, "개별·구체적 사안에 대한 규율로서 외부에 대하여 직
접적 법적 효과를 갖는 행정청의 의사표시")의 개념을 충족한다.

원심은 "산재보험료 고지가 있은 후에야 비로소 산재보험료 및 연
체금 납부의무를 부담하게 되므로, 근로복지공단의 사업종류변경 통지
만으로는 사업주의 법률상 지위에 어떠한 구체적, 직접적인 법률적 변
동이나 불이익이 발생할 여지가 없고, 국민건강보험공단이 사실상 근로
복지공단의 사업종류변경 통지에 구속되어 산재보험료를 산정, 고지할
수밖에 없다 하더라도 이와 달리 볼 것은 아니"라고 하고 있다. 그러나
이는 사업종류 변경결정 단계에서 이미 향후에 이루어질 부과처분시 산
재보험료가 증가할 것이 확정되었다는 점을 간과한 것이다. 강학상의

행정행위와 처분 개념을 권리 · 의무의 변동에 한정하여 좁게 오해한 결과로서 이는 타당하지 않고, 확인적 행정행위로서 처분에 해당한다는 대법원의 판단이 타당하다.

2. 쟁송법적 논거와 절차법적 논거

강학상(최협의의) 행정행위에 해당하는 행정작용이라면 행정소송법상의 처분 개념을 충족한다는 데에는 별다른 異論이 없을 것이다. 따라서 사업종류 결정이 처분임을 논증함에 있어서는 1.에서의 실체법적 논증만으로도 충분하다. 그런데 대상판결은 쟁송법적 측면과 절차법적 측면에서의 논증을 덧붙이고 있다. 아래에서 볼 바와 같이, 쟁송법적 측면에서의 논증은 설득력이 있으나, 절차법적 측면에서의 논증은 의문이다.

우선 쟁송법적 측면에 관하여 보면, 원심은 권리구제의 효율성과 소송경제를 사업종류 결정의 처분성을 부정하는 논거로 쓰고 있다. "사업종류 적용의 적법 · 타당성 여부는 근로복지공단을 상대로, 나머지 위법사항은 국민건강보험공단을 상대로 이중의 소를 제기하도록 하는 것"은 소송경제에 반하고 권리구제를 어렵게 하므로 산재보험료 부과처분 취소소송에서 사업종류 변경결정의 적법성까지 한꺼번에 주장하도록 하여야 한다는 것이다. 그러나 이는 사업종류의 결정이 일종의 기본행위로서 이를 기초로 하여 개개의 산재보험료 부과처분이 이루어진다는 측면을 간과한 것이다. 또한 산재보험료 부과처분의 처분청인 국민건강보험공단은 사업종류 결정에 관한 실질적인 판단을 하지 않고 근로복지공단의 판단을 그대로 적용할 뿐이므로 결정의 적법성을 적절하게 방어하기 어렵다. 그러므로 사업종류 결정의 적법성을 근로복지공단을 피고로 하여 다투도록 하는 것은, 기본적 법적 지위를 대상으로 한다는 점에서 분쟁의 근본적 조기 해결에 기여하고, 실질적 결정자를 피고로 한다는 점에서 적절한 소송수행과 효과적인 공방을 가능하게 한다. 대상

판결에서 제시한 쟁송법적 측면의 논거는 타당하다.

반면 절차법적 측면의 논거가 적절한지는 의문이다. 이는 사전통지와 의견청취가 이루어졌고 행정심판과 행정소송을 제기할 수 있다는 안내가 통지서에 포함되었음을 골자로 하고 있다. 만약 실체법적으로나 쟁송법적으로나 처분으로 보기 어려운 행정작용임에도 불구하고 행정청이 처분절차를 보장함으로써 이해관계인을 오인케 하여 취소소송이 제기된 상황이라면, 이는 처분성 인정의 근거가 될 수 있을 것이다(뒤에서 볼 독일의 형식적 행정행위 개념이 그러한 것이다). 그러나 실체법적으로 강학상 행정행위이고, 쟁송법적으로도 이를 처분으로 보는 것이 효과적인 권리구제의 수단이 된다면, 이는 의문의 여지없이 행정절차법상으로도 처분이다(제2조 제2호). 행정절차법에서 요구하는 처분절차를 이행하지 않았다면 본안판단에서 절차적 하자를 뒷받침할 뿐이다. 나아가 실체법적이나 쟁송법적 측면에서 처분성 인정의 근거가 된 사업종류 결정의 주체, 내용과 결정기준은 근거 법령에서 정하고 있는 것인 반면, 이 사건에서 사전통지·의견청취와 불복방법 고지는 근로복지공단의 내부규정 또는 통지서 양식에 기초한 것일 뿐이다. 행정청이 그러한 내부규정이나 양식을 마련하지 않았거나 절차를 이행하지 않았더라도 강학상 행정행위이고 행정소송법상의 처분임에는 변함이 없다. 이 점에서 대상판결이 제시한 절차법적 논거는 불필요할 뿐만 아니라 오해를 불러일으킬 소지가 있다. 하자의 승계에 관한 방론에서의 서술과 결합하여 오해는 증폭된다. 여기에서는 처분절차를 준수하였다면 "개별·구체적 사안에 대한 규율로서 외부에 대하여 직접적 법적 효과를 갖는 행정청의 의사표시"인 '실체법적 처분'이라고 한다. 그러나 처분절차의 준수 여부가 실체법적 처분인지를 좌우할 수 없으므로 이는 논리적으로 타당하지 않다.

IV. 사업종류 결정과 산재보험료 부과처분 사이의 하자의 승계

1. 기존의 논의구조

둘 이상의 처분이 연속적으로 행하여지고 선행 처분에 불가쟁력이 발생했을 때 선행 처분의 위법성을 후행 처분에 대한 쟁송에서 다툴 수 있는가의 문제를 통설[17]과 판례에서는 하자의 승계 문제로 다룬다. 원칙적으로 처분의 하자는 처분별로 독립적으로 판단되어야 하지만, 예외적으로 선행 처분과 후행 처분이 결합하여 하나의 법률효과를 완성하는 때에는 선행 처분의 하자는 후행 처분에 승계된다. 이에 대해서는 행정행위의 구속력(규준력) 문제로 접근하여야 한다는 반론이 제기된다.[18] 일정한 객관적·주관적·시적 범위 내에서 선행 행정행위는 후행 행정행위에 구속력을 미치므로 그 범위 내에서는 선행 행정행위의 위법성 주장이 차단된다. 한편 수인한도는 위 두 입장에서 공히 예외 내지 한계로 인정한다. 하자의 승계를 부정한 결과 또는 구속력을 미친 결과가 수인한도를 넘는 가혹함을 가져올 때에는 선행 처분의 위법성을 후행 처분에서 다툴 수 있다. 하자승계론이나 구속력론은 기본적으로는 제소기간으로 달성하고자 하는 법적 안정성의 가치에 보다 무게를 두어, 예외적으로 일정한 범주에 해당하거나 일정한 범위를 벗어날 때에만 선행 처분의 위법성을 다툴 수 있도록 하는 접근방법이다. 이와는 달리 법적 안정성과 권리구제의 필요성을 개별 사안에서 구체적으로 형량하여 판단해야 한다는 견해[19]도 제시된다.

---

17) 김남진·김연태, 앞의 책, 288-291쪽; 김유환, 앞의 책, 198, 199쪽; 류지태·박종수, 앞의 책, 219, 220쪽; 홍정선, 앞의 책, 270쪽.
18) 김중권, 앞의 책, 308, 309쪽; 정하중·김광수, 앞의 책, 270-272쪽.
19) 김철용, 앞의 책, 279쪽.

참고로 독일과 프랑스의 접근방식을 간략히 살펴보면 아래와 같다. 독일에서는 우리의 하자의 승계 문제상황이 행정행위가 갖는 구속력 (Bindungswirkung) 또는 旣決力(präjudizierende Wirkung)의 문제로 논의된 다. 행정행위를 통상적인 구제수단(행정심판, 취소소송)으로 더 이상 다툴 수 없게 되면, '형식적 존속력'(formelle Bestandskraft), 즉 불가쟁력이 발 생한다. 형식적 존속력이 생긴 행정행위는 실체적 존속력을 갖는다. 실 체적 존속력의 한 내용이 후행 행정행위에서 선행 행정행위와 모순된 결정을 하는 것을 금지하는 힘이다.[20] 이를 구속력 또는 기결력이라 부 른다. 형식적 존속력과 실체적 존속력은 소송법상의 개념, 즉 판결의 '형식적 확정력'(formelle Rechtskraft)과 '실체적 확정력(기판력)'(materielle Rechtskraft)을 모델로 하여 설정된 개념이다.[21] 그리하여 판결의 기판력 과 유사하게 일정한 객관적·주관적·시적 한계 내에서 행정행위의 구 속력이 미친다고 설명된다. 그러나 독일에서도 행정행위에 확정판결에 준하는 효력을 인정하는 것이 정당한지 논란이 있다. 판례는 기본권 침 해에 대한 실효적 권리구제를 이유로 행정행위의 구속력을 제한한다. 불가쟁력이 발생한 건축허가 거부처분의 위법성을 철거명령 취소소송 에서 주장한 사안에서, 연방행정법원은 행정행위의 구속력은 판결의 기 판력과 다르므로 건축허가 거부처분의 구속력이 철거명령에 대한 취소 소송에는 미치지 않는다고 판단하였다. 재산권 침해에 대해 효과적인 권리구제가 보장되어야 한다는 점을 근거로 한다.[22] 이에 대해서는 학 설에서 다시 다음과 같은 비판이 제기된다. 선행 행정행위에 대해 다툴 기회가 부여되었음에도 다투지 않은 것이고, 기본권 보장의 요청과 법

---

20) 모순금지 외에 폐지금지도 실체적 존속력의 내용인데, 이는 직권취소, 철회 제한의 문제로 나타난다. Sachs in: Stelkens/Bonk/Sachs, VwVfG, 9. Aufl. 2018. §43 Rn. 17−18.

21) Maurer/Waldhoff, Allgemeines Verwaltungsrecht, 19.Aufl., C.H.Beck, 2017, §10 Rn. 14−15.

22) BVerwGE 48, 271, 274.

적 안정성의 요청은 전자만이 우선시 될 수 없고 개별 사안에서 형량되어야 하는데 구속력 발생의 요건을 통해 이미 형량이 이루어졌다는 것이다.23)

프랑스에서는 우리의 하자의 승계에 해당하는 문제를 제소기간이 지난 행정행위의 위법성을 그것이 선결문제가 된 소송에서 항변할 수 있는가의 문제, 즉 '위법성 항변'(l'exception d'illégalité) 문제로 다룬다.24) 선행 행정행위가 입법행위인지 아닌지에 따라 항변이 가능한 범위가 다르다. 우선 선행 행정행위가 입법행위(l'acte reglementaire)라면 항변이 제한 없이 가능하다. 프랑스의 행정행위는 행정입법을 포함하는 넓은 개념이다. 행정입법의 위법성은 원칙적으로 기간 제한 없이 언제라도 주장할 수 있다.25) 일반적 성격을 갖고 있기 때문에, 즉 수많은 개별 상황에 적용될 수 있기 때문에, 적법성의 요청이 제소기간 도과의 효과를 제한하는 것이라고 설명된다.26) 다음으로 선행 행정행위가 입법행위가 아닌 행위(개별적 행위와 입법행위도 개별적 행위도 아닌 행위)라면 제소기간이 지난 후에는 원칙적으로 항변이 허용되지 않지만, 선행 행정행위와 후행 계쟁 행정행위가 '복합적 작용'(l'opération complexe)을 이룰 때에는 선행 행정행위의 위법성을 주장할 수 있다(복합적 작용의 구체적 의미는 후술한다).

---

23) Erichsen, Bestandskraft von Verwaltungsakten, NVwZ 1983, S. 185, 192, 193.
24) 행정소송의 제소기간 부분에서 제소기간 도과의 효과의 문제로 논의한다는 점에서 행정법 총론에서 실체법적 문제로 다루는 우리나라와 차이가 있다. 위법성 항변은 하자의 승계 상황(후행 행정행위의 취소를 구하는 월권소송에서 선행 행정행위의 위법성을 주장) 뿐만 아니라, 민사소송과 형사소송에서의 공정력 문제로 논의되는 상황(행정행위의 위법성을 주장하며 국가배상청구, 형사소송에서 행정행위가 위법함을 이유로 무죄 주장)도 아우른다.
25) 다만, 개별 입법에 의해 항변이 제한되는 경우가 있다. 예를 들어 도시계획의 형식상·절차상 하자는 6월 이내에만 주장할 수 있다. 상세한 내용은 최계영, 행정소송의 제소기간에 관한 연구, 서울대학교 박사학위논문, 2008, 245-249쪽 참조.
26) Frier/Petit, Droi Administratif, 11ᵉ édition, LGDJ, 2017-2018, [943].

2. 두 가지 예외

판례는 ① 선행 처분과 후행 처분이 서로 결합하여 하나의 법률효과를 발생하는 경우와 ② 선행 처분의 불가쟁력이나 구속력이 그로 인하여 불이익을 입게 되는 자에게 수인한도를 넘는 가혹함을 가져올 때 예외적으로 하자의 승계를 인정한다. 인정된 사례를 각각 살펴본다.

(1) 서로 결합하여 하나의 법률효과를 발생하는 경우

서로 합하여 하나의 법률효과를 완성하는 때에 해당한다고 인정된 사례는 많지 않다. 안경사 시험합격 무효처분과 안경사면허 취소처분,[27] 행정대집행절차를 구성하는 계고, 대집행영장 통지, 대집행 실행, 비용납부명령 상호간[28] 등의 사건에서 하자의 승계가 인정되었다.[29] 그러나 하명과 강제집행(과세처분과 체납처분,[30] 철거명령과 행정대집행[31]), 도시계획 또는 개발사업을 위한 일련의 절차를 구성하는 처분(토지보상법상 사업인정과 수용재결,[32] 국토계획법상 도시·군계획시설결정, 도시·군계획시설사업 시행자 지정, 실시계획인가,[33] 택지개발촉진법상 택지개발예정지구의 지정, 택지개발계획의 승인, 수용재결[34])), 정지처분과 정지기간 중 행위를

---

27) 대법원 1993. 2. 9. 선고 92누4567 판결.
28) 대법원 1996. 2. 9. 선고 95누12507 판결.
29) 한편 귀속재산 임대처분과 불하처분(대법원 1963. 2. 7. 선고 62누215 판결), 한지의사 자격시험 응시자격인정결정과 한지의사면허처분(대법원 1975. 12. 9. 선고 75누123 판결)도 인정된 사례로 언급되나, 엄밀히는 하자의 승계와는 논의의 맥락이 다른 사건들이다. 행정청이 선행 처분의 위법성을 이유로 후행 처분을 직권 취소한 사건들이고, 행정청의 직권취소의 적법성이 쟁점이 되었다. 행정청은 제소기간이 지난 후에도 위법한 처분을 직권 취소할 수 있으므로, 선행 처분의 불가쟁력과는 무관하다.
30) 대법원 1961. 10. 26. 선고 4292행상73 판결; 1989. 7. 11. 선고 88누12110 판결 등.
31) 대법원 1998. 9. 8. 선고 97누20502 판결.
32) 대법원 2012. 11. 15. 선고 2011두16124 판결.
33) 대법원 2017. 7. 11. 선고 2016두35120 판결; 2017. 7. 18. 선고 2016두49938 판결.
34) 대법원 2000. 10. 13. 선고 99두653 판결 등.

이유로 한 철회처분(운전면허정지와 운전면허취소,[35] 부동산 중개사무소 업무
정지와 개설등록취소)[36]은 이에 해당하지 않는다고 판단되었다. 매우 한
정된 사례에서만 이에 해당한다고 보고 있는 것이다.

　　서로 결합하여 하나의 법률효과를 발생하는 예외는, 표현의 유사성
에 비추어 볼 때, 프랑스의 복합적 작용 이론이 (일본을 거쳐)[37] 우리나
라에 계수된 것으로 보인다.[38] 프랑스에서 복합적 작용은 선행 행위가
후행 행위를 위해 필수적인 것으로서 후행 행위를 가능하게 할 목적으
로 특별히 규정된 경우,[39] 최종적인 결과에 이르기 위해 법령에서 일련
의 연속적인 결정을 예정하고 있고 각각의 준비단계는 오로지 이 목적
을 위해서만 의미를 가지는 경우[40] 등으로 정의된다. 다만 구체적으로
어떠한 행정작용이 이에 해당하는지에 관해서는 프랑스에서도 명확한
기준이 정립되어 있지 않은 듯하다. 심지어 꽁세유데따의 원장이었던
Odent은, 복합적 작용의 일반·추상적 정의를 찾기는 어렵고, 현실적으
로는 판례가 복합적 작용이라고 인정한 경우만 복합적 작용인 것이라고
하였다.[41] 토지수용 절차와 공무원 임용 절차가 복합적 작용임을 이유
로 위법성 항변이 인정된 대표적인 사례이다. 사업인정과 수용결정 사
이에서, 그리고 시험과목 결정, 심사위원 선정, 후보자 명부 작성, 최종
대상자 결정 등 사이에서[42] 위법성 항변이 가능하다.[43] 우리나라는 사

---

35) 대법원 1996. 6. 14. 선고 95누17823 판결.
36) 대법원 2019. 1. 31. 선고 2017두40372 판결.
37) 정남철, 행정법연구 2 – 현대행정의 작용형식, 법문사, 2016, 257쪽 참조.
38) 선정원, 행정법의 연구 I – 행정법의 작용형식, 경인문화사, 2018, 384쪽.
39) Frier/Petit, ibid., [946].
40) Chabanol, La Pratique du Contentieux Administratif, Lexis Nexis, 2018, [285].
41) Conclusions M. Guillaume Odinet, rapporteur public, N° 417016, Ministre de
l'intérieur, 2ème et 7ème chambres réunies, Séance du 1er octobre 2018, Lecture du
12 octobre 2018.
42) 공무원 임용절차에서 위법성 항변이 인정되는 이유는 다음과 같이 설명된다. 단계
마다 경쟁자가 제거될 수 있는데, 단계적 결정 각각을 제소기간 내에 다투어야 한
다면 후보는 제소기간을 준수하기 위해 무익한 소송을 제기해야만 할 수도 있다

업인정과 수용재결 사이의 하자의 승계를 인정하지 않는다는 점에서 프랑스의 복합적 작용보다 서로 결합하여 하나의 법률효과를 발생하는 경우를 더 좁게 보고 있다.[44)]

(2) 수인한도

선행처분과 후행처분이 서로 독립하여 별개의 효과를 목적으로 하는 경우에도 선행처분의 불가쟁력이나 구속력이 그로 인하여 불이익을 입게 되는 자에게 수인한도를 넘는 가혹함을 가져오며 그 결과가 당사자에게 예측가능한 것이 아닌 경우에도 대법원은 예외를 인정하고 있다. 개별공시지가결정과 이를 기초로 산정된 과세처분 등 금전납부하명,[45)] 표준지공시지가결정과 수용재결,[46)] 친일반민족행위자 결정과 독립유공자 예우에 관한 법률 적용배제자 결정[47)]의 경우에 수인한도를 넘는 불이익이 인정되었다. 수인한도라는 비교적 포괄적인 표현이 쓰이고 있으나 위의 사례들을 제외하면 대법원에서 수인한도를 넘는다고 인정한 예는 없는 것으로 보인다.

이와 같은 수인한도론은 독일의 구속력 이론의 추가적 한계에 관한 논의의 영향을 받은 것이므로 그에 관하여 간단히 살펴본다. 독일에서 구속력 발생의 요건으로 객관적·주관적·시적 한계 외에, 권리구제의 기회가 '참을 수 없을 정도로'(unzumutbar) 제한되지 않을 것을 추가적인 요건으로 해야 한다는 견해도 주장된다. 구체적으로는 행정행위의

는 것이다. 위법성 항변이 인정됨으로써 후보자 자신에 대한 최종적인 결정을 기다릴 수 있게 된다. Chabanol, ibid., [285].

43) Frier/Petit, ibid., [946]; Chabanol, ibid., [286]; 최계영, 앞의 논문, 249-251쪽 참조.
44) 일본의 다수설도 사업인정과 수용재결 사이의 하자 승계를 인정한다. 정남철, 257쪽 참조.
45) 대법원 1994. 1. 25. 선고 93누8542 판결; 대법원 1997. 4. 11. 선고 96누9096 판결 등.
46) 대법원 2008. 8. 21. 선고 2007두13845 판결.
47) 대법원 2013. 3. 14. 선고 2012두6964 판결.

규율내용이 명확하고 장래의 다른 법률관계의 선결문제가 되어 영향을 미칠 것이라고 예측할 수 있을 것이어야 한다는 것이다.[48] 다만, 위 견해를 주장하는 문헌에서도 실제 의미는 크지 않다고 평가하고 있다.[49] 또한 추가적인 요건이 없더라도 세 측면의 한계 설정만으로도 구속력의 범위를 적절히 제한할 수 있고, 추가적인 요건은 오히려 불명확성만 가중시킬 것이라는 비판이 제기된다.[50]

3. 추가된 세 번째 예외 – 쟁송법적 처분

대상판결은 하자의 승계와 관련하여 실체법적 처분과 쟁송법적 처분을 달리 판단하는 법리를 제안하고 있다, 실체법적 처분은 "개별·구체적 사안에 대한 규율로서 외부에 대하여 직접적 법적 효과를 갖는 행정청의 의사표시"라 하여 기본적으로 강학상 행정행위와 동일하게 정의되고 있고, 쟁송법적 처분은 그 여집합(餘集合), 즉 조기의 권리구제를 가능하게 하기 위하여 행정소송법상 처분으로 인정되는 처분으로 정의되고 있다. 방론에서 이 사건에서의 사업종류 결정은 실체법적 처분이어서 그 하자가 산재보험료 부과처분에 승계되지 않는다고 판단하고 있는데, 이를 반대해석하면 쟁송법적 처분이라면 하자가 승계된다는 것이 된다. 행정소송법의 처분 개념이 강학상의 행정행위보다 넓은 것임(쟁송법적 처분개념설 또는 이원설)을 전제로 하여, 강학상 행정행위를 넘어 확장된 처분에 대해서는 하자가 승계되어야 한다는 것이다. 기존에 "독일식의 최협의의 행정행위를 '실체법적 처분'으로, 확대된 처분 개념을 '소송법적 처분'으로 파악"하고, 전자에 대해서만 구속력과 불가쟁력이 인정되어야 한다는 견해[51]가 주장되었는데, 이 견해의 영향을 받은 것으

---

48) 이상 Erichsen, a.a.O, S. 191, 192.
49) Ibid.
50) Sachs in: Stelkens/Bonk/Sachs, VwVfG, 9. Aufl. 2018. §43 Rn. 120.
51) 박정훈, "항고소송과 당사자소송의 관계", 특별법연구 제9권, 사법발전재단, 2011,

로 보인다.52) 처분성의 확대는 한편으로는 항고소송으로 직접 다툴 수
있는 행정작용의 범위가 넓어지는 것이지만, 다른 한편으로는 제소기간
의 제한을 받아 불가쟁력이 발생하는 행정작용이 넓어지는 것이다. 처
분성의 확대와 함께 하자의 승계가 인정되는 범위가 넓어지지 않으면,
권리구제의 범위를 넓히고자 하는 취지가 오히려 훼손될 수 있다.53) 대
상판결에서 쟁송법적 처분에 대하여 하자의 승계 가능성을 열어 놓은
것은 최근의 처분성 확대 경향을 반영한 것으로 기본적으로 타당한 접
근방식이다.

　　비교법적으로도 유사한 법리를 찾아볼 수 있다. 프랑스의 행정행
위 개념은 입법행위까지 포함하는 넓은 개념인데, 앞서 본 것처럼 입법
행위의 경우에는 위법성의 항변을 허용한다. 월권소송(취소소송)의 대상
인 행정행위 중 일정 유형에 대해서는 불가쟁력의 작용국면을 제한하
는 것이다. 독일의 '형식적 행정행위'(formeller Verwaltugsakt) 개념에서
도 유사한 요소를 찾을 수 있다. 취소소송과 의무이행소송의 대상인 행
정행위는 최협의의 행정행위에 국한되지만,54) 이에 해당하지 않음에도
행정청이 행정행위임을 전제로 불복방법을 고지하였다는 등의 사유로
행정행위의 외관을 갖게 된 경우이다.55) 독일의 통설과 판례에 따르면
형식적 행정행위는 행정청이 그러한 외관을 만들었으므로 취소소송으
로 다툴 수 있지만,56) 존속력(구속력)과 같은 행정행위의 효력은 갖지

　　145쪽.
52) 이상덕, "지방계약과 판례법 – 사법상 계약, 공법상 계약, 처분의 구별을 중심으로
　　– ", 홍익법학 제19권 제4호, 2018. 32–34쪽에서는 위 문헌의 취지에 동조하되 다
　　만 그 표현만 달리하여 대상판결과 마찬가지로 ('소송법적 처분' 대신) '쟁송법적
　　처분'이라고 표현하고 있다.
53) 처분성 확대시 절차의 신속성이 요청되는 예외적인 경우를 제외하고는 하자의 승
　　계를 원칙적으로 인정하여야 한다는 견해로 박정훈, "행정소송법 개정의 주요쟁
　　점", 공법연구 제31집 제3호, 2003, 70쪽.
54) Stelkens, a.a.O., §35 Rn. 15.
55) Stelkens, a.a.O.. §35 Rn. 16. 이에 반대하는 견해에서는 행정행위의 성격을 갖지 않
　　는다는 확인을 구하는 소를 제기하여야 한다고 한다.

못한다.57)58)

　　이상에서 본 바와 같이 대상판결에서 쟁송법적 처분(확장된 처분 영역)의 하자승계를 허용하는 일반법리를 제안한 것은 타당하다고 생각된다. 다만, 구체적 사건과 관련하여 전개하고 있는 논리는 의문이 있다. 이하에서 절차적 보장의 문제(4.)와 확인적 행정행위의 문제(5.)로 나누어 차례로 살펴본다.

4. 절차적 보장이 하자의 승계에 미치는 영향

(1) 실체법적 요소와 절차법적 요소의 혼용

　　대상판결에서는 선행 처분에서 처분절차를 준수하였다면 실체법적 처분이므로 하자의 승계가 부정되고, 처분절차를 준수하지 않았다면 쟁송법적 처분이므로 하자의 승계가 인정된다는 취지로 서술하고 있다. 그러나 이미 판결 자체에서 실체법적 처분을 "개별·구체적 사안에 대한 규율로서 외부에 대하여 직접적 법적 효과를 갖는 행정청의 의사표시"라고 실체법적 개념징표로 정의하고, 쟁송법적 처분을 그 여집합으

---

56) Stelkens, a.a.O., §35 Rn. 16; Alemann/Scheffczyk in: BeckOK VwVfG, Bader/Ronellenfitsch, 54. Edition Stand: 01.01.2022, §35 Rn. 38.

57) 행정행위의 효력을 규정한 연방행정절차법 제43조는 최협의의 행정행위에 대해서만 적용되도록 규정하고 있기 때문이다. Stelkens, a.a.O.. §35 Rn. 17; Alemann/Scheffczyk , a.a.O., §35 Rn. 40.
　　본안판단으로 나아가면 내용상 적법한지 여부와 무관하게 취소된다. 행정행위의 실질을 갖지 못했음에도 행정행위의 형식으로 발령한 것 자체, 즉 내용과 형식의 불일치 자체가 위법사유가 되기 때문이다. Stelkens, a.a.O., §35 Rn. 16; Alemann/Scheffczyk a.a.O., §35 Rn. 39.

58) 독일의 형식적 행정행위 개념과 대상판결의 쟁송법적 처분 개념은 대상적격은 인정되나 구속력은 인정되지 않는다는 면에서는 공통되지만 동일한 개념은 아니다. 대상판결에서는 처분절차를 거치면 실체법적 처분이라고 보고[뒤의 4.(1)에서 보는 것처럼 이는 대상판결의 실체법적 처분 개념의 정의와 맞지 않는 논리전개이다] 구속력을 인정하는 데 반해, 독일의 형식적 행정행위는 행정행위의 절차를 거쳤더라도 행정행위의 실체법적 개념요소를 충족하지 않기에 구속력을 부정한다.

로 정의하고 있으므로, 그 자체로 모순된 논리 전개이다.[59] 실체법적 개념징표의 충족 여부와 처분절차의 이행 여부는 별개의 문제이기 때문이다. 처분절차의 이행 여부와 무관하게 실체법적 처분의 개념을 충족하지 못하면 쟁송법적 처분이고, 행정청이 처분절차를 이행했더라도 하자가 승계되어야 한다.

(2) 절차적 보장과 제소기회의 보장

위와 같은 논리적 오류에도 불구하고 대상판결은 행정절차의 보장 여부가 불가쟁력의 발생과 범위에 영향을 미칠 수 있음을 시사한다는 점에서 의미가 있다. 실체법적 처분 개념과 쟁송법적 처분 개념을 매개로 한 논증을 제외하고 읽으면, "행정절차법에서 정한 처분절차를 준수함으로써 사업주에게 방어권행사 및 불복의 기회가 보장된 경우"에는 사업종류 변경결정의 하자가 산재보험료 부과처분에 승계되지 않지만, "처분절차를 준수하지 않아 사업주에게 방어권행사 및 불복의 기회가 보장되지 않은 경우"에는 승계된다고 읽을 수 있다.

불복방법의 고지(행정절차법 제26조), 즉 언제까지 어느 기관에 쟁송을 제기할 수 있는지 알리는 절차는 불복의 기회를 실질적으로 보장한다. 뿐만 아니라 사전통지와 의견청취, 이유제시 절차도 처분의 근거와 내용을 파악하여 불복 여부를 결정하는 데 기여한다. 그러므로 이러한 절차는 제소기간 내에 소를 제기하는 데 도움을 주는 절차이지만, 현행법은 위와 같은 절차를 준수하지 않은 경우에도 제소기간의 진행을 저지하거나 연장시키는 제도를 마련하고 있지 않다.[60] 그러므로 처분절

---

59) 유사한 취지의 비판으로는 이승민, "'중간적 행정결정'과 항고소송의 대상적격", 저스티스 제184호, 2021, 280쪽("하나의 행정결정이 처분절차를 거치면 실체법적 처분이고 그러한 절차를 거치지 않으면 쟁송법적 처분으로 그 성격이 전화(轉化)된다고 볼 수 있는지는 의문").

60) 행정심판에 관한 사항을 고지하지 않았거나 잘못 고지한 경우에만 기간이 연장되고(행정심판법 제27조 제5항, 제6항 참조), 행정소송에 관해서는 그러한 조항이 없

차를 준수하지 않았더라도 제소기간은 일단 진행하고 불가쟁력이 발생하지만, 처분절차의 준수 여부를 하자 승계 판단시 고려한다면 적어도 후행 처분과의 관계에서는 불가쟁력을 제한할 여지가 생기게 되는 것이다.

(3) 독일과 프랑스의 경우

참고로 독일과 프랑스에서는 행정절차를 준수하지 않았을 때 제소기간을 연장하거나 진행을 저지하는 명문의 규정을 두고 있다. 우선 독일의 경우를 보면. 독일 취소소송의 제소기간은 행정심판 재결 송달시(행정심판을 거칠 필요가 없을 때는 행정행위 통지시)부터 1개월[61]이지만, 불복방법이 고지되지 않으면 1년으로 연장된다. 행정청이 행정행위를 할 때 불복방법, 불복기간 등을 알리지 않았거나 잘못 알렸다면 1개월이 아니라 1년 이내에 소를 제기하면 된다.[62] 이유제시와 의견청취의 하자도 불가쟁력의 발생을 저지한다. 행정절차법은 이유제시나 의견청취 절차를 보장하지 않아 행정행위를 적시에 다툴 수 없었다면 책임 없는 사유로 불복기간을 준수하지 못한 것으로 간주하는 조항을 두고 있다. 책임 없는 사유로 간주되면 소송행위의 추후보완이 가능하다. 추후보완은 사유 소멸시부터 2주 이내에 신청하여야 하는데, 이 경우에는 절차적 하자 치유시부터 2주의 기간이 진행한다.[63] 양자는 인과관계를 요구하는지에 차이가 있다. 불복방법을 고지하지 않으면 인과관계와 상관없이, 즉 불복방법을 알려 주지 않아 제소기간을 준수하지 못했는지와 무관하게 제소기간이 1년으로 연장된다.[64] 반면 이유제시나 의견청취의

고 행정심판법이 유추적용되지도 않는다(대법원 1995. 5. 26. 선고 94누11385 판결 등 참조).
61) § 74 VwGO.
62) § 58 VwGO.
63) § 45(3) VwVfG.
64) 최계영, 앞의 논문, 164쪽.

하자로 인해 소송행위의 추후보완이 허용되려면 인과관계가 있어야 한다. 이유가 제시되지 않거나 의견청취의 기회가 보장되지 않아서 이해관계인이 행정행위의 중요한 사항을 알지 못하였고 이로 인해 불복기간 내에 불복을 하지 못한 것이어야 한다.[65]

　다음으로 프랑스의 경우를 보면, 행정결정을 통지할 때 불복방법과 불복기간을 알린 경우에만 제소기간을 적용할 수 있다.[66] 불복방법 등을 고지하지 않은 경우에는 제소기간을 적용할 수 없고, 위법성 항변도 원칙적으로 허용된다. 다만, 최근 꽁세유데따는 법적 안정성을 중시하여 위 조항의 적용 범위를 제한하는 경향을 보이고 있다. 개별적 결정이 통지되었거나 통지되지 않았더라도 당사자가 이를 알았다면, 불복방법을 알리지 않았거나 불완전하게 알렸더라도, 당사자는 '합리적인 기간'(un délai raisonnable)이 지나면 불복할 수 없다고 한다. 위 판결에서는 합리적인 기간의 기준도 제시하고 있다. 개별법에서 제소기간을 달리 정하고 있는 등의 특별한 사정이 없는 한, 원칙적으로 합리적 기간은 당사자가 결정을 통지받거나 안 때로부터 1년이라고 한다.[67] 이러한 법리는 2019년의 판결에서도 다시 확인되었다. 퇴직한 공기업 직원이 승진 거부 결정의 위법성을 연금지급결정(승진이 되었더라면 받을 수 있는 금액이 아니라 승진이 되지 않았음을 전제로 금액을 산정한 결정)의 취소를 구하는 월권소송에서 주장한 사안이다. 승진 거부 결정을 2014년에 알았던 이상 불복방법이 고지되지 않았더라도 2016년에 제기한 월권소송에서 그 위법성을 항변할 수 없다는 판단이 내려졌다.[68] 결과적으로는 독

---

65) 최계영, 앞의 논문, 155쪽.
66) Code de justice administrative Article R. 421−5.
67) 이상 CE, Assemblée, 13 juillet 2016, M.,, n° 387763, p. 340 (Czabaj) (https://www.conseil−etat.fr/fr/arianeweb/CE/decision/2016−07−13/387763, 2022. 6. 8. 최종 접속).
68) 이상 CE, 27 février 2019, M. B, A., n° 418950 (https://www.legifrance.gouv.fr/ceta/id/CETATEXT000038179952, 2022. 6. 8. 최종 접속).

일과 유사하게 제소기간의 적용이 배제되는 것이 아니라 연장되는 효과
를 갖게 된다.

(4) 소결

독일과 프랑스처럼 명문의 규정이 없는 이상, 처분절차의 보장을
통해 불복기회를 실질적으로 보장했는지를 제소기간의 배제나 연장사
유로 고려할 수는 없을 것이다. 그러나 하자승계의 인정 여부는 법리에
맡겨진 문제이므로, 처분절차가 보장되지 않아 불복기회가 실질적으로
보장되지 않았다는 사정은 하자가 승계되어야 함을 뒷받침할 요소로 고
려될 수 있다. 주의할 점은 처분절차의 보장은 하자의 승계를 부정할
필요조건은 될 수 있어도 충분조건은 되지 않는다는 점이다. 즉 처분절
차가 보장되었다는 이유만으로 위법성 주장을 차단하는 것이 정당화될
수는 없다. 이 점에서 다시 대상판결의 논리 중《절차 미보장 → (쟁송
법적 처분) → 하자 승계 인정》에는 찬성할 수 있지만, 《절차 보장 →
(실체법적 처분) → 하자 승계 부정》은 의문이다.

5. 확인적 행정행위 – 예정되었으나 현실화되지 않은 불이익

대상판결이 가정적으로 판단한 논리 전개의 타당성은 일단 차치하
고, 이 사건의 구체적 사실관계로 돌아왔을 때 마지막으로 남는 의문은
이것이다. 사업종류 결정은 실체법상의 처분(강학상의 행정행위)이고, 이
사건에서는 처분절차가 보장되었다. 그렇다면 하자의 승계는 부정되어
야 하는가? 이는 사업종류 결정이 강학상 행정행위이기는 하지만 기존
법질서를 적극적으로 바꾸지 않은 확인적 행정행위라는 점에서 비롯된
의문이다. 사업종류 결정은 후속의 산재보험료 부과처분을 예정하고
있는 중간적 행위이다. 그 단계에서 불이익이 구속적으로 예정되어 있
기 때문에 행정행위이고 불복의 기회가 보장되어야 한다. 그러나 그로

인한 불이익은 산재보험료 부과처분이 있을 때 현실화된다. 하자의 승계를 부정하는 것은 불이익이 가시화되고 현실화되기 이전에 법률전문가가 아닌 시민에게 제소할 의무를 지우는 셈이 된다. 이러한 결과를 정당화하려면 다툴 기회를 두 번 주는 것이(사업종류 결정 취소소송에서 직접적으로, 산재보험료 부과처분 취소소송에서 간접적으로) 적법성 확보와 권리구제의 필요성을 능가할 정도로 법적 안정성을 저해하여야 할 것이다.

그러나 사업종류 결정은 중간적 행위이고 확인적 효과를 갖는 데 그친다는 특성상 법적 안정성을 저해하는 정도는 높지 않다. 우선 하자의 승계를 주장하려면 후행 처분에 대해서는 제소기간 내에 소를 제기하여야 한다. 그러므로 동일한 사업종류 결정에 기초하더라도 이미 제소기간이 지난 산재보험료 부과처분에 대해서는 영향이 없다.[69) 다음으로 사업종류 변경신청 거부처분을 취소소송으로 다툴 수 있다[70)는 점이다. 따라서 사업종류 결정의 제소기간이 지나더라도 행정청이 직권으로 변경할 때까지 그 결정이 그대로 유지되는 것은 아니고, 당사자가 소제기를 통해 이를 올바른 사업종류로 바꿀 수 있는 가능성이 열려 있다.[71)

요컨대, 중간적 결정의 성격을 갖는 확인적 행정행위의 경우, 실체

---

69) 다만, 대상판결에서는 "근로복지공단의 사업종류 변경결정을 취소하는 판결이 확정되면, 그 사업종류 변경결정을 기초로 이루어진 국민건강보험공단의 각각의 산재보험료 부과처분은 그 법적·사실적 기초를 상실하게 되므로, 국민건강보험공단은 직권으로 각각의 산재보험료 부과처분을 취소하거나 변경하고, 사업주가 이미 납부한 보험료 중 정당한 액수를 초과하는 금액은 반환하는 등의 조치를 할 의무가 있다."고 하고 있다. 불가쟁력이 이미 발생한 산재보험료 부과처분에 대해서도 행정청의 직권취소·변경의무가 있다는 취지인지 추가적인 검토가 필요할 것이다.

70) 대법원 2008. 5. 8. 선고 2007두10488 판결.

71) 이상덕, 앞의 논문, 33쪽은 사업종류 결정의 중간적 행위로서의 성격을 이유로 하자가 승계되어야 한다고 하고 있다. 다만 그 논리 구성을 어떻게 할 것인지에 대해서는 유보적이다. 세 가지 예외(쟁송법적 처분, 하나의 효과 발생, 수인한도)에 대해 모두 가능성을 열어 두고 있다.

법적 처분이고 처분절차가 준수되었다는 이유만으로 하자의 승계 가능성을 일반적으로 차단하는 것은 타당하지 않다. 오히려 하자가 원칙적으로 승계된다고 보거나, 아니면 적어도 승계를 인정케 하는 요소로 고려해야 할 것이다.

V. 대상판결의 의미와 전망

대상판결은 – 비록 방론이지만, 또는 방론이라서 가능했겠지만 – 전통적인 행정법 이론 체계에 적지 않은 파장을 가져올 새로운 개념과 법리(실체법적 처분과 쟁송법적 처분의 구별, 하자의 승계에 대한 추가적인 예외 등)를 제안하고 있는 흥미롭고 도전적인 판결이다. 세부적 논리 전개에 모두 동의하는 것은 아니지만, 큰 방향성에 있어서는 동의할 만하다고 생각된다. 처분성이 확대되면 하자의 승계가 더 넓게 인정되어야 한다는 점, 절차적 보장 여부도 하자 승계 판단시 고려되어야 한다는 점 등이 그러하다.

나아가 장기적으로는 하자의 승계에 대한 기존의 접근방식을 다시 생각할 필요가 있다. 하자의 승계가 인정되는 예외적인 사유는 결국 적법성 보장·권리구제의 필요성과 법적 안정성 보장의 필요성을 형량한 결과이다. 서로 결합하여 하나의 효과를 발생시킨다는 예외만으로 해결할 수 없는 처분(공시지가결정)이 나타났을 때 수인한도의 예외가 추가되었고, 처분성의 확대로 인해 위 두 가지 예외만으로 해결할 수 없는 처분들이 나타나면서 쟁송법적 처분의 예외가 추가되었다. 그러나 이렇게 예외의 목록을 늘리는 방식으로 해결하는 것이 방법론적으로 타당한지 고민해 볼 필요가 있다. 각각의 예외는 서로 다른 형량요소에 좀 더 집중하고 있을 뿐 배타적이거나 무관한 것이 아니기 때문이다. 서로 결합하여 하나의 효과를 발생시키는 경우는 선행 처분과 후행 처분의 관계에, 수인한도론은 후행 처분으로 인한 불이익에, 쟁송법적 처분론은 선행 처분의 성격에 좀 더 집중하고 있을 뿐이다. 이익형량의 요소를 보다 구체화하고 정교화하여 개별 사안에서 설득력 있는 결론을 도출하는 것이 향후의 중요한 과제가 될 것이다.

참고문헌

국내문헌

김남진·김연태, 행정법 Ⅰ, 제11판, 법문사, 2007.

김남철, 행정법 강론, 제7판, 박영사, 2021.

김유환, 현대 행정법, 전정판, 2021.

김중권, 김중권의 행정법, 제3판, 법문사, 2019.

김철용, 행정법, 제10판, 고시계사, 2021.

류지태·박종수, 행정법신론, 제14판, 박영사, 2010.

박균성, 행정법강의, 제16판, 박영사, 2019.

박정훈, "항고소송과 당사자소송의 관계", 특별법연구 제9권, 사법발전재
     단, 2011.

박정훈, "행정소송법 개정의 주요쟁점", 공법연구 제31집 제3호, 2003,

선정원, 행정법의 연구 Ⅰ - 행정법의 작용형식, 경인문화사, 2018.

이상덕, "지방계약과 판례법-사법상 계약, 공법상 계약, 처분의 구별을
     중심으로", 홍익법학 제19권 제4호, 2018.

이승민, "'중간적 행정결정'과 항고소송의 대상적격", 저스티스 제184호,
     2021.

정남철, 행정법연구 2 - 현대행정의 작용형식, 법문사, 2016.

정하중·김광수, 행정법개론, 제16판, 법문사, 2022.

최계영, 행정소송의 제소기간에 관한 연구, 서울대학교 박사학위논문,
     2008.

하명호, 행정법, 제3판, 박영사, 2021.

홍정선, 행정법특강, 제12판, 박영사, 2013.

국외문헌

Alemann/Scheffczyk in: BeckOK VwVfG, Bader/Ronellenfitsch, 54. Edition Stand: 01.01.2022.

Chabanol, La Pratique du Contentieux Administratif, Lexis Nexis, 2018.

Erichsen, Bestandskraft von Verwaltungsakten, NVwZ 1983.

Frier/Petit, Droi Administratif, 11e édition, LGDJ, 2017−2018,

Kopp/Ramsauer, VwVfG, 10 Aufl., C.H.Beck, 2008.

Maurer/Waldhoff, Allgemeines Verwaltungsrecht, 19.Aufl., C.H.Beck, 2017.

Schoch/Schneider, Verwaltungsrecht, Werkstand: 41. EL Juli 2021.

Stelkens/Bonk/Sachs, VwVfG, 9. Aufl. 2018.

국문초록

　　대상판결은 고용산재보험료징수법에 따른 사업종류 결정과 산재보험료 부과처분의 관계를 다루고 있다. 원심은 선행 처분인 사업종류 결정은 행정소송법상의 처분이 아니므로 이를 직접 다툴 수 없고, 후행 처분인 산재보험료 부과처분 취소소송에서 사업종류 결정의 위법성을 함께 다투어야 한다고 판단하였다. 이에 반해 대상판결은 사업종류 결정은 처분이고, 사업종류 결정의 위법성은 산재보험료 부과처분 취소소송에서 다툴 수 없다고 판단하였다. 사업종류 결정이 처분인지가 주된 쟁점이고, 사업종류 결정의 하자가 산재보험료 부과처분에 승계되는지의 문제는 일종의 방론으로 서술되었다. 그런데 이 방론 부분에서 실체법적 처분과 쟁송법적 처분을 구별하면서, 선행 처분이 쟁송법적 처분일 경우 하자가 승계된다는 새로운 법리를 제시하였다. 대상판결의 세부적 논리 전개에 모두 동의하는 것은 아니지만, 큰 방향성에 있어서는 동의할 만하다고 생각된다. 처분성이 확대되면 하자의 승계가 더 넓게 인정되어야 한다는 점, 절차적 보장 여부도 하자 승계 판단시 고려되어야 한다는 점 등이 그러하다.

　　나아가 장기적으로는 하자의 승계에 대한 기존의 접근방식을 다시 생각할 필요가 있다. 하자의 승계가 인정되는 예외적인 사유는 결국 적법성 보장·권리구제의 필요성과 법적 안정성 보장의 필요성을 형량한 결과이다. 서로 결합하여 하나의 효과를 발생시킨다는 예외만으로 해결할 수 없는 처분(공시지가결정)이 나타났을 때 수인한도의 예외가 추가되었고, 처분성의 확대로 인해 위 두 가지 예외만으로 해결할 수 없는 처분들이 나타나면서 쟁송법적 처분의 예외가 추가되었다. 그러나 이렇게 예외의 목록을 늘리는 방식으로 해결하는 것이 방법론적으로 타당한지 고민해 볼 필요가 있다. 각각의 예외는 서로 다른 형량요소에 좀 더 집중하고 있을 뿐 배타적이거나 무관한 것이 아니기 때문이다. 서로 결합하여 하나의 효과를 발생시키는 경우는 선행 처분과 후행 처분의 관계에, 수인한도론은 후행 처분으로 인한 불이익에, 쟁송법적 처분론은 선행 처분의 성격에 좀 더 집중하고 있을 뿐이다. 이익형량의 요소를 보다 구체화하고 정교화하여 개별 사안에서 설득력 있는 결론을 도출하는 것이 향후의 중요한 과제가 될 것이다.

주제어: 하자의 승계, 행정소송법상 처분 개념, 실체법적 처분,
　　　　쟁송법적 처분, 수인한도

Abstract

Succession of Illegality and Dispositions under Litigation Law
— Supreme Court sentence dated April 9, 2020. Judgment no. 2019DU61137 —

Choi, Kae-young[*]

The subject judgment deals with the relationship between the determination of the type of business and the disposition that imposed industrial accident insurance premiums under the Act On The Collection Of Insurance Premiums For Employment Insurance And Industrial Accident Compensation Insurance. The lower court judged that the determination of the type of business, which is a prior disposition, cannot be directly contested because it is not a disposition under the Administrative Litigation Act but the illegality of the determination of the type of business should be also dealt in the litigation to revoke the disposition to impose industrial accident insurance premiums, which is a subsequent disposition. On the other hand, the target judgment is that the determination of the type of business is a disposition, and the illegality of the determination of the type of business cannot be contested in the litigation to revoke the disposition to impose industrial accident insurance premiums. The main issue was whether the determination of

* Professor, School of Law, Seoul National University

the type of business is a disposition, and whether the illegality in the determination of the type of business is succeeded to the disposition to impose industrial accident insurance premiums was described as obiter dictum. However, in this part, dispositions under substantive law and dispositions under litigation law were distinguished from each other and a new legal principle that illegality is succeeded in cases where prior dispositions are dispositions under litigation law was presented. Although I do not agree with all of the detailed logical development of the subject judgment, I think that the broad directivity of the subject judgment is agreeable. The fact that the succession of illegality should be recognized more broadly when the range of the disposition under the Administrative Litigation Act is expanded, and the fact that procedural guarantees should also be considered when determining the succession of illegality are agreeable.

Furthermore, in the long run, it is necessary to rethink the existing approach to succession of illegality. The exceptional reason for recognition of the succession of illegality is eventually the result of weighing the necessity of guaranteeing legality and protection of rights and the necessity of guaranteeing legal certainty. When a disposition that cannot be resolved only with the exception that two dispositions combine to generate one effect (the determination of officially assessed land price) appeared, an exception of the tolerance limit was added, and as dispositions that cannot be resolved with only the above two exceptions appeared due to the expansion of the dispositions, an exception of dispositions under litigation law was added. However, it is necessary to consider whether it is methodologically justifiable to solve problems by increasing the list of exceptions as such because individual exceptions are just more focused on different weighing elements and are not exclusive or irrelevant. Cases where two dispositions combine with each other to generate an effect just focus more on the relationship between prior disposition and subsequent disposition, the theory of the tolerance limit on the disadvantage caused by the subsequent disposition, and the theory of dispositions under litigation law on the nature of prior dispositions. It will be an important task in the future to draw convincing conclusions in individual cases by making the elements of profit weighing more specific and elaborate.

Keywords: succession of illegality, disposition under the Administrative Litigation Act, disposition under substantive law, disposition under litigation law, tolerance limit

투고일 2022. 6. 8.
심사일 2022. 6. 28.
게재확정일 2022. 6. 29

損害塡補

국가배상법상 이중배상금지규정의 의의(김치환)
국가배상법상 고의, 과실 요건과 권익구제방안(이은상)

국가배상법상 이중배상금지규정의 의의*
-국가배상청구와 보훈보상금청구의
경합에 관한 소고-

김치환**

Ⅰ. 처음에
Ⅱ. 대법원 2017. 2. 3. 선고 2015두
　　60075 판결
　　1. 사실관계
　　2. 대상판결의 판시
　　3. 이 사건의 원심의 판단
Ⅲ. 이중배상금지규정의 의미
　　1. 국가배상법 제2조제1항 단서
　　　규정의 적용요건
　　2. 다른 법령의 범위
　　3. "보상을 지급받을 수 있을
　　　때"의 의미

　　4. 국가배상제도의 보충적 성격
　　5. 국가배상의 보충성에 따른
　　　이중배상의 의미
Ⅳ. 대상판결의 검토
　　1. 2가지 의문
　　2. 보상의 용이성과 배상의
　　　난이성
　　3. 배상과 보상에 대한 이해
　　4. 법적용에 있어서 시간의
　　　선후와 결과 차이
　　5. 전체 조화적인 해석방법
Ⅴ. 결론

Ⅰ. 처음에

　　주지하듯이 국가배상법에는 다음과 같은 규정이 있다. "군인·군무원·경찰공무원 또는 예비군대원이 전투·훈련 등 직무 집행과 관련하여 전사·순직하거나 공상을 입은 경우에 본인이나 그 유족이 다른 법령에

---

* 본고는 2021년 한국공법학자 대회에서의 발제문을 수정 보완한 것임.
** 영산대학교 법학과 부교수

따라 재해보상금·유족연금·상이연금 등의 보상을 지급받을 수 있을 때에는 이 법 및 민법에 따른 손해배상을 청구할 수 없다(국가배상법 제2조 제1항 단서)." 이른바 이중배상금지라고 불리는 규정[1]이다. 같은 취지는 헌법에도 명시되어 있다. "군인·군무원·경찰공무원 기타 법률이 정하는 자가 전투·훈련 등 직무집행과 관련하여 받은 손해에 대하여는 법률이 정하는 보상 외에 국가 또는 공공단체에 공무원의 직무상 불법행위로 인한 배상은 청구할 수 없다(헌법 제29조 제2항)." 헌법의 규정은 "보상외에 … 배상은 청구할 수 없다"고 규정하여 법률이 정하는 보상이 있는 경우 배상청구는 허용하지 않는다는 취지가 국가배상법보다 더 강렬하게 표현되고 있다. 그리고 위험직종에 근무하는 공무원들의 경우 대부분 순직이나 공상의 경우 보상에 관한 법률이 제정되어 있으므로 결국 그들 공무원의 경우 국가배상은 이 규정에 의해 원천적으로 차단되어 있다고 할 수 있을 것이다. 이와 같은 강력한 규정이 설치된 배경에는 첫째는 동일한 피해에 대하여 국가 등의 보상과 배상이 모두 이루어짐으로 인하여 발생할 수 있는 국가의 과다한 재정지출 부담을 줄이겠다는 의도가 강했고 둘째는 부수적인 이유로서, 후방에서의 자동차사고로 인한 사상자가 전투로 인한 사상자보다 오히려 많은 배상금을 받는 모순과 불합리를 제거하고자 한 것이었다.[2] 이때 과다한 재정지출

---

1) 이중배상배제라 부르기도 한다. 홍정선, 행정법원론(상) (2000, 박영사), 520쪽.

2) 1967년1월, 의안번호1152호, 국가배상법안 제안이유; 이상철, "국가배상법, 제2조 제1항 단서의 위헌성," 안암법학1권0호(1993), 263쪽. 대법원 2002. 5. 10. 선고 2000다39735 판결은 이 두 번째의 사유에 대하여 피해 군인들 사이의 불균형방지라고 하는 처우의 공평으로 묘사하고 있다. 이 단서조항의 최초규정은 "군인 또는 군속이 전투·훈련 기타 직무집행중에서 발생하였거나 국군의 목적상 사용하는 진지·영내·함정·선박·항공기 기타 운반기구안에서 발생한 전사·순직 또는 공상으로 인하여 다른 법령의 규정에 의하여 재해보상금 또는 유족일시금이나 유족연금 등을 지급받을 수 있을 때에는 이 법 및 민법의 규정에 의한 손해배상을 청구할 수 없다."와 같이 진지, 함정 등 운반기구 안에서의 발생한 사고인 경우가 적시되고 있었다.

의 방지는 사실상 그리고 정책적인 이유임에 반하여 피해 군인 간의 불균형방지는 처우의 공평이라고 하는 법적인 판단이 개재되어 있다고 할 수 있다.

그런데 여기서 국가배상법에 따른 국가배상과 그 밖의 법령에서 정하고 있는 재해보상금 등과의 관계가 문제된다. 헌법과 국가배상법의 규정에 의하면 그 밖의 법률에 따라 재해보상금 등을 받을 수 있는 한 국가배상법에 따른 배상청구는 허용되지 아니한다. 그 당연한 반대해석으로서 그 밖의 법률에 따라 재해보상금 등을 받을 수 없다면 비로소 국가배상법에 따른 배상청구가 가능하다. 그렇다면 청구의 순서에 있어서 그 밖의 법률에 따른 재해보상금 등의 청구가 먼저이고 국가배상법에 따른 배상청구는 그 결과를 기다려 가능하게 된다고 할 것이다. 그런데 만일 피해자 또는 그 유족이 그 밖의 법령에 따른 재해보상금 등을 청구하지 아니하고 국가배상을 먼저 청구하게 되면 어떻게 될까? 이때 국가배상법 제2조 단서규정은 그 청구자체를 금지하는 효력을 가질 것인가? 만일 국가배상청구 자체를 금지한다고 볼 수 없다면 그 국가배상이 청구되는 일이 발생할 수 있다. 나아가 그와 같이 하여 제기된 국가배상청구에서 국가배상결정이 내려지는 경우 피해자나 그 유족은 국가배상을 받게 될 것인데, 이와 같이 국가배상을 받게 된다면 '그 밖의 법령에 따른 재해보상금 등'은 받을 수 없게 되는가? 이중배상금지의 논리에 의하면 국가배상과 재해보상금 등은 양립할 수 없다. 두 가지를 다 받으면 결과적으로 이중배상이 되기 때문이다.

이상과 관련하여 대법원 2017. 2. 3. 선고 2015두60075 판결은 흥미로운 쟁점을 던져준다. 동 판결은 피해군인 등이 먼저 국가배상법에 따라 손해배상을 받았는데도 불구하고 '그 밖의 법률에 따른 재해보상금 등'도 그 지급을 인정하였기 때문이다. 그러나 판결은 그 반대는 인정하지 않았다. 국가배상법 제2조 단서가 "'그 밖의 법령에 따른 재해보상금 등'을 받을 수 있을 때에는 국가를 상대로 국가배상을 청구할 수 없다"고 규정하고 있기 때문이다.

본고는 이상과 같은 판례의 태도에 대하여 의문을 제기하고 현행 법상의 이중배상금지규정에 대하여 비판적으로 검토하는 것을 목적으로 한다.

Ⅱ. 대법원 2017. 2. 3. 선고 2015두60075 판결

1. 사실관계

당직사관인 망인이 상관의 가혹행위를 견디지 못하고 자살한 사건에서 망인의 유가족들인 원고는 먼저 국가배상을 청구하였는데 이것이 일부승소로 확정되어 국가배상금을 수령하였다. 그 후 약 2년이 다 될 즈음에 원고는 국가유공자 유족등록신청을 하게 되고, 이에 대해 피고는 망인이 국가유공자의 요건에는 해당하지 않지만 보훈보상대상자의 요건에는 해당한다고 보고 보훈급여금을 지급하게 된다. 그런데 그 지급개시 후 2년쯤 되었을 때 피고는 국가배상법 제2조제1항 단서의 이중배상금지의 규정을 인식하게 되고 이를 근거로 "국가배상법에 의한 손해배상금과 국가보훈처에서 지급하는 보훈급여금은 중복하여 수령할 수 없음에도 원고에게 이를 중복하여 지급하였다"는 이유를 들어 원고에 대한 보훈급여금의 지급을 정지하는 처분을 하였다. 이에 원고가 그 정지처분의 취소를 구하게 된 것이 이 사건이다.

2. 대상판결의 판시

전투·훈련 등 직무집행과 관련하여 공상을 입은 군인·군무원·경찰공무원 또는 향토예비군대원이 먼저 국가배상법에 따라 손해배상금을 지급받은 다음 보훈보상대상자 지원에 관한 법률(이하 '보훈보상자법'이라 한다)이 정한 보상금 등 보훈급여금의 지급을 청구하는 경우, 국가배상법 제2조 제1항 단서가 명시적으로 '다른 법령에 따라 보상을 지급받을 수 있을 때에는 국가배상법 등에 따른 손해배상을 청구할 수 없다'고 규정하고 있는 것과 달리 보훈보상자법은 국가배상법에 따른 손해배상금을 지급받은 자를 보상금 등 보훈급여금의 지급대상에서 제외하는 규정을 두고 있지 않은 점, 그리고 국가배상법 제2조 제1항 단서의 입법 취지 및 보훈보상자법이 정한 보상과 국가배상법이 정한 손해배상의 목적과 산정방식의 차이 등을 고려하면 국가배상법 제2조 제1항 단서가 보훈보상자법 등에 의한 보상을 받을 수 있는 경우 국가배상법에 따른 손해배상청구를 하지 못한다는 것을 넘어 국가배상법상 손해배상금을 받은 경우 보훈보상자법상 보상금 등 보훈급여금의 지급을 금지하는 것으로 해석하기는 어려운 점 등에 비추어, 국가보훈처장은 국가배상법에 따라 손해배상을 받았다는 사정을 들어 보상금 등 보훈급여금의 지급을 거부할 수 없다.[3]

3. 이 사건의 원심의 판단

원심[4]은 국가배상법에 의한 손해배상금을 먼저 지급받은 경우 보훈보상자법 제68조 제1항 제3호[5]에 따라 환수하거나 환수 대신 그 금

3) 같은 취지의 판결은 대상판결이 유일한 것은 아니다. 같은 날짜에 선고된 대법원 2017.2.3. 선고 2014두40012 판결도 대상판결과 동일한 취지로 설시하고 있다.
4) 서울고법 2015. 11. 23. 선고 (춘천)2015누337 판결
5) 보훈보상자법 제68조(보훈급여금 등의 환수) ① 국가보훈처장은 이 법에 따라 보상받은 사람이 다음 각 호의 어느 하나에 해당하면 그가 받은 보훈급여금·학습보조비(제29조 및 제30조에 따라 보조받은 수업료 등을 포함한다), 제48조에 따른 직업재활훈련비·직업능력개발훈련비, 제49조에 따른 능력개발 장려금·지원비 및 제50조에 따른 의료지원비를 환수하여야 한다.
1. 거짓이나 그 밖의 부정한 방법으로 보상을 받은 경우

액에 해당하는 만큼의 보훈급여금의 지급을 거절할 수 있다는 전제에서 원고에게 보훈급여금의 지급을 정지한 이 사건 처분이 적법하다고 판단하였다.

Ⅲ. 이중배상금지규정의 의미

1. 국가배상법 제2조제1항 단서규정의 적용요건

국가배상법 제2조제1항 단서규정에 따라 이중배상이 금지되기 위해서는 크게 4가지 요건이 충족되어야 한다.[6] 첫째는 "군인·군무원·경찰공무원 또는 예비군대원"이 전사·순직 또는 공상을 입은 경우이어야 한다. 따라서 소방관은 역시 위험직종이라 볼 수 있지만 여기에는 포함되지 않는다. 둘째는 "전투·훈련과 같은 직무집행과 관련하여" 전사·순직 또는 공상을 입은 경우이어야 한다. 셋째는 전사·순직하거나 또는 공상을 입었어야 하고, 끝으로 "다른 법령에 따라 재해보상금·유족연금·상이연금 등의 보상을 지급받을 수 있을 때"이어야 한다.[7] 여기서 이중배상금지사고의 핵심은 중복되어 지급될 수 없다는 내용을 시사하는 맨 마지막의 요건에 있다고 할 수 있다. 따라서 이곳에서는 맨 마지막의 요건에 대해서만 약간의 고찰을 가해보고자 한다. 그 경우에 쟁

---

   2. 보상을 받은 후 그 보상을 받게 된 사유가 소급하여 소멸한 경우
   3. 잘못 지급된 경우
     ②항 이하는 생략.
6) 일반적으로는 본문에서 언급한 두 번째와 세 번째의 요건을 하나로 취하여 총 3가지 요건으로 설명된다. 박균성, 행정법강의(제16판), 박영사, 567쪽; 홍정선, 행정법특강(제11판), 박영사, 481−482쪽.
7) "재해보상금·유족연금·상이연금 등의 보상"이라고 하는 법문에 비추어 이들 3가지 보상의 유형은 예시에 불과하고 보상의 명칭여하에 불구하고 재해보상, 유족연금, 상이연금의 성질을 가지는 보상이면 여기에 포함된다고 이해될 수 있다.

점은 다시 두 가지로 나뉜다고 할 수 있다. "다른 법령"이 어떠한 것인가 하는 점과 "보상을 지급받을 수 있을 때"가 의미하는 것이 무엇일까 하는 점이 그러하다.

2. 다른 법령의 범위

국가배상법은 "다른 법령"이라고만 하고 있지 그 법령을 구체적으로 적시해주고 있지는 않다. 이로 인하여 판례를 통해 '다른 법령'에 해당한다고 판단하는 경우들이 소개된다. 군인연금법,[8] 공무원연금법,[9] 향토예비군설치법, 국가유공자 등 예우 및 지원에 관한 법률(국가유공자법),[10] 보훈보상대상자 지원에 관한 법률[11] 등이 그러하다.

그런데 동일한 법령이라고 하여 항상 국가배상법 제2조제1항 단서

---

8) 대법원 1993.5.14. 선고 92다33145 판결
9) 대법원 1988.12.27. 선고 84다카796 판결은 공무원연금법이 오히려 '다른 법령'에 해당하지 않는다고 보았다. 구 공무원연금법 (1982.12.28. 법률 제3586호로 개정되기 전의 법률) 제33조 내지 제37조에 규정된 장해급여는 같은 법 제1조에 명시된 바와 같이 공무원의 공무로 인한 부상등에 대하여 적절한 급여를 실시함으로써 공무원의 생활안정과 복리향상에 기여함을 목적으로 하여 지급되는 것이므로 위 장해보상금을 지급하는 제도와 국가배상법 제2조 제1항 단서에서 규정하고 있는 군인, 군속, 경찰공무원 등이 전투훈련 기타 직무집행과 관련하거나 국방 또는 치안유지의 목적상 사용하는 시설 등 안에서 전사, 순직 또는 공상을 입은 경우에 재해보상금등의 보상을 지급하는 제도와는 취지와 목적을 달리하는 것이어서 두 제도는 서로 아무런 관련이 없다 할 것이다. 그러므로 구 공무원연금법상의 장해보상금지급규정은 "다만…본인 또는 그 유족이 다른 법령의 규정에 의하여 재해보상금…등의 보상을 지급받을 수 있을 때에는 이 법 및 민법의 규정에 의한 손해배상을 청구할 수 없다"고 규정한 국가배상법 제2조 제1항 단서 소정의 "다른 법령의 규정"에 해당하지 않는다 할 것이고 따라서 원고 1이 경찰공무원으로서 구 공무원연금법의 규정에 의하여 장해보상을 지급받은 것은 국가배상법 제2조 제1항 단서소정의 '다른 법령의 규정'에 의한 재해보상을 지급받은 것에 해당하지 아니한다 할 것이다.
10) 대법원 2017.2.3. 선고 2014두40012 판결: 2015.11.26. 선고 2015다226137 판결
11) 대법원 2017.2.3. 선고 2015두60075 판결; 서울북부지방법원 2012.11.16. 선고 2011가단33471 판결

상의 '다른 법령'에 해당한다고 이해되지는 않는 점은 주의를 요한다. 예를 들어 국가유공자법은 일반적으로는 '다른 법령'에 해당한다. 하지만 국민의 생명·재산 보호와 직접적인 관련이 있는 직무수행 중 부상을 입은 군인이나 경찰공무원의 경우 전역하거나 퇴직하여야만 객관적으로 공상군경의 요건을 갖추어 국가유공자법에 따른 보상을 지급받을 수 있다(국가유공자법 제4조제1항제6호). 따라서 상이군경이지만 전역하거나 퇴직하기 전에는 국가유공자법에 따른 보상을 지급받을 수 있는 상황에 있지 않고 국가유공자법은 이 경우에 이중배상을 금지하는 요건인 '다른 법령'에 포함된다고 볼 수 없다.12) 이렇게 보면, 어느 것이 '다른 법령'에 해당하는가가 중요한 것이 아니라 그 "다른 법령에 의하여 보상을 지급받을 수 있는 것인지"가 중요한 의미를 갖는 것이라고 할 수 있다.

3. "보상을 지급받을 수 있을 때"의 의미

1) 판례의 태도

판례에 의하면, 다른 법령에 따른 '보상을 지급받을 수 있을 때'란 실제로 그러한 보상을 받았는지 여부와는 무관하다. "국가배상법 제2조 제1항 단서 규정은 다른 법령에 보상제도가 규정되어 있고 그 법령에 규정된 상이등급 또는 장애등급 등의 요건에 해당되어 그 권리가 발생한 이상, 실제로 그 권리를 행사하였는지 또는 그 권리를 행사하고 있는지 여부에 관계없이 적용된다고 보아야 하고, 그 각 법률에 의한 보상금청구권이 시효로 소멸된 경우에도 '보상을 지급받을 수 있을 때'에 해당하므로 국가배상청구를 할 수 없다."13)

이와 같이 판례는 "다른 법령에 의한 보상을 지급받을 수 있을 때"

---

12) 대법원 2019.5.30. 선고 2017다16174 판결
13) 대법원 2002.5.10. 선고 2000다39735 판결

를 보상금을 현실적으로 지급을 받은 것을 의미하는 것이 아니고 보상금을 지급받을 권리가 존재하는지를 의미한다고 본다. 그리고 보상금을 지급받을 권리는 "법령에 규정된 장애등급 또는 상이등급의 요건에 해당되면" 발생한다고 이해한다. 따라서 권리가 발생했음에도 불구하고 이를 주장하지 않아 시효로 소멸된 경우에는 설령 시효소멸로 보상을 지급받을 수 없게 되었지만 "보상을 지급받을 수 있을 때"에 해당했으므로 국가배상법 제2조제1항 단서의 규정에 따라 국가배상을 청구하는 것은 허용되지 않는다고 본다.

2) 판례의 태도 검토

그런데 이상과 같은 판례의 해석에도 문제가 없지 않다. "다른 법령에 의한 보상을 지급받을 수 있을 때"를 과연 누가 판단하고 어느 시점에 판단할 수 있는가의 문제이다. 대법원 2002.5.10. 선고 2000다39735 판결 사건의 경우 원고는 다른 법령인 구 국가유공자법에 따른 유공자등록신청을 시도하였다. 그런데 "구타나 군생활의 어려움이 원고의 정신분열증의 직접적인 발병원인이거나 뚜렷한 인과관계가 있다고 볼 수 없다"는 이유로 국가유공자 비해당 결정을 받자 보상에 관해서는 더이상 다투기를 중단하고 국개배상청구사건만을 유지하여 다투었다. 그러나 국가배상청구소송에서 국가배상법 제2조제1항 단서를 근거로 "다른 법령에 따라 보상을 지급받을 수 있을 때"에 해당한다는 이유로 국가배상청구를 할 수 없다고 판시한 것이다.

(1) "다른 법령에 따라 보상을 지급받을 수 있을 때"의 의미와 그 판단시기

"다른 법령에 따라 보상을 지급받을 수 있을 때"는 국가배상청구와 관련하여 국가배상법 제2조제1항 단서에서 규정되어 있으므로 "보상을 지급받을 수 있을 때"의 판단시기는 실제로 국가배상을 청구하는 시점일까 아니면 국가배상청구권이 발생하는 시점일까 견해가 나뉠 수 있다. 이곳에서의 국가배상청구와 다른 법령에 의한 보상청구는 동일한 사실을 기초로 동시에 2개의 청구권이 발생하는 경우이다. 판례가 "보상을 지급받을 수 있을 때"를 현실적으로 보상을 받는 때를 의미하는 것이 아니라 "보상을 지급받을 권리가 발생하는 때"로 이해하고, 보상은 "법령에서 정하는 요건에 해당하면" 발생한다고 보면,14) "보상을 지급받을 권리가 발생하는 때"는 국가배상이나 보상의 발단이 되는 사실이 발생한 때라고 보지 않을 수 없다. 왜냐하면 보상의 발단이 되는 사실이 발생한 때에 "(다른) 법령에서 정하는 요건"을 충족하게 될 것이기 때문이다.

그런데 "최종적으로 보상을 지급받는 경우"와 "보상을 지급받을 수 있는 경우"는 일치하지 않는다. 피해가 발생하여 보상을 지급받을 수 있는 권리가 발생하였고, 따라서 보상을 청구할 수 있다면 이 피해자15)는 "보상을 지급받을 수 있는 때"에 해당하여 국가배상법 제2조제1항 단서에 따라 국가배상을 청구할 수 없다, 그런데 막상 보상청구를 하여 보상지급 심사과정에서 인과관계가 인정되지 않는 등 피해자의 책임으로 돌릴 수 없는 어떠한 이유로 종국에는 보상이 지급될 수 없다고 결정되었다고 하면, 이제는 배상도 받지 못하고 보상도 받지 못하는 상황에 처하게 된다.16) 이러한 결론을 과연 타당하다고 할 수 있을까 의문이다.

---

14) 대법원 2002.5.10. 선고 2000다39735 판결
15) 이하 이 글에서 단순히 피해자라고만 언급한 때에도 그 유족을 포함하는 의미를 사용한다.
16) 이철환, "국가배상법상의 이중배상금지 규정과 다른 법령에 의한 보상금 청구," 법과 정책, 제23집 제3호(2017), 215쪽. 대법원 2002.5.10. 선고 2000다39735 판결이 그 예이다. 판결의 태도에 의하면 논자가 말하는 이중패소가 발생할 수도 있고 반대로 이중이득도 발생할 수가 있게 된다. 대상사건의 경우 국가배상이 먼저 지급된 후에 보상금이 지급되는 바람에 원고측은 궁극적으로 두 금전적 이익을 모두 취할 수 있게 되었기 때문이다.

(2) "다른 법령에 따라 보상을 지급받을 수 있을 때"의 의미와
그 판단주체

만일 그렇다면 보상을 받을 수 있을지 없을지 어떻게 알 수 있는가 하는 문제가 제기된다. 종국적인 보상여부는 보상을 지급하는 기관의 심사에 의하여 결정된다. 즉 보상여부의 결정, 보상을 받게 될지의 결정은 보상을 받으려는 자에게 있는 것이 아니고 보상지급기관에게 달려 있다.[17] 이는 보상지급여부를 보상금청구자가 확정적으로 알 수는 없는 상황이라고 하지 않을 수 없다. 그렇다면 과연 이러한 경우를 "보상을 지급받을 수 있을 때", 판례의 표현을 인용하면 "보상을 지급받을 수 있는 권리가 발생한 때"라고 할 수 있을까 매우 의문이 아닐 수 없다. 보상금의 지급심사를 통하여 보상금의 지급여부가 최종적으로 결정된 때에 비로소 자신에게 "보상을 지급받을 수 있는 권리가 발생"하였는지를 알 수 있다고 보아야 하는 것이 아닌가 의문이기 때문이다.

만일 법문이 "보상을 지급받을 수 있을 때"라고 하지 않고 "보상을 청구할 수 있을 때"라고 규정하였다면 어떻게 해석될지를 생각해보자. 청구하면 예외 없이 지급되는 경우라면 "보상을 지급받을 수 있을 때"와 "보상을 청구할 수 있을 때"는 같은 뜻을 의미한다고 할 수 있다. 그러나 보상을 청구한다고 하여 모두 보상되는 경우가 아니라면 "보상을 지급받을 수 있을 때"와 "보상을 청구할 수 있을 때"는 의미가 달라진다. 이것은 보상을 청구할 수는 있지만 지급받을 수 없는 경우가 발생할 수 있음을 전제로 한다. 판례가 "보상을 지급받을 권리가 있을 때"라고 설시하는 경우에 그것은 "보상을 지급받을지 어떨지는 알지 못하지만 그것을 청구할 수 있는 때"를 의미하는 것일까? 앞에서도 몇 차례 언급한 2002.5.10. 선고 2000다39735 판결 사건을 예로 살펴보자. 원고인 피해자는 보상을 청구하였다가 인과관계가 부정되면서 보상을 받을 수

---

17) 보상여부의 결정주체는 보상지급기관이지 피해자가 아니다.

없다는 처분을 받자 더 이상 보상을 지급받기 위해 다투기를 중단하고 배상을 받는 쪽으로 전환한 경우였다. 그로 인해 보상거부처분은 확정되고 더 이상 보상을 받을 수는 없게 되었다. 판결은 이 점에 대하여 "보상을 지급받을 권리"가 발생하였는데도 이를 "실제로 그 권리를 행사하였는지 또는 그 권리를 행사하고 있는지 여부에 관계없이 적용된다고 보아야 하고, 그 각 법률에 의한 보상금청구권이 시효로 소멸된 경우에도 '보상을 지급받을 수 있을 때'에 해당하여 국가배상청구를 할 수 없다"는 취지[18]로 설시했다. 그런데 1차 보상여부 판단에서 거부당한 처분을 더 이상 다투지 않아 확정되었다고 하여 원고가 국가로부터 배상받을 권리까지도 포기한 것으로는 되지 않을 것이다. 이중배상금지의 규정이 피해자에게 다른 법령에 의한 보상을 끝까지 추구할 것을 요구하고 중도에 포기하고 배상청구 쪽으로 돌아서면 이러한 상황이 "다른 법령에 따른 보상을 받을 수 있을 때"에 해당하여 국가배상청구를 물리쳐야 하는지 의문이다. 최초의 보상청구에서 1차적으로 거부되었다면 피해자의 입장에서는 보상청구가 곤란하다고 인식하는 것에 하등의 잘못이 있다고 보기 어렵다.[19] 피해자 측에 책임 있는 사유를 인정하기 어렵다는 것이다. 이러한 경우까지 "다른 법령에 따라 보상을 지급받을 수 있는 때"로 해석하는 것은 결론적으로 피해자에게 보상도 배상도 모두 얻지 못하게 하는 매우 가혹한 결과를 초래한다.

4. 국가배상제도의 보충적 성격

통상 국가배상법 제2조제1항 단서를 이중배상을 금지하는 규정이라 설명한다. 이에 대하여 국가배상은 불법행위책임적 성격임에 반하여

---

18) 대법원 2002.5.10. 선고 2000다39735 판결
19) 피해자에게 거부당한 1차 보상부지급 결정의 취소를 끝까지 다투도록 요구할 법적 근거는 어디에도 없다.

다른 법령에 따른 보상은 사회보장적인 성격을 갖는 것이므로 그 성격이 달라 동일한 성격의 복수의 배상청구권이 중복되는 것이 아니어서 이중배상이라는 표현은 적합하지 않다는 주장이 많다.[20] 그러나 결과적으로는 금전지급이 중복하여 과도하게 이루어지는 것을 금지하는 것이라고 하여도 국가배상금을 지급하면 다른 보상금 또는 배상금은 지급되어서는 아니된다는 것이 아니라 다른 보상금 등이 지급될 수 있으면 국가배상은 청구하지 못한다는 것이 국가배상법 제2조제1항 단서의 취지이고, 이는 국가배상의 보충적 성격을 규정한다고 보아야 한다. 그렇다면 이중배상금지와 같은 표현은 적절하지 않고, 보충적 국가배상의 원칙과 같이 표현하는 것이 보다 적절하다고 생각될 수도 있다. 다만, 이 경우에도 부족한 금액을 보충한다는 의미는 아니다. 다른 법령에 따라 보상을 받은 경우 그 보상금액이 적다면 국가배상을 청구하였더라면 받았을 금액만큼 추가로 국가배상을 해야 한다는 의미가 아니기 때문이다.

다른 한편, 국가배상법은 다른 법령에 의한 보상 또는 배상이 가능한 경우에 "국가배상을 해서는 안 된다"고 규정하고 있지 않다. 법은 "국가배상을 청구할 수 없다"고 규정하고 있다. 즉 피고 국가의 입장에서, 원고가 다른 법률에 따라 보상 등을 받으면 국가배상법에 따른 배상을 해서는 안 된다고 규정하고 있는 것이 아니라, 원고의 입장에서, 국가배상을 청구할 수 없다고 규정하고 있는 점도 주의해서 보아야 할 부분이라 생각한다. 다시 말하면, 청구인이 국가배상을 청구하는 것은 허용되지 않지만 국가가 스스로 배상을 해주는 것까지 금지되고 있지는 않다는 것이다. 이를 다시 다른 관점에서 해석하면, 다른 법률에 따라 보상 등을 받을 수 있는 사람은 국가배상청구를 할 자격을 갖지 못하는

---

20) 류지태·박종수, 행정법신론(제13판), 박영사, 480쪽; 정하중, 행정법개론(제11판), 법문사, 519쪽; 홍준형, 행정구제법, 오래(2012), 115쪽. 이런 이유로 홍정선, 앞의 책, 483쪽은 헌법과 국가배상법의 이중배상규정은 비합리적인 것으로 삭제를 주장한다. 논리상의 문제점을 지적하는 견해로서는 김유환, 현대행정법(전정판), 박영사, 582쪽.

것이므로 원고적격이 없다고 보아야 하지 않을까 의문이다. 즉 국가배상법 제2조제1항 단서규정은 국가배상청구의 소극적 원고적격에 관한 규정으로 보아야 하고, 따라서 여기에 해당하는 국가배상청구는 소를 기각이 아니라 각하해야 하는 것이 아닐까?

5. 국가배상의 보충성에 따른 이중배상의 의미

1) 이중배상과 보충성

이중배상금지라고 하면, A를 받고 또 B를 받으려고 하는 것이나, B를 받고 또 A를 받으려고 하는 것이 모두 이중배상 또는 중복배상이 되는 것이고 허용되지 않는다고 본다. 따라서 대상사건의 경우 국가배상법상의 배상(A)을 먼저 받았으면 보훈보상자법에 의한 보상(B)은 받지 말았어야 하는데 이것을 받았으므로 원심은 이중배상금지에 반한다고 보았다. 하지만 국가배상법상의 배상과 다른 법령상의 금전지급과의 관계는 다른 법령상의 금전지급이 불가능할 때 비로소 국가배상법상의 배상이 가능한 구조이어서, B를 받고 또 A를 받으려는 것은 허용되지 않지만, A를 받고 B를 받는 것은 금지되지 않는 결과가 되는 것이다.[21] 시간의 선후, 신청의 선후에 따라 결과가 달라지도록 국가배상법은 제도구성을 하고 있다. 국가배상이 보충적이기를 의도하고 있기 때문이다. 그런데 단순히 이중배상이라 표현하는 이중배상금지의 관념에 의하면 시간의 선후에 따른 결과차이를 인정하지 않는다.

이중배상의 관념에서는 '배상'의 용어도 잘못되었지만[22] '이중'의 용어도 잘못되었다. 시간적 선후를 고려하지 않은 '이중'을 법이 의도하고 있지 않기 때문이다.[23] 법은 '이중금지'를 말하려던 것이 아니라 '보

---

21) 결과적으로는 두 차례의 이득을 본 것임에도 불구하고 말이다.
22) 왜냐하면 다른 법령에 의한 보상도 포함하고 있으므로.
23) 한편 어휘의 장난으로 비칠 수 있지만 이중배상금지는 그 표현자체에 하등의 모순

충지급'을 말하려던 것이다. 이 경우에도 '보충'의 의미가 부족부분을 메우려는 의미에서의 보충이 아니라, 원래의 것이 안 될 경우 즉, 다른 법령에 따른 지급이 안 될 경우에 '보충적'으로라는 의미로 이해되는 것임은 앞서 언급한 대로이다.

2) 이중배상과 총량제

종래의 이중배상의 관념에 의하면, 피해자에게 과도한 배상 또는 보상 등의 과도한 금전지급을 회피하려는 것이므로 배상 또는 보상에는 지급되어야 할 총량이 정해져 있다고 생각하는 방법이 있을 수 있다. 이러한 생각에 의하면, 대상사건의 원심[24]판결에서와 같이 국가배상으로 이미 일정금액을 수령했다면 그만큼을 보상급여금에서 공제해야 한다고 생각하게 된다.[25] 그런데 국가배상법 제2조제1항 단서규정의 문리

이 존재하지 않는다. 배상이 이중으로 이루어지는 것을 타당하다고 볼 수 없으므로 그것은 금지되어야 한다는 내용을 보여주기 때문이다. 따라서 이 용어례에 의하는 한 이중배상금지가 위헌성이 문제될 여지는 전혀 없다. 그럼에도 불구하고 이중배상금지(국가배상법 제2조제1항단서)규정에 대하여 위헌논쟁이 존재하는 것은 그 '배상'속에 배상이 아닌 보상이 뒤섞여 있기 때문이다. 말하자면 이중배상금지라는 논리 하에 보상만 주고 배상은 하지 않겠다는 의도를 담고 있기 때문이다.

24) 서울고법 2015. 11. 23. 선고 (춘천)2015누337 판결
25) 임성훈, "영내 구타·가혹행위로 인한 자살에 대한 배상과 보상 - 대법원 2004.3.12. 선고 2003두2205 판결을 중심으로-,"「행정판례연구」10권, 박영사(2005) 20쪽이 소개하는 대법원 1998.11.19. 선고 97다36873 전원합의체 판결은 "공무원이 공무집행 중 다른 공무원의 불법행위로 인하여 사망한 경우, 사망한 공무원의 유족들이 국가배상법에 의하여 국가 또는 지방자치단체로부터 사망한 공무원의 소극적 손해에 대한 손해배상금을 지급받았다면 공무원연금관리공단 등은 그 유족들에게 같은 종류의 급여인 유족보상금에서 그 상당액을 공제한 잔액만을 지급하면 되고, 그 유족들이 공무원연금관리공단 등으로부터 공무원연금법 소정의 유족보상금을 지급받았다면 국가 또는 지방자치단체는 그 유족들에게 사망한 공무원의 소극적 손해액에서 유족들이 지급받은 유족보상금 상당액을 공제한 잔액만을 지급하면 된다."고 하여 국가배상청구소송에서 공무원연금법상 재해보상적 성격을 가지는 유족보상금의 공제를 긍정하고 있다. 이것은 신청시점의 선후에 관계없이 총량으로 피해자(유족)에게 지급되어야 할 금액을 산정하는 관점이 바탕에 있다고 볼 수 있다.

적 해석으로는 이와 같은 총량적 손해전보의 관념이 채택되어 있는 것
으로 생각하기 어렵다. 왜냐하면 "다른 법률에 의한 보상을 받을 수 있
을 때"라고만 규정하고 있지 다른 법률에 의하여 충분히 보상받지 못하
는 때에 그 차액만큼을 국가배상으로 청구할 수 있다와 같이 규정하지
않기 때문이다. 그 밖에 국가배상액과 다른 법령에 의한 보상액간의 조
정에 관한 규정도 두고 있지 않기 때문이다.

3) 보충성과 선택적 청구

금전지급의 성질이 배상인지 보상인지와 관계없이 총량으로 피해
자에게 지급되어야 할, 또는 발생한 손해에 대하여 전보되어야 할 금액
을 이해하는 관점에서는 대상사건의 원심에서와 같이 이미 국가배상으
로 충분한 금액을 받았다면 보상급여는 더 이상 필요하지 않다고 이해
하게 될 것이다. 그러나 현행 법제도에 대한 해석, 즉 국가배상법 제2조
제1항 단서에 대한 해석에 의하면, 금액의 다과에 관계없이 1차적으로
보상급여가 가능하다면 국가배상은 허용하지 않는 형태로 손해전보체
계가 구성되어 있다. 보상급여가 국가배상보다 적다고 하여 그 차액만
큼을 다시 국가배상으로 청구할 수 있는 것도 아니고, 국가배상이 보상
급여보다 많다고 하여 보상급여는 받지 않고 국가배상을 받을 것을 선
택할 수도 없는 것이다. 이것이 현행 우리의 국가배상법 제2조제1항 단
서에 의하여 구축되어 있는 손해전보체계라 할 것이다. 이에 반해 보상
급여의 성질이 순수하게 사회보장적 성격의 것이라면 그러한 보상급여
를 규정하고 있는 다른 법률은 국가배상법 제2조 단서에서 말하는 '다
른 법령'에 해당하지 않아, 동 단서는 적용될 여지가 없고 피해자는 사
회보장적 성격의 보상급여와는 전혀 별개로 국가배상을 청구할 수 있다
고 이해되기도 한다.26)

---

26) 박균성, 「행정법론(상)」, 제14판, 박영사(2016), 839쪽. 이 견해는 이중배상금지에
　　관한 헌법규정이 없다고 하더라도 군인 등에 대해 국가배상청구권을 제한하는 제

4) 이중배상과 선택적 배상

이미 언급하였지만 이중배상은 선택적 배상과는 다르다. 국가배상법상의 배상과 다른 법령에 의한 보상을 피해자는 선택할 수 없다. 국가배상법 제2조제1항 단서규정에 따라 다른 법령에 의한 보상 등이 되는지를 먼저 검토해야 하고 그것이 안될 때 비로소 국가배상법에 의한 배상청구가 허용된다. 그러므로 현행 국가배상체계의 경우 국가배상을 받을지 다른 법령에 의한 보상 등을 받을지를 군인·군무원 또는 경찰공무원 등인 피해자는 선택할 수가 없는 것이라고 보아야 한다.

Ⅳ. 대상판결의 검토

1. 2가지 의문

판결의 설시는 ① 보훈보상자법에 따라 보훈급여금을 지급받을 수 있는 때에는 국가배상법 제2조제1항 단서규정에 따라 국가배상법에 따른 손해배상을 청구할 수 없지만, ② 이미 국가배상법에 따라 배상을 받아 버린 경우에는 보훈보상자법에 따른 보훈급여금의 지급이 방해받지 않는다는 것이다. 그 이유의 하나로 보훈보상자법에는 국가배상법에 따른 손해배상금을 지급받은 자를 보훈급여금의 지급대상에서 제외하는 규정이 없다는 것을 든다.

도는 그 입법취지에 비추어 정당한 보상을 규정하고 있는 한 그 자체가 위헌은 아니라고 본다. 그러나 특별법에 의한 보상이 제도의 취지 및 무과실책임이라는 보상의 성격 등을 고려하여도 일반 손해배상액과 심히 균형을 잃는다면 특별법에 의한 보상제도 자체는 위헌이 아니지만, 당해 보상규정은 위헌이라고 보아야 한다고 주장한다. 심히 균형을 잃었는지의 판단은 용이한 것이 아니지만 피해자의 입장을 고려한 합리적인 주장이라 할 수 있다.

　　대상판결에 대하여는 다음과 같은 의문을 제기할 수 있다. 첫째는 이 사건에서 원고는 보훈보상자법에 따른 국가배상을 지급받을 수 있는 자에 해당하였다는 것인데 그렇다면 국가배상법 제2조제1항 단서규정에 따라 국가에 대한 손해배상청구는 허용되지 말았어야 한다는 점이다. 그렇다면 이것을 간과하고 국가배상을 인정한 판결은 국가배상법 제2조제1항 단서규정을 위반하여 이루어진 하자를 내포한 위법한 또는 불완전한 판결이 되는 것이 아닌가? 그러면 이것은 법관의 직무행위인 재판행위에 과실이 있는 것으로서 그 자체로서 또 다시 국가배상청구요건에 해당하는 문제를 야기하게 되는 것은 아닌지 의문이다.

　　둘째로 만일 위와 같이 법령의 해석적용을 잘못하여 위법한 결론에 이른 판결에 따라 원고가 받은 국가배상은 원고의 부당이득이 되는 것은 아닌가 하는 점이다. 물론 이때 원고가 지급받은 국가배상금이 부당이득이 되기 위해서는 그러한 국가배상청구를 인용한 판결이 무효가 되지 않으면 아니될 것이다. 그러나 판결이 하자를 내포하여 무효가 되는 경우란 실제에 있어 거의 생각하기 어렵다고 보면 이미 지급되어 버린 국가배상금을 부당이득금으로 환수할 가능성은 매우 희박해 보인다. 하지만 국가배상법 제2조제1항 단서는 법률의 규정으로서 지극히 명백한 사항이고, 또한 법령의 적용을 잘못하였다는 것은 중대한 사항이라고 보면 판결에 대한 무효의 결론이 도출되지 못할 바도 아닐 수 있다.

　　대상판결의 사실관계는 원고가 국가배상금을 받았음을 사후적으로 인지한 후 국가배상법 제2조제1항 단서의 규정에 따라 국가배상법에 의한 손해배상금과 국가보훈처에서 지급하는 보훈급여금은 중복하여 수령할 수 없다는 이유로 원고에 대한 보훈급여금의 지급을 장래에 향하여 정지하는 처분을 하였던 것이고 대상판결은 보훈보상자법의 규정에 국가배상청구를 받은 경우에는 보상급여를 할 수 없다는 규정이 없음을 이유로 보상급여를 중단한 피고의 처분을 위법하다고 판시한 것이다.

　　그러나 사실은 보훈보상자법에 따른 보상급여금의 지급이 본래 현행 법률의 해석에 합치하는 적법한 처분이었고, 국가배상법에 따른 국가배상을 한 것이 문제가 있는 것이며, 보훈보상자법에 국가배상금을 받은 경우에 보상급여금을 지급할 수 없다는 규정이 없기 때문에 그 동안 해왔던 보상급여금의 지급을 정지한 것은 잘못된 처분이 되는 것이다.

그리고 피고가 이 사건 보상급여금의 지급을 정지한 이유로서 국가배상법 제2조제1항 단서규정에 따라 국가배상금과 보상급여금은 중복하여 지급할 수 없음을 들고 있는데 이를 인용하는 원심의 설시는 정확하지 않다고 생각된다. 중복하여 지급할 수 없다는 것은 둘 중의 하나가 지급되면 다른 하나가 지급될 수 없는 상호배타적인 관계에 있는 것을 의미하지만, 국가배상법 제2조제1항 단서규정의 의미는 다른 보상이 먼저이고 그것이 안 될 경우에 비로소 국가배상이라는 의미에서의 규정이라고 이해되는 것이기 때문이다. 국가배상청구가 다른 보상 또는 배상에 대해 보충적 지위에 있기 때문이다.[27)

원심은 보훈보상자법 제68조제1항제3호 "잘못 지급된 경우"를 들어 국가배상을 받은 이상 원고에게 보훈보상자법에 따른 보상급여를 지급해서는 안되는 것인데 이를 지급하였으니 잘못 지급된 것이라 이해했다. 그러나 앞서 피력한 것처럼 보상급여가 잘못 지급된 것이 아니라 국가배상이 잘못 지급된 것이 본 사안이므로 피고의 처분과 그 논거는 처음부터 잘못되어 있었고 이를 지적하는 대상판결의 판단에는 잘못이 없다.

2. 보상의 용이성과 배상의 난이성

만일 보상이나 배상 중에 하나를 선택할 수 있는 권리가 피해자에게 있다고 한다면 현행 보상제도와 배상제도 하에서 피해자는 어느 쪽

27) 이철환, 앞의 논문, 213쪽; 김성배, "자살한 군인에 대한 국가의 책임", 「행정판례연구」 제8집, 박영사(2013), 221쪽; 임성훈, 앞의 논문, 261쪽.

을 선택하는 것이 유리할 것인가? 통상 설명하기를 국가배상은 공무원의 고의과실을 입증해야 하고, 행위의 위법성도 입증해야 하므로 국가배상청구소송에서 승소하는 것이 쉽지 않다고 한다. 이에 반해 보상은 이들 입증책임이 요구되지 않고 법이 정한 요건에 해당하면 지급되는 것이므로 보상이 배상보다 용이하다[28]고 설명한다.[29] 그렇다면 받을 가능성이 큰 보상쪽을 선택하는 것이 피해자에게는 당연히 유리해보인다. 그런데 문제는 법이 정하고 있는 보상금액이 크지 않은 경우이다. 배상금이 보상금보다 크다고 하면, 피해자는 입증의 어려움에도 불구하고 배상금을 받고자 추구할 가능성이 있다. 따라서 만일 선택적 청구가 가능하다면 피해자는 배상 또는 보상의 용이성과 배상 또는 보상의 예상금액을 상호 비교하며 견주어본 후에 어느 쪽을 선택할 지를 결정할 것으로 생각해볼 수 있다. 그런데 우리의 현행 국가배상체계는 국가배상법상의 배상청구에 보충적 지위를 부여함으로써 선택적 청구를 차단

---

28) "국가 또는 공공단체가 위험한 직무를 집행하는 군인·군무원·경찰공무원 또는 향토예비군대원에 대한 피해보상제도를 운영하여, 직무집행과 관련하여 피해를 입은 군인 등이 간편한 보상절차에 의하여 자신의 과실 유무나 그 정도와 관계없이 무자력의 위험부담이 없는 확실하고 통일된 피해보상을 받을 수 있도록 보장하는 대신에…"(대법원 2002.5.10. 선고 2000다39735 판결)

29) 보훈보상자법 제11조가 정한 재해부상군경에 대한 보상금의 액수는 해당 군인 등의 과실을 묻지 아니하고 상이등급별로 구분하여 정해지고, 그 지급수준도 가계조사통계의 전국가구 가계소비지출액 등을 고려하여 보훈보상대상자의 희생 정도에 상응하게 결정되며, 이와 같이 정하여진 보상금은 매월 사망시점까지 지급되는 반면, 국가배상법에 따른 손해배상에서는 완치 후 장해가 있는 경우에도 그 장해로 인한 노동력 상실 정도에 따라 피해를 입은 당시의 월급액이나 월실수입액 또는 평균임금에 장래의 취업가능기간을 곱한 금액의 장해배상만을 받을 수 있고, 해당 군인 등의 과실이 있는 경우에는 그 과실의 정도에 따라 책임이 제한되므로, 대부분의 경우 보훈보상자법에 따른 보상금 등 보훈급여금의 규모가 국가배상법상 손해배상금을 상회할 것으로 보인다. 그 밖에 보훈보상자법은 보훈보상대상자에 대한 교육지원, 취업지원, 의료지원, 대부 등의 규정을 두고 있다. 대법원 2017. 2. 3. 선고 2015두60075 판결. 이에 반해 특별법에 의한 보상액이 국가배상법에 의한 손해배상액보다 적은 경우가 일반적이라는 지적도 있다. 이영무, 행정구제법강의, 동방출판사(2017), 45쪽.

하고 있고 보상체계가 구축되어 있는 한 그것에 의한 구제로 국가배상
은 충족되는 것과 같이 설계되어 있다.

3. 배상과 보상에 대한 이해

이와 같이 볼 때 근본적으로 배상과 보상은 얼마나 구별될 수 있는
것일까 의문이 인다. 근무중 순직한 군인에게 재해보상금법 또는 군인
연금법 등에 따라 유족급여가 지급되는 경우에 그 속에는 국가가 자신
의 잘못에 대하여 미안한 마음으로 지급하는 몫도 일부 포함되어 있을
지30) 반대로 국가배상금을 지급할 때에 그 안에는 피해자의 장차 생활
에 도움이 되기를 바라면서 지급하는 금액분(몫)은 없을지 하는 것이다.
다른 법률에 의한 급여가 순수한 사회보장적 성격의 급여일 경우에는
국가배상책임은 사라지지 않는다고 하여 국가배상청구를 인정하는 견
해는 뛰어난 관점이지만 순수한 사회보장적 성격의 급여를 배상책임과
명백히 구별하는 것은 용이하지 않다.31)

그런데 배상은 잘못에 대한 책임인데 반하여 보상은 손해인 결과

---

30) 이와 같이 법령에 따라 지급되는 보상안에 국가의 자기책임(배상책임) 부분이 포함
　　되어 있다고 생각하면, 국가배상법에 의한 배상과 다른 법령에 의한 보상이 동일
　　한 성격의 배상이 이중으로 지급되는 상황이 될 수도 있다고 본다. 그런 점에서는
　　이중배상이라는 작금으로 사용하고 있는 용어가 정당성을 가질 수도 있다. 하지만
　　다른 "법령에 따른 보상"에 배상적 성격이 전혀 포함되어 있지 않은 순수 사회보장
　　적 성격의 보상이라면 이러한 보상을 지급 받고 또 국가배상을 받는 것이 이중배
　　상에 해당하지 않는다는 주장은 충분히 이해할 수 있다(박균성, 「행정법론(상)」,
　　제14판, 박영사, 2016년, 839쪽.).
31) 이철환, 앞의 논문, 213쪽은 손해배상적인 보상금과 사회보장적인 보상금의 구별이
　　쉽지 않음을 인정한다. 임성훈, 앞의 논문, 각주35) "사회보장적 성격의 급여는 개
　　인의 특별한 희생에 대한 국가 내지 사회적 차원의 보상 및 예우를 그 목적으로 한
　　다. 이러한 보상금은 그 개인이 실제로 입은 손해의 정도와 직접적인 관련 없이,
　　법이 정한 일정한 금액을 지급하는 것이 일반적이다. 하지만, 그러한 급여가 개인
　　의 손실을 일부 전보하는 기능을 하는 것은 틀림이 없다."

에 대한 고려라고 생각할 수 있다. 예를 들어 상급병사의 가해행위를 참을 수 없어 하급병사가 자살했다고 하면 상급병사의 가해행위의 영역은 배상책임의 영역이고 그에 뒤이어 발생한 결과부분과 결과가 발생한 이후의 피해자 및 그 유족의 삶에 대한 고려는 보상의 영역이 아닐까, 아니면, 발생한 결과부분까지는 보상의 영역이고, 그 이후의 피해자 및 그 유족의 삶에 대한 고려는 사회보장의 영역과 같이 생각해볼 수도 있다. 배상은 가해행위의 책임을 묻는 영역이고, 보상은 발생한 피해를 전보하는 영역이다.[32] 물론 국가배상법은 공무원의 고의·과실에 의한 위법한 행위로 타인에게 손해가 발생한 경우에 국가배상을 인정하고 있어 '발생한 결과인 손해'까지 배상의 영역에 편입하여 규율하고 있다. 하지만 실질은, 손해는 국가배상책임을 검토하도록 발동시키는 단초에 해당하고, 설령 가해행위가 있다고 해도 피해 결과(정신적인 피해를 포함)가 없다면 가해행위에 대하여 금전적으로 배상할 이유가 없을 것이므로 해당 가해행위를 한 공무원에 대한 징계책임은 별론으로 하고 피해(손해)에 대한 금전지급으로서의 배상은 생각할 여지가 없다. 그렇다면 발생한 피해(손해)는 국가배상책임의 검토를 촉발시키는 단초이자 최종적으로 배상액을 결정하는 기준인 것이지 그 자체가 국가배상책임의 영역안에서 다루어져야 할 요소는 아니라고 생각할 수 있다. 오히려 손해 또는 피해는 배상책임영역이 아닌 피해를 어루만져 주어야 하는 영역, 즉 보상이나 사회보장의 영역으로 보아야 하지 않을까 생각되는 지점이다.

통상 위법한 침해로 인하여 발생한 손해는 배상, 적법한 침해로 인하여 발생한 손해는 보상과 같이 용어례를 구별하여 사용해 왔는데[33] 두 경우 모두 손해에 대한 금전에 의한 전보라는 점에 차이는 없다. 그

---

32) 만일 배상을 가해행위로 발생한 손해결과에 대한 전보라고 이해하여 손해의 전보에 초점을 두게 되면 보상과 배상의 구별은 의미가 없을 것이다. 배상이 보상과 다른 이유는 위법한 가해행위로 야기되었다는 점에 있으므로 배상은 초점이 가해행위에 대하여 책임을 묻는 측면이 강조되어야 한다.

33) 홍정선, 행정법특강(제12판), 박영사, 2013, 528쪽.

러나 위법이나 적법과 무관하게 발생하는 손해도 존재할 수 있다. 앞서 예로 든 가혹행위를 견디지 못하여 감행한 자살의 경우 가혹행위는 위법한 것이지만, 자살은 직접적으로 피해자에 의해 실행된 것인데 그 자살이 위법한 자살이냐 적법한 자살이냐 구분될 수 있지는 않다. 가혹행위와 자살행위 사이에 인과관계를 인정하지 않으면 자살행위는 위법이나 적법과는 무관하게 발생하는 손해로 보아야 할 것이다. 이때에는 위법이냐 적법이냐의 요소는 의미를 잃게 되고 단지 사망하였다는 사실, 즉 발생한 손해 그 자체만이 중대한 의미를 갖게 된다. 여기에 개재될 수 있는 것이 보상이나 사회보장의 관점이라 생각된다. 나아가 사회보장의 개념은 이 두 개념을 뛰어넘는 시간적인 장래의 관념까지 포함한 손해전보의 개념이라고 할 수 있다.

　앞에서도 보았듯이 배상과 보상의 법률적 성격을 구분하는 우리 법체계에서는 성격이 다른 배상과 보상은 이중배상이 아니므로 국가배상법 제2조 제1항 단서의 적용이 없고 나아가 국가배상과 재해보상의 지급 액수가 서로 다를 수 있는데 이를 이중배상으로 보아 지급을 제한하는 것은 타당하지 않다는 견해가 있다.[34] 그러나 이중배상금지의 원칙은 배상액과 보상액이 동일할 것을 전제로 구축된 손해전보체계가 아니다. 배상액과 보상액이 서로 다른 법령에 기초하여 설계되어 있고 서로 다른 관점에서 계산되는 이상 두 금액이 동일할 수는 없는 것이다. 그럼에도 불구하고 그러한 양적 차이를 고려하지 않고 보상이 가능하면 그것에 의하고 배상청구를 허용하지 않겠다는 정책적인 판단을 입법화한 것이다.[35] 이와 같이 국가배상법 제2조 제1항 단서상의 이중배상금지는 정책적 결정의 소산이지, 논리적 필연의 귀결은 아니다.

---

34) 이철환, 앞의 논문, 213-214쪽.
35) 이에 대하여 특별법에 의한 보상금이 국가배상에 비하여 현저하게 적으면(양적 문제) 해당 특별법은 위헌이 되어 무효이므로 '다른 법령'이 존재하지 않는 것이 되어 국가배상법 제2조제1항 단서는 적용되지 않아 국가배상이 가능하다는 견해도 있음은 앞서 보았다.

4. 법적용에 있어서 시간의 선후와 결과 차이

세법의 적용에 있어서 상대적으로 비싼 주택 a와 저렴한 주택 b가 있다고 한다면 a를 먼저 매각하고 b를 매각하는 경우보다 b를 먼저 매각하고 a를 매각하는 것이 a로 하여금 1가구 1주택의 혜택을 받을 수 있게 하여 절세의 방법으로 고려되기도 한다. 이것이 과연 타당하고 정의관념에 합치하는 결론인지에 대해서는 의문이 있다. 어느 것을 먼저 처분하는지에 관계없이 조세부담이 일정할 수 있어야 정의이고 공평이 아닐까 하는 것이다.

대상사건의 경우에도 이러한 문제를 고민하게 한다. 어떤 연유로 국가배상청구가 먼저 이루어졌는지 판결문에 나타나 있지 않아 알 수 없지만 이 사건 원고가 보훈보상자법에 의한 보훈급여금을 먼저 청구했더라면 국가배상법에 따른 손해배상금은 받지 못했을 것이 아닌가 하는 것이다. 가해자에 대하여 그 책임을 묻는 국가배상을 먼저 청구한 결과 그것이 인용되고 그 후에 보훈보상자법에 따른 보훈급여도 인정된 것이 대상사건이다. 만일 이 사건에서 국가배상을 수령 후 보훈보상자법에 따른 보훈급여도 신청하였는데 거절이 된 경우에도 판례는 똑같은 결론을 내렸을지 다소 의문은 있다. 대상사건은 이미 지급해오던 보훈급여를 중단하려 한 것이 문제된 경우인데[36], 아직 지급하기 전에 그 지급을 국가배상법 제2조제1항 단서를 이유로 피고가 거부하였다면 그 경우에도 그 거부처분을 취소하여 지급하도록 판결하였을지 의문이기 때문이다. 보훈보상자법에 국가배상을 받은 경우에는 보훈급여를 하지 못한다는 규정이 없다는 대상판결의 논거를 그대로 인용한다면 이 경우에도 보훈급여를 지급하지 않는 행위는 위법하다고 판결할 가능성이 높다.

이 사건 원고가 보훈급여를 먼저 청구하였더라면 국가배상을 청구

---

36) 이 경우에는 원고측에게 신뢰보호의 원칙의 주장가능성도 없지 않다.

할 수는 없었을 터인데 그 순서가 뒤바뀐 우연한 사정으로 이 사건 원
고는 보훈급여도 국가배상도 모두 받은 이중이득을 취하게 되었다. 그
런데 같은 상황에 있는 다른 사람이 이 사건과는 반대의 순서로 배상
또는 보상을 청구하여 보훈급여만 받을 수 있었다고 한다면 이 사건 원
고와 그와 같은 상황에서 절반의 이득만을 취하는데 그친 사람 간의 형
평의 문제는 어떻게 이해해야 할지 난감하지 않을 수 없다.[37] 국가배상
법과 보훈보상자법이 공히 의도한 바는 후자의 경우이고 이 사건 원고
의 경우가 아니다. 그럼에도 불구하고 대상 판결은 두 법률이 공히 의
도한 바와는 다르게 결론을 내렸고 이것은 결과적으로 피해자의 이익을
두텁게 보호할 수는 있었다.

---

37) 이것은 법령의 규정을 잘 지킨 사람이 오히려 손해를 보는 결과라고 이해될 수도
있다. 앞에서도 언급한 것처럼 국가배상법 제2조제1항 단서는 피해자가 다른 법령
에 따라 보상을 지급받을 수 있을 때에는 국가배상을 "청구할 수 없다"고 피해자
입장에서 규정하고 있다. 따라서 대상사건에서 다른 법령에 따라 보상을 지급받을
수 있었던 원고는 처음부터 국가배상을 청구하였으면 안 되고 국가배상청구의 수
소법원은 이러한 사정을 간과해서는 안 되었다고 할 수 있다. 다만, 원고는 국가배
상을 받은 후 약 2년여가 되어 다른 법령에 따른 보상청구를 시도한 것으로 보아
"다른 법령에 따른 보상"을 받을 수 있음을 국가배상청구 당시에 알지 못했던 것으
로 생각할 수 있다. 그런데 판례가 과연 "다른 법령에 따른 보상을 지급받을 수 있
을 때"를 판단함에 있어서 피해자의 인지여부를 고려하는지는 알 수 없다. "보상을
지급받을 권리가 발생한 때"를 "다른 법령에 따른 보상을 지급받을 수 있을 때"의
판단기준으로 삼는 점을 보면, 객관적으로 그러한 권리가 발생하는 것이면 충분하
고 주관적으로 피해자가 그 권리가 있음을 인지할 것까지는 요구하고 있지 않다고
추측된다. 그렇다면 대상사건에서 원고가 국가배상에서 승소한 후 2년여가 되어
다른 법령에 따른 보상을 청구한 것으로 보아 국가배상청구 당시에는 다른 법령에
따른 보상을 지급받을 권리가 있었음을 알지 못했다고 생각해볼 수 있는데, 그렇
다고 하더라도 원고는 "다른 법령에 따라 보상을 지급받을 수 있는" 상황이었으므
로 권리발생에 대한 주관적인 인식여부에 관계없이 국가배상청구를 해서는 안 되
었다고 생각할 수 있다. 다른 한편, 국가배상법 제2조제1항 단서가 피해자를 주어
로 하여 다른 법령에 따라 보상을 지급받을 수 있을 때에는 국가배상을 청구할 수
없다고 규정한 이상, 피해자 스스로가 자신이 다른 법령에 따라 보상을 지급받을
수 있는 사실을 알 것을 요구한다고 이해하는 것도 전혀 불가능해보이지는 않는다.

5. 전체 조화적인 해석방법

국가배상법과 다른 법령과의 관계에 있어서 이들 규범을 해석할 때에 개별적으로 해석하는 방법이 있고 전체 조화적으로 해석하는 방법이 있다고 본다. 법률들 간에 상호 '조정'하는 규정을 두는 경우38)는 이러한 전체조화적인 해석을 법률안에 명문으로 규정한 것으로 볼 수 있다. 하지만 이러한 규정이 없는 경우에도 국가 전체로서 하나의 법질서를 구성하는 관점에서 보면 법률 간에 모순 충돌이 없는 조화로운 해석이 요구된다고 하지 않을 수 없을 것이다.39) 그렇다고 하면 시간적인 순서라는 우연적인 요소에 의하여 결과에 있어서 차이가 존재하는 것은 법적 안정성에 영향을 주어 결코 바람직한 모습(조화로운 해석)이라고 할 수 없다.

통상 법의 해석에 관해서는 문리적(문법적) 해석방법, 역사적 해석방법, 논리적·체계적 해석방법, 목적론적 해석방법의 네 가지가 들어진다.40) 위에서 언급한 전체조화적인 해석방법이란 이들 네 가지 방법을 종합적으로 동원하는 생각일 수도 있으나 굳이 가장 근접한 하나를 고른다고 하면 논리적·체계적 해석의 유형에 가까울 것이라 생각한다. 대상판결은 보훈보상자법에 국가배상법상의 배상을 받은 경우에는 보훈급여금을 지급할 수 없다는 규정이 없음을 이유로 원고에게 보훈급여

---

38) 예를 들면, 군인연금법 제41조(다른 법령에 따른 급여와의 조정) ① 다른 법령에 따라 국가나 지방자치단체의 부담으로 이 법에 따른 급여와 같은 종류의 급여(「국가유공자 등 예우 및 지원에 관한 법률」 또는 「보훈보상대상자 지원에 관한 법률」에 따른 보훈급여금은 제외한다)를 받은 사람에게는 그 급여금에 상당하는 금액에 대하여는 이 법에 따른 급여를 지급하지 아니한다.

39) 그러나 조화로운 해석에 의하면, 하향 평준화라는 불합리한 평등의 문제에 봉착할 수는 있다. 이철환, 앞의 논문, 223쪽. 만일 하향 평준화가 헌법상의 평등원칙에 부합하지 않다하더라도, 우연적인 순서의 차이에 의하여 결과에 차이가 발생한다면 그러한 상황을 정의라고 부를 수 있을지 의문이 아닐 수 없다.

40) 김부찬, "법의 해석 및 흠결 보충에 관한 고찰," 법과 정책 제21집 제3호, 100쪽.

금을 지급하는 것이 적법하다고 보았다. 보훈보상자법에 규정이 없음을 이유로 하는 부분은 이른바 '법의 흠결'에 해당한다고 볼 수 있다. 법의 흠결에 대응하기 위해서는 논리학적 방법인 '유추'가 흔히 활용되지만 그 외에도 '정의'나 '형평'과 같은 법의 기본원리가 법의 흠결을 보충하기 위해 동원되기도 한다.41) 대상 사건은 법의 흠결이 유추로 메워질 정도는 아닌 것으로 보인다. 그러나 그렇다고 하여 정의나 형평이라는 법의 기본원리까지 배제되지는 않을 것이다.

앞서 하향 평준화는 헌법이 추구하는 평등관념에는 부합하지 않는다는 견해가 있었다.42) 그 견해에 의하면 이 사건에는 형평(평등)의 원리를 들이대는 것은 적합해보이지 않는다. 즉 정상적으로 보훈보상자법에 따른 보훈급여를 청구하여 받은 사람, 그에 따라 국가배상청구는 하지 못한 사람에게 맞추어 대상사건에서 원고에게도 보훈급여의 지급을 정지하게 하고 국가배상청구만 받게 하여 양적인 면에 있어서 보훈보상자법에 따른 보상을 지급받는 사람과 국가배상법에 따른 국가배상을 청구하는 사람이 균형을 이루게 하는 생각은 적은 금액을 지급받는 쪽으로 평준화를 시키게 되는 것이므로 그러한 평등은 용인되어서는 아니된다는 이유 때문이다.

대상판결은 법의 일반적인 4가지 해석방법 중에 개별 법률의 문리적·문언적 해석에만 입각한 판단이 아닐까 생각한다. 보훈보상자법에 국가배상을 받은 경우에 보훈급여를 배제하는 규정이 없으므로 국가배상을 받은 자에게 보훈급여를 지급을 막을 방법이 없다는 것이다. 국가배상법과 보훈보상자법을 그 각각으로 해석하려고 하는 한 대상판결의 판단은 불가피한 것이었을 수도 있다. 하지만 국가배상법 제2조제1항 단서가 '다른 법령'이라는 문구를 삽입하며 국가배상청구를 제한하는 규정을 둔 이상 국가배상법과 '다른 법령'은 개별적으로 해석되어서는 안

---

41) 김부찬, 위의 논문, 100쪽.
42) 이철환, 앞의 논문, 223쪽.

되고 두 규범을 종합적으로 조화롭게 국가배상법 제2조제1항 단서의 입법취지에 맞추어 해석하는 방법이 필요하지 않았을까? 입법취지를 고려한다면 여기에는 목적론적 해석방법이 동원되는 것일 수도 있다.

V. 결론

법원은 법령을 해석·적용하여 분쟁을 해결하는 기구이므로 법의 해석방법론은 대상사건을 해결하는 키워드라고 생각할 수 있다. 다음 판례[43]는 법의 해석에 관하여 매우 주요한 관점을 제시해준다.

"법은 원칙적으로 불특정 다수인에 대하여 동일한 구속력을 갖는 사회의 보편타당한 규범이므로 이를 해석함에 있어서는 법의 표준적 의미를 밝혀 객관적 타당성이 있도록 하여야 하고, 가급적 모든 사람이 수긍할 수 있는 일관성을 유지함으로써 법적 안정성이 손상되지 않도록 하여야 한다. 그리고 실정법이란 보편적이고 전형적인 사안을 염두에 두고 규정되기 마련이므로 … 구체적 타당성을 가지도록 해석할 것도 요구된다. 요컨대, 법해석의 목표는 … 법적 안정성을 저해하지 않는 범위 내에서 구체적 타당성을 찾는 데 두어야 한다. 그리고 그 과정에서 가능한 한 법률에 사용된 문언의 통상적인 의미에 충실하게 해석하는 것을 원칙으로 하고, 나아가 법률의 입법 취지와 목적, 그 제·개정 연혁, 법질서 전체와의 조화, 다른 법령과의 관계 등을 고려하는 체계적·논리적 해석방법을 추가적으로 동원함으로써, 앞서 본 법해석의 요청에 부응하는 타당한 해석이 되도록 하여야 한다. … 특별한 사정이 있는 예외적 사안을 구체적 타당성 있게 해결한다는 명분으로 위와 같은 법률해석의 본질과 원칙을 뛰어넘을 수는 없다. … 법률 해석의 본질과 원

---

43) 대법원 2009.4.23. 선고 2006다81035 판결

칙에서 벗어나 당해 사건에서의 구체적 타당성 확보라는 명분으로 1회
적이고 예외적인 해석이 허용된다면, 법원이 언제 그와 같은 해석의 잣
대를 들이댈지 알 수 없는 국민은 법관이 법률에 의한 재판이 아닌 자
의적인 재판을 한다는 의심을 떨치지 못할 것이며, 이는 법원의 재판에
대한 국민의 신뢰를 크게 해칠 뿐만 아니라 모든 분쟁을 법원에 가져가
보지 않고서는 해결할 수 없게 함으로써 법적 안정성을 심히 훼손하게
될 것이기 때문이다."

　　이 판례는 법을 해석하는 목표가 '구체적 타당성'이라고 설시한다.
그런데 구체적 타당성은 "법적 안정성을 저해하지 않는 범위 내"에서
추구되어야 한다고 설명하므로 법적 안정성도 법해석의 또 다른 목표로
이해할 수 있다. 법적 안정성과 구체적 타당성은 엄밀히는 법해석의 목
표라기보다는 법의 해석 과정에서 고려되어야 할 법이념 내지 법가치라
고 지적하는 견해도 있다.[44] 다만, 그 견해도 주관적 해석론이 법적 안
정성을 강조하고, 객관적 해석론이 구체적 타당성 내지 형평을 강조한
다는 점에서 양자가 모두 법해석의 목표와 관련되어 있음을 부정하지는
않는다. 이 판결에 대한 약간의 부정적인 견해[45]도 있지만, 법적 안정
성과 구체적 타당성은 법의 해석을 통하여 도달해야 할 최종적 목표라
하지 않을 수 없다.

　　대상판결의 경우 법문의 문리적 해석에는 충실했다고 생각한다. 보
훈보상자법에는 국가배상을 받은 자를 보훈급여의 지급대상에서 제외
해야 한다는 규정이 없기 때문이다. 그러나 국가배상법 제2조제1항 단
서의 규정을 잘 준수하여 보훈급여만을 지급받고 국가배상을 청구하지
않은 군인 등은 보훈급여만을 받는 데 그치고, 반면에 국가배상법의 규

---

44) 오세혁, "법해석방법의 우선순위에 대한 시론적 고찰," 中央法學 제22집 제3호, 426쪽.
45) 이 판결에 대해서는 개별 해석방법에 대한 설명이 부족하고 해석방법 사이의 상호
　　관계 내지 우열에 대한 입장도 명확하지 않다는 비판이 있다. 이계일, "법해석기준
　　의 서열론에 대한 비판적 연구",『법철학연구』제18권 제3호(2015), 132-133쪽.

정을 무시하고 국가배상을 먼저 받아 버리고 또 보훈급여도 청구하는 군인 등은 배상과 보상을 다 받게 된다는 결론은 아무리 생각해도 납득하기가 어렵다. 대상판결은 이 사건에서 구체적 타당성과 법적 안정성을 모두 구현하는 법해석을 달성하였다고 볼 수 있는지 고민하게 한다.

　이중배상금지규정의 핵심은 "다른 법령에 따라 보상을 지급받을 수 있을 때"에는 국가배상을 청구할 수 없다는 점에 있다고 보아야 한다. 문리적 해석에 의하면 "국가배상을 청구할 수 없다"고 규정하고 있으므로 이는 피해자(군인 등 본인과 그 유족)[46]의 입장에서 규정하고 있는 것이고, 피해자로 하여금 국가배상을 청구할 수 없도록 하는 것이다. 그렇다면 피해자로서는 자신이 "다른 법령에 따라 보상을 지급받을 수 있는지"를 알지 않으면 안 된다고 해야 할 것이다. 그것을 알아야만 국가배상을 청구하지 않을 것이기 때문이다. 그러면 언제 피해자는 "다른 법령에 따라 보상을 지급받을 수 있을지"를 알게 된다고 볼 수 있을까가 문제된다. 앞서 보았듯이 판례[47]는 "보상을 지급받을 수 있을 때"를 "보상을 지급받을 권리가 발생하였을 때"로 이해하고 있지만, 보상의 지급여부의 판단권은 피해자에게 있지 않고 보상심사기관에게 있다. 그렇다고 하면 피해자로서는 보상심사기관에 의하여 자신이 보상을 지급받을 수 있음이 최종적으로 결정되기 전까지는 "보상을 지급받을 수 있을 때"에 해당한다고 알지 못하므로 그가 국가배상을 청구하는 것을 막을 수 없다고 보아야 하는 것이 아닐까 의문이다. 판례가 설시하는 것처럼 "보상을 지급받을 수 있을 때"가 보상을 실제로 받았는지 여부와는 관계가 없다고 하더라도 실제로 보상을 받을 수 있는지가 최종적으

---

46) 국가배상법 제2조제1항단서는 국가배상을 청구할 수 없는 주체로서 '본인 및 그 유족'이라고 규정하고 있어, 유족이 아닌 가족, 즉 본인이 사망하지 않고 생존해 있는 경우 본인은 국가배상을 청구할 수 없지만 생존해 있는 본인의 가족들은 유족이 아니어서 국가배상 청구가 불가하지 않다는 해석도 흥미로운 부분이다. (서울고법 2014나2011749) 박균성, 앞의 책, 570쪽에서 재인용.

47) 대법원 2002.5.10. 선고 2000다39735

로 결정되기 전까지는 단지 "보상을 지급받을 권리가 발생"하였다고 하여 피해자가 "보상을 지급받을 수 있는" 상황에 있다고 단정지을 수 없을 것이다. 이런 연유로 피해자가 국가배상을 청구하게 되고 그곳에서 배상을 받은 후 후일에 보상마저도 청구하는 상황이 초래되는 것이 아닐까? 그런데 이것은 국가배상법이 제2조제1항 단서규정을 두게 된 취지와는 부합하지 않는 것이다. 그렇다면 목적론적 해석이나 법질서 전체의 논리적·체계적 해석을 시도한다면, 즉 개별법의 문언해석을 넘어서 국가배상과 보상체계의 전체법질서를 염두에 둔 종합적 해석을 시도한다면, 반대로 국가배상을 받은 경우 보훈급여의 청구를 제한하는 해석은 전혀 불가능했을지 의문이다. 이렇게 해야만 국가배상과 보상급여의 무엇을 먼저 청구하는지에 관계없이 동일한 결론48)에 이를 수 있게 되고 법해석이 추구하는 법적 안정성의 가치에도 부합하지 않을까 생각되기 때문이다.

---

48) 국가배상액과 보상급여액이 동일할 수 없으므로 지급되는 액수가 동일하다는 의미에서의 동일한 결론은 아니나 중복되는 급여를 방지하여 과도한 국고지출을 방지하려는 국가배상법과 기타 보상법률 간의 균형이라는 관점에서는 어느 것을 먼저 청구하는지에 관계없이 양자의 '균형'을 달성하는 것이라 할 수 있을 것이다.

참고문헌

국가배상법 심사보고서 1967년(제6대 국회)
김유환, 현대행정법(전정판), 박영사
류지태·박종수, 행정법신론(제13판), 박영사
박균성, 행정법론(상), 제14판, 박영사(2016)
박균성, 행정법강의(제16판), 박영사
이영무, 행정구제법강의, 동방출판사(2017)
정하중, 행정법개론(제11판), 법문사
홍정선, 행정법원론(상) (2000, 박영사)
홍정선, 행정법특강(제12판), 박영사, 2013
홍준형, 행정구제법, 오래(2012)

강경근, "국가배상청구권과 헌법규정의 위헌심사," 고시연구 1994년 7월
　　호.
강구철, "국가배상법상 이중배상금지의 원칙 – 미국의 판례의 분석을 중
　　심으로," 법학논총 20권 제2호
김부찬, "법의 해석 및 흠결 보충에 관한 고찰," 법과 정책 제21집 제3호
김성배, "자살한 군인에 대한 국가의 책임", 「행정판례연구」 제8집, 박영
　　사(2013)
오세혁, "법해석방법의 우선순위에 대한 시론적 고찰," 中央法學 제22집
　　제3호
이계일, "법해석기준의 서열론에 대한 비판적 연구", 『법철학연구』 제18
　　권 제3호(2015)
이상철, "국가배상법, 제2조 제1항 단서의 위헌성," 안암법학1권0호(1993)
이철환, "국가배상법상의 이중배상금지 규정과 다른 법령에 의한 보상금
　　청구," 법과 정책, 제23집 제3호(2017)

임성훈, "영내 구타·가혹행위로 인한 자살에 대한 배상과 보상 – 대법원 2004.3.12. 선고 2003두2205 판결을 중심으로 – ," 「행정판례연구」 10권, 박영사, 2005.

국문초록

    우리의 국가배상법에는 소위 이중배상금지라는 규정이 있다. 국가배상법 제2조 단서의 규정이 그것이다. 이에 의하면 군인, 군무원, 경찰공무원 또는 예비군대원이 직무 집행과 관련하여 전사·순직하거나 공상을 입은 경우 다른 법령에 의해 보상을 지급받을 수 있으면 국가배상법에 의한 배상을 받을 수 없다. 이러한 규정이 설치된 주된 이유는 배상과 보상을 모두 지급함으로써 발생하는 국가의 재정부담을 완화시키려는 것이었다. 그럼에도 배상과 보상은 성질이 다르며 보상금액이 통상 배상금보다 적다는 사정 등으로 이 규정의 위헌논쟁은 오래전부터 있어왔다. 하지만 본고에서는 이와 같은 이중배상금지조항의 위헌여부를 다투고자 하는 것이 아니다. 이중배상금지의 규정과 관련한 대법원 판례를 소재로 이중배상금지규정의 실체에 보다 다가가보려는 시도에 불과하다.

    국가배상청구와 보훈보상금청구의 관계에 관하여 대법원은 흥미로운 판결을 내놓았다. 대법원 2017. 2. 3. 선고 2015두60075 판결(대상판결)이 그러하다. 국가배상법 제2조 단서규정에 따라 보훈보상금을 받고 또 국가배상금을 받는 것은 허용되지 않지만 반대로 국가배상금을 먼저 받고 나서 보훈보상금을 지급받는 것은 가능하다는 것이다. 그 주된 이유로는 보훈보상자법에 이를 금지하는 규정이 없다는 점을 든다. 이것은 청구의 순서에 따라 결과에 차이가 발생하는 것을 용인하는 것이라고 하지 않을 수 없다. 본고는 이와 같이 국가배상청구와 보훈보상금청구라는 2개의 청구가 있는 경우에 그 청구의 순서의 차이에 따라 결과에 차이가 발생하게 되는 것이 과연 타당한 것인지에 의문을 제기한다. 그리하여 국가배상법 제2조 단서규정의 의미에 대한 정확한 해석과 이해를 시도하며 대상판결의 논리와 결론에 대해 비판적으로 살펴보고자 하였다.

    결론적으로 판결문에서 나타나지 않은 다른 사정이 있는 경우라면 모르지만, 법에 대한 논리체계적 해석 내지 전체유기적인 해석에 기반한다면 보훈보상자법에는 국가배상법 단서에서와 같은 규정이 없기 때문에 배상을 먼저 받고 보상을 받는 것은 불가능하지 않다는 대상판결의 논리는 과연 타당한 것인지 여전히 의문으로 갖게 된다. 대상판결은 문제 해결에 있어서 지나치게 문리적 내지 문법적 해석에 치우친 것이 아닌지 그로 인해서 국가배상법 제2조 단서의 취지와는 상충되어 법질서의 전체적인 조화를 깨트리는 것은 아닌지 아쉬움을 나타냈다.

주제어: 이중배상금지, 국가배상법 제2조 단서, 국가배상, 보훈보상금, 청구순서

Abstract

Significance of the prohibition of double compensation under the State Compensation Act.
A study on the competition between a claim for national compensation and a claim for veterans' compensation.

Kim, Chihwan*

In our national compensation law, there is a provision called the prohibition of double compensation. This is the provision of the proviso to Article 2 of the State Compensation Act. According to this, "Provided that where military personnel, civilian employees of the military, police officials, or reserve forces are killed or injured in the course of performing their duties in relation to any combat, training, etc., they or their bereaved family shall not claim damages under this Act and the Civil Act, if they may receive compensation, such as disaster compensation, pension for the bereaved family, disability pension, under other statutes."

The main reason for the establishment of this proviso was to alleviate the financial burden of the country caused by paying both damage compensation and loss compensation. Nevertheless, there has been a debate over the unconstitutionality of this regulation for a long

---

* Youngsan University

time due to the fact that damage compensation and loss compensation are different in nature and that the amount of loss compensation is less than ordinary damage compensation.

However, this paper does not intend to talk about the constitutionality of this double compensation prohibition clause. It is merely an attempt to get closer to the reality of the double compensation prohibition rule based on the Supreme Court precedent regarding the prohibition of double compensation.

The Supreme Court made an interesting ruling on the relationship between the national claim for compensation and the claim for veterans' compensation. This is the case with the Supreme Court Decision 2015Du60075 (target judgment) on February 3, 2017.

According to the proviso to Article 2 of the State Compensation Act, it is not allowed to receive national damage compensation after receiving veterans' compensation, but on the contrary, it is possible to receive national damage compensation first and then receive veterans' compensation. The main reason is that there is no provision prohibiting this in the Veterans Compensation Act.

It cannot but be said that this allows differences in results according to the order of claims. This paper raises questions about whether it is justified to make a difference in the results according to the order of the claims in the case where there are two claims: a national damage compensation claim and a veterans compensation claim. And it attempted to accurately interpret and understand the meaning of the proviso to Article 2 of the State Compensation Act, and to critically examine the logic and conclusions of the target judgment.

In conclusion, I do not know if there are other circumstances that are not indicated in the judgment, but it is still questionable whether the logic of the target judgment is valid to receive damage compensation first and receive loss compensation again because the Veterans Compensation

Act does not have the same provisions as in the proviso to the State Compensation Act.

It was regrettable that the target judgment was too biased toward literary or grammatical interpretation in solving the problem, which conflicted with the purpose of the proviso to Article 2 of the National Compensation Act, breaking the overall harmony of legal order.

Keywords: Prohibition of double compensation, proviso to Article 2 of the State National Compensation Act, national compensation, veterans compensation, claim order

투고일 2022. 6. 8.
심사일 2022. 6. 28.
게재확정일 2022. 6. 29

국가배상법상 고의, 과실 요건과 권익구제방안

이은상*

헌법재판소 2020. 3. 26.자 2016헌바55 등(병합) 결정**

1. 평석대상 결정의 개요   나. 국가배상법상 고의·과실
  가. 사건개요   요건
  나. 결정요지   다. 권익구제방안
2. 평석   3. 결론
  가. 문제의 제기

1. 평석대상 결정의 개요

가. 사건개요[1]

1) 청구인들의 지위

청구인들은 「대통령긴급조치 제1호」(1974. 1. 8. 대통령긴급조치 제1호로 제정되고 1974. 8. 23. 대통령긴급조치 제5호 '대통령긴급조치 제1호와 동 제4호의 해제에 관한 긴급조치'로 해제된 것, 이하 '긴급조치 제1호'라 한다)[2] 위

---

* 아주대학교 법학전문대학원 부교수, 법학박사(행정법)
** 이하 '평석대상 결정'이라 한다.
1) 평석대상 결정의 '사건개요'에 나타난 사실관계를 정리·요약한 것이다.
2) 긴급조치 제1호는 "1. 대한민국 헌법을 부정, 반대, 왜곡 또는 비방하는 일체의 행위를 금한다. 2. 대한민국 헌법의 개정 또는 폐지를 주장, 발의, 제안, 또는 청원하

반 또는 「국가안전과공공질서의수호를위한대통령긴급조치」(1975. 5. 13. 대통령긴급조치 제9호로 제정되고, 1979. 12. 7. 대통령공고 제67호로 해제된 것, 이하 '긴급조치 제9호'라 한다)[3] 위반 혐의로 ① 대학교에서 제적되는 등 불이익을 받았거나, ② 구금되어 수사를 받았다가 기소되지 않았거나,[4] ③ 기소되어 유죄확정판결 또는 면소판결[5]을 받았다가 위 각 긴급조치의 위헌 선언[6]에 따라 형사 재심을 통해 무죄판결이 선고·확정된 본인

는 일체의 행위를 금한다. 3. 유언비어를 날조, 유포하는 일체의 행위를 금한다. 4. 전 1,2,3호에서 금한 행위를 권유, 선동, 선전하거나, 방송, 보도, 출판 기타 방법으로 이를 타인에게 알리는 일체의 언동을 금한다. 5. 이 조치에 위반한 자와 이 조치를 비방한 자는 법관의 영장 없이 체포, 구속, 압수, 수색하며 15년 이하의 징역에 처한다. 이 경우에는 15년 이하의 자격정지를 병과할 수 있다. 6. 이 조치에 위반한 자와 이 조치를 비방한 자는 비상군법회의에서 심판, 처단한다."는 내용이다.

3) 긴급조치 제9호의 주요 내용은 "① 유언비어를 날조, 유포하거나 사실을 왜곡하여 전파하는 행위, ② 집회·시위 또는 신문, 방송, 통신 등 공중전파수단이나 문서, 도화, 음반 등 표현물에 의하여 대한민국 헌법을 부정·반대·왜곡 또는 비방하거나 그 개정 또는 폐지를 주장·청원·선동 또는 선전하는 행위, ③ 학교당국의 지도, 감독하에 행하는 수업, 연구 또는 학교장의 사전 허가를 받았거나 기타 의례적 비정치적 활동을 제외한, 학생의 집회·시위 또는 정치관여행위, ④ 이 조치를 공연히 비방하는 행위를 금지하고(제1항), 제1항에 위반한 내용을 방송·보도 기타의 방법으로 공연히 전파하거나, 그 내용의 표현물을 제작·배포·판매·소지 또는 전시하는 행위를 금하며(제2항), 이 조치 또는 이에 의한 주무부장관의 조치에 위반한 자는 1년 이상의 유기징역에 처하고 이 경우에는 10년 이하의 자격정지를 병과하며, 미수에 그치거나 예비 또는 음모한 자도 처벌하고(제7항), 이 조치 또는 이에 의한 주무부장관의 조치에 위반한 자는 법관의 영장 없이 체포·구금·압수 또는 수색할 수 있으며(제8항), 주무부장관은 이 조치위반자·범행 당시의 그 소속 학교, 단체나 사업체 또는 그 대표자나 장에 대하여 대표자나 장에 대한 소속임직원·교직원 또는 학생의 해임이나 제적의 명령, 대표자나 장·소속 임직원·교직원이나 학생의 해임 또는 제적의 조치, 방송·보도·제작·판매 또는 배포의 금지조치, 휴업·휴교·정간·폐간·해산 또는 폐쇄의 조치, 승인·등록·인가·허가 또는 면허의 취소조치를 할 수 있다(제5항)"이다.

4) 기소유예 등 불기소처분을 받은 경우뿐만 아니라, 기소가 되지는 않았으나 그 처분 내역이 불분명한 경우도 포함한다.

5) 긴급조치 해제에 따라 '범죄 후 법령개폐로 형이 폐지되었을 때'(현행 형사소송법 제326조 제4호의 면소판결 사유 참조)에 해당된 경우이다.

6) 긴급조치 제1호에 대하여는 대법원 2010. 12. 16. 선고 2010도5986 전원합의체 판결

또는 그 가족들이다.

2) 청구인들의 국가배상청구

청구인들은 ① 위헌·무효인 긴급조치 제9호 또는 긴급조치 제1호의 발령, ② 위 긴급조치에 따른 수사와 재판, ③ 그 과정에서의 불법체포·구금 등의 불법행위로 인하여 손해를 입었다고 주장하며, 국가를 상대로 각각 손해배상청구의 소를 제기하였다.

에 의하여, 긴급조치 제9호에 대하여는 대법원 2013. 4. 18.자 2011초기689 전원합의체 결정에 의하여 각 위헌·무효가 선언되었다. 대통령 긴급조치 위헌 여부의 최종적 심사권을 대법원이 행사한 근거로서 위 2010도5986 전원합의체 판결에서는 "헌법 제107조 제1항, 제111조 제1항 제1호의 규정에 의하면, 헌법재판소에 의한 위헌심사의 대상이 되는 '법률'이란 '국회의 의결을 거친 이른바 형식적 의미의 법률'을 의미하고, 위헌심사의 대상이 되는 규범이 형식적 의미의 법률이 아닌 때에는 그와 동일한 효력을 갖는 데에 국회의 승인이나 동의를 요하는 등 국회의 입법권 행사라고 평가할 수 있는 실질을 갖춘 것이어야 한다. 구 대한민국헌법(1980. 10. 27. 헌법 제9호로 전부 개정되기 전의 것, 이하 '유신헌법'이라 한다) 제53조 제3항은 대통령이 긴급조치를 한 때에는 지체 없이 국회에 통고하여야 한다고 규정하고 있을 뿐, 사전적으로는 물론이거니와 사후적으로도 긴급조치가 그 효력을 발생 또는 유지하는 데 국회의 동의 내지 승인 등을 얻도록 하는 규정을 두고 있지 아니하고, 실제로 국회에서 긴급조치를 승인하는 등의 조치가 취하여진 바도 없다. 따라서 유신헌법에 근거한 긴급조치는 국회의 입법권 행사라는 실질을 전혀 가지지 못한 것으로서, 헌법재판소의 위헌심판대상이 되는 '법률'에 해당한다고 할 수 없고, 긴급조치의 위헌 여부에 대한 심사권은 최종적으로 대법원에 속한다."라고 판시하고 있다.

반면 헌법재판소는 헌재 2013. 3. 21.자 2010헌바132 등(병합) 전원재판부 결정을 통해 긴급조치 제1호, 긴급조치 제9호 등에 대해 위헌을 선언하면서 "헌법 제107조 제1항, 제2항은 법원의 재판에 적용되는 규범의 위헌 여부를 심사할 때, '법률'의 위헌 여부는 헌법재판소가, 법률의 하위 규범인 '명령·규칙 또는 처분' 등의 위헌 또는 위법 여부는 대법원이 그 심사권한을 갖는 것으로 권한을 분배하고 있다. 이 조항에 규정된 '법률'인지 여부는 그 제정 형식이나 명칭이 아니라 규범의 효력을 기준으로 판단하여야 하고, '법률'에는 국회의 의결을 거친 이른바 형식적 의미의 법률은 물론이고 그 밖에 조약 등 '형식적 의미의 법률과 동일한 효력'을 갖는 규범들도 모두 포함된다. 따라서 최소한 법률과 동일한 효력을 가지는 이 사건 긴급조치들의 위헌 여부 심사권한도 헌법재판소에 전속한다."라고 판시하였다.

3) 제1심 법원의 국가배상 불인정[7]

청구인들의 위 각 국가배상청구에 대하여, 제1심 법원은 ① 「민주화운동 관련자 명예회복 및 보상 등에 관한 법률」(이하 '민주화보상법'이라 한다)상 생활지원금 등을 받은 청구인들에 대해서는 각 긴급조치 위반 사건과 관련하여 입은 피해 일체에 대하여 재판상 화해와 동일한 효력이 발생하였다는 이유로 소를 각하하고, ② 각 긴급조치 발령을 이유로 불법행위 손해배상청구를 한 청구인들에 대해서는, 대통령의 긴급조치 발령행위는 국민 개개인에 대한 관계에서 민사상 불법행위를 구성할 수 없다는 이유로 손해배상청구를 기각하였으며, ③ 각 긴급조치에 근거한 수사와 재판, 구금, 유죄 또는 면소판결 선고를 이유로 불법행위 손해배상청구를 한 청구인들에 대해서는, 형벌에 관한 법령이 위헌으로 선언된 경우 그 법령이 위헌으로 선언되기 전에 그 법령에 기초하여 수사가 개시되어 공소가 제기되고 유죄 또는 면소판결이 선고되었더라도 수사 및 재판 당시에는 긴급조치가 위헌·무효임이 선언되지 않은 이상, 수사기관이나 법관의 직무행위가 국가배상법상 공무원의 고의 또는 과실에 의한 불법행위에 해당하지 않는다는 이유로 손해배상청구를 기각하였고, ④ 체포·수사 과정상 폭행·가혹행위를 이유로 불법행위 손해배상청구를 한 청구인들에 대해서는 손해배상채권이 시효로 소멸하였다는 이유로 청구를 기각하였다.

---

7) 구체적인 사실관계에서는 제1심 법원에서 국가배상청구가 일부 인용되었다가 항소심에서 배척되는 등 일부 인용된 사례도 있으나, 대부분의 경우에는 제1심 법원 단계에서 국가배상이 인정되지 않았다. 따라서 해당 목차에서는 국가배상청구가 배척된 사안을 중심으로 서술한다.

4) 청구인들의 위헌법률심판제청신청과 헌법소원

청구인들은 항소심 혹은 상고심 계속 중에 구 국가배상법(2009. 10. 21. 법률 제9803호로 개정되고, 2016. 5. 29. 법률 제14184호로 개정되기 전의 것) 제2조 제1항 본문 중 '고의 또는 과실로' 부분(이하 '심판대상조항'[8])이라 한다)이 헌법에 위반된다고 주장하며 위헌법률심판제청신청을 하였으나 그 신청이 기각 또는 각하되자, 헌법재판소에 헌법재판소법 제68조 제2항에 의한 헌법소원심판을 청구하였다.

청구인들은 평석대상 결정이 이루어진 헌법소원심판 사건에서, ① 심판대상조항이 국가배상청구권의 성립요건으로 공무원의 고의 또는 과실을 규정하여 법원이 공무원의 '법령 위반에 대한 인식'이라는 행위자의 주관적 성립요건을 내세워 국가배상청구권을 제한할 수 있게 하므로, 그러한 요건 없이 '공무원의 직무상 불법행위'에 대하여 국가배상을 하도록 규정한 헌법 제29조 제1항의 국가배상청구권을 침해하고, ② 심판대항조항은 사인에 의한 불법행위로 손해를 입은 경우 행위자의 위법성의 인식을 묻지 않고 손해배상책임이 인정되는 것과 비교할 때 공무원의 불법행위로 손해를 입은 경우 손해배상을 받을 가능성을 현저하게 축소시켜 평등원칙 및 법치국가원리에 위배된다고 주장한다.

---

8) 심판대상조항은 다음과 같다.
   * 구 국가배상법(2009. 10. 21. 법률 제9803호로 개정되고, 2016. 5. 29. 법률 제14184호로 개정되기 전의 것)
   제2조(배상책임) ① 국가나 지방자치단체는 공무원 또는 공무를 위탁받은 사인(이하 "공무원"이라 한다)이 직무를 집행하면서 고의 또는 과실로 법령을 위반하여 타인에게 손해를 입히거나, 「자동차손해배상 보장법」에 따라 손해배상의 책임이 있을 때에는 이 법에 따라 그 손해를 배상하여야 한다. (단서 생략)

나. 결정요지[9]

1) 법정의견: 심판대상조항이 헌법상 국가배상청구권을 침해하는지 여부(소극)

가) 선례의 결정요지

국가배상법 제2조 제1항에 대한 헌법재판소 2015. 4. 30.자 2013헌바395 결정의 요지는 다음과 같다.

『헌법 제29조 제1항 제1문은 '공무원의 직무상 불법행위'로 인한 국가 또는 공공단체의 책임을 규정하면서 제2문은 '이 경우 공무원 자신의 책임은 면제되지 아니한다.'고 규정하는 등 헌법상 국가배상책임은 공무원의 책임을 일정 부분 전제하는 것으로 해석될 수 있고, 헌법 제29조 제1항에 법률유보 문구를 추가한 것은 국가재정을 고려하여 국가배상책임의 범위를 법률로 정하도록 한 것으로 해석되며, 공무원의 고의 또는 과실이 없는데도 국가배상을 인정할 경우 피해자 구제가 확대되기도 하겠지만 현실적으로 원활한 공무수행이 저해될 수 있어 이를 입법정책적으로 고려할 필요성이 있다.

외국의 경우에도 대부분 국가에서 국가배상책임에 공무수행자의 유책성을 요구하고 있으며, 최근에는 국가배상법상의 과실관념의 객관화, 조직과실의 인정, 과실 추정과 같은 논리를 통하여 되도록 피해자에 대한 구제의 폭을 넓히려는 추세에 있다. 피해자구제기능이 충분하지 못한 점은 위 조항의 해석·적용을 통해서 완화될 수 있다.

이러한 점들을 고려할 때, 위 조항이 국가배상청구권의 성립요건으로서 공무원의 고의 또는 과실을 규정한 것을 두고 입법형성의 범위를

---

9) 평석대상 결정에서는 당해사건에서 소송대리권 수여사실이 인정되지 않아 소 각하 판결이 확정된 일부 청구인들의 심판청구는 법률의 위헌 여부를 따져 볼 필요 없이 각하를 면할 수 없으므로, 재판의 전제성이 인정되지 않아 부적법하다는 판시도 있었으나, 본 논문의 주요 쟁점사항은 아니어서 서술하지 않는다.

벗어나 헌법 제29조에서 규정한 국가배상청구권을 침해한다고 보기는
어렵다.』

나) 선례를 변경할 사정이 있는지 여부

청구인들이 심판대상조항의 위헌성을 주장하게 된 계기를 제공한
국가배상청구 사건은, 인권침해가 극심하게 이루어진 긴급조치 발령과
그 집행을 근거로 한 것이므로 다른 일반적인 법 집행 상황과는 다르다
는 점에서 이러한 경우에는 국가배상청구 요건을 완화하여야 한다는 주
장이 있을 수 있다. 긴급조치는 집행 당시에 그 위헌 여부를 유효하게
다툴 수 없었으며, 한참 시간이 흐른 뒤인 2010년대에 이르러서야 비로
소 위헌으로 선언된 만큼, 다른 일반 법률에 대한 헌법재판소의 위헌결
정과는 차이가 있다고 볼 수 있다.

그러나 위와 같은 경우라 하여 국가배상청구권 성립요건에 공무원
의 고의 또는 과실에 대한 예외가 인정되어야 한다고 보기는 어렵다.
과거에 행해진 법 집행행위로 인해 사후에 국가배상책임이 인정되면,
국가가 법 집행행위 자체를 꺼리는 등 소극적 행정으로 일관하거나, 행
정의 혼란을 초래하여 국가기능이 정상적으로 작동되지 못하는 결과를
야기할 수 있다.

국가의 행위로 인한 모든 손해가 이 조항으로 구제되어야 하는 것
은 아니다. 긴급조치 제1호 또는 제9호로 인한 손해의 특수성과 구제
필요성 등을 고려할 때 공무원의 고의 또는 과실 여부를 떠나 국가가
더욱 폭넓은 배상을 할 필요가 있는 것이라면, 이는 국가배상책임의 일
반적 요건을 규정한 심판대상조항이 아니라 국민적 합의를 토대로 입법
자가 별도의 입법을 통해 구제하면 된다.

다) 결론

이상의 내용을 종합하면, 심판대상조항이 헌법상 국가배상청구권
을 침해하지 않는다고 판단한 헌법재판소의 선례는 여전히 타당하고,

이 사건에서 선례를 변경해야 할 특별한 사정이 있다고 볼 수 없다.

2) 재판관 김기영, 재판관 문형배, 재판관 이미선의 반대의견

가) 심판대상조항의 원칙적 합헌성

헌법재판소는 헌재 2015. 4. 30.자 2013헌바395 결정에서, 국가배상책임의 본질에 관한 논의로부터 국가배상에 무과실책임이 포함되는지에 관한 결론이 필연적으로 도출되는 것은 아니고, 국가배상제도에 피해자 구제기능 및 손해분산기능이 있는 것 외에 제재기능 및 위법행위 억제기능도 있음이 일반적으로 인정되는 사정 등에 비추어 볼 때, 헌법상 국가배상책임은 공무원의 책임을 일정 부분 전제하는 것으로 해석할 수 있는 점, 헌법 제29조 제1항에 법률유보 문구를 추가한 것은 국가배상 관련 입법에 국가재정을 고려할 수 있게 한 것으로 해석할 수 있고, 공무원의 고의 또는 과실이 없는데도 국가배상을 인정하면 원활한 공무수행이 저해될 수 있음을 입법정책적으로 고려할 필요가 있는 점 등을 근거로, 심판대상조항이 국가배상청구권의 성립요건으로 공무원의 고의 또는 과실을 규정한 것을 두고 입법형성의 범위를 벗어나 헌법 제29조의 국가배상청구권을 침해하는 것으로 보기 어렵다고 판단하였다. 일반적인 공무원의 직무상 불법행위에 있어서는 위 선례의 판단이 타당하다.

나) 심판대상조항 중 '긴급조치 제1호, 제9호의 발령 · 적용 · 집행을 통한 국가의 의도적 · 적극적 불법행위에 관한 부분'에 대한 예외적 위헌성

헌법재판소의 선례가 특정 법률조항에 관하여 헌법에 위반되지 않는다는 판단을 하였다 하더라도, 그 법률조항 중 특수성이 있는 이례적인 부분의 위헌 여부가 새롭게 문제된다면 그 부분에 대해서는 별개로 다시 검토하여야 한다. 긴급조치 제1호, 제9호의 발령 · 적용 · 집행을 통한 국가의 의도적·적극적 불법행위는 우리 헌법의 근본 이념인 자유민주적 기본질서를 정면으로 훼손하고, 국민의 기본권을 존중하고 보호하여야 한다는 국가의 본질을 거스르는 행위이므로 불법의 정도가 심각하다. 뿐만 아니라, 그러한 불법행위를 직접 실행한 공무원은 국가가 교체할 수 있는 부품에 불과한 지위에 있었으며, 그 불법행위로 인한 피해역시 이례적으로 중대하다. 따라서 위와 같은 불법행위는 특수하고 이례적이다. 따라서 심판대상조항 중 위와 같이 특수하고 이례적인 불법행위에 관한 부분의 위헌 여부는 이 사건에서 별개로 다시 판단하여야한다.

국가배상청구권에 관한 법률조항이 지나치게 불합리하여 국가배상청구를 현저히 곤란하게 만들거나 사실상 불가능하게 하면, 이는 헌법에 위반된다. 심판대상조항은 긴급조치 제1호, 제9호에 관한 불법행위에 대해서도 개별 공무원의 고의 또는 과실을 요구한 결과, 이에 관해서는 국가배상청구가 현저히 어렵게 되었다. 그 때문에 법령의 정당성의 기초가 객관적으로 상실될 정도로 부정의한 규범의 준수에 따른 피해를 사후적으로 회복하기가 어려워졌다. 이로써 법치주의를 실현하기위한 국가배상청구에 관한 법률조항이 오히려 법치주의에 큰 공백을 허용하였음은 물론이고, 국가의 기본권 보호의무에 관한 헌법 제10조 제2문에도 위반되는 불합리한 결과가 빚어졌다.

뿐만 아니라 이로 인하여 불법성이 더 큰 국가의 불법행위에 대해오히려 국가배상청구가 어려워졌고, 국가의 불법행위에 따른 피해를 외면하는 결과가 발생하였다. 이로써 국가배상청구권에 관한 법률조항이오히려 국가배상제도의 본래의 취지인 손해의 공평한 분담과 사회공동체의 배분적 정의 실현에 반하게 되었다.

법정의견이 합헌의 근거로 드는 공무원에 대한 제재기능과 불법행위의 억제기능은 국가가 개별 공무원의 불법행위 실행을 실질적으로 지배한 상태에서 벌어진 경우에는 설득력이 떨어지고, 국가배상제도를 헌법으로 보장한 정신에도 들어맞지 않는다. 나아가 선례에서 고려한 국가재정 역시 국가배상제도의 본질이 국가의 불법행위에 의한 기본권 보호의무 위반에 대한 사후적 구제라는 점에 비추어 보면 중대한 요소로 평가하기 어렵다.

따라서 심판대상조항 중 '긴급조치 제1호, 제9호의 발령·적용·집행을 통한 국가의 의도적·적극적 불법행위에 관한 부분'은 청구인들의 국가배상청구권을 침해하여 헌법에 위반된다.

2. 평석

가. 문제의 제기

평석대상 결정의 청구인들은 위헌·무효가 선언된 긴급조치 제1호, 제9호의 발령·적용·집행에 의하여 체포·수사와 그 과정에서의 폭행·가혹행위, 재판, 구금 및 유죄 또는 면소판결을 받는 등 불법적인 인권침해를 당한 피해자 본인과 가족들이다. 청구인들은 이러한 인권침해에 대해 법원에 국가배상청구를 하였으나 공무원의 고의 또는 과실 요건이 충족되지 않는다는 등의 이유로 그 손해의 사후적 전보가 좌절되었다. 평석대상 결정의 계기가 된 이 사건 위헌법률심판제청신청과 헌법소원은 국가배상법상 고의·과실 요건의 의미를 되새기고, 인권침해가 극심하게 이루어진 긴급조치의 발령과 그 집행에 따른 중대한 피해 발생 사안에서만큼은 국가배상제도의 일반론에서 벗어나 고의·과실 요건의 예외를 인정해야 할 것인지 여부에 관하여 근본적인 의문을 제기하였다.

헌법재판소는 평석대상 결정의 법정의견을 통해, 국가배상청구권의 성립 요건으로서 공무원의 고의 또는 과실을 규정함으로써 무과실책임을 인정하지 않은 심판대상조항이 헌법상 국가배상청구권을 침해하지 않는다는 헌법재판소 2015. 4. 30.자 2013헌바395 결정(이하 '선례적 결정'이라 한다)을 유지하였다. 법정의견은 긴급조치 제1호, 제9호로 인한 국가배상청구 사건에 있어서도 위 선례적 결정을 변경할 사정을 인정하지 않았고, 그 손해에 대한 구제방안으로서 입법자에 의한 별도 입법을 통한 구제를 제시하였다. 반면 반대의견은 긴급조치 제1호, 제9호의 발령·적용·집행을 통한 국가의 의도적·적극적 불법행위에 대해서까지 심판대상조항을 적용하여 공무원의 고의·과실을 요구하는 것은 청구인들의 국가배상청구권을 침해하여 헌법에 위반된다고 판시하였다.

 본 논문에서는 먼저 평석대상 결정에서 법정의견과 반대의견이 대립하는 지점, 즉 긴급조치로 인한 국가배상청구 사건에 있어서 공무원의 고의·과실 요건의 예외를 인정하는 것이 타당한지 여부를 분석한다. 다음으로 긴급조치로 인한 국가배상이 대법원 판례에 의해 사실상 배제되어 있고, 국회에 의한 입법적 해결도 이루어지지 않은 현재 상황에서 과연 청구인들에 대한 적정한 권익구제방안이 무엇일지를 검토한다. 이러한 쟁점은 국가배상법상의 고의·과실 요건의 해석에 의한 확장이나 예외적인 적용배제를 통한 권익구제와 관련될 뿐만 아니라, 더 나아가 행정상 손해전보제도 전반(행정상 손해배상과 손실보상 및 그 밖에 전보가 필요한 소위 '제3의 영역'[10])의 체계 구성과도 연결될 수 있는 문제이다.

---

10) 오준근, "경찰관직무집행법상 변화된 국가보상책임에 관한 행정법적 고찰", 토지공법연구 제87집, 한국토지공법학회(2019. 8.), 553~554면에서는 국가보상법의 영역으로서 행정상 손해배상, 행정상 손실보상과 함께 위 양대 영역에 속하지 아니하는 국가보상을 모두 포괄하는 '기타의 제3의 영역의 국가보상'으로 구분하면서, 제3의 국가보상영역을 ① 독일의 학설·판례에 의해 영향을 받은 수용유사침해, 수용적 침해, 희생보상청구권, 공법상 결과제거청구권 등과 ② 민법을 근거로 한 공법상 사무관리, 공법상 부당이득반환청구권, ③ 5·18민주화운동 관련자 보상 등에 관한 법률 등과 같은 특별법에 근거한 국가보상 등으로 파악하고 있다. 이와 같은 분류방식에 의할 때 인적손해전보를 내용으로 하는 각종 개별 보상법률은 '제3의 국가보상영역'에 해당한다고 볼 수 있다.

나. 국가배상법상 고의 · 과실 요건

1) 긴급조치로 인한 국가배상청구의 사안 유형과 대법원 판례 현황

긴급조치로 인한 국가배상청구를 하는 하급심 판결례를 살펴볼 때, 청구인들은 청구원인을 ① 대통령의 긴급조치 발령행위 자체가 불법행위를 구성한다는 주장, ② 긴급조치에 따른 수사와 재판행위 자체가 불법행위를 구성한다는 주장, ③ 수사기관의 폭행 · 가혹행위 자체가 불법행위를 구성한다는 주장의 세 유형으로 구성하고 있다. 평석대상 결정의 전제가 되는 긴급조치로 인한 국가배상청구 사건에서도 마찬가지로 청구인들이 구성한 청구원인은 위 세 유형의 범주에 속해 있다.

이러한 세 유형의 국가배상 청구원인에 대하여 하급심 판결례는 대부분 아래 각 대법원 판결을 근거로 국가배상청구를 기각해왔다. 먼저 ① 대통령의 긴급조치 발령행위 자체를 불법행위로 주장하는 사안에 대해서는 "긴급조치 제9호가 사후적으로 법원에서 위헌 · 무효로 선언되었다고 하더라도, 유신헌법에 근거한 대통령의 긴급조치권 행사는 고도의 정치성을 띤 국가행위로서 대통령은 국가긴급권의 행사에 관하여 원칙적으로 국민 전체에 대한 관계에서 정치적 책임을 질 뿐 국민 개개인의 권리에 대응하여 법적 의무를 지는 것은 아니므로, 대통령의 이러한 권력행사가 국민 개개인에 대한 관계에서 민사상 불법행위를 구성한다고는 볼 수 없다."는 대법원 2015. 3. 26. 선고 2012다48824 판결을 들어 국가배상청구를 기각한다. 위 대법원 판결은 대통령의 긴급조치권 행사가 '고도의 정치성을 띤 국가행위', 즉 통치행위라는 이유로 국가배상책임을 부정하고 있다. 이 경우 국가배상청구권 성립요건 중 고의·과실 여부에 관하여는 위 대법원 판례에서 판단을 하고 있지 않지만, 가정적으로 그 판단에까지 나아가 본다면 유신체제에 대한 국민의 저항을 탄압하기 위해 기본권을 심각하게 제한하는 대통령의 긴급조치 발령행위는 과실이 아닌 '고의'에 의한 행위가 될 것이다.

그리고 ③ 수사기관의 폭행·가혹행위 자체를 불법행위로 주장하는 사안에 대해서는 청구인들이 수사기관의 폭행·가혹행위 자체를 증명하면 청구를 인용할 수 있다고 본다. 그러나 수사기관의 폭행·가혹행위 자체는 긴급조치 위반으로 인한 유죄판결 또는 면소판결과는 별개의 행위[11]로서 수사기관 자체의 불법행위일을 소멸시효의 기산점으로 삼는 관계로 그 때로부터 5년이 이미 경과하는 경우가 대부분인 사실관계 하에서는 소멸시효 완성을 이유로 국가배상청구가 기각되고 있다. 이와 같이 수사기관의 폭행·가혹행위가 인정되는 경우라면 국가배상청구권 성립요건 중 고의·과실 요건의 충족은 크게 문제되지 않을 것이다.

그런데 ② 긴급조치에 따른 수사와 재판행위 자체를 불법행위로 주장하는 사안에 대해서는 아래의 대법원 2014. 10. 27. 선고 2013다217962 판결을 근거로, 하급심 판결례에서는 긴급조치에 근거한 수사와 재판 당시 해당 긴급조치가 위헌·무효임이 선언되지 않았던 이상 수사기관의 직무행위나 법관의 재판상 직무행위가 공무원의 고의 또는 과실에 의한 불법행위에 해당한다고 보기 어렵다고 판시하였다. 그러면서

---

11) 긴급조치 위반으로 인한 유죄판결 또는 면소판결을 받은 후 형사 재심을 통해 무죄판결이 선고·확정된 사안에서 국가배상청구에 대한 소멸시효는 대법원 2013. 12. 12. 선고 2013다201844 판결("국가기관이 수사과정에서 한 위법행위 등으로 수집한 증거 등에 기초하여 공소가 제기되고 유죄의 확정판결까지 받았으나 재심사유의 존재 사실이 뒤늦게 밝혀짐에 따라 재심절차에서 무죄판결이 확정된 후 국가기관의 위법행위 등을 원인으로 국가를 상대로 손해배상을 청구하는 경우, 재심절차에서 무죄판결이 확정될 때까지는 채권자가 손해배상청구를 할 것을 기대할 수 없는 사실상의 장애사유가 있었다고 볼 것이다. 따라서 이러한 경우 채무자인 국가의 소멸시효 완성의 항변은 신의성실의 원칙에 반하는 권리남용으로 허용될 수 없다. 다만 채권자는 특별한 사정이 없는 한 그러한 장애가 해소된 재심무죄판결 확정일로부터 민법상 시효정지의 경우에 준하는 6개월의 기간 내에 권리를 행사하여야 한다.")에 의하여 재심무죄판결 확정일부터 6개월 기간 이내 또는 (그 기간이 지났더라도) 형사보상청구를 한 경우에는 형사보상결정 확정일부터 6개월 이내이면서 재심무죄판결 확정일부터 3년을 초과하지 않는 경우에는 소멸시효가 완성되지 않았다고 판단하고 있다.

하급심 판결례는 비록 형사소송법 제325조[12] 전단('피고사건이 범죄로 되지 아니하는 때')에 의한 무죄판결이 확정된 경우 원칙적으로 국가배상책임이 부정되지만, 다만 형사소송법 제325조 전단의 무죄사유가 없었더라도 같은 조 후단('범죄사실의 증명이 없는 때')의 무죄사유, 즉 수사과정에서 한 위법행위(고문 등 가혹행위)의 존재[13] 및 유죄판결 사이의 인과관계에 관하여 고도의 개연성이 있는 증명이 이루어진 경우에는 국가배상책임을 긍정하는 취지로 판단하고 있다.[14] 아래에서 별도 항목으로 살펴보는 바와 같이 긴급조치에 따른 수사와 재판행위 자체를 불법행위로 주장하는 사안에서는 수사기관이나 법관에게 법령준수의무 내지 복종의무 여부가 등장한다는 점에서 특히 국가배상청구권 성립요건 중 고의·과실 요건의 충족 여부가 문제될 수 있다.

> *** 대법원 2014. 10. 27. 선고 2013다217962 판결**
> 형벌에 관한 법령이 헌법재판소의 위헌결정으로 소급하여 효력을 상실하였거나 법원에서 위헌·무효로 선언된 경우, 그 법령이 위헌으로 선언되기 전에 그 법령에 기초하여 수사가 개시되어 공소가 제기되고 유죄판결이 선고되었더라도, 그러한 사정만으로 수사기관의 직무행위나 법관의 재판상 직무행위가 국가배상법 제2조 제1항에서 말하는 공무원의 고의 또는 과실에 의한 불법행위에 해당하여 국가의 손해배상책임이 발생한다고 볼 수는 없다.
> 긴급조치 제9호는 그 발령의 근거가 된 유신헌법 제53조가 규정하고 있는 요건

---

12) 형사소송법 제325조(무죄의 판결) 피고사건이 범죄로 되지 아니하거나 범죄사실의 증명이 없는 때에는 판결로써 무죄를 선고하여야 한다.

13) 따라서 이 경우는 비록 국가배상 청구원인을 위 ②의 주장으로 구성하였더라도, 더 나아가 위 ③의 주장과 같은 수사기관의 폭행·가혹행위와 같은 위법행위를 별도로 주장·증명함으로써 유죄 인정증거의 증거능력·증명력을 배제시키는 경우에만 국가배상청구가 인용될 여지가 열리게 된다.

14) 실제로 하급심 판결례에서는 긴급조치로 인한 국가배상청구를 인용한 사례도 있고, 그 손해배상 인용액은 일관된 기준이 있지는 않지만 대략 수감기간을 기준으로 위자료 금액을 산정하되 1년의 수감기간을 기준으로 1억 원 내지 1억 5천만 원 정도의 액수를 인용하고 있는 것으로 파악된다.

자체를 결여하였을 뿐만 아니라, 민주주의의 본질적 요소이자 유신헌법과 현행 헌법이 규정한 표현의 자유, 영장주의와 신체의 자유, 주거의 자유, 청원권, 학문의 자유를 심각하게 제한함으로써 국민의 기본권을 침해한 것이므로 위헌·무효라고 할 것이다(대법원 2013. 4. 18.자 2011초기689 전원합의체 결정 참조). 그러나 **당시** 시행 중이던 긴급조치 제9호에 의하여 영장 없이 피의자를 체포·구금하여 수사를 진행하고 공소를 제기한 수사기관의 직무행위나 긴급조치 제9호를 적용하여 유죄판결을 선고한 법관의 재판상 직무행위는 유신헌법 제53조 제4항이 "제1항과 제2항의 긴급조치는 사법적 심사의 대상이 되지 아니한다."고 규정하고 있었고 **긴급조치 제9호가 위헌·무효임이 선언되지 아니하였던 이상,** 공무원의 고의 또는 과실에 의한 불법행위에 해당한다고 보기 어렵다.

국가기관이 수사과정에서 한 위법행위로 수집한 증거에 기초하여 공소가 제기되고 유죄의 확정판결까지 받았으나 재심절차에서 형사소송법 제325조 후단의 '피고사건이 범죄사실의 증명이 없는 때'에 해당하여 무죄판결이 확정된 경우에는 유죄판결에 의한 복역 등으로 인한 손해에 대하여 국가의 손해배상책임이 인정될 수 있다.

그러나 긴급조치 제9호 위반의 유죄판결에 대한 재심절차에서 피고인에게 적용된 형벌에 관한 법령인 긴급조치 제9호가 위헌·무효라는 이유로 형사소송법 제325조 전단에 의한 무죄판결이 확정된 경우에는 다른 특별한 사정이 없는 한 수사과정에서 있었던 국가기관의 위법행위로 인하여 재심대상판결에서 유죄가 선고된 경우라고 볼 수 없으므로, 그와 같은 내용의 재심무죄판결이 확정되었다는 사정만으로는 유죄판결에 의한 복역 등이 곧바로 국가의 불법행위에 해당한다고 볼 수 없고, 그러한 복역 등으로 인한 손해를 수사과정에서 있었던 국가기관의 위법행위로 인한 손해라고 볼 수 없으므로 국가의 손해배상책임이 인정된다고 하기 어렵다. 이 경우에는 국가기관이 수사과정에서 한 위법행위와 유죄판결 사이에 인과관계가 있는지를 별도로 심리하여 그에 따라 유죄판결에 의한 복역 등에 대한 국가의 손해배상책임의 인정 여부를 정하여야 할 것이다. 그리하여 공소가 제기된 범죄사실의 내용, 유죄를 인정할 증거의 유무, 재심개시결정의 이유, 채권자를 포함하여 사건 관련자가 재심무죄판결을 받게 된 경위 및 그 이유 등을 종합하여, 긴급조치 제9호의 위헌·무효 등 형사소송법 제325조 전단에 의한 무죄사유가 없었더라면 형사소송법 제325조 후단에 의한 무죄사유가 있었음에 관하여 고도의 개연성이 있는 증명이 이루어진 때에는 국가기관이 수사과정에서 한 위법행위와 유죄판결 사이에 인과관계를 인정할 수 있을 것이고, 그에 따라 유죄판결에 의한 복역 등에 대하여 국가의 손해배상책임이 인정될 수 있다고 할 것이다.

2) 고의 · 과실 요건의 의미와 해석에 의한 확장 가능성

가) 고의 · 과실의 의미

주관적 구성요건으로서 '고의'란 '누군가 타인에게 위법하게 손해를 가한다는 인식 · 인용'을 의미하고, '과실'이란 '객관적으로 자신의 행위가 누군가 타인의 법익을 침해한다는 것을 부주의로 예견하지 못하였거나(예견의무 위반), 손해 방지를 위한 조치가 부주의로 객관적으로 보아 적절치 못하였거나 불충분한 상태(회피의무 위반)'를 의미한다.[15] 대법원 판례[16]는 공무원의 직무집행상 과실의 의미에 관하여 '공무원이 그 직무를 수행함에 있어 당해직무를 담당하는 평균인이 보통(통상) 갖추어야 할 주의의무를 게을리한 것'이라고 판시하여 평균적 공무원의 주의능력을 기준으로 한 추상적 과실로 본다.[17] 근래에는 국가배상법상의 과실 관념을 객관화하거나, 조직과실,[18] 과실 추정[19]과 같은 논리의 개발을

---

15) 헌법재판소 2015. 4. 30.자 2013헌바395 전원재판부 결정 등 참조.

16) 대법원 1987. 9. 22. 선고 87다카1164 판결 등 참조.

17) 이영무, "유신헌법하의 긴급조치와 국가배상 청구의 요건", 법학논총 제42권 제1호, 전남대학교 법학연구소(2022. 2.), 132면 등 참조.

18) 이른바 '조직과실'(Organisationsverschulden)이란, 과실을 더 이상 개별·구체적인 사람과 관련짓는 것이 아니라, 행정기구의 기능결합 또는 기능의 불완전함 자체로 귀속시킴으로써 과실표지를 객관화하는 것을 말한다. 이때 과실은 익명화되어 원래의 인적 비난가능성의 의미는 단지 명목상으로만 남게 된다고 하며, 가해 공무원이 반드시 특정될 필요가 없다고 한다. 문병효, "대법원의 긴급조치 및 국가배상 관련 판결들에 대한 비판적 고찰", 민주법학 59권, 민주주의법학연구회(2015. 11.), 77면 참조.

19) 과실의 추정(Schuldvermutung)은, 법원이 직무의무 위반사실로부터 관련 공무원에

통하여 피해자에 대한 구제의 폭을 넓히려는 추세가 관찰되기도 한다.[20]

나) 긴급조치의 집행을 담당한 수사담당 공무원과 법관의 고의 · 과실 인정 여부

앞서 본 바와 같이 긴급조치로 인한 국가배상청구를 하는 사안유형 중 국가배상청구권 성립요건으로서 '고의 · 과실'이 가장 문제되는 사안은 바로 긴급조치에 따른 수사와 재판행위 자체가 불법행위라고 주장된 경우이다. 수사나 재판 과정에서 별도의 불법행위가 발생하지 않은한, 당시 법률의 효력을 가지는 긴급조치에 따라 수사를 한 수사기관이나 재판을 한 법관은 형식적인 의미에서는 현행법령을 준수하여 직무행위를 한 것이므로 그 직무수행에 고의 · 과실이 인정된다고 보기는 어렵다. 사후적으로 긴급조치가 위헌 · 무효로 선언되었다는 사정만으로 그 직무수행상의 고의 · 과실 여부를 쉽사리 달리 보기도 어려울 것이다. 당시 수사담당 공무원이나 법관[21]에게는 법률에 대한 위헌심사 권한이 없는 관계로, 긴급조치가 위헌이라는 유권적인 결정이 있기 전에는 긴급조치의 위헌성 내지 위헌성의 의심만을 이유로 수사담당 공무원이나 법관이 그 집행을 거부할 권한이 있다고 볼 수 없다.[22] 또한 공무원의

대하여 과실의 존재를 추론하는 것을 말한다. 일응의 추정(prima facie)으로서 위법하게 손해가 발생한 것이 증명되면 과실은 일응 추정되고 피고 측에서 반증을 해야 배상책임을 면하게 되는 법리이다. 문병효, "대법원의 긴급조치 및 국가배상 관련 판결들에 대한 비판적 고찰", 민주법학 59권, 민주주의법학연구회(2015. 11.), 77면 참조.

20) 김동희, 『행정법 I (제25판)』, 박영사(2019), 580-581면; 김철용, 『행정법』, 박영사(2011), 529면 등 참조.

21) 비록 유신헌법상으로도 법원이 헌법위원회에 법률의 위헌 여부 제청을 할 수는 있었으나(유신헌법 제105조 제1항), 유신헌법 제53조 제4항이 긴급조치에 대한 사법적 심사를 배제하고 있었던 점에 비추어 법원이 긴급조치의 적용을 거부할 수는 없었을 것이라고 보는 견해로는 윤진수, "위헌인 대통령의 긴급조치 발령이 불법행위를 구성하는지 여부", 민사법학 제81호, 한국민사법학회(2017. 12.), 144-145면 참조.

복종의무가 인정되는 이상, 수사담당 공무원은 긴급조치의 집행에 관한 상관의 명령을 따르지 않기가 어려웠을 것이다. 그리고 법관은 자신의 신념이나 생각에 부합하지 않는다는 이유로 재판을 거부할 수는 없다는 점에다가, 헌법상 독립성이 인정되는 법관이라도, 당시의 엄혹한 상황 하에서는 마찬가지로 긴급조치의 집행으로서 재판을 진행하라는 재판장, 법원장 등 상관의 지시나 권유, 명령을 어기기 어려웠을 것으로 생각된다.

　　이에 대하여는 헌법재판소의 결정이나 대법원의 판결을 통해서 법령의 위헌·무효가 선언되기 전이라도 해당 법령의 위헌·위법성이 너무나도 명백한 경우에는 그러한 법령을 집행한 공무원에게는 고의·과실을 인정하는 것이 타당하다는 반론[23])이 가능할 것이다. 하지만 법령의 위헌·위법성의 의심이 어느 정도에 이르러야 '너무나도 명백한 경우'에 해당할 것인지는 불명확한 기준이다. 또한 현실적으로 과연 이제 와 당시의 수사기관이나 법관에게 유신헌법의 규정이 무효라는 전제에서 행동하였어야 하고, 적어도 소극적 저항으로써 사직이라도 하지 않았다면, 결국 그 수사상 직무행위나 재판상 직무행위를 수행한 것에는 고의·과실이 있었다고 쉽사리 단언하거나 평가하는 것은 타당하다고 보기 어렵다.[24])

　　다) 과실의 확장 해석·적용을 통한 국가배상청구 인정 사례

　　다만, 아래에서 보는 최근의 하급심 판결례에서는 '조직과실의 법

---

22) 윤진수, "위헌인 대통령의 긴급조치 발령이 불법행위를 구성하는지 여부", 민사법학 제81호, 한국민사법학회(2017. 12.), 144-145면; 이영무, "유신헌법하의 긴급조치와 국가배상 청구의 요건", 법학논총 제42권 제1호, 전남대학교 법학연구소 (2022. 2.), 134-135면 등 참조.

23) 이영무, "유신헌법하의 긴급조치와 국가배상 청구의 요건", 법학논총 제42권 제1호, 전남대학교 법학연구소(2022. 2.), 135-140면 참조.

24) 같은 취지로는 윤진수, "위헌인 대통령의 긴급조치 발령이 불법행위를 구성하는지 여부", 민사법학 제81호, 한국민사법학회(2017. 12.), 145면 참조.

리'25)에 근거한 듯한 판시(밑줄 부분 참조)를 하면서 긴급조치에 기한 수사·재판 등 국가작용에 대해 고의·과실에 의한 불법행위성 자체를 긍정하고 있다는 점은 주목할 필요가 있다.

[하급심 판결1] 서울고등법원 2020. 7. 9. 선고 2019나2038473 판결26) 의 요지

긴급조치 제1호와 제9호의 처벌규정에 내재한 위헌성은 수사, 재판, 형 집행 과정을 통해 국민의 기본권에 영향을 미치게 되는바, 긴급조치 제1호와 제9호의 위헌성이 인정되고 그 위헌성이 수사, 재판, 형 집행 과정에서 구체적으로 발현된 이상, 반드시 개별적 직무집행행위를 특정할 필요는 없다. 어떠한 법률이 사후적으로 위헌이라고 평가되는 경우에도, 공무원의 구체적인 불법행위가 개재되지 않은 이상 그에 근거하여 곧바로 국가배상책임이 성립하는 것으로 보기는 어려우나, 법령 자체의 위법성의 정도와 그로 인한 국민의 기본권 침해의 정도가 그 법령 발령 당시부터 심대하고, 그 정당성의 기초가 객관적으로 상실될 정도로 규범과 정의 사이에 감내할 수 없는 충돌이 있는 예외적인 규범에 대해서는 공무원의 법령준수의무가 부인된다. 긴급조치 제1호와 제9호는 국민 통제의 도구에 불과하므로, 이를 그대로 집행하고 적용한 일련의 공무집행행위들은 모두 객관적 정당성을 상실하여 법질서 전체의 관점에서 위법하다고 평가되어야 한다. 구체적인 불법행위를 수행한 공무원 개인에게 법적 책임을 지우는 것이 어려울 수 있으나 그러한 책임을 물을 수 있는지 여부와 그 공무원의 행위가 객관적 법질서의 관점에서 위법한지 여부는 별개의 문제이다. 유신헌법 제53조 제4항에 기초하더라도 명백히 위헌적인 내용의 긴급조치 발령과 그에 따른 후속조치라는 일련의 공무집행행위가 법질서 전체의 관점에서 위법하다는 판단은 충분히 가능하다. 긴급조치 제1호, 제9호의 위헌성이 명백하고 기본권 침해의 정도가 심대한 점에 비추어 보면, 위 긴급조치에 따라 직무를 수행하는 공무원들은 형식적인 법령을 준수하여 행위한다는 인식을 하면서도, 동시에 직무집행의 상대방에 대한 위법한 침해행위 내지 손해의 발생

25) 긴급조치로 인한 국가배상청구에서의 조직과실 법리의 적용가능성을 면밀히 분석한 글로는 문병효, "대법원의 긴급조치 및 국가배상 관련 판결들에 대한 비판적 고찰", 민주법학 59권, 민주주의법학연구회(2015. 11.), 78-85면 등 참조.

이라는 결과에 대하여 용인 또는 묵인하였다고 봄이 타당하고 적어도 과실
이 인정된다.

**[하급심 판결2] 서울고등법원 2021. 4. 2. 선고 2020나2036077 판결[27]
의 요지**

긴급조치 제9호의 발령은 당연히 집행행위를 예정한 것이고, 긴급조치로
인한 피해는 구체적인 수사, 재판, 형의 집행을 통해 나타나므로, 개인의
구체적인 피해는 모두 긴급조치 제9호의 발령행위로 인한 것이다. 이러한
일련의 국가작용을 '공무원의 직무집행 행위'로 인정할 수 있어, 이 경우
구체적 행위자가 특정되지 않더라도 국가배상책임을 인정할 수 있다. 형식
적으로 적법한 수사와 재판이라고 하더라도 긴급조치의 도구가 되어 그것
과 일체를 이루어 국민 개개인에게 피해를 발생시킨 이상 이러한 일련의
국가작용에 대하여 총체적으로 위법하다는 평가가 가능하다. 개별 공무원
에게 위헌적인 국가작용에 대한 저항을 기대할 수 없으므로, 그 공무원에
게 불법행위 책임을 지우는 것은 어려울 수 있다. 그러나 개별 공무원에게
그 과정을 회피할 가능성은 거의 없었고, 나아가 국가배상법상 과실을 인
정하기 위해 반드시 개별 공무원의 직무집행 행위를 특정하여야 한다고 단
정할 수 없으므로, 국가의 과실을 인정할 수 있다.

    위 하급심 판결들은 공통적으로, 특정한 수사담당 공무원이나 법관
개인에 대한 전통적인 의미의 고의·과실을 요건으로 하는 책임 성립을
매개로 하기보다는, 가해 공무원과 직무집행행위의 특정을 요구하지 않
는 '조직과실' 법리를 원용하는 듯한 판시를 하면서 긴급조치의 발령·적
용·집행에 이르는 일련의 국가작용을 총체적으로 위법하다고 평가하고
거기서 과실의 근거를 함께 찾고 있다. 이러한 점에서, 위 하급신 판결
들은 일종의 과실 요건에 대한 확장 해석·적용을 통하여 국가배상책임
과 피해자 구제의 확대를 인정하는 것으로 이해된다. 다만, 위 [하급심
판결1]은 상대적으로 더 전통적인 고의·과실 요건 판단에 부합하는 듯
한 설시(긴급조치의 명백한 위헌성과 기본권의 심대한 침해 → 공무원의 법령준

---

26) 대법원 2020다256255 사건으로 상고심 계속 중이다.
27) 대법원 2021다227414 사건으로 상고심에 계속 중이다.

수의무 부인 → 위법한 침해 내지 손해 발생의 인식·용인에 의한 고의·과실 인
정)를 하고 있는 반면, 위 [하급심 판결2]는 긴급조치 제9호의 발령행위
자체의 위헌성에 방점을 두면서 그에 후속되는 일련의 수사, 재판 등
집행행위에서 특정 공무원의 과실보다는 '국가'의 과실을 인정하면서 판
시를 하는 특징을 보인다. 현재 두 사건 모두 상고가 되어 대법원에 계
속 중에 있어 판례의 변경 여부에 귀추가 주목된다.

3) 고의 · 과실 요건에 대한 예외(무과실책임) 인정 필요성 여부

가) 평석대상 결정의 반대의견의 의의와 가치

앞서 본 최근의 하급심 판결례와 같이 긴급조치로 인한 국가배상
청구에 있어서 국가배상청구권의 성립요건인 '과실'의 확장 해석·적용을
통한 국가배상청구의 인정과 피해자 구제 확대가 불가능하지 않다면,
평석대상 결정의 반대의견과 같이 긴급조치로 인한 국가배상청구 사안
을 고의 · 과실 요건의 예외로 두어 무과실책임에 의한 손해배상으로 인
정할 필요성이 큰 것인지, 반드시 (한정)위헌의 선언[28]을 통해서 긴급조
치로 인한 피해구제를 해결해야 하는 것인지 등에 관해서는 다소 의문
이 들 수 있다.

그러나 이와 같은 하급심 판결례는 평석대상 결정이 있은 이후에 최
근에야 등장하게 된 것이다.[29] 또한 청구인들이 위헌법률심판제청신청을

---

28) 평석대상 결정의 반대의견의 결론은 "심판대상조항 중 '긴급조치 제1호, 제9호의 발
령·적용·집행을 통한 국가의 의도적·적극적 불법행위에 관한 부분'은 청구인들의 국
가배상청구권을 침해하여 헌법에 위반된다."이다. 이를 풀어 쓰면, "구 국가배상법
(2009. 10. 21. 법률 제9803호로 개정되고, 2016. 5. 29. 법률 제14184호로 개정되기
전의 것) 제2조 제1항 본문 중 '고의 또는 과실로' 부분을 '긴급조치 제1호, 제9호의
발령 · 적용 · 집행을 통한 국가의 의도적·적극적 불법행위에 관한 부분'에도 적용하
는 것으로 해석하는 한 헌법에 위반된다."가 될 것이므로, 위 반대의견의 결론은
한정위헌의 선언으로 이해할 수 있다.
29) 앞서 본 최근 하급심 판결례의 판시 문구나 내용 등에 비추어 볼 때, 해당 판결례는
평석대상 판결의 반대의견의 영향을 적지 않게 받은 것으로 보인다.

거쳐 이 사건 헌법소원에 이르기까지의 과정을 살펴보면, 하급심 법원은 긴급조치로 인한 국가배상청구의 세 유형에 대해 각각 배상청구의 인용을 가로막고 있던 대법원 판례와 실무30)를 그대로 답습하다시피 재판을 해 옴으로써 형사 재심으로 무죄 확정판결을 받은 후에도 수사기관의 폭행·가혹행위까지 청구인들 스스로가 증명한 매우 좁은 범위의 사안에서만 배상청구를 인용하였을 뿐이었다. 평석대상 결정의 반대의견과 같이 긴급조치로 인한 국가배상청구를 하는 사건들 자체가 국가의 불법 정도가 심각하고 피해의 정도도 중대한 사안으로서 특수하고 이례적인 불법행위로서 다루어져야 할 것임에도, 지금까지 이러한 국가배상청구에 대한 하급심 법원의 재판실무는 그 배상청구 사건 중에서도 또다시 범주를 나누어 극히 예외적인 경우에만 권익구제를 허용하는 지나친 엄격성을 보여왔던 것으로 평가할 수 있다. 평석대상 결정의 반대의견은 이러한 법원의 하급심 실무례의 타당성 여부를 다시금 되돌아보고 극단적인 사례에 해당하는 긴급조치로 인한 국가배상청구 사안마저도 고의·과실 요건의 충족을 요구함으로써 오히려 피해구제를 가로막는 역설적인 상황을 야기하는 것이 과연 타당한지에 관해 학계와 실무계에 반향을 일으킬 수 있는 계기를 제공했다는 점에서 그 자체로서 의의가 작지 않다.

나) 고의·과실 요건에 대한 예외 인정(무과실책임) 이외의 권익 구제 가능성

물론 긴급조치로 인한 피해자들의 권익구제 필요성이 크다는 점과 국가배상청구권의 원칙적 성립요건인 고의·과실의 예외를 인정하여 국가배상제도 전반이 수정되도록 하는 것이 타당할 것인가의 문제는 구분

---

30) 앞서 본 통치행위를 근거로 대통령의 긴급조치 발령행위의 불법행위성을 부정한 대법원 2015. 3. 26. 선고 2012다48824 판결, 사후적인 위헌·무효 선언만으로는 수사나 재판 당시의 공무원에게 고의·과실을 인정할 수 없음을 선언한 대법원 2014. 10. 27. 선고 2013다217962 판결, 수사기관의 폭행·가혹행위 자체의 불법행위성이 인정되더라도 소멸시효 기산점을 해당 불법행위시로 보아 손해배상청구를 기각한 실무가 바로 그것이다.

되어야 하고, 신중한 검토와 숙고를 거칠 필요가 있다. 평석대상 결정의 반대의견이 제시하는 심판대상조항에 대한 (한정)위헌 선언 이외에, 평석대상 결정의 법정의견과 같이 고의·과실 요건을 유지하면서도 법원에 의한 고의·과실 요건의 해석에 전향적인 변화를 기대할 수 있다거나, 긴급조치로 인한 피해자들의 권익구제에 더 바람직한 방안이 있다면, 필연적으로 평석대상 결정의 반대의견에 찬동해야 할 것은 아니기 때문이다. 따라서 긴급조치로 인한 손해전보를 위한 타당한 권익구제방안에 대해서 계속하여 검토한다.

다. 권익구제방안

1) 법률 제정을 통한 입법적 해결

평석대상 결정의 법정의견은, 긴급조치 제1호 또는 제9호로 인한 손해의 특수성과 구제 필요성 등을 고려할 때 공무원의 고의 또는 과실 여부를 떠나 국가가 더욱 폭넓은 배상을 할 필요가 있는 것이라면, 일반제도로서의 국가배상보다는 국민적 합의를 토대로 한 별도의 입법적 해결을 대안으로 제시하고 있다. 특히 특별법의 제정 등을 통한 입법적 해결은 다수의 피해자가 양산된 과거사 사건에 있어서 유용한 민주적 해결책일 뿐만 아니라, ① 이미 판례에 의한 소멸시효 기간인 재심 무죄판결 확정 이후 3년이 경과한 피해자나, ② 추후 대법원 판례가 변경되더라도 이미 긴급조치로 인한 국가배상청구의 기각판결이 확정되어 버린 피해자들까지도 구제해 줄 여지가 있어 더욱 타당하고 매력적인 권익구제방안이다.[31]

---

31) 김세용, "위헌인 형벌법규와 국가의 손해배상책임: 유신헌법하의 대통령 긴급조치에 대하여", 민사판례연구 제38호, 민사판례연구회(2016), 655면; 윤진수, "위헌인 대통령의 긴급조치 발령이 불법행위를 구성하는지 여부", 민사법학 제81호, 한국민사법학회(2017. 12.), 146면; 이영무, "유신헌법하의 긴급조치와 국가배상 청구의 요건", 법학논총 제42권 제1호, 전남대학교 법학연구소(2022. 2.), 144-145면 등 참

문제는 이와 같은 긴급조치로 인한 피해를 보상[32]하는 특별법안이 국회에서 구체적인 심사나 논의가 제대로 이루어지지 않은 채 현재에 이르고 있다는 현실이다. 과연 언제까지 입법적 해결만을 기다릴 것인가라는 회의적인 시각은 재차 일반적인 권익구제방안에 의한 해결로 눈을 돌리게 한다. 긴급조치로 인한 피해에 대하여 일반적 권익구제 수단인 국가배상제도가 제대로 작동하지 못하는 현실을 극복하는 방안으로서, 국가배상 요건의 접근 방식이나 해석론의 변경 등을 통한 손해전보 방안을 다시 살펴볼 필요가 있다.

2) 긴급조치 발령행위에 대한 국가배상청구

긴급조치에 근거한 수사와 재판 자체를 불법행위로 주장하는 국가배상청구가 고의·과실 요건의 충족 문제로 인해 성공하기 어렵다면, 시간적으로 더 앞 단계이자 논리적인 전제에 해당하는 '대통령의 긴급조치 발령행위' 자체를 불법행위로 주장하는 국가배상청구의 인용 가능성을 재검토하는 것이 더 현실적일 것이다. 긴급조치에 의한 국가의 의도적·적극적인 일련의 불법행위는 근본적으로 긴급조치 제1호, 제9호의 발령에서 비롯되었다고 볼 수 있고, 직접 실행한 개별 공무원은 국가가 교체할 수 있는 부품[33] 정도의 역할에 불과했다고도 볼 수 있기 때문이다.

조. 행정상 손해배상과 행정상 손실보상의 어느 제도에 의해서도 손해가 전보되지 않는 영역에 대해서 위법침해로서 원칙적으로 제거되어야 할 행정상 손해배상과 적법침해로서 수인되어야 할 행정상 손실보상을 여전히 구분해야 하고 양자는 기능상 차이가 있는 점, 위와 같은 손해 미전보 영역은 재정·조세와 밀접하게 관련되어 있어서 그 비용 소요와 보상 여부에 관해서는 법관의 재판보다는 입법자에 의한 해결이 더 바람직한 점 등을 근거로 입법론적 해결이 가장 타당하다는 견해를 일찍이 제시한 글로는 김철용, 『행정법』, 박영사(2011), 532-533면 참조.

32) "박근혜, '긴급조치 보상법 발의에…법조계 '보상과 배상'도 구별 못하나"(2012. 11. 26.자 한겨레 신문 기사)에서는, 국가배상은 위법행위를 전제로 하는 반면 (손실)보상은 적법행위를 전제로 한다는 이분법적 접근 하에, "긴급조치 자체가 불법이고 범죄이기 때문에 보상은 당치 않다."는 논리를 들어 특별법 제정을 통한 입법적 해결이 이루어지지 않은 정황을 엿볼 수 있다.

대통령의 긴급조치 발령행위에 대한 국가배상청구를 저지하는 기
능을 하고 있는 대법원 2015. 3. 26. 선고 2012다48824 판결의 핵심 논
리는, 고도의 정치성을 띤 통치행위에 해당하는 대통령의 긴급조치권
행사는 국민 전체에 대한 정치적 책임의 대상일 뿐, 개별 국민에 대한
법적 책임의 대상이 아니라는 것이다. 그러나 ① 입법행위라고 할지라
도 그 입법내용이 헌법의 문언에 명백히 위배됨에도 불구하고 굳이 당
해 입법을 한 것과 같은 특수한 경우에는 국가배상법 제2조 제1항 소정
의 위법행위에 해당된다는 것이 대법원 판례[34]의 태도이고, ② 대법원
은 유신헌법에 근거한 긴급조치에 대한 위헌·무효를 선언할 때에는 대
통령의 긴급조치권행사가 고도의 정치성을 띤 국가행위인 이른바 '통치
행위'에 해당하더라도 사법심사의 대상이 될 수 있음을 판시하였음에
도, 대통령의 긴급조치 발령행위에 대한 국가배상청구 사건에서는 '고
도의 정치성을 띤 국가행위'라는 동일한 표현을 사용하면서도 국가배상
청구에 관한 사법심사를 배제하는 듯한 설시를 하는 것은 모순적이고
논리적으로도 타당하지 않으며,[35] ③ 고도의 정치성을 띤 국가행위라도
국민의 기본권을 침해하는 경우에는 직접 기본권을 침해당한 국민 개개
인이 손해배상청구를 할 수 있다고 봄이 법치주의에 부합되고, ④ 긴급
조치 제1호, 제9호는 대통령의 입법행위인데, 유신헌법상 대통령의 헌
법수호의무의 위반성, 발령 당시의 비상사태 요건의 불해당성, 유신체
제에 대한 국민적 저항을 탄압하기 위한 목적상 한계의 일탈, 그 내용
상 국민 기본권 제한의 한계 일탈성, 자유민주적 기본질서의 위배성 등

---

33) 평석대상 결정의 반대의견에서 설시한 표현이다.
34) 대법원 2008. 5. 29. 선고 2004다33469 판결 참조.
35) 통치행위에 대한 국가배상 청구에 대해서는 부정설, 긍정설이 대립하지만, 통치행
    위 이론은 역사적으로 볼 때 항고소송의 한계이론으로 출발한 것이어서, 행위 자
    체의 시정을 구하는 것이 아니라 그로 인한 손해의 배상만을 구하는 국가배상청구
    는 가능하다고 봄이 타당할 것이다. 김유환, 『현대 행정법(전정판)』, 박영사(2021),
    7-8면 참조.

에 비추어 입법재량권의 한계를 명백히 넘어선 것으로서 국가배상법상 불법행위로 인정될 수 있다고 봄이 타당할 것이다.

최근 하급심 판결36)도 위 ① 내지 ④와 같은 근거를 들어 같은 방식의 해결방안을 모색하여 긴급조치로 인한 국가배상청구 사건에서 인용 판결을 선고를 한 바 있다. 해당 판결에 대해서는 상고가 제기된 상태이므로, 대법원의 결단만이 남은 상황이다.

3) 인적손해에 대한 일반적 전보제도의 구성 시도

권익구제 필요성이 큰 인적(人的)손해에 대한 구제가 아직 입법이 이루어지지 않았다는 이유로 전보되지 않는 문제는 조금 더 일반화하여 행정상 손해전보 체계 전체를 바라보는 관점에서 되돌아볼 필요가 있다고 생각한다. 대법원 판례37)에 의할 때 '재산적' 침해에 대해 보상 근거 규정이 흠결되어 있더라도 관계법령 규정을 유추적용하여 재산적 손해의 전보를 할 수 있다면, 재산보다 더 중요한 가치를 가지는 인신(人身)에 관한 손해에 관하여 보상 근거규정이 흠결된 상황이라면 더욱 관련 법령의 유추적용을 통해서라도 피해구제와 손해전보를 하는 방향으로 법해석과 실무 운영이 이루어지는 것이 논리적으로 타당할 것이다. 이는 구제필요성이 큰 인신손해에 대해 입법적 해결이 지체되어 부정의(不正義)한 상황이 심각해지는 것을 방지하기 위한 불가피한 방안으로서 구상해 보는 것임은 물론이다.

국가배상청구권의 개별 성립요건을 민사불법행위에 가깝도록 엄격하게 구분하여 별도로 요구하는 독일 법제는, 반면 국가배상의 전형적 범주를 벗어나지만 손해 전보의 필요성이 있는 사안들(수용유사침해, 수

---

36) 서울고등법원 2020. 12. 18. 선고 2016나2052256 판결(대법원 2021다202941 사건으로 계속 중); 서울고등법원 2021. 4. 2. 선고 2020나2036077 판결(대법원 2021다227414 사건으로 계속 중) 등 참조.

37) 대법원 2002. 1. 22. 선고 2000다2511 판결; 대법원 2002. 11. 26. 선고 2001다44352 판결; 대법원 2011. 8. 25. 선고 2011두2743 판결 등 참조.

용적침해, 희생보상청구)에 대해서는 소위 '광의의 손실보상'의 범주를 확
장하여 문제를 해결하고 있는 것으로 보인다.[38] 반면 프랑스 법제는 재
산적 손실에 대한 전보를 손실보상으로 한정하면서, 대신 전형적인 행
정상 손해배상이나 행정상 손실보상의 양대 영역에 속하지 않는 소위
'제3의 영역'에 해당하는 손해전보 확장의 수요를 역무과실[39] 등 국가
배상요건의 일정 부분 완화를 통해 해결하고 있는 것으로 이해된다.[40]

　　우리나라는 독일의 국가배상 법제와 유사한 구성을 하면서도 위
'제3의 영역'에 대해서는 손실보상 범주를 확장하는 이론은 아직 보편적
으로 도입하지 않고 있어, 손해전보를 통한 권익구제에 큰 흠결을 보이
고 있다. 이는 특히 인적 손해에 대해 여러 개별 보상법률 조항이 산재
하여 파편적으로 존재하는 현재 상황에서는 이를 보다 체계적으로 유형
화하여 인적 손해에 대한 일반적 전보제도로 구성하여 정립하려는 시도
가 필요한 시점이 되었다고 생각한다.[41] 다만, 이 부분은 향후 연구과

---

38) 박정훈, "국가배상법의 개혁 — 사법적 대위책임에서 공법적 자기책임으로 —", 행
　　정법연구 제62호, 행정법이론실무학회(2020. 8.), 28면, 51-53면 참조. 위 논문에서
　　는 독일은 국가배상의 약점을 보완하기 위하여 수용유사침해, 수용적 침해, 희생보
　　상청구권 등의 손실보상제도를 확대하여 왔다고 서술하고 있다.
39) 프랑스 행정법상 개인과실의 반대 개념으로서 '행정의 조직 또는 작용상의 과실(행
　　정의 기능장애)'을 의미하는 역무과실(la faute de service)에 관하여 상세히는 박현
　　정, 『프랑스 행정법상 역무과실(la faute de service)에 관한 연구 — 역무과실과 위
　　법성의 관계를 중심으로—』, 서울대학교 법학박사학위논문(2014) 참조.
40) 박정훈, "국가배상법의 개혁 — 사법적 대위책임에서 공법적 자기책임으로 —", 행
　　정법연구 제62호, 행정법이론실무학회(2020. 8.), 46-51면, 53면 참조. 위 논문에서
　　는 프랑스에서 손실보상이 사법(私法) 제도로서 민사소송 관할이고 그 적용 영역
　　이 정식의 재산권수용에 한정되는 반면 국가배상이 공법 제도로서 행정소송 관할
　　이며 국가의 자기책임을 넘어 무과실책임까지 확장되어 독일의 수용유사침해 등의
　　영역이 모두 국가배상으로 다루어지는 특징이 있다고 서술하고 있다.
41) 반면 이러한 소위 '제3영역'에 대한 체계화 시도에 대해서 비판적인 견해로는 김중
　　권, 『행정법(제3판)』, 법문사(2019), 838-839면 참조. 위 글에서는 국가배상책임과
　　손실보상책임 사이의 중간적 영역이 존재하고 이를 융합시키려는 시도는, 양자의
　　연혁·요건·모습·목표가 매우 상이하고, 양자를 그 본질을 왜곡하지 않고 법도그
　　마틱적으로 완결되고 조화로운 체계로 만든다는 것이 쉽지 않아 여전히 밝혀야 할

제로 남겨둔다.

3. 결론

　　국가배상청구권의 성립 요건으로서 공무원의 고의 또는 과실을 규정함으로써 무과실책임을 인정하지 않은 심판대상조항이 헌법상 국가배상청구권을 침해하는지 여부에 관해서는 헌법재판소 결정 선례가 존재하였다. 평석대상 결정은 긴급조치 위반 사건에 대한 국가배상을 청구할 때에도 공무원의 고의 또는 과실을 요구하는 것이 헌법상 국가배상청구권을 침해하는지 여부가 쟁점이 된 최초의 사안이다.[42] 일반적 권익구제수단으로서 국가배상청구권의 성립요건인 고의·과실에 대한 예외를 쉽사리 인정하여 (한정)위헌을 선언할 것까지는 아니라는 점에서 평석대상 결정의 법정의견은 원칙적으로 타당하다. 하지만 반대의견에서 지적하는 긴급조치로 인한 국가배상청구의 특수성과 함께 입법적 해결이 있기 전까지 피해구제의 시급성과 중요성은 충분히 경청해야 할 것이다. 긴급조치 피해자를 위한 특별법 제정이라는 입법적 해결이 가장 바람직할 것이지만, 그 이전까지는 실효성 있는 권익구제를 위해 법원 재판실무의 전향적인 태도 변화가 요청된다. 긴급조치로 인한 국가배상청구에 있어서 국가배상청구권의 성립요건인 '과실'의 확장 해석·적용을 통한 국가배상청구의 인정과 피해자 구제 확대를 시도한 하급심 판결례는 주목할 필요가 있으며, 향후 대법원 판례의 건설적이고 미래지향적인 방향에서의 변경 또한 기대해본다.

　　부분이 많으므로, 양자를 하나의 틀에서 모색하는 것은 아직 득(得)보다는 실(失)이 더 크다고 보고 있다.

[42] "공무원 '고의·과실' 인정돼야 국가배상…합헌"(2020. 3. 26.자 법률신문 기사) 참조

참고문헌

단행본

김동희, 『행정법 I (제25판)』, 박영사(2019)
김유환, 『현대 행정법(전정판)』, 박영사(2021)
김중권, 『행정법(제3판)』, 법문사(2019)
김철용, 『행정법』, 박영사(2011)
박현정, 『프랑스 행정법상 역무과실(la faute de service)에 관한 연구 ― 역무과실과 위법성의 관계를 중심으로―』, 서울대학교 법학박사학위논문(2014)
이창현/이은상/김기환, 『개별법상 인적 손해 전보 법제 연구』, 한국법제연구원(2021)

단행논문

김세용, "위헌인 형벌법규와 국가의 손해배상책임: 유신헌법하의 대통령 긴급조치에 대하여", 민사판례연구 제38호, 민사판례연구회(2016), 591-663면
문병효, "대법원의 긴급조치 및 국가배상 관련 판결들에 대한 비판적 고찰", 민주법학 59권, 민주주의법학연구회(2015. 11.), 41-97면
박정훈, "국가배상법의 개혁 ― 사법적 대위책임에서 공법적 자기책임으로 ―", 행정법연구 제62호, 행정법이론실무학회(2020. 8.), 27-69면
오준근, "경찰관직무집행법상 변화된 국가보상책임에 관한 행정법적 고찰", 토지공법연구 제87집, 한국토지공법학회(2019. 8.), 549-566면
윤진수, "위헌인 대통령의 긴급조치 발령이 불법행위를 구성하는지 여부", 민사법학 제81호, 한국민사법학회(2017. 12.), 93-154면
이덕연, "긴급조치와 국가배상책임 ― 대법원판결(2015. 3. 26. 2012다

48824)에 대한 법해석방법론 및 헌법적 검토 ─", 헌법판례연구 제
17권, 한국헌법판례연구회(2016. 12.), 121─144면
이영무, "유신헌법하의 긴급조치와 국가배상 청구의 요건", 법학논총 제42
권 제1호, 전남대학교 법학연구소(2022. 2.), 117─151면
정준현, "국가배상의 책임주체와 과실책임에 관한 연구", 미국헌법연구 제
22권 제1호, 미국헌법학회(2011. 4.), 325─356면
정태호, "국가배상법상의 유책요건은 위헌인가? ─ 부론: 위헌적 긴급조치
에 대한 국가배상청구의 가능성에 대한 검토 ─", 법학연구 제30권
제1호, 충남대학교 법학연구소(2019. 2.), 77─121면

신문기사

"공무원 '고의·과실' 인정돼야 국가배상…합헌"(2020. 3. 26.자 법률신문
기사)
"박근혜, '긴급조치 보상법' 발의에…법조계 '보상과 배상'도 구별 못하나"
(2012. 11. 26.자 한겨레 신문 기사)

국문초록

　　평석대상 결정은, 국가의 의도적·적극적 불법행위를 통한 불법과 피해의 정도가 이례적으로 중대했던 긴급조치 위반 사건에 대한 국가배상 청구사건에서도 공무원의 고의 또는 과실을 요구하는 것이 헌법상 국가배상청구권을 침해하는지 여부가 쟁점이 된 최초의 사안이다. 평석대상 결정의 계기가 된 위헌법률심판제청신청과 헌법소원은 국가배상법상 고의·과실 요건의 의미를 되새기고, 인권침해가 극심하게 이루어진 긴급조치의 발령과 그 집행에 따른 중대한 피해 발생 사안에서만큼은 국가배상제도의 일반론에서 벗어나 고의·과실 요건의 예외를 인정해야 할 것인지 여부에 관하여 근본적인 의문을 제기하였다. 국가배상청구권의 성립요건으로서 공무원의 고의 또는 과실을 규정함으로써 무과실책임을 인정하지 않은 심판대상조항이 헌법상 국가배상청구권을 침해하는지 여부에 관해서는 이미 헌법재판소 결정 선례가 존재하였는바, 일반적 권익구제수단으로서 국가배상청구권의 성립요건인 고의·과실에 대한 예외를 쉽사리 인정하여 (한정)위헌을 선언할 것까지는 아니라는 점에서 평석대상 결정의 법정의견은 원칙적으로 타당하다. 다만, 평석대상 결정의 반대의견에서 지적하는 긴급조치로 인한 국가배상청구의 특수성과 함께 입법적 해결이 있기 전까지 피해구제의 시급성과 중요성은 충분히 경청해야 할 것이다. 긴급조치 피해자를 위한 특별법 제정이라는 입법적 해결이 가장 바람직할 것이지만, 입법적 해결이 있기 전까지는 긴급조치로 인한 국가배상청구에 있어서 실효성 있는 권익구제를 위한 방안으로서 ① 국가배상청구권의 성립요건인 '과실'의 확장 해석·적용을 통한 국가배상청구의 인정 방안, ② 긴급조치 발령행위 자체에 대한 국가배상청구를 통치행위를 근거로 배척한 대법원 판례의 비판적 검토와 배상청구의 인용 방안, ③ 중대한 인적손해에 대한 일반적 전보제도의 구성 시도 가능성 등을 검토해보았다. 긴급조치 피해자를 위한 특별법 제정이라는 입법적 해결이 있기 전까지 피해자의 권익구제를 위해 대법원 판례의 건설적이고 미래지향적인 방향에서의 적극적 태도

변화를 기대해본다.

주제어: 국가배상, 과실, 긴급조치, 통치행위, 인적손해, 권익구제

Abstract

A Study on Intention and Negligence Requirements for Liability for damages under the State Compensation Act and Remedies for Violation of Rights and Interests

RHEE, Eun−Sang*

The subject case, Constitutional Court Decision 2016Hun−Ba55, etc. (consolidated), decided on March 26, 2020, is the first case dealing with the intention or negligence of public officials as a requirement for claiming for damages against the State under the State Compensation Act in a case of violation of the presidential emergency decrees based on the Yushin Constitution. There are the Constitutional Court precedents that demanding the intention or negligence of public officials for claiming for damages under the State Compensation Act does not infringe on the right to claim for damages against the State under the Constitution. In view of this, the Constitutional Court's majority opinion in the subject case is valid in principle in that it is not intended to declare unconstitutional in a limited way by easily admitting exceptions regarding intention and negligence requirements. However, as pointed out in the dissenting opinion in the subject case, the specificity of the emergency decrees violation case and the urgency and importance of remedies resulting therefrom should be fully considered.

The most desirable solution for the remedies would be the legislative

---

* Associate Professor, Ajou University Law School

solution such as the enactment of a special law for victims of the emergency decrees. However, until the legislative solution, other solutions for effective remedies for rights and interests are needed in claiming for damages due to the emergency decrees. In this article, the following solutions were reviewed: (1) recognition of liability for damages through the extended interpretation and application of 'negligence' requirement under the State Compensation Act; (2) critical review of the Supreme Court precedents that rejected the claim for damages under the State Compensation Act on the ground that the act of issuing emergency decrees was a political question; (3) possibility of attempting to compose a general compensation system for serious damage to person, etc.

Keywords: State Compensation Act, negligence, presidential emergency decrees, political question, damage to person, remedies for violation of rights and interests

투고일 2022. 6. 8.
심사일 2022. 6. 28.
게재확정일 2022. 6. 29

外國判例 및 外國法制 研究

最近(2021) 미국 行政判例의 動向과 分析(김재선)
최근(2020-2021) 일본 행정판례의 동향과 검토(이혜진)
최근(2020-2021) 프랑스 행정판례 동향과 분석(박우경)
최근(2020) 독일 행정판례 동향과 분석 (계인국)

最近(2021) 미국 行政判例의 動向과 分析
: COVID-19 관련 백신의무화조치 판결을 중심으로

김재선*

Ⅰ. 들어가며
  1. 2021년 미국 연방대법원 구성 및 활동
  2. 2021년 미국 연방대법원 주요 판례 개관
Ⅱ. 2021년 미국 법원 주요 판례
  1. COVID-19 백신의무화 조치 관련 판례
  2. COVID-19 방역 조치 관련 판례
  3. 그 밖의 판례
Ⅲ. 나가며

Ⅰ. 들어가며

1. 2021년 미국 연방대법원 구성 및 활동

연방대법원은 2020년 회기(2020년 10월 5일－2021년 10월 3일) 동안 총 67건의 사건을 판단하였는데 만장일치로 판결된 사건은 2건, 논쟁없

* 부산대학교 법학전문대학원 부교수, J.D., 법학박사(Ph.D.).
** 『이 과제는 부산대학교 기본연구지원사업(2년)에 의하여 연구되었음』『This work was supported by a 2－Year Research Grant of Pusan National University』
*** 졸고는 2021.12.16 행정판례연구회－사법정책연구원 2021년 공동학술대회 "외국의 최근 행정판례"에서 발표한 내용을 수정 및 보완하였음.

이 판단된 사건은 10건으로 나타났다. 작년 예정으로는 62건이 심리될 예정이었으나 2020년 코로나 바이러스 전파로 인하여 연방대법원은 연기된 5개의 사건을 추가하여 총 67건의 사건을 판단하게 되었다. 연방대법원은 미국 내에서 심각하게 전파된 코로나 상황으로 인하여 다른 행정청과 마찬가지로 코로나 바이러스 방역지침을 따라 모든 구두변론은 원격으로 진행하였으며, 라이브 오디오 스트리밍으로 법원 홈페이지를 통하여 제공되었다.

2020-2021 미국 연방대법원은 존 로버츠 대법관을 중심으로 총 9인의 대법관으로 구성되었는데 기존의 구성과 동일하게 보수성향 6인, 진보성향 3인으로 판단이 이루어졌다. 대법관의 사망 또는 사임으로 구성에 변화가 발생하였던 이전 회기와 달리 금년 회기에는 대법관의 구성에는 변화가 없어 온건한 보수주의적 판결이 이어진 것으로 이해된다.

2. 2021년 미국 연방대법원 주요 판례 개관

2020-2021 회기동안 미국 연방대법원의 주요(landmark) 판결로는 코로나 관련된 판결, 개인정보보호법제 관련 판결, 건강보험 법제, 독점금지 법제, 선거법제, 노동법제, 형사법제(소년범) 관련된 사건이 있었다.

우선, 본 연구의 주요 쟁점으로 연방대법원의 판단은 아니지만 백신의무화 조치에 관한 항소법원의 판결을 검토하고자 한다. 먼저 제5항소법원에서는 2021년 11월, 대형 사업장 직원들에 대한 백신의무화 조치에 대해서는 집행정지를 인정한 반면, 2021년 12월, 의료기관 종사자에 대한 백신의무화 조치에 대해서는 집행정지를 부정하였다. 백신접종 의무화는 우리나라에서도 논란이 되고 있는데 항소법원의 판결에도 불구하고 각 주에서 보다 강력한 백신패스를 적용하는 등 논란이 확산되고 있으며, 조만간 연방대법원에서 판단될 것으로 생각된다. 다음으로, 2020년 11월, 코로나가 급격하게 전파되면서 여러 주정부에서는 전염병 전파 방지를 위하여 예배 등을 위한 집회금지 조치를 하는 등 종교목적의 집회를 제한하는 등의 처분을 하였으며, 이에 대하여 연방대법원에서 종교의 자유를 침해한다고 판단하였다. 이러한 판단은 2019-2020년 회기인 2020년 7월에 네바다주 주정부의 종교집회 금지에 관한 연방대법원의 가처분 금지 판결("Calvary Chapel Dayton Valley v. Sisolak" 판결[45])과 그 논리가 유사한 것으로 공공보건을 목적으로 종교집단을 부당하게 차별적으로 규제하고 있음을 지적하였다. 한편, 개인정보보호 관련 법제에서는 스크린 스크래핑 기술을 활용한 영업활동을 하는 기업에 대한 판결이 이루어졌으며, 비영리기관에 대한 기부자 명단 공개 의무화 규정이 기부자의 표현의 자유를 침해한다는 판결 역시 이루어졌다. 이에 따라 본고에서는 미국의 여러 판례 중 우리나라에서도 다각적으로 논의가 이루어지고 있는 백신의무화 관련 항소심 판결과 코로나 전파를 예방하기 위한 행정조치를 중심으로 검토하고자 한다.

2021년도 미국 주요 판례

주요 쟁점		판례번호	명칭	주요 내용
백신의무화 (항소법원 판례)	대형 사업장에 대한 백신의무화 조치	2021.11.12. (제5 항소법원) 594 U.S.___ (2021)	"Alibaba v. OSHA" No. 21-60845	대형 사업장(100인 이상 고용) 직원들에 대한 백신의무화 조치는 집행정지됨.
	의료기관 종사자에 대한 백신의무화 조치	2021.12.6. (제11 항소법원) 594 U.S.___ (2021)	"Florida v. HHS" No. 21-14098-JJ	연방 CMS 규칙으로 의료기관 종사자에 대한 백신의무화 조치는 인정됨.

---

45) Calvary Chapel Dayton Valley v. Sisolak, 591 U.S.___ (2020).

주요 쟁점		판례번호	명칭	주요 내용
COVID-19 전파 예방 연방대법원 판결	코로나 제한과 종교의 자유	2020.11.25.	"Roman Catholic Diocese of Brooklyn v. Cuomo"	주정부(뉴욕주)에서 COVID-19에 대한 예배금지를 하는 경우 종교의 자유에 반함.
	COVID-19 예방을 위한 퇴거조치 중단명령	2021.8.26	"Alabama Association of Realtors v. HHS"	질병통제예방청(CDC)에서 내린 임시퇴거유예명령은 국민의 경제적 권리에 관한 것으로 공중보건에 관한 사항이 아니라고 판단함.
개인정보 보호 법제	스크린 스크래핑	2021.6.3. 594 U.S.___ (2021)	"Van Buren v. United States"	접근권한이 규정된 컴퓨터 시스템 파일 및 기타 정보에 접금권한이 없는 사람이 접근하는 것은 CFAA에 반함.
	프라이버시권 표현의 자유 (기부자 명단 공개)	2021.7.1. 594 U.S.___ (2021)	"Americans for Prosperity Foundation v. Bonta"	비영리기관에 대한 기부자 명단 공개 의무화 주법(캘리포니아 주법)은 기부자의 표현의 자유를 침해하므로 위헌임.
건강보험 법제	보험 미가입시 과태료 부과 (원고적격)	2021.6.17. 594 U.S.___ (2021)	"California v. Texas"	보험가입을 의무화하고 미가입시 과태료를 지불하도록 하는 조항의 위헌성에 관한 소송에서 텍사스주는 (침해되는 이익이 없으므로) 원고적격이 인정되지 않는다고 판단함.
독점금지 법제	학생운동선수에 대한 경제적 지원 금지규정	2021.7.21. 594 U.S.___ (2021)	"National Collegiate Athletic Association v. Alston"	미국 운동협회(NCAA)에서 학업을 주된 목적으로 하는 학생운동선수에게 경기와 관련하여 경제적 보상을 하는 것을 금지한 규정은 독점금지법에 반하여 허용되지 않음.

주요 쟁점		판례번호	명칭	주요 내용
헌법상 권리	선거법제 투표방식	2021.7.2.	"Brnovich v. Democratic National Committee"	주법으로 투표용지의 수거 및 반납이 허용되므로 잘못된 선거구에서 투표한 경우 주법(애리조나 주법)으로 효력을 부인하는 경우 위헌은 아님
		594 U.S.___ (2021)		
	학생 교외 발언 (표현의 자유)	2021.1.8.	"Mahanoy Area School District v. B.L."	학교 외에서 발언한 내용으로 학교위원회에서 징계할 수 없음. (펜실베이아 학교구)
		594 U.S.___ (2021)		
노동법제	노동조합 대표의 노동자 교섭	2021.6.23.	"Cedar Point Nursery v. Hassid"	노동조합 대표가 직장에서 노동자를 만나는 것은 고용주의 헌법적 권리에 반하므로 허용되지 않음.
		594 U.S.___ (2021)		
형법, 소년범죄	소년범에 대한 사형선고	2021.4.22	"Jones v. Mississippi"	소년범은 사형선고 전에 시정할 수 없거나 회복불가능하다고 간주될 수 없음.
		594 U.S.___ (2021)		

Ⅱ. 2021년 미국 법원 주요 판례

1. COVID-19 백신의무화 조치 관련 판례

1) 논의의 배경

　2021년 12월 8일 뉴욕주는 2021년 12월 13일부터 2022년 1월 15일까지 "2세 이상 모든 실내 입장객들은 백신을 접종한 경우에만 식당 및 실내시설에 입장할 수 있다"는 방역패스를 시행하기로 발표하면서 미국 전역에서 가장 강력한 백신 의무화 조치명령으로 논란이 발생하고

있다.46)

　백신의무화 조치와 관련하여 2021년 11월 12일 제5항소법원은 100인 이상 대형 사업장에 대한 백신의무화를 규정한 연방행정규칙(OSHA 규칙)에 대한 집행정지 소송에 대하여 인용판결을 한 반면, 2021년 12월 6일, 연방 제11항소법원은 의료기관 종사자에 대한 백신의무화를 규정한 연방행정규칙(CMS 규칙)에 대한 집행정지 소송에 대하여는 기각 판결을 하였다. 연방항소법원 이전에 연방지방법원 또는 각 주법원에서도 다수의 판단47)이 이루어졌다. 연방지방법원 및 주법원의 입장은 대체로 종교의 자유를 침해하는 경우 이외의 경우에는 백신의무화 조치에 대하여 긍정적인 판단이 이루어지고 있으나, 100인 이상 대형사업장에 대한 연방규칙에 대한 광범위한 백신의무화 조치에 대하여는 견해가 엇갈리고 있는 것으로 생각된다. 이 중에서 본 장에서는 백신의무화에 관한 판례 중 제5항소법원 및 제11항소법원의 판결을 중심으로 검토하고자 한다.

2) 사업장 근로자 백신의무화 조치에 관한 집행정지 판단 (제5항소법원)

(1) 사실관계

　2021년 11월 5일 바이든 행정부는 직업안전보건청("Occupational Safety and Health Administration", 이하 OSHA)에서 발령한 긴급임시규칙

---

46) 우리나라의 경우에도 12세 이상 청소년에 관한 백신접종이 실시되고 있으나, 권고적 조치로 이루어지고 있을 뿐 의무화조치는 나타나지 않고 있다. 뉴시스, "김총리 "청소년 백신접종, 공동체 보호하는 길…자료 제공할 것", 2021년 12월 8일자. 서울신문, ""청소년 백신 접종, 자율에 맡겨야"...학부모단체, 방역패스 철회 촉구", 2021년 12월 7일자. 한국일보, ""청소년 접종 비희망 응답 배제, 백신 강제냐" 교육부 설문 논란", 2021년 12월 7일자.

47) 예컨대 2021년 6월 12일, 텍사스주 연방 지방법원에서는 간호사 등 의료인에 대한 백신의무접종에 대한 소송에서는 기각판결을 하였다. 매일경제, ""난 못 맞겠다"…美 '백신 의무접종' 직장서 소송 잇따라", 2021년 6월 21일자.

("Emergency Temporary Standard, 이하 ETS)[48]을 발령하여 "대형 사업장 (100인 이상 고용) 직원들은 백신을 맞을 것을 강력하게 권고하며, <u>해당 사업장은 직원들이 의무적으로 예외없이 코로나 백신을 투여받아야 하며 미접종시 매주 테스트를 받거나 안면마스크를 착용하여야 한다</u>"고 규정하면서 "위반 시 고용주는 한 케이스당 1만4천달러의 벌금"을 부과받을 수 있다고 규정하였다. 또한, 당해 연방규칙(ETS)은 (상위 연방법에서 별도의 규정이 없는 한) 주법에 우선(preempt)한다고 명시하였다.[49][50]

연방정부의 연방규칙에 근거한 의무화 조치에 대하여 텍사스주 법무장관은 민간기업, 종교단체, 그 밖의 주(플로리다, 조지아, 알리바마)와 함께 미국 전체 근로자의 3분의 2에 영향을 미치는 전례 없는 광범위한 조치로서 시민의 자유를 침해하였다는 이유로 제5항소법원(제11항소법원과 병합)에 "해당 규칙의 영구적 정지"를 연방법원에 요청하는 소송을 제기하였다. 이에 대하여 바이든 행정부는 해당 규칙은 팬더믹이라는 심각한 위험(grave danger)이 발생한 상황에서 행정청은 "100명 이상 직원이 있는 고용주에게 백신규칙(Vaccine Rule)을 부과할 권한"을 부여받았다고 주장하였다.[51]

---

48) OSH Act, 29 U.S.C. 655(c)(1).

49) Emergency Temporary Standard, "Summary "COVID−19 Vaccination and Testing ETS", OSHA, available at <https://www.osha.gov/sites/default/files/publications/OSHA4162.pdf>.
  Federal Register, "COVID−19 Vaccination and Testing; Emergency Temporary Standard", available at
  <https://www.federalregister.gov/documents/2021/11/05/2021−23643/covid−19−vaccination−and−testing−emergency−temporary−standard>

50) 당해 규정으로 인하여 약 2/3에 해당하는 기업이 이를 준수하여야 하며, 미국 전체 근로자 약 8,400만 명 중 백신을 접종하지 않은 3,100만 명에게 영향을 미치게 되었다.

51) Tom Hals, "Republican governors lead attack on Biden vaccine mandate", Routers, 2021.11.6. available at <https://www.reuters.com/world/us/republican−governors−lead−attack−biden−vaccine−mandate−2021−11−05/>.

(2) 법원의 판단

2021년 11월 12일, 제5항소법원(연방항소법원)은 "근무를 위한 백신의무화"를 규정한 연방 정부의 규칙에 대한 소송에서 행정청이 직종 및 업무의 특성을 고려하지 않고 광범위한 재량권한을 행사하였으므로 당해 명령에 대한 집행정지 청구를 인용하였다.[52]

제5항소법원 다수의견 백신의무화조치가 내려진 OSHA 규칙(ETS)이 필수적인 조치로 볼 수 없는 네 가지 이유를 다음과 같이 설명하였다. 첫째, 규칙의 소익("on the merit")에 관하여 산업안전보건법("Occupational Safety and Health Act")은 "안전하고 건강한 작업환경을 보장하고 인간다운 삶을 보존"하기 위하여 제정되었음을 전제[53]하였지만 해당 규정이 연방행정부에게 국민의 깊은 생활에 직접적으로 개입할 것을 전제하고 권한을 위임한 것은 아니라고 판단하였다.[54] 둘째, 의무화 규정은 생계를 위하여 직장에 출근하여야 하는 국민들에게 예방접종을 강요하는 것이므로 일시적이라 할지라도 국민들에게 헌법상 의심의 여지없이 주어진 자유를 침해받게 되므로 국민의 선택권을 영구적으로 침해, 돌이킬 수 없는 침해(irreparable harm)을 발생시킨다. 특히 고용주인 기업들의 경우에도 법령준수를 위한 상당한 비용을 부과하며 불이행시 불이익을 받게 되므로 사업 또는 재정적으로 돌이킬 수 없는 피해를 받

---

52) 집행정지 인용 요건으로 (1) 그러한 명령이 없었더라면 되돌릴 수 없는 피해가 발생하였고, (2) 청구인에 대한 치명적 상처가 피청구인에게 발생하는 피해보다 현저하며, (3) 집행정지는 공공의 이익에 반하지 않으며, (4) 청구인의 승소가능성이 있어야 한다. 집행정지 명령은 사실심에서 이루어지며 명백한 오류가 있는 경우 상급법원에서 파기될 수 있다. 집행정지가 인정되기 위해서 연방법원은 침해되는 이익에 대한 보다 높은 입증의무를 부담한다. Westlaw 홈페이지 참조. <https://content.next.westlaw.com/w-002-5658?__lrTS=20210215153754559&transitionType=Default&contextData=(sc.Default)&firstPage=true>.

53) 29 U.S.C. § 651.

54) Alabama Association of Realtors v. HHS, 141 S. Ct. 2485, 2488-90, 594 U. S. ____ (2021).

게 된다. 주정부 또한 헌법상 부여된 공중보건정책에 관한 권한을 연방
정부에게 되돌릴 수 없을 정도로 침해받게 된다. 셋째, 당해 규칙(ETS)
를 유지하더라도 행정청인 직업안전보건청(OSHA)의 경우 아무런 피해
를 발생시키지 않는다. 행정청에게 어떤 추상적인 "침해"가 발생한다
하더라도 그러한 피해는 기업 또는 개인에게 더욱 심각하게 발생하게
된다. 넷째, 당해 규칙(ETS)을 유지하는 경우 확실히 공공의 이익을 증
진시킨다. 당해 백신 의무화 조치로부터 발생하는 직장 내 갈등 등으로
부터 구성원들을 보호할 수 있으며, 이러한 구성원들 간의 안전은 경제
적으로 환산할 수 없을 만큼 중요한 가치로 생각된다.

　　한편, 다수의견에 대한 보충 의견55)에서는 연방법의 한계에 대하
여도 설명하였다. 의회가 "'정치적이고 경제적으로 중요한 영향을 미치
는 상황"에 대한 광범위한 의사결정권한을 행정청에 위임할 때는 이를
명시적인 위임의 의사로 하여야 하는데, 행정청(OSHA)는 (1) 명시적인
위임 없이 미국 전역의 3분의 2에 해당하는 사기업을 구속하는 규칙
(ETS)을 발령하여, (2) 사기업의 비용으로 백신을 접종하고 (2) 이를 준
수하지 않는 피고용인을 해고(remove)하고, (3) 규정을 준수하지 않는
경우 벌금을 부과받으며, (4) 백신투여 또는 검사결과에 대하여 기록할
것을 명령하고 있는데 이는 행정청의 위임권한 없는 처분이라고 판단하
였다. 이러한 사기업에 대한 의무화 조치는 사기업에 대한 의료보험 강
제화에 관한 판결56)에서 나타난 바 있으나, 당해 사건에서 행정청이 이
러한 권한을 부여받은 것은 아니라고 판단하였다.

---

55) Stuart Kyle Duncan, Circuit Judge, concurring.
56) National Federation of Independent Business v. Sebelius, 567 U.S. 519 (2012).

3) 의료기관 종사자에 대한 백신접종 의무화에 대한 가처분. 판단(제11항소법원)

(1) 사실관계

의료기관 종사자에 대한 백신접종 의무화 조치에 대한 가처분 판단은 의료기관에서 당해 기관 근로자인 의료진에게 백신접종을 할 것을 권고하면서 이행하지 않는 경우 해고될 수 있음을 통지하였고, 이에 대한 연방 및 주 지방법원, 항소법원의 판단이 이루어졌다. 예컨대 12월, 미주리주 연방지방법원 Matthew T. Schelp 판사는 10개 주에서 병합된 가처분 소송에서 의료기관 종사자에 대한 백신접종 의무화에 대한 가처분판단을 인용하였다. 또한, 11월, 메사츄세츠 대법원(주법원)은 종교를 이유로 백신접종을 거부한 의료진이 제기한 가처분 소송을 기각하였다. 매사츄세츠주 병원인 Mass General Bringham은 8만 명의 병원 근로자들에게 11월 5일까지 백신을 맞지 않으면 해고될 수 있음을 통지하였는데, 병원 근로자들은 병원의 요구가 연방차별금지법에 반한다고 주장하였다.[57)58)]

보건국(HHS) 산하 메디케어 및 메디케이드 서비스 센터(Centers for

---

57) Healthcare Dive, "HHS appeals block on vaccine mandate for healthcare workers", 2021.12.10., Dave Muoio, "Federal judge halts CMS' COVID-19 vaccine mandate for healthcare workers in 10 rural states", 2021.11.29.
58) 백신 의무화 조치와 관련하여 기존 연구에서는 행정청이 공중보건 목적에서 환자의 안전을 보호하기 위하여 의료기관 종사자에 대하여는 행정청 또는 당해 의료기관은 구성원에 대한 백신접종을 의무화할 수 있다는 견해가 있었다. 당해 견해에서는 의료기관 종사자 개인의 백신접종에 관한 권리는 존중되어야 하지만, 의료진들의 백신 미접종으로 인하여 환자들에게 바이러스가 전파될 경우 바이러스에 취약한 환자들에게 돌이킬 수 없는 피해를 발생시킬 수 있다는 점을 주된 논거로 하였다. Robert I. Field, "Mandatory Vaccination of Health Care Workers-Whose Rights Should Come First?-", 34 Pharma. Therap 11, 615, 2009. Mahapatra S etc., "Adverse events occurring post-covid-19 vaccination among healthcare professionals-A mixed method study", Int. Immunopharmacol 100, 2021.

Medicare & Medicaid Service, 이하 CMS)는 2021년 11월 5일에 발령된 CMS 규칙("Medicare and Medicaid Programs; Omnibus COVID—19 Health Care Staff Vaccination", 이하 CMS규칙)은 "(메디케어 또는 메디케이드 지원을 받는) 의료기관("covered entity")은 해당 기관에서 의료서비스를 제공하는 직원들이 의료서비스를 제공하기 전에 2단계의 예방접종을 받을 수 있도록 절차를 마련하여야 하며, 2022년 1월 4일까지는 모든 면제대상에 해당하지 않는 직원들에게 완전한 예방접종("fully vaccinated")을 받은 상태가 되도록 조치하도록 규정하고 있다.59) 예방접종 예외대상 직원은 (1) 완전히 원격으로만 의료서비스를 제공하며, 환자 또는 다른 직원들과 접촉하지 않는 "원격의료 또는 급여서비스 등 행정지원 직원", (2) 장애인법("Americans with Disabilities Act", ADA)에 따라 접종이 어려운 자, (3) 진정한 종교적 신념 등으로 접종이 어려운 자를 제외하고 있다. 당해 규정으로 미국 전체 1천 7백만 명의 병원 근로자(healthcare workers)들에게 적용되게 되었으며, 주법원 또는 연방지방법원을 거쳐 2021년 11월, 연방 제11항소법원에서는 플로리다주의 CMS 규칙의 집행정지명령에 대하여 항소하였다.60)

(2) 법원의 판단

2021년 12월 6일, 연방 제11항소법원은 의료진에 대한 백신의무화 조치는 CMS의 권한범위 내에서 발령되었으며, 환자 및 요양치료가 필요한 자들의 건강을 보호하기 위한 목적이므로 정당화되므로, 청구인 (플로리다주)은 승소가능성을 입증하는 데 실패하였으므로 하급심 법원에서 판단한 "주요 쟁점 원칙(major questions doctrine)61)을 적용할 수

---

59) Kristin Ahr, Elizabeth Donaldson, "Florida Healthcare Alert: The CMS Rule Requiring COVID—19 Vaccination for Healthcare Workers at Odds With Florida's Recent Legislation", 2021.11.24.

60) Megan Leonhardt, "Biden's vaccine mandate may be tied up in court—but employers shouldn't wait to enforce it, say legal experts", 2021.11.9.

61) 주요쟁점원칙(major questions doctrine)은 법원은 사건이 심각한 경제적 또는 정치

없다고 판단하였다.[62) 또한, 절차적으로 CMS는 통지 및 의견제출 절차를 우회할 수 있는 요건을 갖추고 있으므로, 이러한 의무화 조치 규정은 자의적이거나 변덕스러운 것도 아니라고 판단하였다. 특히 법원은 의료진의 도움을 받아야 하는 환자들의 경우 전염병의 감염위험으로부터 보호되어야 할 필요성이 다른 사람들에 비하여 높으며, 이들은 치명적인 바이러스에 감염될 경우 위험성이 높아질 수 있으며, 이러한 전염 위험성을 낮추기 위한 방안으로 미국 식품의약국(FDA)의 승인을 받은 백신을 의무화할 수 있다는 점을 강조하면서 청구인측(플로리다주)이 회복할 수 없는 손해를 입증하지 못하였다는 점을 지적하였다.

4) 판례에 대한 평가

당해 판결 이후, 연방철도노동청(U.S. railroad operators Union Pacific Corp)은 사업장 내 근로자에 대한 백신의무화와 관련된 확인 및 방역조치 의무화를 중단하는 등 사업장의 변화도 나타나고 있다.[63) 또한 바이든 행정부의 백신의무화 조치는 기존에 없었던 전면적인 조치로 공공보

적 중요성을 가진 문제와 관련되거나 해석상의 문제로 기관의 규제권한이 확대되는 상황에서는 사법부에서 행정청의 해석을 따르지 않는다는 원칙이다. 행정청의 해석권한을 존중하는 Chevron 판결의 제2단계 해석방식에서 나타난다. 법원은 먼저 Chevron 제1단계에서 법문이 불명확한 경우에 해당하는 경우, 제2단계에서 행정청의 해석이 합리성(reasonable)을 갖추고 있는지 판단할 때 중요쟁점이 되는지를 판단하였다. 즉, 규정이 모호하여 Chevron 원칙의 적용대상이 된다 할지라도, 당해 사건이 중요쟁점에 해당하는 경우 사법부는 (행정청의 해석을 존중하는 대신) 중요한 문제에 대한 판단을 할 수 있다고 판단하였다. 중요쟁점원칙은 Chevron 판결 이후, Utility Air Regulatory Group v. EPA 판결(573 US 302 (2014)에서 제안되었고, King v. Burwell 판결(576 U.S. 473 (2015))에서 구체적으로 설명되었다. Kevin O. Leske, Major Questions About the "Major Questions" Doctrine, 5 Mich. J. Envtl. & Admin. L. 479 (2016).

62) Nathan Adams IV, "Florida Medicare and Medicaid Providers' Vaccine Mandate Dilemma", 2021.12.9.

63) Routers, "Union Pacific, BNSF pause COVID-19 vaccine mandate after court ruling", 2021.12.10.

건과 안전에 관한 규정으로 조만간 연방대법원에서 심리에 착수할 것으로 예상된다.[64] 이에 대하여 캘리포니아 대학의 Dorit Reiss 교수는 당해 규칙이 전례 없는 범위("unprecedented in scpoe")라고 볼 수 있으나, 공중보건 및 안전을 위한 법적 프레임워크에 기초한다고 설명하는 등 대체로 공중보건 및 안전을 위한 조치의 필요성을 인정하고 있는 것으로 이해된다.[65]

코로나 백신 의무화 조치에 관한 가처분 판단은 주법원 또는 연방항소법원의 판단만 나타나고 있으므로 연방대법원의 입장은 명확하게 나타나지 않고 있다. 코로나 팬데믹 이전의 백신의무화 조치에 관한 판결로는 1905년 Jacobson v. Massachusetts 판결[66]로 연방대법원은 주정부에서 제정한 백신의무접종법이 국가의 경찰권 행사의 범위에 속한다고 판단하였다. 법원은 "헌법에 의하여 보장되는 자유는 항상 절대적인 권한을 보장하는 것은 아니며, 개개인 또는 소수의 자유를 그 요소로 하는 것은 아니다. 지역정부는 다수의 이익을 위하여 이를 지배할 수 있는 권한을 부여받았으므로 백신의무화를 규정한 주법은 합헌이다"라고 판단하였다.

백신의무화 조치와 관련하여 연방정부의 조치와 관련된 주된 논의의 쟁점은 연방정부의 백신의무화 조치의 광범위성, 기본권 침해성, 주정부의 권한침해를 중심으로 나타났으며, 주정부의 조치와 관련된 지방법원의 판단에서는 개인의 선택과 공공의 이익에 관한 이익형량으로 나타났다. 추후 연방정부에서 논의될 것으로 판단되나, 당해 사안의 경우 (1) 백신접종의 잠재적 이익, (2) 대형사업장 또는 의료기관에서 백신 미접종의 잠재적 피해, (3) 백신접종 의무화 조치로 인한 사업장의 경제

---

64) CNBE, "Biden's Covid vaccine mandate will likely go to the Supreme Court. Here's how the courts have ruled before", 2021.11.18.

65) CNBE, "Biden's Covid vaccine mandate will likely go to the Supreme Court. Here's how the courts have ruled before", 2021.11.18.

66) 197 U.S. 11 (1905).

적 또는 사회적 피해의 정도, (4) 노동권과 개인의 자유권 보장간의 충
돌가치 등을 고려하여 판단될 것으로 생각된다. 연방대법원의 판례 이
외에는 기존의 판례가 없는 현실에서 연방정부의 권한인정에 관한 논의
가 보다 심도 깊게 다루어질 것으로 생각된다.

2. COVID-19 방역 조치 관련 판례

1) 종교시설 집회금지명령 판례
("Roman Catholic Diocese of Brooklyn v. Cuomo")[67]

(1) 논의의 배경

2020년 뉴욕 주지사는 행정명령(Executive Order 202.68)을 발표하여
중심 지역에 위치한 교회에서의 예배 참석 인원을 10명 이내로 제한하
는 레드존으로, 중심 외부지역은 25명으로 제한하는 오렌지존으로, 그
외곽 주변구역은 건물 수용 인원의 절반으로 제한하는 노란색으로 구분
하는 행정명령을 발령하였다. 이에 대하여 브루클린 로마 카톨릭 교구
("The Roman Catholic Diocese of Brooklyn")과 정통 유대교회당에서는 당
해 행정명령의 집행을 정지하는 소송을 제기하였다. 청구인측은 집회금
지명령이 연방수정헌법 제1조에서 보장된 종교행사의 자유를 침해한다
고 주장하였다.

(2) 법원의 판단

2020년 11월 25일, 연방대법원은 종교의 자유 침해를 이유로 한
집회금지명령에 대한 가처분 소송에서 원고 측 청구가 승소가능성, 회
복할 수 없는 피해의 발생 가능성, 구제로 인하여 공익에 미치는 영향
이 적을 가능성이 있다는 점을 인정하면서 청구를 인용하였다. 우선, 법
원은 여러 집단 중 종교집단을 구체적으로 지정하여 제한한 것은 종교

---

67) 592 U. S. ___ (2020).

의 자유를 제한함에 있어서 요구되는 최소한의 중립성 요건("minimum requirement of neutrality")을 침해하였다고 판단하였다. 둘째, 법원은 최소한의 기간이라 할지라도 종교의 자유를 침해하는 경우 회복할 수 없는 피해("irreparable injury")를 발생시킬 수 있다고 판단하였다. 마지막으로 법원은 정부는 종교활동이 질병의 확산에 기여하였다는 점을 입증하기 어려우므로 당해 법령이 공공에게 해를 끼치는 것도 아니라고 판단하였다. 한편, Neil 대법관은 별개의견에서 당해 명령에서는 종교활동이 다른 일반적인 활동("secular activities")보다 더 해로운 것으로 다루어졌다고 판단하였으며, 한편, 반대의견을 제출한 Brett 대법관, John 대법관은 금지명령을 내리는 것이 공중보건을 위하여 중요하다고 판단하였으며, 로버츠 대법원장은 위험 밀집지역을 중심으로 단계를 나누어 집회금지명령을 내렸으므로 전면적인 금지로 볼 수 없으며, 종교활동에만 고정된 참석인원제한을 부여한 것도 아니라고 판단하였다.

(3) 판례에 대한 평가

　판결은 2021년 회기 초반인 2020년 11월에 판단된 사건으로 뉴욕주에서 구역을 나누어 종교시설 집회가능인원을 제한하는 집행명령을 내렸는데, 특히 해당 명령이 종교시설에 대한 집회제한의 형태로 이루어져 법원의 가처분 판단이 이루어졌다. 미국의 경우 연방헌법 제1조에서 규정하고 있는 종교활동의 자유 제한에 대하여 엄격하게 해석한 판례로 볼 수 있다. 그러나 2020년 11월에 미국의 코로나 전파 상황이 상당히 심각하게 전파[68]되고 있었다는 점을 고려할 때, 로버츠 대법원장을 포함한 4인의 대법관이 반대의견으로 판단한 점은 공중보건을 위한

---

68) 2020년 11월 당시 미국의 코로나19 사망자수는 1일 평균 1200명(11월 12일 기준), 2500여명(12월 15일 기준), 3,500여 명(1월 15일 기준)에 달하면서 의료체계의 부족 등 가장 심각한 상황에 놓여 있었던 시기로 이해된다. John. P.A. Loannidis etc., "Second versus first wave of COVID-19 deaths: shifts in age distribution and in nursing home fatalities", Public and Global Ehalth, 2021.

위기상황을 특수항 상황으로 이해한 것으로 생각된다.

특히 코로나 발생 초기인 2020년 3월 이후에 이루어진 행정청의 집회금지 명령에 대하여 종교의 자유, 언론의 자유, 이동의 자유 등을 침해한다는 청구인들의 주장에 대하여 하급심과 연방대법원은 대체로 집회금지에 대하여 청구인의 주장을 기각하는 입장을 취하여 왔다. 2021년 5월, 연방대법원은 "South Bay United Pentecostal Church v. Newsom" 집행정지 판결69)에서 연방대법원은 5－4로 청구인의 주장을 기각하였다. 로버츠 대법관을 비롯한 다수 의견은 청구인에게 돌이킬 수 없는 피해에 대한 엄격한 입증의무를 강조하였으며, 사적 집단에 대해서는 유사한 집회금지명령을 하였다고 설명하였다. 반대의견을 제출한 Brett 재판관은 캘리포니아주의 정책이 종교활동을 다른 사적 (secular) 활동과 달리 취급하여 차별적인 성격을 갖는다고 판단하였다. 이후 2021년 7월 24일, 연방대법원은 Calvary Chapel Dayton Valley v. Sisolak 판결70)에서 종교활동 제한에 대하여 법원은 5－4로 기각하였다. 당해 판결에서도 반대의견(Samuel Alito, Neil Gorsuch, Kavanaugh 대법관)은 네바다주의 종교시설 집회금지는 카지노에 비해서 종교시설을 더 차별적으로 규율한 것이라고 판단하였다.

2) 퇴거조치 중단명령 판례
("Alabama Ass'n of Realtors v. HHS")71)

(1) 논의의 배경

2020년 3월, 코로나바이러스 지원, 구호, 경제안정법("Coronavirus

---

69) Roman Catholic Diocese of Brooklyn v. Cuomo, 592 U.S. ＿＿ (2021). Wendy E. Parmet, "Roman Catholic Diocese of Brooklyn v. Cuomo ― The Supreme Court and Pandemic Controls", New England Journal of Medicine, 2021.
70) Calvary Chapel Dayton Valley v. Sisolak, 591 U.S. ＿＿ (2020).
71) Alabama Association of Realtors v. HHS, 141 S. Ct. 2485, 2488-90, 594 U. S. ＿＿ (2021).

Aid, Relief, and Economic Security Act")[72] (2020년 3월 제정, 6월 개정)에 근거하여 주거용 부동산에서 세입자를 120일간 퇴거시키지 못하도록 규정하였다. 이후 질병통제예방청("Centers for Disease Control and Prevention", CDC)은 광범위한 퇴거 금지를 부과하였으며, 해당 금지명령을 갱신, 연장하였다. 이에 대하여 원고 측은 임시퇴거유예의 허용조치가 질병통제예방청(CDC)의 권한범위 내에서 이루어진 조치가 아니라고 주장하고 있다.

(2) 법원의 판단

2021년 8월 26일, 연방대법원은 질병통제예방청(CDC)에서 내린 임시퇴거유예를 허용하는 지방법원의 판결을 승인하였으며, 이에 따라 2021년 8월 3일 퇴거조치는 10월 3일까지 금지되었다. 연방대법원은 행정청(CDC)는 행정청으로서 공동체 내 질병전파 등을 예방하기 위한 조치를 실시하여야 하며, 이러한 방역조치로는 "조사, 훈증, 소독, 위생확보, 해충방멸, 인간에게 해를 끼칠 정도로 오염된 동물의 파기, 기타 필요하다고 인정되는 조치"를 할 수 있다."는 연방법전 제264조에 근거하여 명령을 발령하였다. 법원은 이에 대하여 공중보건법("Public Health Service Act")에서는 질병의 전파 및 확산을 예방하기 위한 행정청의 조치권한을 부여하였지만, CDC가 할 수 있는 조치의 범위는 법령에 검역, 훈증조치 등으로 열기되어 있다고 판단하면서, 퇴거조치에 대한 금지명령은 전염병의 전파를 막는 행위로 행정청에게 부여된 권한 자체로 판단하기 어렵다고 판단하였다. 또한 법원은 질병통제예방청(CDC)에서 주장하는 질병확산을 예방하거나 늦추기 위한 조치권한의 범위에 해당 조치가 포함된다면 어떠한 조치를 해당 권한에서 제외할 수 있을지 판단하기 어렵다고 판단하였다. 특히 퇴거중지조치는 재산권 행사의 중요한 부분에 해당하므로 질병예방을 목적으로 이러한 조치가 인정되기 위

---

72) 15 USC Ch. 116 (Cares Act).

해서는 행정청의 조치가 아니라 입법부에서 별도의 법률을 통하여 이를 인정하여야 한다고 판단하였다.

제42편 제264조-공동체 내 질병예방을 위한 통제기능

행정청은 질병예방을 위한 조치를 하여야 하며, 이를 위한 조치로는 조사, 훈증, 소독, 위생확보, 해충방멸, 인간에게 해를 끼칠 정도로 오염된 동물의 파기, 기타 필요하다고 인정되는 조치가 포함된다.

---

42 U.S. Code § 264 — Regulations to control communicable diseases

(a) Promulgation and enforcement by Surgeon General

The Surgeon General, with the approval of the Secretary, is authorized to make and enforce such regulations as in his judgment are <u>necessary to prevent</u> the introduction, transmission, or <u>spread of communicable diseases</u> (중략). For purposes of carrying out and enforcing such regulations, the Surgeon General <u>may provide for such inspection, fumigation, disinfection, sanitation, pest extermination, destruction of animals or articles found to be so infected or contaminated as to be sources of dangerous infection to human beings, and other measures, as in his judgment may be necessary.</u>

---

(3) 판례에 대한 평가

　　판례는 질병통제를 위한 행정청의 명령권한이 미치는 범위에 관하여 검토한 판례로 전염병 전파를 막기 위한 방역조치로서 재산권 침해와 관련될 수 있는 세입자에 대한 퇴거조치 일시적 금지명령을 활용할 수 있는지에 대하여 다룬 판례이다. 코로나-19가 급격히 증가하면서 우리나라에서 전염병 예방의 공익적 목적을 위하여 대학교육이 비대면 조치, 집회 및 시위 금지 조치 등이 이루어졌는데, 2020년 해당 조치에 관한 법적 근거로 "감염병의 예방 및 관리에 관한 법률"(이하 감염병예방

법) 제49조에 근거한 조치가 이루어졌다. 감염병예방법에서도 미국 공
중보건법과 같이 행정청의 조치를 예시적으로 열거하고 있는 것으로 이
해된다. 그러나 연방대법원에서 판단한 바와 같이 열기된 내용과 그 목
적(전염병 예방)은 동일하다 할지라도 수단의 법적 성격에 차이가 있는
경우(조사·소독 등 위생확보 조치와 퇴거명령 금지)의 경우에 이를 해당 법
률에 근거하여 할 수 있다고 보기는 어려울 것으로 생각된다.

　　다만, 우리나라와 달리 월세 미납 등으로 인한 퇴거소송이 다수 이
루어지고 있어 전염병의 전파 등에 미치는 영향이 상대적으로 큰 미국
의 경우 (CDC의 조치가 아니더라도) 대다수의 주법에서 위와 같은 조치를
활용하고 있으며, 실제로 전염병 예방의 효과가 있는 것으로 생각해볼
수 있다.

미국 주법상 퇴거금지 현황

주	법적 근거	기한	주요 내용
캘리포니아주	지역 조례	수도공급중단조치 (12.31까지 유예)	• 퇴거조치금지(임대구제신청서를 제출한 중위소득 80% 미만 임차인에 대한 퇴거보호절차 마련) • 퇴거요건 시 수도공급중단조치 2021.12.31.까지 유예
뉴욕주	주법	퇴거금지조치 (12.21까지)	• 긴급퇴거 및 압류방지법 2022.1.15.까지 연장됨 • 뉴욕긴급임차구조프로그램 마련 • 주정부 긴급명령 발령 이후 180일까지 전기 및 수도 등 중단 금지
워싱턴주	–	–	• 퇴거금지조치 2021.10.31. 종료됨 • 워싱턴주 대출구제 및 지원정보 프로그램 운영

3. 그 밖의 판례

1) 스크린 스크래핑(프로필 자동수집)과
기업활동("Van Buren v. United States")[73]

(1) 논의의 배경

소프트웨어 회사인 HiQ社는 자동화면캡쳐 프로그램을 활용하여 공개된 개인 프로필 정보를 제공하는 링크드인社(LinkedIn Corp.)의 개인 정보를 수집(Screen Scraping)하는 방식으로 정보수집을 하여 왔다. 이에 링크드인社 측은 공개된 정보라 할지라도 데이터에 접근하여 고객정보를 복사하는 것은 컴퓨터 기망금지법("Computer Fraud and Abuse Act", 이하 CFAA), 저작권 침해, 무단탈취(trespass), 디지털 복제금지법("Digital Millennium Copyright Act", 이하 DMCA), 캘리포니아 형법("California Penal Code") 위반이라고 주장하면서 해당 수집활동을 중지할 것을 요청하였다. 이에 대하여 HitQ社는 해당 정보는 링크드인에 접속하면 누구나 볼 수 있는 공개된(publicly available) 정보이므로 위법이 아니며, 이미 공개된 정보를 특정 기업에만 접근할 수 없도록 하는 것은 독점금지법에 반한다고 주장하였다.

(2) 법원의 판단

먼저 당해 사건에 대하여 판단한 제9항소법원은 링크드인社의 중지명령 요구에 대하여 HiQ社에게 집행정지명령을 내릴 경우 HiQ에게 회복할 수 없는 손해의 발생 가능성이 있으므로 집행정지하기 어렵다고 판단하였다. 구체적으로 법원은 HiQ가 링크드인의 합법적 사업목적에 방해가 된다는 점에 대하여 근거가 없다고 판단하였다. 법원은 CFAA에 따르면 "권한 없이 컴퓨터에 접속하거나 보호된 컴퓨터에서 권한을 초

---

73) Van Buren v. United States, 593 U.S. ＿＿ (2021). HiQ Labs v. LinkedIn Corp, 938 F.3d 985 (9th Cir. 2019).

과하는 정보를 획득하는 것"은 금지되는데, 링크드인의 중지요청에도
불구하고 HiQ는 지속적으로 링크드인 홈페이지에 대한 자동스크랩 활
동을 하였으므로 이는 CFAA에서 규정한 권한 없는 활동("without
authorization")에 해당한다고 판단하였다. 또한, 링크드인社의 약관
("Terms of service")에서는 명식적으로 데이터 수집을 금지하고 있어 약
관에 반하는 행위를 하였으므로 피고는 불법행위를 한 것에는 해당한다
고 판단하였다.

　　제9항소법원의 판결에 대하여 (링크드인社의 모회사인) 마이크로소프
트社는 연방대법원에 항고하였다. 2021년 6월 14일, 연방대법원은 제9
항소법원에 CFAA 사건을 "Van Buren v. United States" 판결에서 나타
난 승인된 접근권한을 초과하는 접근("exceeds authorized access")은 유효
한 접근권한을 가진 개인에게만 적용된다고 판단하였다. "Van Buren
v. United States" 판결은 CFAA에서 규정한 접근권한 초과("exceed
authorized access")는 유효한 접근권한이 있지만 그러한 권한을 초과하
여 접근한 자에게 적용된다고 판단하고 있다.[74]

　　(3) 판례에 대한 평가

　　제9항소법원의 판단은 공개된 정보(데이터)에 대하여 잠재적 경쟁
기업에 대하여 선택적으로 금지청구를 하는 것은 독점금지법상 불공정
경쟁에 해당할 수 있다고 판단한 것으로 독점금지법 측면에서 의미가
있는 것으로 생각된다.

　　2) 기부자 명단 공개와 프라이버시권

　　　　("Americans for Prosperity Foundation v. Bonta")[75]

　　(1) 논의의 배경

　　연방법은 주요 기부자들(연간 5천 달러 또는 전체 비영리법인 기부액의

---

74) Van Buren v. United States, 593 U.S. ＿＿ (2021).
75) Americans for Prosperity Foundation v. Bonta, 594 U.S. ＿＿ (2021).

2% 이상)의 명단을 과세목적으로만 활용하도록 규정된 국세청(IRS) 법령에 따라 과세 관련 서식(Form 990 Schedule B)에 기재할 것을 의무화하고 있다. 당해 규정은 비영리단체는 이후 대부분의 세금보고서를 공개하지만 기부자에 대한 정보를 보호하기 위하여 다른 항목에서는 모두 기재하지 않도록 규정하고 있다. 2010년 캘리포니아주법은 비영리단체에 당해 양식(Schedule B)을 등록하여야 하며 미등록시 등록이 취소된다고 규정하였다.

미국 비영리단체("Americans for Prosperity Foundation, Thomas More Law Center")에서 세금신고서에 기부자의 명단이 공개되는 것은 자유로운 기부활동을 저해하고 비영리단체에 기부를 통한 표현의 자유 및 결사의 자유를 침해한다고 주장하였다. 특히 청구인들은 표현의 자유 및 결사의 자유와 관련하여 엄격심사대상76)에 해당한다는 점을 전제하면서, "입법목적을 달성하기 위하여 덜 침해적인 방법이 있다면 개인정보를 침해하여 기부자의 명단을 요구하는 것은 금지되어야 한다"는 기존의 연방대법원 판례(NAACP v. Alabama (1958), Bates v. City of Little Rock (1960))의 판례에 근거하여 당해 서식(Schedule B)이 광범위한 정보를 요구하고 있으며, 이러한 광범위한 정보는 경찰목적으로 필요한 범위를 넘어서며, 정보가 공개될 경우 중대한 프라이버시권 침해가 발생한다고 주장하였다. 한편, 피청구인(행정청) 엄격심사대상이 아니라고 주장하면서 당해 서식(Schedule B)은 과세목적으로만 활용되며, 별도의 보안조치를 통하여 기밀이 유지된다고 주장한다고 주장하면서, 당해 정보요구를 제출한다고 해서 청구인이 주장하는 바와 같이 정보가 노출될 가능성은 낮다고 주장하였다.

---

76) 엄격심사의 원칙에 따르면 행정청은 당해 행정목적을 달성하기에 필수적인 압도적인 주법상의 이익("compelling state interest")이 있으며, 당해 행정수단이 필요한 범위 내에서 이루어지며("narrowly tailored"), 가장 덜 침해적인 수단("least restrictive means")이 활용되었음을 입증하여여 하는 가장 엄격한 심사방식이다. Erwin Chemerinsky, 「Constitutional Law」, Wolters Kluwer; 6th edition, 2019.

이에 대하여 2016년 4월 연방지방법원은 집행정지를 인용하였으며, 제9항소법원에서는 당해 조항은 주정부가 기부와 관련된 기망행위(charitable fraud) 등으로부터 보호하기 위한 중요한 이익(compelling state interest)에 의하여 보호된다고 판단되었다.

(2) 법원의 판단

연방대법원은 6인의 다수 의견에서 캘리포니아 규정은 비영리법인에 대한 기부자에게 과도한 부담이 될 뿐만 아니라 수정헌법상 표현의 자유를 침해하는 규정으로 좁혀진 정부의 이익("narrowly tailored government interest")에 부합하지 않는다고 판단하였다. 로버츠 대법관은 캘리포니아주가 자선단체로부터 불필요한 목적으로 민감한 개인정보를 수집하는 수단"이 된다고 판단하였다. 한편, 반대의견을 제출한 3인(Sotomayer 대법관, Breyer 대법관, Kagan 대법관)은 명단 비공개를 지지할 경우 불명확한 자금이 정치적 목적으로 활용될 수 있으며, 합법적으로 공개되어야 하는 정보에 대한 정부의 접근권한이 지나치게 제한될 수 있다고 판단하였다.

(3) 판례에 대한 평가

당해 판례에 대하여 비영리법인에 대한 기부명단의 기밀성, 기부정보 과세목적 제공의 목적의 정당성과 보안성 등이 주된 논점으로 논의가 되었다. 특히 당해 정보는 청구인들의 표현의 자유와 관련하여 2010년 연방대법원의 Citizens United v. FEC 판결[77])에서 다루어진 선거운동개혁법(법(Bipartisan Campaign Reform Act, 이하 BCRA) 제441조b의에서 금지되는 선거광고에 관한 기업의 지출이 기업의 표현의 자유에 속하는지에 관한 판례와 관련된다. 해당 판결에서 연방대법원 다수의견은 "기업의 기부활동은 인간의 권리로서 동일하게 보호되는 표현의 자유 범위 내에서 이루어져야 하며 이러한 표현의 자유에 대한 제한은 최소한의

---

77) 558 U.S. 310 (2010).

제한범위 내에서 이루어져야 한다"고 판단하였다.[78] 정치적 의사표현과 비영리법인에 대한 의사표현을 달리 볼 것인지에 관하여 연방대법원은 비영리법인에 대한 기부활동은 중요한 의사표현에 해당하며, 정보제공으로 인하여 기부활동의 위축 등이 나타날 수 있으므로 이에 대한 공익적 고려가 필요함을 강조한 것으로 이해된다.

Ⅲ. 나가며

미국의 2020-2021 판결은 전반적으로 코로나 발생 이후 2년여가 지난 상황에서 공중보곤의 위험성 측면을 변화하는 상황에 따라 달리 반영한 판례로 볼 수 있다. 공중보건을 위한 집회금지, 백신접종 의무화 조치는 가장 가까운 사례가 1917년대 스페인 독감 사례일 정도로 전례를 찾기 어려운 상황이라 우리나라뿐만 아니라 미국에서도 많은 혼란과 사상자가 발생하고, 이에 따라 법원의 판례도 주법원, 연방지방법원, 연방항소법원, 대법원에 따라 조금씩 다른 관점을 보이고 있는 것으로 생각된다.

하지만 코로나19에 대한 백신접종이 상당부분 완료되면서 집회금지, 백신의무화, 퇴거금지조치 등에 관한 논의가 본격적으로 연방대법원에서 판단이 이루어지면서 "공중보건 위기"에 대한 새로운 사회적 논의가 이루어질 것으로 예산된다.

우리나라의 경우에도 집회금지, 방역패스 도입, 백신접종 추진, 백신부작용에 대한 배상문제 등 여러 쟁점에 관한 논의가 나타나고 있다.

---

78) 김재선, 미국 연방선거법상 기업의 정치적 독립지출허용의 의미와 시사점-Citizens United v. FEC 판례를 중심으로-, 외법논집, 제36권 제1호, 2012, 51면. CRS Report for Congress, "Legislative Options After Citizens United v. FRC: Constitutional and Legal Issues," Congressional Research Service, 2010, 7면.

미국에서 이루어진 판례에서의 논의 중 행정조치의 잠재적 이익, 행정조치의 광범위성, 사인에 대한 기본권 침해성, 공공의 이익보호 등에 관한 이익형량을 거친 백신의무화 판례 등은 우리나라에서의 판단에서도 중요한 의미를 보일 것으로 생각된다. 미국 판례 동향을 참조하여 우리 현실에 부합하는 적절한 조치의 도입이 필요할 것으로 생각된다.

참고문헌

교과서

Erwin Chemerinsky, 「Constitutional Law」, Wolters Kluwer; 6th edition, 2019.

논문

김재선, 미국 연방선거법상 기업의 정치적 독립지출허용의 의미와 시사점 -Citizens United v. FEC 판례를 중심으로-, 외법논집, 제36권 제1호, 2012.

C H Wecht, "The swine flu immunization program: scientific venture or political folly?", 3 American Journal of Law Medicine 4, 1977.

John. P.A. Loannidis etc., "Second versus first wave of COVID-19 deaths: shifts in age distribution and in nursing home fatalities", Public and Global Ehalth, 2021.

Katharine Van Tassel, Carmel Shachar, Sharona Hoffman, "Covid-19 Vaccine Injuries — Preventing Inequities in Compensation", The New England Journal of Medicine, 2021.

Kevin O. Leske, Major Questions About the "Major Questions" Doctrine, 5 Mich. J. Envtl. & Admin. L. 479, 2016.

Mahapatra S etc., "Adverse events occurring post-covid-19 vaccination among healthcare professionals-A mixed method study", Int. Immunopharmacol 100, 2021.

Robert I. Field, "Mandatory Vaccination of Health Care Workers-Whose Rights Should Come First?-", 34 Pharma.

Therap 11, 615, 2009.

Sencer, D. J., & Millar, "Reflections on the 1976 Swine Flu Vaccination Program, 12 Emerging Infectious Disease 1, 2006.

Wendy E. Parmet, "Roman Catholic Diocese of Brooklyn v. Cuomo — The Supreme Court and Pandemic Controls", New England Journal of Medicine, 2021.

관련 판례

National Federation of Independent Business v. Sebelius, 567 U.S. 519 (2012).

Calvary Chapel Dayton Valley v. Sisolak, 591 U.S.___ (2020).

Americans for Prosperity Foundation v. Bonta, 594 U.S. ___ (2021).

Alabama Association of Realtors v. HHS, 141 S. Ct. 2485, 2488-90, 594 U.S. ____ (2021).

Calvary Chapel Dayton Valley v. Sisolak, 591 U.S. ____ (2020).

Roman Catholic Diocese of Brooklyn v. Cuomo, 592 U.S. ____ (2021).

Van Buren v. United States, 593 U.S. ____ (2021).

관련 기사

CNBE, "Biden's Covid vaccine mandate will likely go to the Supreme Court. Here's how the courts have ruled before", 2021.11.18.

Dave Muoio, "Federal judge halts CMS' COVID−19 vaccine mandate for healthcare workers in 10 rural states", 2021.11.29.

Kristin Ahr, Elizabeth Donaldson, "Florida Healthcare Alert: The CMS Rule Requiring COVID−19 Vaccination for Healthcare Workers at Odds With Florida's Recent Legislation", 2021.11.24.

Megan Leonhardt, "Biden's vaccine mandate may be tied up in court —but employers shouldn't wait to enforce it, say legal experts",

2021.11.9.

Nathan Adams IV, "Florida Medicare and Medicaid Providers' Vaccine Mandate Dilemma", 2021.12.9.

Tom Hals, "Republican governors lead attack on Biden vaccine mandate", Routers, 2021.11.6.

Healthcare Dive, "HHS appeals block on vaccine mandate for healthcare workers", 2021.12.10.

Emergency Temporary Standard, "Summary "COVID−19 Vaccination and Testing ETS", OSHA.

CRS Report for Congress, "Legislative Options After Citizens United v. FRC: Constitutional and Legal Issues," Congressional Research Service, 2010.

국문초록

2020－2021년 회기동안 미국 연방대법원은 총 67건의 사건에 대한 판단을 하였으며, 이 중 만장일치로 판단된 사건은 2건, 논쟁없이 종결된 사건은 10건으로 나타났다. 주로 코로나 조치와 관련된 판결이 나타났으며, 개인정보보호법제, 건강보험, 독점금지법, 선거법 등에 관한 판단이 나타났다.

먼저, 백신의무화 조치와 관련하여 2021년 11월 제5항소법원은 100인 이상 대형 사업장에 대한 백신의무화를 규정한 연방행정규칙(OSHA 규칙)에 대한 집행정지 소송에 대하여 인용판결을 한 반면, 2021년 12월, 연방 제11항소법원은 의료기관 종사자에 대한 백신의무화를 규정한 연방행정규칙(CMS 규칙)에 대한 집행정지 소송에 대하여는 기각 판결을 하였다. 주된 논의의 쟁점은 백신의무화 조치의 광범위성, 기본권 침해성, 주정부의 권한침해를 중심으로 나타났으며, 주정부의 조치와 관련된 지방법원의 판단에서는 개인의 선택과 공공의 이익에 관한 이익형량으로 나타났다. 이후 각 단계에서의 이익형량을 거쳐 추후 "백신접종의 잠재적 이익, 대형사업장 또는 의료기관에서 백신 미접종의 잠재적 피해, 백신접종 의무화 조치로 인한 사업장의 경제적 또는 사회적 피해의 정도, 노동권과 개인의 자유권 보장간의 충돌가치 등"을 고려하여 판단이 이루어질 것으로 생각된다.

다음으로, 집회금지명령 가처분 소송에서는 코로나 발생 초기인 2020년 3월 이후에 이루어진 행정청의 집회금지 명령에 대하여 종교의 자유, 언론의 자유, 이동의 자유 침해 주장에 기각 입장을 보여왔으나, 2020년 11월 연방대법원은 종교의 자유 제한에서 요구되는 최소한의 중립성 요건에 근거하여 종교의 자유를 침해한다는 점을 주로 고려하여 판단하였다. 방역조치의 일환으로 세입자의 퇴거조치 중단명령을 행정청(질병관리청)의 권한으로 할 수 있는지에 관한 판결에서 연방대법원은 퇴거중지조치는 재산권 행사의 중요한 부분에 해당하므로 질병예방을 목적으로 이러한 조치가 인정되기 위해서는 행정청의 조치가 아니라 입법부에서 별도의 법률을 통하여 이를 인정하여야 한다고 판단하였다.

한편, 개인정보보호와 관련하여 스크린 스크래핑 판결이 있었는데, 연방대법원은 경쟁사의 스크린 스크래핑은 승인된 접근권한을 초과하는 접근은 유효한 접근권한을 가진 개인에게만 적용된다고 판단하여, 명시적 약관에 반하여 개인정보를 수집할 수 없다고 판단하였다.

우리나라의 경우에도 집회금지, 방역패스 도입, 백신접종 추진, 백신부작용에 대한 배상문제 등 여러 쟁점에 관한 논의가 나타나고 있다. 미국에서 이루어진 판례에서의 논의 중 행정조치의 잠재적 이익, 행정조치의 광범위성, 사인에 대한 기본권 침해성, 공공의 이익보호 등에 관한 이익형량을 거친 백신의무화 판례 등은 우리나라에서의 판단에서도 중요한 의미를 보일 것으로 생각된다. 미국 판례 동향을 참조하여 우리 현실에 부합하는 적절한 조치의 도입이 필요할 것으로 생각된다.

주제어: 연방대법원, 백신의무화, 집회금지, 이익형량, 방역조치

Abstract

Analysis of the Significant Administrative Law Cases in 2021 of the United States Supreme Court: Focused on the mandatory COVID−19 vaccine decisions

Kim, Jae Sun*

In 2021, the Supreme Court of the United States decided on a total of 67 cases, of which two cases were unanimously judged and 10 cases were closed without dispute. Decisions were mostly related to COVID−19 measures, including personal information protection laws, health insurance, anti−monopoly laws, and election laws.

First, in 2021, the 5th Court of Appeals confirmed on the suspension of enforcement of the Federal Administrative Regulations(OSHA Rules) that stipulates the mandatory vaccination for large businesses with 100 or more employees. While in 2021, the 11th Court of Appeals dismissed a lawsuit against the suspension of enforcement of the Federal Administrative Regulations(CMS Rules), which mandates vaccination for health care workers. The main legal issues were focused on the wideness of the compulsory measures, infringement of fundamental rights, and violation of the state government's authority.

Moreover, in the case of injunction against the prohibition of assemblies, the Supreme Court had dismissed the arguments of

* Associate Professor, Pusan National University School of Law, J.D., Ph.D.

"infringement of freedom of religion, freedom of speech, and freedom of movement against the assembly prohibition order issued by the administrative agency" after March 2020, while the Court decided considering that religious freedom could be infringed on the basis of the minimum neutrality requirement required by the restriction on religious freedom in Nov. 2021 when the COVID−19 has been relieved.

In Korea, arguments regarding various issues including "prohibition of assemblies, introduction of quarantine passes, promotion of vaccination, and compensation for side effects of vaccines". Since significant issues would be discussed in considering "potential benefits of administrative measures, wide range of administrative measures, infringement of basic rights for private persons, protection of public interest" this year in Korea, more discussions regarding those issues needs to be studied and analyzed while understanding cases in the United States.

Keywods: Supreme Court, Mandatoy Vaccine, Prohibition of Assemblies, Balancing Test, Quarantine Measures

투고일 2022. 6. 8.
심사일 2022. 6. 28.
게재확정일 2022. 6. 29

최근(2020-2021) 일본 행정판례의 동향과 검토
-COVID-19 관련 가처분사건 동향을 포함하여-

이혜진*

Ⅰ. 들어가며
Ⅱ. 일본의 주요 행정판례
  1. 행정법 이론 관련
2. 개별 행정법 관련
3. COVID-19 관련 사건
Ⅲ. 마치며

Ⅰ. 들어가며

2020년부터 2021년까지 일본에서 행정법 분야의 판례는 다양한 소재로 그 논의가 전개되었는데, 이 글은 그 중에서 특히 우리나라에 시사할 만한 사례를 소개하고자 한다. 행정법 이론면에서 살펴 볼 것은 크게 행정법일반 사례와 국가배상법 관련 사례로 나누어 보았고, 그 외 각 개별 행정법 영역으로 정보공개법과 생활보호법, 환경법으로 그 주제를 나누었다. 2011년의 동일본대지진이 일어난 지 10년이 지난 현재, 원자력발전소와 관련된 각종 소송들이 여전히 이어지고 있고 이와 관련하여 주목할 만한 사례들을 간략히 정리하고자 한다. 일본의 경우 환경

* 국립안동대학교 법학과 조교수

소송은 특히 건강피해와 관련되면 국가배상청구를 포함하여 민사상 손
해배상소송이 비교적 유의미하게 활용되는데, 그 근거로서 최근 자주
등장하는 "평온생활권"과 관련된 사례들로 주로 구성하였다.

　　이번 학회의 대주제를 반영하여 일본에서의 COVID-19 관련 사례
를 소개하고자 하였으나 이러한 유형의 대응에 일본이 소극적인 성향도
있어서인지 적절한 사례는 많이 발견할 수 없었다. 몇 가지 가처분결정
과 계류 중인 사건을 중심으로 소개하여 코로나 시국에서의 일본상황의
일면을 살펴보고자 한다.

II. 일본의 주요 행정판례

1. 행정법 이론 관련

(1) [행정법 일반]

1) '피재자생활재건지원법'에 따른 지원금지급에 대한 직권
　　취소의 적법성: 최고재판소 2021년 6월 4일[1]

　① 사건개요

　　2011년 3월 11일 발생한 동일본대지진 당시 센다이시(仙台市) 소재
의 맨션에 거주하던 세대의 세대주들(X들, 원고·항소인·피상고인)에게
2011년 8월 30일 구청장은 맨션의 피해정도가 '대규모반괴(大規模半壞)'
에 해당한다는 피해증명서(罹災証明書)[2]를 발급하였고, 이를 전제로 하

---

1) 最高裁判所第二小法廷 令和3年6月4日判決, 令和2年(行ヒ)第133号.
2) 이재증명서: 화재·풍수해·지진 등으로 재해를 입은 가옥이나 사업소 등의 피해정
　 도를 증명하는 서류. 시정촌이 자치사무로서 현지조사를 하여 발행하는 것으로 전
　 괴·대규모반괴·반괴·일부손괴·전소·반소·상상(床上)침수·상하침수·유출 등으
　 로 구분하여 피해정도를 인정함. 피재자생활재건지원금이나 재해복원주택융자등

여 피재자생활재건지원법(이하, '지원법')에 따라 해당 사무를 위탁받은
Y(공익재단법인 도도부현센터, 피고·피항소인·상고인)는 X들에게 동년 9월
부터 12월 사이에 각각의 지원금(37만 5천 엔 − 150만 엔)을 지급하였다.
그러나 이후 이루어진 직권재조사로 인하여 '일부손괴'로 조정된 피해증
명서가 교부되었고, Y는 X들에 대하여 2013년 4월 26일 지급요건인정
상 오류를 이유로 본건 각 지원금의 지급결정을 취소하고 동년 7월 31
일까지 지급된 각 지원금을 반환하도록 청구하였다. 이에 X들은 Y를
상대로 본건 각 취소결정의 취소를 구하였고, Y는 반소로서 부당이득에
근거하여 본건 각 지원금상당액의 이득금반환 및 지연손해금을 청구한
것이 본 사안이다.

　1심 판결(東京地判平30·1·17)은 X들의 청구를 기각하고, Y의 반소청
구를 인용하였으나, 항소심(東京高判令元·12·4, 이하 '원판결')은 본건 각 지
급결정에 대한 직권취소가 허용되지 않는다고 하여 X의 청구를 인용했
기 때문에 Y가 상고하였다.

　② 판시사항: 파기자판
　지원법은 자연재해에 의하여 발생한 주택 피해의 경우, 그 피해가
크고 일정정도 이상에 이르는 세대만을 대상으로 하여 그 피해를 위로
하는 위문금의 취지로 지원금을 지급한다는 입법정책에 따르는 것으로
해석된다.

　본건 각 지급결정은 하자있는 피해세대인정에 의한 것이고, 그 하
자의 발생과 관련하여 피해증명서교부가 시정촌의 자치사무(지방자치법
2조⑧)에 속한다는 점과 본건 사실경과 및 제반의 피해상황 등을 고려하
면 상고인과 본건 세대주 중 어느 한 쪽의 귀책사유에 의해 발생한 것
이라 할 수는 없다.

의 피재자 지원제도의 적용을 받거나, 손해보험의 청구를 할 때 필요함. '전괴세대'
는 주택이 완전히 파손된 세대, '대규모반괴'의 경우 대규모의 보수를 하지 않으면
주거가 곤란한 세대를 의미함.

본건 각 지급결정을 유지함으로써 발생하는 불이익은 대다수의 세대 간에 공평성이 확보되지 못한다는 것에 있으며 이것은 지원금제도의 적정한 운용 및 해당 제도에 대한 국민의 신뢰를 해치는 것이라 할 수 있다. 또한, 지원금은 도도부현과 국가의 재원으로 지급되는 것으로서, 궁극적으로는 국민으로부터 징수된 세금에서 비롯된 귀중한 재원에 손실을 가져오는 것이 된다. 뿐만 아니라, 향후 피해인정에 대하여 하자가 발생하지 않도록 지나치게 신중하고 상세한 조사가 촉구될 수 있다는 점에서 오히려 지원금지급의 신속성을 해할 우려도 인정된다.

본건 지급결정을 취소함으로써 발생하는 불이익은 본건 세대주들이 그 유효성을 신뢰하여 이미 전액을 사용하였음에도 불구하고 지원금을 반환하여야 할 수 있다는 부담이 적지 않을 수 있고, 지원금 수급자 일반의 주저 없이 지원금을 사용할 이익에 제약이 있을 수 있다는 우려가 있으나, 이러한 이유가 상기 판단에 영향을 미치는 것은 아니다.

지급결정을 취소하기까지의 기간이 부당하게 오래 걸린 것도 아니라는 점도 함께 고려하면, 하자있는 본건 각 지급결정의 효과를 유지함으로써 발생하는 불이익은 이를 취소함으로써 발생하는 불이익과 비교할 때 전자가 보다 더 중대하고, 그 취소를 정당화하기에 충분한 공익상의 필요가 있다고 인정된다.

③ 해설 – 직권취소의 제한 –

우리나라 역시 직권취소의 경우 취소로 인하여 상대방 또는 이해관계인이 받게 되는 불이익과 취소로 인하여 달성되는 공익 및 관계이익을 비교형량하여야 한다고 하여 쟁송취소의 법리와는 다른 판단 틀이 적용된다. 특히 판례[3]로 정립되어 온 수익적 행정처분에 대한 취소권 등의 행사는 기득권의 침해를 정당화할 만한 중대한 공익상의 필요 또는 제3자의 이익보호의 필요가 있는 때에 한하여 허용될 수 있다는 '수

---

3) 예컨대, 대판 2004.11.26., 2003두10251, 2003두10268.

익적 행정처분의 취소 제한에 관한 법리'는 2021년부터 시행된 행정기
본법 제18조② 본문4)에 규정되기에 이르렀다.

　본 판결은 본건 맨션을 둘러싼 지원금지급결정 취소결정에 동반하
는 일련의 소송 중 첫 번째 최고재판소 판단이다.5) 원심 판결은 위법한
행정처분에 대하여 법률상의 별도의 근거 없이 직권으로 취소할 수 있
으나, 본건 각 처분은 지원법의 취지와 목적이 피해자에 대한 신속한
지원행정의 안정과 그 원활한 운영에 있다는 점에서 이에 대한 직권취
소는 지원금 제도 자체의 취지를 흔드는 것으로서 중대한 하자가 있다
고 판단하였다.6) 원심과 본 판결 모두 원결정의 취소에 따른 불이익과
원결정의 유지에 따른 불이익을 형량하였으나, 해당 제도의 취지(지원법
제1조)에 대하여 원심은 신속한 생활재건을 위하여 사용하는 것, 즉 신
속한 경제지원에 따른 피해자 구제에 있다고 보았고, 본 판결은 해당
지원금의 성격을 경제적 구빈지원이 아닌 위로금으로 보아 구제의 신속
성 및 적시성에 비중을 두지 않았다는 점에서 형량의 결과가 달라진 원
인이 있다고 평가된다.7)

　해당 수익적 처분이 이루어지고부터 직권취소에 이른 기간이 짧다
는 점에서 보호하여야 할 기득권성에 무게를 덜고, 대규모 재난에 의한
국가재정의 부담에 대한 문제라는 점에서 재정과 관련해서는 국가의 재
량이 큰 영역이라는 전제하에 중대한 공익상의 필요에 무게를 둔 것으

---

4) 행정기본법 제18조 ② 행정청은 제1항에 따라 당사자에게 권리나 이익을 부여하는
　처분을 취소하려는 경우에는 취소로 인하여 당사자가 입게 될 불이익을 취소로 달
　성되는 공익과 비교·형량하여야 한다.

5) 杉原丈史, 被災者生活再建支援法に基づく支援金支給決定の職権取消しが適法とされた
　事例, 新·判例解説Watch 行政法 No. 221, 2021.9.3., 2頁.

6) 한편, 원심은 해당 직권취소를 '당연무효'로 판단하였는데 신뢰를 보호하여야할 제3
　자가 존재하지 않는다는 점에서 하자의 명백성은 요건으로 하지 않고 있어 '명백성
　보충설'에 근거하여 판단하고 있는 것으로 평가되고 있다. 杉原丈史, 被災者生活再
　建支援法に基づく支援金支給決定の職権取消しが無効とされた事例,　新·判例解説Wat
　ch 行政法 No. 212, 2020.9.18., 4頁.

7) 杉原丈史, 전게 주6의 글, 3–4頁.

로 보인다. 상대방에 귀책성이 없다는 점에서 그 신뢰는 보호되어야 하나, 지원금의 성격을 실질적 피해구제금이 아니라 위로금으로 파악한 것도 피침해사익을 가볍게 하는데 기여한 것으로 생각된다. 다만, 지원금의 성격을 이렇게 파악하는 것은 그 지급 기준 및 용도가 주택의 피해정도와 복구의 필요성에 기속된다는 점에서 설득력이 떨어지며, 이점에서는 신뢰를 보호하여야 할 제3자가 존재하지 않아 본건 직권취소를 당연무효라고 본 원심의 판단이 더 설득력이 있다고 생각된다.

　2) 지방세법의 위임범위를 일탈한 고시
　　: 최고재판소 2020년 6월 30일[8]
　① 사건개요

　　고향세(ふるさと納税)는 지방재정의 확충을 위하여 2008년 지방세법 개정(제37조의 2 등)으로 도입된 것으로, 고향에 기부금을 내면 이 기부금의 일부를 주민세 등에서 세액공제해 주는 한편, 기부금에 대한 답례품으로 지역특산품을 제공하여 농어촌 경제의 활성화도 도모하는 제도로 자리잡고 있었다. 그러나 기부금모집을 위하여 답례품경쟁이 과열되어 문제로 지적되기 시작하였고, 총무대신[9]이 2018년 수차례에 걸쳐 기부금의 3할 이하의 현지상품으로 답례품을 제한한다는 기술적인 조언을 하였다. 그럼에도 불구하고 이를 따르지 않는 지방자치단체가 있었고, 결국 2019년 3월 지방세법을 개정하여 지방자치단체가 고향세제도를 시행하기 위해서는 총무대신의 '지정'을 받도록 하였다.

　　한편, 총무대신(Y)은 2018년 11월부터 상기의 내용을 담은 고향세 모집 적정기준을 고시(평성31년 총무성고시제178호)로 발표하고 있었는데, 이즈미사노시(泉佐野市)는 기부금을 가장 많이 모집하였으나 2019년 3월 당시 답례비율은 3할을 초과하고 있었고, 많은 품목이 현지상품이 아니었다는 점에서 상기 기준에 따르지 않은 상태였다. 시는 총무대

---

　8) 最高裁判所第三小法廷令和2年6月30日判決, 令和2年(行ヒ)第68号.
　9) 우리나라의 행정안전부와 유사한 기능을 담당하는 총무성(総務省)의 장.

신에 본건 지정을 신청하였으나 고시 기준 미달을 이유로 지정거부처분을 하였다.

이즈미사노시의 시장(X)은 국가·지방계쟁처리위원회[10]에 심사신청을 하였고, 동 위원회는 Y에게 재검토하도록 권고하였으나 본 처분은 유지되었기 때문에, X는 본건 지정거부 결정이 위법한 국가관여에 해당한다고 주장하여 지방자치법 제251조의5①2호에 근거하여 '국가관여에 관한 소송'을 제기하였다. 원심(大阪高判令2·1·30)이 X의 청구 기각하여 상고한 것이 본 사안이다.

② 판시사항

지방세법 제37조의2②의 위임에 근거한 본건 고시 제2조 3호에 따르면 개정된 규정의 시행 전 모집실적 그 자체에서 지정의 적격성을 결여하는 것이 되어 지정을 못 받게 되는데, 실질적으로는 총무대신에 의한 기술적인 조언에 따르지 않았다는 것을 이유로 불이익취급이 예정되어 있는 측면이 있다. 자치법 제247조③[11]의 취지도 고려하면 본건 고시 제2조 3호가 지방세법 제37조의2②의 위임범위를 일탈한 것은 아니라고 하기 위해서는, 상기 취지의 기준책정을 위임하는 수권취지가 동법 규정 등에서 명확하게 드러날 것이 요구된다.

지방세법 제37조의2②에서 총무대신에게 모집적정기준 등을 정하도록 위임한 것은 총무대신의 전문기술적인 재량에 위임하는 것이 적절하고 상황의 변화에 대응한 유연성을 확보할 필요가 있다는데서 찾을 수 있고, … 그러한 기준에 따라 지정을 받도록 하는 것은 지방자치단

---

10) 국가·지방계쟁처리위원회(国地方係争処理委員会)는 지방자치단체에 대한 국가의 관여에 대하여 국가와 지방자치단체 간의 다툼을 처리하기 위하여 지방자치법 제250조의7에 근거하여 총무성 산하에 둔 합의제 제3자 기관임.
11) 지방자치법 제247조 ③ 국가 또는 도도부현의 직원은 보통지방자치단체가 국가의 행정기관이나 도도부현의 기관이 행한 조언 등에 따르지 않았다는 것을 이유로 불이익한 취급을 해서는 안 된다.

체의 지위에 계속적으로 중대한 불이익을 발생시키는 것으로, 총무대신
의 전문기술적인 재량에 위임하기에 적절한 사항이라고는 하기 어렵고,
상황의 변화에 대응한 유연성의 확보가 문제되는 사항도 아니므로, 동
법이 총무대신에 대하여 그러한 기준을 정하도록 한 것이 당연하다고
할 수는 없다. 법 제37조의2②에 대하여 관계규정의 문언이 위임의 취
지 등 외, 입법과정에서의 논의를 참작해도 상기 취지의 기준 책정을
위임하는 수권 취지가 명확하게 읽혀진다고 할 수는 없으므로 본건 고
시 제2조 3호 규정은 법 제37조의2②의 위임의 범위를 일탈한 위법한
것으로서 무효이며, 본건 지정거부결정은 이유가 없다.

　　③ 해설

　　본 판결은 국가와 지방자치단체간 분쟁에서 지자체측 승소를 확정
시킨 최고재판소 판결로서 특히 기관소송으로서는 보기 드문 사례로 평
가받고 있다.[12] 그리고 국가와 지방자치단체 관계에서의 '고시'의 적법
성판단에 대한 법리가 문제되고 있지만 실제로는 위임명령의 적법성판
단에 있어서의 법리문제와 거의 유사하게 논의되고 있다.[13] 즉, 본 판
단에서는 지방자치법에서 '국가관여 법정주의'를 취하고 있다는 전제에
서 지방세법 규정에 따라 총무대신에게 위임된 사무가 그 위임의 범위
를 넘은 것은 아닌지 엄격하게 심사하고 있다. 다만, 총무대신으로부터
지정을 받게 하는 구조 그 자체를 문제 삼고 있지는 않는데, 고향세의
경우 그 지역 특색이 많이 반영되는 영역이라는 점에서 지자체의 1차적
판단이 많이 작용될 수 있는 분야이며, 이러한 '자치'판단의 영역은 국
가의 관여가 제한될 수 있다는 점에서 해당 사무의 성격을 먼저 분명히
할 필요가 있다. 특히 그 고시의 실질적 운용이 중앙 행정기관의 뜻에

---

12) 中嶋直木, ふるさと納税に係る総務省告示が地方税法の委任の範囲を逸脱し, 違法とさ
　　れた事例, 新・判例解説Watch 行政法 No.215, 2020.11.27., 2頁.
13) 人見剛, 泉佐野市ふるさと納税事件に係る最高裁令和2年6月30日判決, 自治総研通巻511
　　号 2021年5月, 81-82頁.

따르지 않을 경우 불이익을 가하기 위한 방식으로 이루어진다면, '국가
관여 법정주의'에 배치된다는 비판도 가능하다.

　　현재 우리나라도 상기 일본의 고향세에서 그 원형을 가져온 '고향사
랑 기부금에 관한 법률'이 2007년에 거론되기 시작한 이래 지방과 중앙
정부의 권한분배를 놓고 계속 진통을 겪어오다 지난 10월에 통과되어
2023년 1월 1일 그 시행을 예정하고 있다. 원안에서는 기부 상한액이나
지자체 접수 상한액을 대통령령으로 정하는 것으로 하고 있었기 때문
에, 이를 법률수준으로 끌어 올려야 한다는 견해가 주장되었고, 법사위
로부터 "연간 수천억원에 달하는 큰돈을 모금할 수 있도록 단체장한테
권한을 주려고 하는 이유를 이해하기 어렵다"는 지적도 나왔기 때문
에[14] 현재는 법 제8조에서 개인별 고향사랑 기부금의 연간 상한액을
500만원으로 정하고 있다. 현재의 제도 정비상황에서 보건대, 답례품의
한도를 대통령령으로 정하게 하고 있는 등 일본의 본 사안과 같은 상황
이 발생할 것이라고 상정하기는 어려우나, 국가가 기부금에 대하여 세
액공제 등 혜택을 주고 기본적으로는 지방세법에 그 근거를 두고 있으
면서도 재정이 어려운 자치단체에서 사회적 취약계층 지원, 지역문화·
보건 증진, 공동체활성화지원, 주민복리 증진을 그 사용 목적으로 하고
있다는 점에서 자치사무로서의 면도 폭 넓게 인정될 수 있으므로 특히
조례에의 위임범위와 관련하여 논의의 실익이 있을 것으로 생각된다.

　　3) 주민소송에서의 공용차사용 위법성판단
　　　: 최고재판소 2021년 5월 14일[15]
　　① 사건개요
　　도쿠시마현(德島県)에서는 2011년부터 2012년에 걸쳐 현내 시정촌
이 개최지가 된 국민문화제를 계기로 하여 관현악단을 설립하고, 2013

---

14) 또 발 묶인 '고향세'…"부작용 논란은 그만", 농민신문, 2021.3.24., (https://www.non
　　gmin.com/news/NEWS/POL/ASM/335476/view) (최종접속일 2021. 12. 15.)
15) 最高裁判所第二小法廷令和3年5月14日判決, 令和2年(行ヒ)第238号.

년도부터 공익재단 토쿠시마현 문화진흥재단에 본건 관현악단의 사업을 위탁하였다. 해당 현의 지사 A는 2011년부터 2017년에 걸쳐 현 내에서 개최된 본건 관현악단의 연주회에 공용차로 출석하였다.

현의 주민인 X(원고·항소인·피상고인)는 A지사의 이러한 공용차 사용은 위법한 것으로 현은 A지사에게 공용차의 연료비 및 동행한 비서와 운전기사의 인건비 상당액에 대하여 불법행위에 근거하는 손해배상청구권을 가짐에도 불구하고 현재 지사 Y(피고·피항소인·상고인)는 그 청구권행사를 해태하고 있다고 하여 주민소송을 제기하였다(지방자치법 제242조의2①3호). 1심 판결(德島地判令元·10·9 判自471号42頁)은 원고의 청구를 기각하였으나 항소심 판결(高松高判令2·6·4 判自471号33頁)은 2017년 7월 22일의 연주회(이하, 본건 연주회) 출석은 공무라고 할 수 없다고 보아 위법하다고 판단하였기 때문에 상고인이 이에 상고한 것이 본 사안이다(나머지 연주회 출석에 대해서는 주민감사청구기간이 경과되었다는 이유로 각하).

② 판시사항: 파기자판

현이 본건 연주회를 공동개최한 것은, 주민의 복지증진을 도모하기 위하여 지역 행정을 자주적이고 종합적으로 실시하는 현의 문화진흥정책에 근거하는 것이라 평가할 수 있고(지방자치법 제1조의2①) 이는 현의 사무에 포함되는 것이라고 할 수 있다.

따라서 현을 통할하여 이를 대표하고, 또 그 사무를 관리 및 이를 집행하는 현지사인 A지사가 현의 사무로서 개최된 본건 연주회에 출석한 것은 공무에 해당하는 것이라고 할 수 있다. A지사가 공무로서 본건 연주회에 출석하고, 그를 위하여 공용차를 사용한 것에 위법이 있다고 할 수 있는 사정은 발견되지 않는다.

③ 해설

지방자치단체의 장에 의한 공용차 사용과 관련된 판례들을 그 공용사용의 성격에 따라 분류하면 (a) 공무(사무)수행을 장의 재량권의 문제로 파악하고, 그 일탈·남용이 있는가 아닌가를 검토하는 것, (b) 교제 비해당성 문제로 파악하는 것, (c) 사무귀속여부 문제로 파악하는 것, 이렇게 3가지 타입으로 나눌 수 있다.[16] 교제비형의 경우 집행기관의 교제는 조정교섭적 교제(특정 사무의 원활, 적정한 수행을 도모하기 위하여 조정, 교섭, 간담 등을 행하는 것으로 일정한 구체적인 목적의식을 가지고 행해지는 것)와 의례적 교제(특정사무의 원활, 적정한 수행을 도모하는 것을 목적으로 하는 것이 아니라, 교제 그 자체, 즉, 일반적인 우호, 신뢰관계의 유지증진자체를 목적으로 하는 것)로 나누어지고, 이들은 모두 '사회통념상 의례의 범위를 일탈했는지'로 판단한다. 본 판결은 이러한 틀에 따르지 않고, 단체장의 통할대표권(제147조)이나 사무관리 및 집행권(제148조)을 전면에 내세우고 장의 해당 사무의 공무해당성을 기준으로 판단하고 있다.[17]

우리나라의 경우 '공무원 행동강령(대통령령 제30607호)' 제13조[18]와 제13조의2[19]에서 공용물의 사적 사용과 수익을 금지하고 사적 노무요구도 금지하고 있으며, 이에 위반할 경우 징계 등을 받도록 하고 있다 (제20조). 관련 판례는 찾기 어려운데, 실제 사례에서는 기관장의 허가여부와 상관없이 사적 목적으로 사용하거나 직무와 관련 없이 공무수행용 차량을 이용하는 경우에는 해당 의무를 위반하는 것으로 판단하고 있다.[20] 최근 문제되고 있는 상급자의 사적 노무요구와 관련하여, 직무관

---

16) 高橋正人, 知事による演奏会出席の公務該当性, 新·判例解説Watch 行政法 No.220, 2021.6.25., 2頁.
17) 高橋正人, 전게 주16의 글, 3頁.
18) **공무원 행동강령 제13조** 공무원은 관용 차량·선박·항공기 등 공용물과 예산의 사용으로 제공되는 항공마일리지, 적립포인트 등 부가서비스를 정당한 사유 없이 사적인 용도로 사용·수익해서는 아니 된다.
19) **공무원 행동강령 제13조의2** 공무원은 자신의 직무권한을 행사하거나 지위·직책 등에서 유래되는 사실상 영향력을 행사하여 직무관련자 또는 직무관련공무원으로부터 사적 노무를 제공받거나 요구 또는 약속해서는 아니 된다. 다만, 다른 법령 또는 사회상규에 따라 허용되는 경우에는 그러하지 아니하다.
20) '국민권익위원회가 운영하는 청렴포털 부패공익신고' 사이트에서의 신고사례 (https:

련성 판단기준으로 상기의 각 기준 및 사무의 공무해당성도 검토할 만하다.

4) 지방의회 의원 출석정지처분의 처분성
: 최고재판소 2020년 11월 25일[21]

① 사건개요

미야기현(宮城県) 이와누마시(岩沼市) 의회는 소속 의원이었던 X(원고·항소인·피상고인)에 대하여 정례회에서 한 발언을 문제 삼아 그 달의 전체회기에 해당하는 23일간의 출석정지 처분(이하, 본건 처분)을 하였다. 조례(平成20年 岩沼市条例第23号)에 따르면 출석정지처분을 받은 의원의 의원보수는 출석정지의 일수분을 일할계산에 따라 감액하는 것으로 되어 있었다. 이에 Y(이와누마시, 피상고인·피항소인·상고인)는 X의 의원보수에 대해서 출석정지기간에 상당하는 금액을 감액(의원보수 27만 8,300엔을 감액하고 주민세를 공제한 나머지 7만 1,900엔)하여 지급하였다. X는 Y에 대하여 본건 처분이 위법·위헌이라고 하며, 본건 처분의 취소(청구①)와 본건 처분에 의한 의원보수 감액분과 지연손해금의 지급(청구②)을 구하여 제소하였다.

1심 판결(仙台地判平30·3·8 判時2395号45頁)은 본건 처분의 취소는 사법심사의 대상이 되지 않으므로 그에 대한 지급청구도 부적법하다고 하여 각하하였다. 이에 대하여 원심(仙台高判平30·8·29 判時2395号42頁)은 재판소의 사법심사 대상이 된다고 판단하여 제1심 판결을 취소하고 환송시켰다. Y시는 원심의 판단이 선례에 반한다고 주장하여 상고수리를 신청하였고 대법정으로 회부되었다.

② 판시사항: 상고기각

보통지방자치단체의 의회는 지방자치법과 회의규칙, 위원회에 관

//ncp.clean.go.kr/src/ncpSearchAdd.do); 행동강령 바르게 알기, 공용물의 사적 사용·수익 금지[행동강령 제13조]

21) 最高裁判所大法廷令和2年11月25日判決, 平成30年(行ヒ)第417号.

한 조례를 위반한 의원에 대하여 의결로서 징벌을 부과할 수 있고(지방자치법 제134조①) 그 징벌의 종류 및 절차가 법정되어 있다는 점(지방자치법 제135조)에서, 출석정지라는 징계를 받은 의원이 그 취소를 구하는 소송은 법령의 규정에 근거하는 처분의 취소를 구하는 것으로, 그 성질상 법령의 적용에 의해 종국적으로 해결할 수 있는 것이라고 할 수 있다.

보통지방자치단체 의회 의원은 의안을 제출하고, 원칙적으로 출석의원의 과반수로 의사 결정을 하며, 헌법상 주민자치의 원칙을 구현하기 위하여 조례제정이나 예산결정 등에 참여함으로써 해당 보통지방자치단체의 의사결정에 주민의 의사를 반영하기 위하여 활동할 책무를 진다. 출석정지된 의원은 그 기간 동안 회의 및 위원회에서의 의결 참가하는 것과 같은 '의원으로서의 중핵적인 활동'을 할 수 없고, '의원으로서의 책무'를 충분히 수행할 수 없다. 이러한 출석정지의 징벌적 성질과 의원활동에 대한 제약의 정도에 비추면, 이러한 의원의 권리행사의 일시적 제한에 지나지 않는 것으로 보아 그 당부가 오로지 의회의 자주적, 자율적인 해결에 맡겨져야 한다고 할 수는 없다. 출석정지라는 징벌은 의회의 자율적인 권능에 근거하여 이루어진 것으로서 의회에 일정한 재량이 인정되어야 하는 것이지만, 재판소는 항상 그 당부를 판단할 수 있다고 할 수 있다.

따라서 보통지방자치단체의 의회의원에 대한 출석정지라는 징벌의 적법성은 사법심사의 대상이 되며, 이와 상이한 취지로 판단한 최고재판소 1960년 판결(最大判昭35·10·19)과 기타 판례는 모두 변경되어야 한다. 이상에 따르면 본건 처분의 당부는 사법심사의 대상이 되므로, 본건 소송의 청구①은 적법하고, 청구②도 당연히 적법하다.

③ 해설
지방자치법상 징계 중 의원제명에 대해서는 사법심사가 미친다는

것이 인정되고 있었지만, 그 외 지방의회의 출석정지처분(해당 선례는 3일간의 출석정지)과 같은 내부분쟁이나 대학의 내부분쟁과 관련하여서 '공법상의 특별권력관계'론과 '내부·외부관계 이원론', '부분사회론' 등에 근거하여 '행정내부에서의 자율적 관계'에서 비롯되는 것이고 처분성이 부정되므로 사법심사 대상성 역시 부정되는 것으로 설명되어 왔다.22) 이에 대해서는 많은 논의와 비판이 있어 왔고, 본판결은 1960년 최고재판소의 선례를 변경하여 지방의회 의원에 대한 출석정지의 징계가 그 일수와 상관없이 사법심사의 대상이 된다는 것을 인정한 점에서 의의가 큰 것으로 평가 받고 있다.23) 이후 본 판결을 반영하여 지방자치법 제255조의4 소정의 심결절차 진행에 있어서 출석정지의 징계도 심결신청의 대상이 되는 것으로 변경되었다.24) 향후 지방의회 및 학내 분쟁 등의 내부분쟁 영역에서의 사법심사 가부에 큰 영향을 미칠 것이라는 평가도 있다.25)

우리나라 헌법 역시 국회의원의 불체포특권(제44조)이나, 징계처분에 대해서는 법원에 제소를 할 수 없다는 규정(제64조)을 직접 두고 있지만, 지방의회 의원에 대해서는 이러한 규정을 두고 있지 않고 있다. 지방자치법은 지방의원의 징계종류를 '경고'와 '공개사과', 그리고 30일 이내의 '출석정지'와 '제명'으로 규정하고 있고, 일본에서와 같이 '제명' 이외의 징계의 사법심사 대상성과 관련된 논의가 없었던 것은 아니지만,26) 법원은 제명뿐만 아니라 다른 징계에 대해서도 단순한 내부규율

---

22) 服部麻理子, 普通地方公共団体議会の議員に対する出席停止の懲罰が司法審査の対象とされた事例, 新·判例解説Watch 行政法 No.218, 2021.3.19., 2頁.
23) 神橋一彦, 地方議会議員に対する懲罰と「法律上の争訟」－出席停止処分に対する司法審査を中心に－, 立教法学 第102号, 2020, 42－45頁. 해당 부분은 출석정지 징계에 대하여 부분사회론을 부정한 것이라고 평가하고 있다.
24) 総務省自治行政局行政課長, [通知] 地方議会の議員に対する出席停止の懲罰に関する審決の申請について, 総行行第306号, 2020.12.17.
25) 御幸聖樹, 普通地方公共団体の議会の議員に対する出席停止処分等を司法審査の対象とした事例, 新·判例解説Watch 憲法 No.183, 2021.2.5., 2頁.

의 문제가 아닌 법률효과를 변동시키는 행정처분의 일종으로 보아 사법
심사의 대상으로 하고 있다.[27] 다만, 국회의원의 경우 출석정지 징계시
그 기간에 해당하는 수당·입법활동비 및 특별활동비가 1/2로 감액된다
는 규정을 두고 있지만(국회법 제163조), 지방의원에 대해서는 지방자치
법에서 징계의 종류로서 출석정지만 두고 이러한 감액규정은 두고 있지
않기 때문에(지방자치법 제33조, 시행령 제33조), 출석정지 기간에도 의정
활동비와 월정수당은 그대로 지급되고 있어 실제로 사건이 되는 경우가
드문 원인 중 하나로 보인다.

(2) [국가배상법]

국가배상법상 구상책임과 연대채무
: 최고재판소 2020년 7월 14일[28]

① 사건개요

Y현 교육위원회(이하, 현교위)의 소속공무원인 교육심의감 A, 의무
교육과장 B 및 인사반주임 C는 공립학교의 2007년 교원채용시험에서
수험자의 득점을 조작하여 합격시켜야 할 자를 불합격시키고 불합격시
켜야 할 자를 합격시켰다. Y현은 본건 부정에 의한 불합격자에게 손해
배상금을 지불함으로써 화해하였으나, 2008년도 채용시험에서도 같은
부정이 일어나 Y현은 총액 9,045만 엔에 이르는 배상금을 지불하였다.

---

26) 윤영선, 일반행정 소송사건의 현황과 쟁점: 일반 행정소송사건의 쟁점, 특별실무법
   관연수 자료, 98.4. "의원에 대한 징계의결 제명의결은 항고소송의 대상이 되나
   (93.11.26. 93누7341, 이 경우 피고는 의회), 그밖에 출석정지, 사과, 경고 등도 소송
   의 대상이 되는지는 의회의 자율권과 관련하여 검토가 필요함"
27) 대법원 판례는 확인이 어려우나, 서울고법 1998.2.19. 선고 97구31788 판결(확정)[회
   기중출석정지처분취소][하집1998－1, 496]은 참조판례로 전게주의 대법원 판결(93.
   11.26. 93누7341)을 들고 있고, 대법원이 출석정지까지도 사법심사의 대상이 되는
   처분으로 판시하고 있다는 문헌으로, 이경운, 공무원 전보발령의 처분성, 행정판례
   연구－IV, 박영사, 1999, 282면.
28) 最高裁判所第三小法廷令和2年7月14日判決, 差戻上告審, 平成31年(行ヒ)第40号.

B와 C는 이미 파산면책되거나 사망한 상황이었기 때문에, Y현은 A에게 국가배상법 제1조②에 근거하여 구상권을 행사했으나 그 구상액은 손해액의 일부에 그쳤고, Y현의 주민 X들(원고, 항소인겸 피항소인, 상고인)은 Y현 지사(피고, 피항소인 겸 항소인, 피상고인)에 대하여 A에게 구상권을 행사할 것 등을 요구하는 주민소송을 제기하였다(지방자치법 제242조의2①4호).

원심(福岡高判平30·9·28)은 국배법 제1조①의 배상책임이 '대위책임의 성질을 가지는 점'에서 제1조②의 구상권은 '부당이득적인 성격'을 가지고 '구상의 상대방이 복수인 경우에는 분할채무가 된다'고 하여, 산정된 구상액(2,877여만 엔)의 4할인 1,151만 엔을 A에게 인정하였고, 이에 X가 상고한 것이 본 사안이다.

② 판시사항

국가 또는 공공단체의 공권력을 행사하는 공무원이 그 직무를 집행함에 있어서, 공동으로 고의·위법하게 타인에 가한 손해에 대하여, 국가 또는 공공단체가 이를 배상한 경우에는 해당 공무원들은 국가 또는 공공단체와 연대하여 국가배상법 제1조②에 의한 구상책임을 진다고 해석할 수 있다. 왜냐하면 상기와 같은 경우에 해당 공무원들은 국가 또는 공공단체와의 관계에서도 일체를 이루고 있다고 할 수 있고, 타인에 지불된 손해배상금에 대한 구상책임에 있어, 해당 공무원들 중 일부가 무자력 등으로 인하여 변제할 수 없다고 해도, 국가 또는 공공단체와 해당 공무원 중에서는 해당 공무원에게 그 위험을 부담하게 하는 것이 공평하다고 해석되기 때문이다. A는 B 및 C와 고의로 함께 본건 부정을 저지른 것이므로 현에 대하여 연대하여 구상할 책임을 진다. 그러면 현은 A에 대하여 2,877만 8,376엔의 구상권을 가지고, 동 금액에서 이전에 A가 변제한 금액을 공제한 2,687만 4,743엔을 청구할 수 있다.

　　[보충의견: 宇賀克也 재판관] 대위책임설, 자기책임설은 해석론상의 도구개념으로서의 의의를 거의 상실하고 있다고 해도 좋다. 본건에서도 대위책임설을 취함으로써 구상권의 성격이 논리적으로 부당이득의 성격을 가지게 되는 것은 아니며, 대위책임설에 서든 자기책임설에 서든 본건의 공무원들은 연대하여 국가배상법 제1조②에 근거하는 구상책임을 진다고 생각된다.

　　③ 해설

　　복수의 공무원이 부담하는 구상채무의 성격이 분할채무인지 (부진정)연대채무인지는 국가배상법만 보아서는 분명하지 않은데, 원심은 국가배상법 제1조①의 배상책임은 대위책임으로 보아 그에 대한 구상채무를 '분할채무'로 하여 본건 부정행위에 대한 기여도에 따라 A의 책임을 4할로 산정하였으나, 본 판결은 A의 구상채무를 '연대채무'로 하여, A에게 전액 구상책임을 지게 하였다.

　　자기책임설을 택하면 구상권의 행사는 국가 등이 가해공무원에 대하여 직무상 의무위반을 묻는 것으로서, 그러한 '의무(채무)불이행에 근거한 손해배상청구권'의 성격을 가지는 것이라 할 수 있지만, 대위책임설을 택하면 가해공무원은 본래 부담하여야 할 배상책임을 벗어나게 되므로 구상권은 '부당이득반환청구권'의 성격을 가지는 것이라 할 수 있다.[29] 원심에서 A에게 전체 액수의 4할에 해당하는 구상액을 산정한 것은, 구상권을 '부당이득반환의 성격'을 가지는 것으로 보고 부담의 공평을 도모하기 위하여 부정행위에의 기여도에 따라 구상책임을 분할한 것에 기인한다.

　　한편, 본 판결은 보충의견이 언급하는 것처럼, 자기책임인가 대위책임인가라는 책임의 근거론을 불문하고, 국가배상법에 따라 국가 등이

---

29) 戸部真澄, 国家賠償法1条2項に基づく求償債務を連帯債務であるとした事例, 新 · 判例解説Watch 行政法 No.213, 2020.9.25., 2 – 3頁.

일단 배상채무를 부담한다는 대위책임의 구성이 있는 경우, 손해의 공평부담이라는 견지에서 가해공무원에게도 국가가 부담한 배상채무를 부담시킬 수 있다고 판단한 것이라 할 수 있다. 기존의 하급심 판결에서는 복수의 공무원이 부담하는 구상채무가 연대관계에 있음을 인정하는 경우가 다수 발견되는데, 본 판결은 이 점을 최고재판소에서 처음으로 분명히 한 것으로 평가받고 있다.30)

　　우리나라의 경우 "공동불법행위자는 채권자에 대한 관계에서는 부진정연대책임을 지되, 공동불법행위자들 내부관계에서는 일정한 부담부분이 있고, 이 부담부분은 공동불법행위자의 과실의 정도에 따라 정하여지는 것으로서 공동불법행위자 중 1인이 자기의 부담부분 이상을 변제하여 공동의 면책을 얻게 하였을 때에는 다른 공동불법행위자에게 그 부담부분의 비율에 따라 구상권을 행사할 수 있고, 공동불법행위자 중 1인에 대하여 구상의무를 부담하는 다른 공동불법행위자가 수인인 경우에는 특별한 사정이 없는 이상 그들의 구상권자에 대한 채무는 이를 부진정연대채무로 보아야 할 근거는 없으며, 오히려 다수 당사자 사이의 분할채무의 원칙이 적용되어 각자의 부담부분에 따른 분할채무로 봄이 상당하다."31)고 하여 대상판결의 원심과 같은 법리를 취하는 것으로 보인다.

---

30)　榮岳夫, 複数の公務員が国又は公共団体に対して連帯して国家賠償法 1 条 2 項による求償債務を負う場合, 令和2年行政関係判例解説, 行政判例研究会編, ぎょうせい, 2022, 17-18頁.

31)　그 외, 서울고법 1994.1.27.선고 93나28784; 서울지법 1997.4.17.선고 96가합10695 등.

2. 개별 행정법 관련

(1) [정보공개법] 행정기관이 보유하는 자기정보공개청구권
: 최고재판소 2021년 6월 15일 판결[32]

① 사건개요

동경(東京)구치소의 미결수용자인 X(원고·항소인·상고인)는 '행정기관이 보유하는 개인정보보호에 관한 법률(行政機関の保有する個人情報の保護に関する法律)'(이하, '법') 제12조[33]에 근거하여, 교정국장에 대하여 자신이 수용 중에 받은 진료와 관련된 개인정보(이하, '본건 정보')의 공개를 청구하였으나, 해당 교정국장은 본건 정보가 법 제45조①[34]의 '보유개인정보'에 해당한다는 이유로 '비공개결정'을 하였다.

X는 Y(국가, 피고·피항소인·피상고인)를 상대로 해당 비공개결정의 취소 및 국가배상법 제1조 1항에 따른 위자료 등을 청구하여 제소하였다. 1심 판결(東京地判平31·3·14) 및 원심 판결(東京高判令1·11·20)이 해당 청구를 모두 기각하였기 때문에 X가 상고한 것이 본 사안이다.

② 판시사항: 원심 파기환송

법 제45조①은 2003년의 '행정기관이 보유하는 전자계산기처리에 관한 개인정보의 보호에 관한 법률'(이하, 구법)의 전부개정에 의해 규정되었다. 구법은 누구라도 행정기관의 장에 대하여, 자기를 본인으로 하는 처리정보의 공개를 청구할 수 있다는 내용을 규정하면서(제13조① 본

---

32) 最高裁判所第三小法廷 令和3年6月15日判決, 令和2年(行ヒ)第102号.
33) **법 제12조 [개시청구권]** ① 누구나 이 법이 정하는 바에 따라 행정기관의 장에 대하여 해당 행정기관이 보유하는 자기를 본인으로 하는 보유개인정보의 개시를 청구할 수 있다.
34) **법 제45조 [적용제외 등]** ① 제4장(정보공개)의 규정은 형사사건 혹은 소년 보호사건에 관한 재판, 검찰관, 검찰사무관 혹은 사법경찰직원이 행하는 처분, 형 혹은 보호처분의 집행, 갱생긴급보호 또는 사면(恩赦)에 관한 보유개인정보(해당 재판, 처분 혹은 집행을 받은 자, 갱생긴급보호를 신청한 자 또는 사면 신청이 있었던 자에 대한 것에 한정한다)에 대해서는 적용하지 아니한다.

문), 형사사건에 대한 재판 혹은 검찰관, 검찰사무관 혹은 사법경찰직원이 행하는 처분 또는 형의 집행에 관한 사항(이하, 형사재판 등 관계사항)을 기록하는 개인정보파일에 대해서는 그렇지 않다는 내용을 규정하고 있었다(제13조① 단서). 이것은 이러한 종류의 정보가 공개청구의 대상이 된다면, 취직시에 해당정보를 제출하게 하는 등의 방법으로 제3자에 의한 전과기록 등이 고려되어, 본인의 사회복귀를 저해하는 등의 폐해가 발생할 우려가 있기 때문이다. 법 제45조①은 그 문리 등에 비추면 구법 제13조① 단서의 '형사재판 등 관계사항'에 관한 규정과 같은 취지에서, 상기 취지에 해당하는 보유개인정보에 대하여 제4장의 내용을 적용하지 않는 것으로 하는 규정이라고 해석된다.

한편, 법에는 진료관계사항에 관한 보유개인정보를 공개청구의 대상으로부터 제외하는 내용의 규정은 두고 있지 않았다. 그 취지는 행정기관이 보유하는 개인정보의 공개를 받는 국민의 이익의 중요성에 비추어, 공개의 범위를 가능한 한 넓히는 관점에서 의료행위에 관한 사전동의(informed consent)35) 이념 등의 도입을 배경으로 하는 국민의 의견, 요청 등을 바탕으로 진료관계사항에 관한 보유개인정보일반을 공개청구의 대상으로 하는 것에 있다고 해석된다. 그리고 동법 제45조①을 개정하면서 사회일반에 있어서 제공되는 진료와 성질이 다르지 않은 피수용자가 수용 중에 받은 진료에 관한 보유개인정보에 대하여, 동법 제4장의 규정을 적용하지 않는다고 하는 것을 구체적으로 검토한 정황은 찾아볼 수 없고, 기타, 이것이 동항 소정의 보유개인정보에 포함된다고 해석하여야 할 근거는 발견되지 않는다.

③ 해설

법은 '개인의 권리이익을 보호하는 것'을 궁극목적으로 하고(제1조),

---

35) インフォームド·コンセント: 의사와 환자의 충분한 정보를 얻은 다음에의 합의. 의사가 설명하고 동의를 얻는 것을 의미함.

누구나가 '자기를 본인으로 하는 보유개인정보'의 공개청구권을 원칙적
으로 인정(제12조)하고, 그 예외로서, 제14조 각호에 해당하는 보유개인
정보를 공개하지 않는다고 하고 있다. 한편, 법 제45조①은 형사사건에
관한 재판과 형의 집행 등에 관한 보유개인정보에 대하여 공개청구를
포함하는 제4장의 규정을 적용제외로 하고, '공개청구권→비공개사유'
라고 하는 원칙적 취급의 예외로서 규정하고 있다.

본건은 구치소에서의 미결구금자의 진료기록에 대하여 법 제45조
①의 '보유개인정보' 해당성이 다투어진 사건이다. 학설상은 거의 논해
지고 있지 않았지만 최근의 사례로 오사카고판 2021·4·8[36]에서 첫 인
용판결을 내려진 가운데 본 판결은 동항의 해석에 대한 최고재판소의
첫 인용판결로서 주목받고 있다.[37]

우리나라의 경우, 수용자 외부병원 이송진료와 관련한 정보공개청
구사건에서 대법원은 "구 공공기관의정보공개에관한법률(2004. 1. 29. 법
률 제7127호로 전문 개정되기 전의 것) 제7조①4호에서 비공개대상으로 규
정한 '형의 집행, 교정에 관한 사항으로서 공개될 경우 그 직무수행을
현저히 곤란하게 하는 정보'라 함은 당해 정보가 공개될 경우 재소자들
의 관리 및 질서유지, 수용시설의 안전, 재소자들에 대한 적정한 처우
및 교정·교화에 관한 직무의 공정하고 효율적인 수행에 직접적이고 구
체적으로 장애를 줄 고도의 개연성이 있고, 그 정도가 현저한 경우를

---

36) 大阪高等裁判所令和3年4月8日判決, 令和2年(行コ)第133号. 오사카 형무소에 수용되어
   있는 항소인이 행정기관이 보유하는 개인정보보호에 관한 법률 제13조에 근거하여
   처분행정청에 대하여 항소인의 진료정보의 공개를 청구한바, 처분행정청으로부터
   본건 정보는 동법 제45조①에 의하여 공개청구규정의 적용이 제외되고 있는 정보
   에 해당한다고 하여, 그 전부를 공개하지 않는다는 결정을 받은 사안에서, 재판소
   가 본건 정보가 공개청구의 대상외라는 것을 전제로, 개별적으로 비공개정보가 있
   는지를 검토하지 않고 그 공개여부가 결정된 것은 제45조①의 해석적용을 잘못한
   위법이 있다고 하여 청구를 인용한 사안.
37) 矢島聖也, 行政機関個人情報保護法45条1項の「保有個人情報」該当性, 新·判例解説Watc
   h 行政法 No.222, 2021.9.10., 3頁.

의미한다고 할 것이며, 여기에 해당하는지 여부는 비공개에 의하여 보호되는 업무수행의 공정성 등의 이익과 공개에 의하여 보호되는 국민의 알권리의 보장과 국정에 대한 국민의 참여 및 국정운영의 투명성 확보 등의 이익을 비교·교량하여 구체적인 사안에 따라 개별적으로 판단되어야 한다." "수용자자비부담물품의 판매수익금과 관련하여 교도소장이 재단법인 교정협회로 송금한 수익금 총액과 교도소장에게 배당된 수익금액 및 사용내역, 교도소직원회 수지에 관한 결산결과와 사업계획 및 예산서, 수용자 외부병원 이송진료와 관련한 이송진료자 수, 이송진료자의 진료내역별(치료, 검사, 수술) 현황, 이송진료자의 진료비 지급(예산지급, 자비부담) 현황, 이송진료자의 진료비총액 대비 예산지급액, 이송진료자의 병명별 현황, 수용자신문구독현황과 관련한 각 신문별 구독신청자 수 등에 관한 정보는 구 공공기관의정보공개에관한법률 제7조①4호에서 비공개대상으로 규정한 '형의 집행, 교정에 관한 사항으로서 공개될 경우 그 직무수행을 현저히 곤란하게 하는 정보'에 해당하기 어렵다."38)고 하여 공개 결정한바 있다.

(2) [생활보호법] 생활보호기준 인하의 위법성
: 오사카지방재판소 2021년 2월 22일39)

① 사건개요

후생노동대신40)은 생활부조기준액과 소비실태의 괴리를 분석한 보고서에 근거하여 이러한 괴리를 해소하기 위하여 '생활보호법에 의한 보호기준'(1963년 후생성고시 제158호. 이하 '보호기준')을 2013년부터 2015년에 걸쳐 단계적으로 개정하였다. 해당 개정은 상기 괴리를 해소하기

---

38) 대법원 2004. 12. 9. 선고 2003두12707 판결, [정보공개거부처분취소][공2005.1.15. (218),119]

39) 大阪地方裁判所令和3年2月22日判決, 平成26年(行ウ)第288号, 平成28年(行ウ)第47号.

40) 우리나라의 보건복지부와 고용노동부를 합해 놓은 기능을 하는 후생노동성(厚生労働省)의 장에 해당.

위한 조정(이하, '왜곡조정')과 물가동향을 반영한 생활부조기준액의 개정률은 후생노동성이 독자적으로 산정한 물가지수(이하, 'CPI')를 사용하여 산정한 2008년부터 2011년에 걸친 물가지수의 하락률을 바탕으로 설정한 것이었다. 보호기준은 3년에 걸쳐 평균 6.5%, 최대 10%까지 하향 조정되었다.

오사카부(大阪府)에 거주하며 생활보호법(이하, 법)에 근거한 생활부조지급을 받고 있는 주민들 X(원고)들은 본건 개정에 의해 관할 복지사무소장으로부터 각각의 생활부조 지급액을 감액한다는 내용의 보호변경결정(이하, 본건 각 결정)을 받았다. X들은 생활보호기준인하에 대하여 그 기준개정의 절차 등에 위법이 있고, 헌법 제25조[건강하고 문화적인 최저한도의 생활]와 법 제8조41)등에도 반한다고 주장하여 Y1(오사카부 내의 12개 시)을 상대로 본건 각 결정의 취소를 구하고, Y2(국가)에 대하여 국가배상법 제1조①에 근거한 손해배상을 청구하였다.

② 판시사항

후생노동대신은 피보호자 간의 공평과 국가의 재정이라는 관점에서 기준생활비의 감액의 필요성을 고려하면서도, 피보호자의 기대이익에 대해서도 가급적으로 배려하기 위하여 그 감액개정의 구체적인 방법 등에 대해 격변완화조치의 필요성 등을 포함하여 전문기술적이고 정책적인 견지에서의 재량권을 가진다고 할 수 있다.

기준생활비의 감액을 내용으로 하는 보호기준의 개정은, [1] 해당 개정 후의 생활부조기준의 내용이 피보호자의 건강하고 문화적인 생활수준을 유지하기에 충분한 것이라고 한 후생노동대신의 판단에, 최저한

---

41) **법 제8조 [기준 및 정도의 원칙]** ① 보호는 후생노동대신이 정하는 기준에 따라 측정한 요보호자의 수요를 바탕으로 하고, 그 중, 그자의 금전 또는 물품으로 만족시킬 수 없는 부족분을 보충하는 정도로 행하는 것으로 한다. ② 전항의 기준은 요보호자의 연령별, 성별, 세대구성별, 소재지역별 기타 보호의 종류에 따라 필요한 사정을 고려한 최저한도의 생활의 수요를 만족시키기에 충분한 것으로, 이것을 넘지 않는 것이지 않으면 안 된다.

도의 생활의 구체화에 관한 판단 과정 및 절차에서의 과오, 결함의 유
무 등의 관점에서 보아 재량권의 일탈 또는 그 남용이 있다고 인정되는
경우, 혹은 [2] 기준생활비의 감액시에 격변완화 등의 조치를 채택할지
의 여부에 대한 방침 및 실제로 선택한 조치가 상당하다고 한 동 대신
의 판단에, 피보호자의 기대이익이나 생활에의 영향 등의 관점에서 보
아 재량권의 일탈 또는 그 남용이 있다고 인정되는 경우에 법 제3조,[42)]
제8조②의 규정에 위반하여 위법하다고 할 수 있다.

2008년은 세계적인 원유가격이나 곡물가격의 고등을 원인으로 한
특이한 물가상승이 발생한 해였음에도 디플레이션 조정이 2008년부터
의 물가하락을 고려하고 있다는 점에서, 통계 등의 객관적인 수치 등과
의 합리적 관련성이나 전문적 견해와의 정합성이 결여되어 있다는 점에
서 그 판단과정 및 절차에 과오, 결함이 있다. 소비자물가지수의 하락률
보다도 현저하게 큰 하락률(CPI)을 바탕으로 개정률을 설정한 것에 대
하여 생활보호기준심사회의 검토결과 등을 참조하면, 통계 등의 객관적
인 수치 등과의 합리적 관련성과 전문적 식견과의 정합성이 결여되어
있다는 점에서 최저한도의 생활의 구체화에 관한 판단의 과정 및 절차
에 과오, 결락이 있다. 이상과 같이 본건 개정에 관한 후생노동대신의
판단에는 재량권의 범위의 일탈 또는 그 남용이 인정되므로 본건 개정
은 법 제3조, 제8조②를 위반하여 위법하다.

③ 해설 – 판단과정합리성심사 –

본 판결은 2013년부터 이루어진 생활보호기준인하 기준개정의 절
차 등의 위법을 이유로 전국 29개소의 지방재판소에서 제기된 취소소송
등 중, 나고야지재판결(名古屋地判令2·6·25)에 이어서 전국에서 2번째로
내려진 판결이다. 본 판결 전후에 나온 2건의 지방재판소의 판결(名古屋

---

42) 법 제3조 [최저생활] 이 법률에 의해 보장되는 최저한도의 생활은 건강하고 문화적
인 생활수준을 유지할 수 있는 것이지 않으면 안 된다.

地判令2·6·25, 札幌地判令3·3·29)은 모두 후생노동대신의 판단의 위법성을 부정하고 있으나, 전국에서 처음으로 원고의 주장이 인정되어 취소청구를 받아들인 사안이다.

판단구조와 관련하여, 본 판결에서 쟁점이 된 것은 보호기준개정의 전제가 되는 왜곡조정·디플레조정에 있어서의 후생노동대신의 재량권의 일탈·남용 여부로서 특히 디플레조정에 대하여 판단과정통제([1], [2])에 의한 엄격한 심사가 이루어졌다고 평가받는다.[43)]

학설상으로는 판단과정심사를 판단과정의 합리성 내지 과오·결함을 심사하는 '판단과정합리성심사'와 각 고려요소에 초점을 맞춘 심사인 '고려요소심사'로 분류하는데, 본 판결은 고려요소에 초점을 맞추어, 고려해야 할 사정을 다 고려하지 않은 것은 아닌지(고려부진(考慮不盡))[44)] 고려해서는 아니 되는 사항·과대평가해서는 안되는 사항을 부적절하게 고려한 것은 아닌지(타사고려(他事考慮))[45)]에 대한 판단은 하고 있지 않은 것으로 보이지만, '본건 개정이 보호기준의 수준에 미치는 영향'이라는 요소를 중시하고 이것이 후생노동대신의 판단과정에서 충분히 고려되었는가 아닌가를 문제로 하는 것이라고 해석한다면, '고려요소심사'에 유사한 형태로 평가할 수 있다는 견해도 있다.[46)]

---

43) 松本奈津希, 生活保護基準引下げと生存権 (「いのちのとりで」裁判), 新·判例解説Watch 憲法 No.189, 2021.5.28., 2頁.

44) 小田急高架訴訟本案判決, 最判平成18·11·2.

45) 日光太郎杉事件東京高裁判決, 東京高判昭和48·7·13.

46) 田代滉貴, 生活保護基準の引下げに係る厚生労働大臣の判断の違法性, 新·判例解説Watch 行政法 No.219, 2021.5.21., 3頁.

(3) [환경법]

1) 원자력 재해피난 위자료
: 센다이고등재판소 2020년 3월 12일[47]
[사안]

후쿠시마현(福島県) 미나미소마시(福島県南相馬市), 후타바군(双葉郡)의 7개 마을에서 거주하던 주민 82세대 216명(원고)이 후쿠시마 제1원자력 발전소를 설치·운영하고 있던 동경전력(피고)에 대하여 2011년 동일본대지진에 의한 제1원발사고로 거주용 부동산 및 가재에 대한 재산적 손해를 입었을 뿐 아니라, 불가피한 피난생활을 하게 되었으며,[48] 또한 지역사회가 상실·변용됨에 따라 정신적 손해를 입었다고 주장하여 민법 제709조(주위적 청구)와 원자력손해배상에 관한 법률(原子力損害の賠償に関する法律) 제3조(예비적 청구)에 근거하여 손해배상을 청구하였다.

1심 판결은 고향상실과 피난을 종합적으로 평가하여 위자료를 산정하였지만, 항소심판결은 고향상실의 위자료에 대해서는 명확하게 인정한 다음, '불가피한 피난에 대한 위자료', '피난생활에 따른 위자료'와 함께 계산하여 원판결보다 증액하는 내용으로 일부변경하였고, 재물손해에 대한 추가 청구는 기각하였다.

[의의]

2011년 사고가 발생한 이후 현재에 이르기까지 충분한 배상을 요구하는 집단소송은 전국 각지에서 일어나고 있으며 본 판결은 최초의 고등재판소 판결로 알려져 있다. 조기해결을 목표로 하여 국가배상소송

---

47) 仙台高等裁判所令和2年3月12日判決, 令和2年(ネ)第164号.
48) 방사선의 연간 피폭량에 따라, 철저한 피난이 요구되는 '귀환곤란구역', 일시귀가나 공공목적의 계속적 피난이 요구되는 '거주제한구역', 귀환을 준비하는 '피난지시해제준비구역', '긴급시피난준비구역'으로 나누어져 있다.

은 제기하지 않고 있다.[49] 피침해이익은 이하에서 등장하는 '원발사고 생업소송'과 '석탄화력발전 조업중지소송'과 마찬가지로 '평온생활권(平穩生活権)'이 주장되고 있다.

　'평온생활권'은 우리에게는 아직 생소한 개념인데,[50] 그 개념 자체는 인격권에 근거하여 법률상 보호되는 권리로서 확립되어 있고, 판례도 '평온안전한 생활을 영위하는 것은 인격적 이익이라고 할 수 있고, 그 침해는 위구심 등의 주관적이고 추상적인 형태가 아니라, 소음, 진동, 악취 등에 의해 발생하는 생활방해라는 객관적이고 구체적인 형태로 나타나는 것이므로 인격권의 일종으로서 평온안전한 생활을 영위할 권리가 실정법상의 권리로서 인정된다고 해석함이 상당하다'라고 설시하고 있다.[51] 다만, '평온생활권'에 대해서는 폐기물최종처리장의 설치 혹은 조업을 둘러싼 분쟁에서 사람에게는 음용·생활용수의 질·양 모두 생존과 건강에 해를 끼치지 않는 물을 확보할 권리가 있다고 하여 평온생활권이 주장되는 판례가 많아지고 있다는 점, 또 생명·신체·생활에 대한 침해위험이 심각한 위기감이나 불안감이 되어 정신적 평온과 평온한 생활을 침해하는 경우가 있다는 점에서 신체권에 직결하는 정신적 인격권으로서 파악하거나,[52] 나아가 자유권·생존권·거주권·인격권·재산권을 포함하는 포괄적 생활이익이라는 측면에서 접근하는 견해[53]까지 등장하는 등 논의양상이 다양하며, 특히 국가에 대한 배상청구 영역에서 자

---

49) 千葉実, 福島第一原発事故による原子力災害から避難した住民に避難を余儀なくされた慰謝料及びふるさと喪失慰謝料が認められた事例, 新・判例解説Watch 環境法 No.96, 2021.2.26., 3頁.

50) 우리나라의 경우, 소음이나 진동과 관련하여 '평온한 환경에서의 생활'이익이 주장되는 경우가 있으나 일본에서와 같이 재산권과 인격권 등을 포괄하는 독립적인 권리로서 아직 인식되고 있지는 않은 것으로 보인다.

51) 横浜地横須賀支判平20·5·12 訟月55巻5号2003頁. 木村和成, 近時の裁判例にみる「人格権」概念の諸相, 立命館法学 2015年 5·6号, 138 – 139頁에서 재인용.

52) 須加憲子, 精神的人格権と損害賠償に関する覚書, 専修法学論集, 2013, 3頁.

53) 淡路剛久, 福島原発事故賠償の研究, 日本評論社, 2015, 22 – 23頁.

주 거론되고 있다는 점에서 주목할 만하다.

　2) 원자력 발전소 사고 생업(生業)소송

　　: 센다이고등재판소 2020년 9월 30일[54]

　[사안]

　후쿠시마 원발사고 당시 후쿠시마현 및 인접 지역에 거주했던 주민(원고)들이 동경전력을 상대로 ① 공간 방사선량의 수치를 사고 전(0.04μ Sv/h 이하)으로 정상화할 것을 요구하는 원상회복청구, ② 평온생활권 침해에 근거한 위자료청구, ③ '고향상실'에 근거한 위자료청구를 구하여 집단소송을 제기하였다. 제1심 판결(福島地判平29·10·10 判時2356号 3頁)은 국가에 대해서는 국가배상법 제1조에 근거하여 규제권한불행사에 따른 국가배상책임을 긍정하였고, 동경전력에 대해서는 민법상의 불법행위책임을 부정하였지만, '원자력손해배상에관한법률'(이하, '원배법')상의 불법행위책임은 긍정하여, 평온생활권 침해에 대한 위자료로서 2,907명에 대하여 총 5억 엔의 지불을 명하였다. '고향상실'에 대한 위자료에 대해서는 '고향상실에 따른 손해'에 상응한다고 보고, 귀환곤란구역 거주자에 대하여 인정하였으나 기타 다른 규정에 의한 배상액과 동일하다고 보아 그 지불을 명령하지는 않았기 때문에 이상의 판단에 대하여 원고와 피고가 항소한 사안이다.

　본 판결은 1심과 마찬가지로 원상회복의 내용에 대한 청구의 특정성이 결여되어 부적법하고, 원배법은 일반불법행위법의 특칙으로서 민법에 우선 적용되므로 민법상 불법행위책임은 인정되지 않는다고 판단하였다. 국가의 책임에 대해서는 예견가능성과 결과회피가능성의 여부를 기준으로 판단하였고, 국가의 규제권한 불행사에 대하여 그 전문기술적 재량이 인정된다 하더라도, 2006년 말 이후부터는 그 재량이 허용되는 한도를 일탈하여 현저히 합리성을 결여한 것으로서 국가배상법 제

---

54) 仙台高等裁判所令和2年9月30日判決, 平成29年(ネ)第373号, 令和2年(ネ)第56号, 令和2年(ネ)第62号.

1조의 위법이 인정된다고 보았다. 손해액과 관련하여서는 최종적으로 1심 원고 중 3,550명에 대하여 총 10억 1,000만 엔의 지불을 명하였다.

　[의의]

　본 판결은 후쿠시마원발 사고를 둘러싼 집단소송 중 원고규모에서 최대의 소송이고, 고등재판소 레벨에서 규제권한 불행사에 대한 국가배상책임을 처음으로 긍정한 이른바 '생업소송'의 판결이다. 평온생활권 침해에 의한 손해로서 '고향상실' 손해를 인정하고 있다는 점에 특징이 있다.[55] 다만, 국가배상책임의 인정여부가 쟁점이 된 사안에 있어서 이 판결 이전에 14건 중 책임을 인정한 판결 7건과 부정한 판결 7건으로 팽팽히 나눠져 있었고, 이 판결 이후 마찬가지로 고등재판소에서 국가배상책임을 처음으로 부정한 사례(東京高判令3·1·21)가 나왔다는 점에서 최종적 판단이라고 보기는 어렵다.

　3) 석탄화력발전 조업금지소송
　　: 센다이지방재판소 2020년 10월 28일[56]

　[사안]

　센다이 지역의 석탄화력발전소 주변에 거주하는 주민(원고) 124명은 본건 발전소의 운전으로 발생되는 배출 유해물질 및 온실효과가스로 인하여 인격권, 환경권 및 자신들의 평온하게 일상생활을 영위할 권리(평온생활권)를 침해받고 있다고 주장하여 센다이 파워스테이션 주식회사(피고)에 대하여 본건 발전소의 운전금지를 청구한 사안이다.

　재판부는 적어도 현 시점에서는 본건 발전소의 운전으로 배출되는 대기오염물질의 실측치는 환경기준, 대기오염방지법 및 입지·주변 지자체와 체결된 공해방지협정에서 정한 배출기준 등을 모두 하회하고 있고, 주변지역의 대기오염물질의 실측치는 본건 발전소의 운전전과 비교

55)　清水晶紀, 福島原発事故「生業訴訟」控訴審判決, 新 · 判例解説Watch 環境法 No.95, 2021.2.5., 2−3頁.
56)　仙台地方裁判所令和2年10月28日判決, 平成29年(ワ)第1175号.

하여도 통상의 변동 범위 내에 있음이 인정된다고 판단하였다. 따라서 본건 발전소의 운전으로 환경을 오염시키는 행위는 환경오염의 태양과 정도의 면에서 사회적으로 용인된 행위로서의 상당성을 결여한다고는 할 수 없으며, 환경오염에 의한 불안을 품지 않고 일상생활을 향유할 권리인 '평온생활권'을 침해하는 것으로서 위법하다고 인정할 수 없다고 하여 원고의 청구를 기각하였다.

[의의]

현재 세계 각지에서 기후변화로 인한 피해와 권리침해를 묻고 화석연료 사용에 대한 규제를 요구하는 기후소송(climate litigation)이 제기되고 있다. 일본에서도 정부를 피고로 하여 온실효과가스의 삭감목표의 상승이나 완화책 또는 적응책의 강화 등을 구하면서, 전력회사나 화석연료 관련 기업을 피고로 하는 것도 포함하여, 해당 판결은 일본에서의 기후소송의 선구적인 것으로 평가받고 있다.[57]

다만, 일본에서의 행정소송의 경우 행정소송법 개정으로 이전보다 확대되기는 했지만 여전히 원고적격의 인정범위에 대해서는 그 한계가 자주 지적되고 있으며, 인과관계의 엄격성이나 행정재량의 광범위성 문제는 계속해서 논의되고 있는 상황이므로, 결국에는 개인의 건강피해와 인격적 이익에 대한 침해를 증명하는 데 의지할 수밖에 없다는 점에서 본다면 본 판결 역시 기후소송으로서의 한계는 분명해 보인다. 하지만 오염물질 배출문제를 방관하는 거대기업과 그러한 문제 해결에 소극적인 정부를 대상으로 기후변화로 인한 피해와 권리침해를 주장하여 화석연료 사용에 대한 규제를 하게 한다는 기후소송의 본질에는 상당히 접근해 있다고 할 수 있을 것이다.

특히 화력발전소는 원자력발전소의 경우처럼 설치허가처분으로 운

---

57) 島村健, 仙台パワーステーション操業差止訴訟第一審判決, 新・判例解説Watch 環境法 No. 94, 2021.1.22., 2頁.

전이 이루어지는 것이 아니라, 환경영향평가절차에서 사업자가 제출한 평가서가 '환경보전에 대해 적정한 배려를 하고 있는지'를 행정이 확인함으로써 운전이 이루어진다. 그래서 원자력발전소처럼 설치허가의 취소·무효소송이 아니라 사업자가 제출한 평가서가 '환경보전에 대하여 적정한 배려를 하고 있다'고 하는 경제산업성[58] 대신의 환경영향평가 절차상의 판단(통지)의 취소·무효소송이 제기된다. 보통은 사업자의 환경영향평가에 있어서는 연료종류에 석탄만을 대상으로 하고 있음에도, 타 연료와의 비교는 하지 않는다거나, 대기오염물질이나 이산화탄소의 배출에 대하여 과소평가하고 있음에도 '환경보전에 대하여 적정한 배려를 하고 있다'고 판단한 것은 절차상 하자가 있는 것이라고 할 수 있다.

3. COVID-19 관련 사건

(1) 고투 트래블(Go To トラベル) 금지가처분 신청사건[59]

고투 트래블은 COVID-19의 확산에 따른 긴급사태선언에 따라 외출자제와 휴업요청 등으로 피폐해진 경제를 재건한다는 목적으로 2020년 일본정부가 추진한 경제정책인 고투 캠페인 중 하나로 방일외국인여행자를 유치하기 위하여 시작된 국토교통성(관광청) 소관의 관광산업 지원사업이다. 구체적으로는 2020년 7월 22일 부터 해당 캠페인 기간 중에 지정 여행대리점의 여행상품구입이나 인터넷 호텔예약 사이트에서 숙박예약을 한 이용자에게 지원금을 지급하거나 관광지의 음식점이용이나 상품구입에 사용할 수 있는 할인쿠폰 등을 제공하는 것을

---

58) 우리나라의 산업통상자원부와 중소벤처기업부를 합해 놓은 기능을 하는 중앙성청.
59) "GoTo差し止め仮処分申し立て退ける決定 地裁", NHK, 2020.7.20, (https://www.nhk.or.jp/politics/articles/statement/42092.html), "高裁も差し止め仮処分申請認めず GoTo,「感染懸念理解する」, 山形新聞, 2020.7.22.(http://yamagata-np.jp/news_core/index_pr.php?kate=National&no=2020072201002128&keyword=%BC+%B9) (최종접속일 2021. 12. 15.)

그 내용으로 하고 있었다.

동경의 시나가와구(東京都品川区)와 토치기(栃木)현의 주민 3인은 이러한 사업이 실시될 경우 감염이 더욱 확대되어 시민의 생명과 건강을 해치고 인격권이 침해될 우려가 있다고 하여 신청접수나 여행대금 보조금지급 금지를 청구하는 가처분을 신청하였다.

동경지방재판소는 (東京地決令2·7·20) "사업개시에 의해 국내에서 사람의 이동이 현재보다 활발하게 될 것임은 부정할 수 없다. 그러나 현재의 감염상황과 그것을 둘러싼 환경을 고려하여 여행을 자제하는 사람도 일정 수 있다고 생각된다. 숙박시설과 음식점 등 여행관계 업자는 가능한한 대책을 세울 것으로 생각되며, 사업개시에 의해 현재의 상황과 비교하여 즉시 생명과 건강이 해쳐질 것이라는 구체적인 위험이 발생한다고는 할 수 없다"고 하여 신청을 각하하였다. 이에 불복하여 즉시항고가 이루어졌고 동경고등재판소(東京高決令2·7·22)는 구체적 위험 발생 가능성을 부정한 원심의 판단에 더하여 "감염확대를 우려하는 의견이 적지 않고 이는 충분히 이해할 수 있는 바이다. (하지만) 현저하게 불합리한 정책으로 국가의 재량권을 일탈한 것이라고 하기는 어렵다." 고 하여 역시 청구를 받아들이지 않았다.

(2) 2020년 동경올림픽 중지가처분 신청사건[60]

2021년 7월 23일부터 8월 8일까지 일본 도쿄에서 열릴 예정에 있던 제32회 하계올림픽의 개최에 반대하는 시민과 시민단체들이 "긴급사태선언이 내려진 가운데 올림픽과 패럴림픽개최를 강행하는 것은 신형 코로나바이러스 감염을 확대시킴으로써 시민의 건강을 저해하고 생명

---

60) "五輪中止の仮処分申し立てを却下…東京地裁「具体的な危険認められない」", 読売新聞, 2021.7.20., (https://www.yomiuri.co.jp/national/20210720-OYT1T50058/); "五輪中止の申し立て却下 東京地裁, 仮処分", KYODO, 2021.7.19., (https://news.yahoo.co.jp/articles/4796e65f98118bed5210bda287afe561b382ca30) (최종접속일 2021. 12. 15.)

권도 침해하는 것"이며 "무관객으로 개최하여도 관계자나 선수가 있고 외부와의 접점 없이는 운영될 수 없으므로 정부가 내세우고 있는 안전·안심 대회라는 것은 전혀 근거가 없는 것"이라는 이유로 2021년 7월 9일 동경도지사와 대회조직위원회 회장을 상대로 올림픽과 패럴림픽의 개최금지를 구하는 가처분을 동경지방재판소에 신청하였다.

　동경지방재판소(東京地決令3·7·15)는 "개최로 인해 개인의 생명이나 건강이 침해된다는 구체적인 위험이 발생할 우려는 인정되지 않는다"고 하여 청구를 각하하였다.

(3) 기타 (계류중인 소송)

1) 특별조치법에 근거한 단축영업명령에 대한 손해배상청구[61]

　신형 코로나바이러스 대책의 특별조치법에 근거하는 동경도의 영업시간 단축명령은 위법하다고 주장하여, 레스토랑 운영회사(글로벌 다이닝 그룹) 등이 동경도를 상대로 손해배상을 청구하는 소송을 2021년 3월 22일 동경지방재판소에 제기하였다. 동경도는 3월 18일부로 오후 8시부터 익일 오전 5시까지의 영업정지를 명령하였는데, 원고 측은 이러한 특별조치법[62]은 규제 과잉에 해당하는 것으로 "특히 필요하다고 인정될 때"가 아님에도 명령이 내려지고 있고, 법 아래의 평등 등을 정한 헌법에도 위반한다고 주장하며 배상액으로 1점포당 1일 1엔 총 104엔을 청구하였다.[63]

---

61) "「時短命令は違法」都を提訴コロナ特措法で外食運営会社—東京地裁", JIJI.COM, 2021. 3.22., (https://www.jiji.com/jc/article?k＝2021032200742&g＝soc) (최종접속일 2021. 12. 15.)

62) 특별조치법 제45조 ③ 시설관리자 등이 정당한 이유 없이 전항의 규정에 따른 요청에 응하지 않을 때는 특정도도부현지사는 신형인플루엔자 등의 만연을 방지하고, 국민의 생명 및 건강을 보호하고 또 국민생활 및 국민경제의 혼란을 회피하기 위하여 특히 필요하다고 인정될 때에 한하여, 해당 시설관리자 등에 대하여 해당 요청에 관한 조치를 강구할 것을 명할 수 있다.

63) 이에 대하여 관방장관은 동법에 근거하는 조치는 감염방지의 목적달성에 필요하고

2) 성풍속영업 종사자의 지원급부금 청구소송[64]

신형 코로나바이러스 감염증에 의한 경제적 영향에 대한 긴급경제대책으로서 2020년에 실시된 것으로 사업의 계속을 지원하고 재기를 돕기 위하여 중소기업에는 최대 200만엔, 개인사업주에 대해서는 최대 100만엔의 현금급부를 하는 제도인 '지속화급부금(持続化給付金)'과 긴급사태선언의 연장 등으로 인하여 매상감소에 직면한 사업자의 사업유지를 지원하기 위하여 지급하는 '임대료지원급부금(家賃支援給付金)'의 대상에서 '풍속영업 등 규제 및 업무의 적정화 등에 관한 법률(風俗営業等の規制及び業務の適正化等に関する法律)'상의 성풍속영업에 종사하고 있는 자를 배제하고 있는 것은 직업차별에 해당하므로 헌법 제14조 평등권 위반이라는 이유로 소송이 제기되고 있다.[65]

Ⅲ. 마치며

이 글에서는 2020년부터 2021년에 걸쳐서 나온 일본의 행정판례를 대상으로 항고소송을 비롯하여 주민소송과 국가배상소송, 기관소송, 정보공개소송, 가처분소송까지 두루 살펴보았고, 주요 쟁점도 직권취소의

합리적인 범위로 국민의 자유와 권리에 대한 제한은 필요최소한도에 그친다고 하여 헌법에 반하지 않으며, 이번 개정으로 긴급사태선언 중 명령이나 위반에 따른 벌칙을 새로이 규정하였지만 기본적인 사고틀은 그대로 적용되고 있다고 강조하였다. "加藤官房長官「時短命令は合憲」", JIJI.COM, 2021.3.22. (https://www.jiji.com/jc/article?k=2021032200984&g=pol) (최종접속일 2021. 12. 15.)

64) "「セックスワークにも給付金を」性風俗差別, 憲法訴訟法訴訟として戦う理由", 2021. 4.15. (https://withnews.jp/article/f0210415000qq000000000000000W0fp10301qq000022844A) (최종접속일 2021. 12. 15.)

65) 지속화급부금급부규정(持続化給付金給付規程) 제8조 전항의 규정에도 불구하고 다음 각호에 해당하는 자에 대해서는 급부금을 급부하지 않는다. 1. 2.(중략) 3. 풍속영업 등의 규제 및 업무의 적정화 등에 관한 법률…에서 규정하는 '성풍속관련특수영업' 또는 해당 영업과 관련된 '접객업무수탁영업'을 하는 사업자

제한과 신뢰보호, 위임명령의 적법성판단, 공무범위 판단기준으로서의
직무관련성요건, 지방의회 의원의 출석정지에 대한 처분성확대, 국가배
상법상의 구상책임, 정보공개법상 형사사건 관련 정보의 비공개사유의
의미, 생활보호기준 조정의 적법성 판단 방법으로서의 판단과정심사,
환경피해로 인한 구제 근거로서의 '평온생활권', 그리고 COVID－19로
인한 각종 국가정책으로부터 발생하는 피해구제상황 등 다양하게 살펴
보았다.

　　일본의 경우 독립된 헌법재판소가 없는 대신 하급심을 포함한 모든
일반법원에서 헌법판단이 가능하기 때문에 상급심에서 파기되는 경우
도 많지만 그대로 확정되는 경우도 있기 때문에 하급심의 판단역시 살
펴볼 가치가 충분하다. 국가를 상대로 하는 소송에서는 최고재판소가
특히 소극적인 태도를 많이 취해 왔다는 지적이 많고, 상대적으로 하급
심에서 좀 더 진보적인 판단이 많이 나온다는 평가가 이루어져 왔다.
2004년의 행정사건소송법의 대폭적인 개정이 있었기 때문에 이러한 상
황이 개선될 것이라는 기대도 많았지만, 재판소의 태도에 드라마틱한
변화가 일어났다고 평가하기는 여전히 어렵다. 다만, 기존의 '행정내부
에서의 자율적 관계'에서 비롯된 내부분쟁으로서 사법심사의 대상에서
배제하였던 지방의회 의원의 출석정지에 대하여 처분성을 인정한 대법
정의 판례변경 사례나, 수용자의 진료기록 정보공개청구 사건의 경우는
우리나라와 비교할 때 때늦은 감이 없지 않지만 청구인의 주장이 받아
들여졌다는 점에서 천천히 그러나 확실하게 변하고 있는 것은 사실이
다. 특히 환경권과 관련하여 '평온생활권'에 근거한 일련의 환경소송, 기
후소송의 가능성까지도 기대할 수 있는 등 일본은 다양한 재난 경험을
바탕으로 특히 국민의 건강과 생명에 직결되는 사안인 경우 국가의 책
임을 묻고 손해배상을 청구하는데 있어 좋은 결과를 만들어왔다고 생각
된다.

　　마지막으로, 지면관계상 자세히 소개하지는 못하였지만, 행정법학자로서 최고재판소에 입성한 우가 카츠야(宇賀克也) 재판관의 보충의견이 특히 정보공개법 사안과 국가배상법 사안 등에서 돋보였는데 행정사건에 대한 재판소의 판단에 앞으로도 많은 영향을 미칠 것으로 기대된다.

참고문헌

대상판례

최고재판소 2021년 6월 15일 판결(最高裁判所第三小法廷 令和3年6月15日
　　判決, 令和2年(行ヒ)第102号)

최고재판소 2021년 6월 4일(最高裁判所第二小法廷 令和3年6月4日判決, 令
　　和2年(行ヒ)第133号)

최고재판소 2021년 5월 14일(最高裁判所第二小法廷令和3年5月14日判決,
　　令和2年(行ヒ)第238号)

최고재판소 2020년 11월 25일(最高裁判所大法廷令和2年11月25日判決, 平
　　成30年(行ヒ)第417号)

최고재판소 2020년 7월 14일(最高裁判所第三小法廷令和2年7月14日判決,
　　平成31年(行ヒ)第40号)

최고재판소 2020년 6월 30일(最高裁判所第三小法廷令和2年6月30日判決,
　　令和2年(行ヒ)第68号)

센다이고등재판소 2020년 3월 12일(仙台高等裁判所令和2年3月12日判決,
　　令和2年(ネ)第164号)

센다이고등재판소 2020년 9월 30일(仙台高等裁判所令和2年9月30日判決,
　　平成29年(ネ)第373号, 令和2年(ネ)第56号, 令和2年(ネ)第62号)

센다이지방재판소 2020년 10월 28일(仙台地方裁判所令和2年10月28日判決,
　　平成29年(ワ)第1175号)

오사카지방재판소 2021년 2월 22일(大阪地方裁判所令和3年2月22日判決,
　　平成26年(行ウ)第288号, 平成28年(行ウ)第47号)

논문

淡路剛久, 福島原発事故賠償の研究, 日本評論社, 2015.

榮岳夫，複数の公務員が国又は公共団体に対して連帯して国家賠償法 1 条
　　2 項による求償債務を負う場合，令和2年行政関係判例解説，行政判例
　　研究会編，ぎょうせい，2022.

苅谷昌子，　普通地方公共団体の議会の議員に対する出席停止の懲罰の適否
　　と司法審査，令和2年行政関係判例解説，行政判例研究会編，ぎょうせ
　　い，2022.

神橋一彦，地方議会議員に対する懲罰と「法律上の争訟」－出席停止処分に
　　対する司法審査を中心に－，立教法学 第102号，2020.

清水晶紀，福島原発事故「生業訴訟」控訴審判決，新・判例解説Watch　環境
　　法 No.95, 2021.2.5.

木村和成，近時の裁判例にみる「人格権」概念の諸相，立命館法学 2015年 5・
　　6号.

島村健，仙台パワーステーション操業差止訴訟第一審判決，新・判例解説
　　Watch 環境法 No. 94, 2021.1.22.

須加憲子，精神的人格権と損害賠償に関する覚書，専修法学論集，2013.

杉原丈史，　被災者生活再建支援法に基づく支援金支給決定の職権取消しが
　　適法とされた事例，新・判例解説Watch 行政法 No. 221, 2021.9.3.

杉原丈史，　被災者生活再建支援法に基づく支援金支給決定の職権取消しが
　　無効とされた事例，新・判例解説Watch 行政法 No. 212, 2020.9.18.

高橋正人，知事による演奏会出席の公務該当性，新・判例解説Watch　行政
　　法 No.220, 2021.6.25.

田代滉貴，生活保護基準の引下げに係る厚生労働大臣の判断の違法性，新・
　　判例解説Watch 行政法 No.219, 2021.5.21.

千葉実，　福島第一原発事故による原子力災害から避難した住民に避難を余
　　儀なくされた慰謝料及びふるさと喪失慰謝料が認められた事例，新・
　　判例解説Watch 環境法 No.96, 2021.2.26.

戸部真澄，国家賠償法1条2項に基づく求償債務を連帯債務であるとした事
　　例，新・判例解説Watch 行政法 No.213, 2020.9.25.

中嶋直木，　ふるさと納税に係る総務省告示が地方税法の委任の範囲を逸脱

し´ 違法とされた事例, 新·判例解説Watch 行政法 No.215, 2020.11.27.

服部麻理子, 普通地方公共団体議会の議員に対する出席停止の懲罰が司法審査の対象とされた事例, 新·判例解説Watch 行政法 No.218, 2021.3.19.

人見剛, 泉佐野市ふるさと納税事件に係る最高裁令和２年６月30日判決, 自治総研通巻511号 2021年5月.

松本奈津希, 生活保護基準引下げと生存権 (「いのちのとりで」裁判), 新·判例解説Watch 憲法 No.189, 2021.5.28.

御幸聖樹, 普通地方公共団体の議会の議員に対する出席停止処分等を司法審査の対象とした事例, 新·判例解説Watch 憲法 No.183, 2021.2.5.

矢島聖也, 行政機関個人情報保護法45条1項の「保有個人情報」該当性, 新·判例解説Watch 行政法 No.222, 2021.9.10.

山本剛, いわゆる「ふるさと納税制度」に係る告示が, 地方税法の委任の範囲を逸脱した違法なものとして無効であるとされた事例, 令和2年行政関係判例解説, 行政判例研究会編, ぎょうせい, 2022.

윤영선, 일반행정 소송사건의 현황과 쟁점: 일반 행정소송사건의 쟁점, 특별실무법관연수 자료, 98.4.

이경운, 공무원 전보발령의 처분성, 행정판례연구－Ⅳ, 박영사, 1999.

국문초록

이 글은 2020년부터 2021년까지 일본에서 행정법 분야에서 나온 판례 중 특히 우리나라에 시사할 만한 사례를 소개하였다. 행정법 이론면에서 행정법일반 사례와 국가배상법 관련 사례로 나누어 살펴보았고, 그 외 각 개별 행정법 영역의 사례로 정보공개법과 생활보호법, 환경법으로 그 주제를 나누었으며, 마지막으로 이번 학회의 대주제를 반영하여 일본에서의 COVID-19 관련 사례를 소개하였다.

행정법일반 영역에서는 수익적 행정처분에 대한 직권취소의 적법요건이 문제된 '피재자생활재건지원금'지급 취소사례, 소위 '고향세'제도 시행 허가요건을 규정한 지방세법 고시의 위임범위 일탈 여부가 문제된 사례, 지사의 공용차 사용의 위법성을 문제삼은 주민소송에서 사무의 공무해당성 기준을 검토한 사례, 지방의회 의원의 출석정지처분의 처분성을 검토한 사례를 살펴보았고, 국가배상 영역에서는 복수의 공무원이 국가 또는 공공단체에 대하여 연대하여 국가배상법상의 구상채무를 지는지가 문제된 사례를 살펴보았다.

개별행정법 영역에서는 구치소의 미결수용자가 본인의 진료기록을 공개를 거부당한 사안에서 형사사건 관련 정보에 대하여 공개의 대상에서 배제하고 있는 개인정보보호법의 해석이 문제된 사례, 생활부조의 기준생활비의 변경한 생활보호법 개정에 있어, 개정 과정에 위법은 없는지가 문제된 사례를 살펴보았다. 환경법 영역에서는 '원자력 재해피난 위자료' 사건과 '원자력 발전소 사고 생업소송', '석탄화력발전 조업금지소송'을 살펴보았는데 모두 '평온생활권'이 판단근거가 되었다는 공통점이 있다.

COVID-19와 관련해서는 정부가 시행하는 여행장려 정책인 "고투 트래블(Go To Travel)"에 대하여 이루어진 금지가처분 신청사건과 2020년 동경 올림픽에 대하여 이루어진 올림픽중지가처분 신청사건, 그리고 특별조치법에 근거한 단축영업명령에 대한 손해배상청구, 지원금지급 대상에서 배제된 성풍속영업종사자들의 지원급부금청구소송에 대하여 살펴보았다.

이상의 사안에서 직권취소의 제한, 위임명령의 적법성판단, 공무의 범위 판단 기준으로서의 직무관련성요건, 지방의회 의원의 출석정지처분의 처분성, 국가배상법상의 구상책임, 정보공개법상 형사사건 관련 정보의 비공개사유의 의미, 생활보호기준 조정의 적법성 판단 방법으로서의 판단과정심사, 환경피해로 인한 구제 근거로서의 '평온생활권', 그리고 COVID–19로 인한 각종 국가정책으로부터 발생하는 피해구제상황에 대하여 살펴 볼 수 있었다. 일부 사안들은 우리나라보다도 때늦은 감이 있는 것이었지만, 고향세제도는 우리나라에서 시행을 앞두고 있는 것이고, 특히 환경법영역에서의 '평온생활권'은 좀 더 깊은 연구가 필요한 소재라고 생각된다.

주제어: 일본의 최신 행정판례, 직권취소, 처분성, 고시의 위임범위, 국가배상, 정보공개법, 생활보호법, 평온생활권, COVID–19 가처분사건

Abstract

A Research and Review of the recent (2020-2021)
Japanese Administrative Cases
-Including a Review of COVID-19 Related Injunction-

YI, HYE JIN*

This paper shows some cases of Japanese administrative law from 2020 to 2021 especially worth implying for Korea. General cases of administrative law and the State Tort Liability Act are studied from the perspective of the general theory of administrative law; Official Information Disclosure Act, the Public Assistance Act, and environmental law as cases of each administrative domain are divided as to its subject; finally, relevant cases of Covid-19 in Japan as a reflection of the main topic of this academic conference are introduced.

In the domain of general administrative law, the case of payment cancellation of Natural Disaster Victims Relief Law where Legal Prerequisites of revocation of beneficial administrative dispositions by government authorities mattered, the case of deviation from the scope of delegation of public notification with regard to Local Tax Law that stipulated the permission requirement for enforcement of so-called hometown tax mattered, the case which examined the standard for relevancy to official duty from residents' lawsuits that mattered illegality of a governor using an official vehicle, the case which reviewed the

* Professor, Department of Law, Andong National University

disposability of disposition on suspension of attendance of a local council member are studied. From the domain of national compensation, whether a majority of public officials are in solidarity with their country to be in charge of liability for indemnity as a national compensation Act is discussed. As for the domain of individual administrative law, the case where the interpretation of the Privacy Information Protection Act which was excluded from the subject of disclosure on relevant information regarding a criminal case where a pretrial detainee from jail was refused his medical record to go public mattered, and in the revision for the National Assistant Act that changed the minimum cost of living for livelihood assistance, whether there was illegality involved in the process are reviewed. From the domain of environmental law, the case of consolation money for the nuclear disaster refuge, livelihood litigation from a nuclear power plant accident, and prohibition of operation injunction of a coal－fired power plant are reviewed; they all have one thing in common that the right to peaceful life was used as evidence of judgment.

Concerning COVID－19, injunction for the prohibition of disposition enforced against Go To Travel which the government implements as an incentive program to encourage traveling, the Olympic preliminary injunction case regarding the 2020 Tokyo Olympic, compensation for damages for an executive order on shortening operating hours based on the special acts, and claiming the benefit of disaster support of sex entertainment business workers who were excluded from the list of covid relief fund are reviewed.

From issues mentioned above, limitation on cancellation of authority, judgment of legitimacy on delegated order, requirements of relevancy to duty as a standard for judgment on government affairs, disposition regarding the suspension of attendance on a member of a local council, liability of indemnity of the State Tort Liability Act, reasons for non−disclosure on relevant information of a criminal case as Freedom of Information Act, review of administrative judgment process as a method of judgment for the legitimacy of adjustment of living protection standards, the right to peaceful life as grounds for relief from environment damages, and damage relief amid disaster situations incurred from various national policies due to COVID−19 are discussed.

Some judgment of cases seemed behind time but hometown tax will be implemented in Korea, and especially the right to peaceful life in environmental law is considered a matter that needs a much deeper study further on.

Keywords: Recent administrative cases in Japan, disposability, delegation of public notification, national compensation, Information Protection Act, the right to peaceful life, Injunction on COVID−19

투고일 2022. 6. 8.
심사일 2022. 6. 28.
게재확정일 2022. 6. 29

최근(2020-2021) 프랑스 행정판례 동향과 분석
: COVID-19 관련 가처분결정을 중심으로*

박우경**

Ⅰ. 서론
Ⅱ. 프랑스 행정소송법상 집행정지
　 가처분과 자유보호가처분
Ⅲ. 코로나19 국면에서의 가처분사건

현황
Ⅳ. 가처분신청 유형 분석 및 판례
　 검토
Ⅴ. 종합 및 결론

Ⅰ. 서론

프랑스 최고행정재판소 국사원(Conseil d'État)은 2016년부터 2020년까지 연평균 약 9,800여 건, 2020년을 기준으로 하면 총 9,671건의 행

* 이 논문은 2017년 대한민국 교육부와 한국연구재단의 지원을 받아 수행된 연구임 (NRF-2017S1A5B4055753).
* 이 글의 초고를 한국행정판례연구회·사법정책연구원 공동학술대회 <외국의 최근 행정판례> (2021. 12. 16.)와 한양대학교 공공안전정책센터 세미나 <코로나 시대의 안전과 안보> (2022. 4. 15.)에서 발표하였다. 한국행정판례연구회·사법정책연구원 공동학술대회에서 토론자로 조언을 해주신 박현정 교수님과 여러 선생님들께 감사드리며, 한양대학교 공공안전정책센터 세미나에서 토론자로 조언해주신 김태열 박사님, 강명원 박사님과 여러 선생님들께 감사드린다. 마지막 초고를 읽고 귀중한 심사평을 주신 심사위원 세 분께도 감사드린다.
** 사법정책연구원 연구위원, 법학박사

정사건을 처리하였다.1) 2020년 국사원의 소송사건 접수/처리 건수
(9,671건/10,034건)는 2019년의 그것(10,320건/10,216건)보다 조금 감소한
것을 확인할 수 있는데, 국사원의 가처분사건 접수/처리 건수(1,208건
/1,243건)는 2019년의 그것(472건/410건)보다 2.5배(접수건수) 내지 3배(처
리건수) 이상 증가하였고, 그 중에서도 자유보호가처분사건의 접수/처리
건수(684건/708건)는 2019년(33건/33건)보다 20배 이상 증가하였다.2) 통

---

1) 자세한 통계는 아래 표와 같다. Conseil d'État, *Rapport public: Activité
   juridictionnelle et consultative des juridictions administratives en 2020*, La
   documentation Française, 2021, 33.

건수 분류	처리건수 / 접수건수				
	2016	2017	2018	2019	2020
제1심행정법원 (TA)	191,697 /193,532	201,460 /197,243	209,618 /213,029	223,229 /231,280	200,411 /210,514
행정항소법원 (CAA)	30,605 /31,308	31,283 /31,283	32,854 /33,773	34,260 /35,684	30,706 /30,229
국사원 (CE)	9,607 /9,620	10,139 /9,864	9,583 /9,563	10,320 /10,216	9,671 /10,034

2) 자세한 통계는 아래 표와 같다. 합계가 맞지 않는 경우도 발견되나, 가감해야 할 부
   분을 알 수 없으므로 그대로 표기한다. Conseil d'État, *Ibid.*, 36-37. 행정항소법원
   부분의 "별도 통계"는 제1심 행정법원에서 행정결정을 취소하는 판결을 내렸을 때
   항소행정법원에서 그 판결의 집행을 정지할 수 있는 집행정지(sursis à exécution,
   행정소송법전 제R.811-14~17조) 제도에 관한 것이다.
   한편, 위 일반행정사건 통계에 따르면 국사원은 연간 약 1만여 건의 사건을 처리하
   고 있음을 알 수 있는데, 아래 가처분사건 통계에 따르면 코로나19 상황 이전의 국
   사원은 연간 약 400여 건의 가처분사건을 처리하였다. 그런데 이 수치에는 국사원
   의 가처분결정에 대한 상고건수가 반영되어 있지 않다. 국사원 웹페이지에는 국사
   원 행정재판부의 장이었던 Bernard STIRN의 연설 "국사원, 가처분법관, 그리고 헌
   법"이 기록으로 남아 있는데, 이에 따르면 2017년 기준으로 국사원은 국사원의 가
   처분결정에 대한 상고심에서 662건의 사건을 처리하였고, 이를 합산하면 국사원은
   연간 총 1천여 건의 가처분사건을 처리하고 있다. 코로나19와 같은 비상상황이 아
   닌 평시에는 국사원이 연간 처리하는 전체 1만여 건 중 10%에 해당하는 사건이 가
   처분사건인 셈이다. Bernard STIRN, "Le Conseil d'Etat, juge des référés administratifs
   et la Constitution", Intervention lors du colloque « Justice administrative et Constituti
   on de 1958 » de l'université Paris II Panthéon-Assas, 10 janvier 2019, <https://www.
   conseil-etat.fr/publications-colloques/discours-et-interventions/le-conseil-

계로부터 추측할 수 있는 가장 큰 원인은 코로나바이러스감염증 – 19(이하 '코로나19') 관련 자유보호가처분(le référé – liberté) 신청의 급증이다. 국사원은 48시간 이내에 처리해야 하는데다 대심절차를 거쳐야 하는 자유보호가처분사건의 폭증으로 겪은 고충을 연간보고서에서 상술하고 있다.3)4) 이에 비해 2020년 제1심행정법원과 항소행정법원에 접수된 가

d – etat – juge – des – referes – administratifs – et – la – constitution> 참조.

건수 분류		처리건수 / 접수건수				
		2016	2017	2018	2019	2020
제1심 행정법원 (TA)	집행정지가처분 (L.521-1)	9,818 /9,868	10,076 /10,042	12,034 /12,150	13,733 /13,805	12,455 /12,552
	자유보호가처분 (L.521-2)	3,240 /3,237	4,166 /4,176	5,393 /5,430	6,975 /6,955	5,556 /5,568
	기타 가처분	11,930 /12,103	11,819 /11,615	12,861 /13,043	14,172 /14,316	12,953 /13,414
	합계	24,988 /25,208	26,061 /25,833	30,288 /30,623	34,880 /35,076	30,964 /31,534
행정항소 법원 (CAA)	집행정지가처분 (L.521-1)	250/251	256/263	257/264	311/322	295/281
	기타 가처분	533/541	508/450	443/433	472/470	408/380
	합계	783/792	764/713	700/697	783/792	703/661
	별도 통계: 집행정지 (R.811-14~17)	576/608	591/653	763/834	881/840	843/892
국사원 (CE)	1심 집행정지가처분 (L.521-1)	127/136	146/138	117/119	110/110	272/280
	1심 자유보호가처분 (L.521-2)	24/26	43/44	25/24	33/33	684/708
	1심 기타 가처분	7/15	22/21	11/12	9/7	16/17
	1심 소계	158/177	211/203	153/155	152/150	972/1,005
	항소 자유보호가처분 및 기타 가처분	179/171	208/213	216/272	319/260	236/238
	항소 합계	337/348	419/417	369/427	472/410	1,208/1,243

3) 국사원 부원장 브뤼노 라세르(Bruno LASSERRE)는 국사원 연간보고서(2020년) 서문에서 다음과 같이 언급하였다: "2020년 한 해 동안 국사원이 접수한 COVID – 19 관련 사건 수는 전례가 없는 것으로, 이는 국사원이 효율적인 임무수행을 위한 대비

처분사건의 접수/처리 건수는 전년에 비해 오히려 감소하였다. 대부분의 가처분신청이 지방행정법원 단위에서 이루어지지만, 가처분신청, 특히 자유보호가처분신청이 국사원에 집중되었던 이유는, 뒤의 [표 1]에서 보다시피 대통령령, 총리령 등에 해당하는 데크레(le décret)나 내무부장관 등의 명령에 해당하는 아레떼(l'arrêté)의 집행정지를 구하는 신청에 대하여는 국사원이 제1심이 되기 때문이고 국가적 차원에서 공중의 건강권을 지키기 위해 다른 기본권에 제한을 가할 수밖에 없었던 코로나19 국면에서는 그와 같은 행정행위에 대한 집행정지를 구하는 가처분신청이 빈번하였기 때문이었을 것으로 추측한다.

2020년에 국사원에 접수된 코로나19 관련 사건은 1,409건에 달하였는데, 그 중 865건이 가처분법관에게 배당되었다.[5] 국사원은 중요한 쟁점을 담고 있는 판결과 가처분결정을 선정하여 "최근 중요판례"(Dernières décisions importantes)라는 제목 하에 웹에 게시하는데,[6] 여

가 되어 있음을 보여주는 계기가 되었다. 3월 17일부터 12월 31일까지 국사원은 방역상황과 관련된 864건의 가처분사건을 접수하였다. 이 수치 자체로 정상시기에 처리한 전체 가처분사건 수의 두 배를 훨씬 상회하고, 국사원이 1심으로 다룬 가처분사건의 수만 고려하면 570%가 증가한 것이다. 이같이 밀어닥치는 사건들을 처리하기 위해 소송부 법관들과 직원들은 모범적인 방식으로 집결하고 유연성, 책임성, 효율성을 갖추어 업무방식을 조정하였다. 이러한 노력으로 국사원은 전국이 멈추어 있는 상황에서도 변론을 열 수 있었고, 모든 자유보호가처분사건을 48시간이라는 기한 내에 결정할 수 있었다." Conseil d'État, *Ibid.*, 10 참조.

4) 국사원 연간보고서(2020년)는 가처분사건의 긴급성 요건, 특히 자유보호가처분사건의 경우 48시간 이내에 판단하여야 하는 제한으로 인해, 많은 가처분결정서가 야간 및 주말 근무를 통해 작성되었다고 언급한다. 대심절차로 인해 경미하게 48시간을 초과한 사건도 있었다는 점도 언급한다. 또한 초기의 봉쇄조치 시기(2020. 3. 17. – 2020. 5. 10.)를 제외하고 대부분의 가처분신청의 변론은 공개법정에서 이루어졌고, 2020. 8. 이후에는 심리된 모든 가처분사건의 변론이 공개법정에서 이루어졌는데, 여기에는 변협과 행정부의 협조가 큰 몫을 했다는 점도 밝히고 있다. Conseil d'État, *Ibid.*, 96-97 참조.

5) Conseil d'État, *Ibid.*, 94.

6) 국사원 웹사이트, https://www.conseil-etat.fr/ressources/decisions-contentieuses/dernieres-decisions-importantes 참조. 2021년에는 가처분결정 중에서도 코로나19

기에는 코로나19에 관한 국사원의 2020. 3. 22. 첫 자유보호가처분결정을
비롯하여 총 73건7)의 가처분결정이 게시되어 있다. [표 1]은 이를 목록
화한 것이다. 이들 가처분결정은 모두 프랑스 행정소송법상 긴급가처분
(les référés d'urgence) 제도 중 집행정지가처분(le référé－suspension) 또는
자유보호가처분(le référé－liberté)에 해당하는데, 전자는 우리나라의 현
행 행정소송법상 '집행정지'와 도입을 추진 중인 '가처분' 양자의 기능을
하고 있으며, 후자는 그에 상응하는 우리나라의 제도는 없으나 2000년
개혁8)의 가장 중요한 내용이며 최단기간 내에 집행정지가처분과 같은
효과를 얻을 수 있는 수단으로 이용되고 있다.

이 글에서는 프랑스 행정소송법상 집행정지가처분과 자유보호
가처분에 관하여 간략히 살펴보고(Ⅱ), 코로나19 국면에서의 가

관련 주요 자유보호가처분결정을 별도로 선정하여 게시하였는데, 이 자료는 2020.
3. 22.부터 2021. 2. 16.까지 "최근 중요판례"에 게시된 53건의 자유보호가처분결정
을 단순히 모아 세 기간으로 나눈 것이며, 그 이후에 내려진 결정은 포함하고 있지
않다. 국사원 웹사이트, https://www.conseil－etat.fr/actualites/actualites/dernieres－
decisions－referes－en－lien－avec－l－epidemie－de－covid－19 참조. 2021. 2. 26.
부터 2021. 11. 22.까지는 총 20건의 자유보호가처분결정이 있었다.

7) 국사원은 계류 중인 사건 가운데 쟁점이 유사한 사건을 같은 날 처리하는 경향이
있는데, 이와 같은 이유로 같은 날에 있었던 가처분결정들의 경우, 균일한 통계를
위해 1건으로 다루었다.

8) 「행정법원에서의 가처분에 관한 2000. 6. 30.자 제2000－597호 법률」(Loi n°
2000－597 du 30 juin 2000 relative au référé devant les juridictions administratives)
은 행정소송법전을 개정함으로써 기존의 긴급소송제도를 개혁하였다. 기존의 긴급
소송제도에 해당하는 긴급증거보전(constat d'urgence), 행정가처분(référé
administratif), 행정결정의 집행정지(sursis à exécution des décisions), 그 밖의 특별
행정소송 분야의 긴급소송은 2001년 개혁 이후 긴급가처분, 일반가처분 및 그 밖
의 특별영역에서의 가처분으로 재분류할 수 있다. 긴급가처분에는 집행정지가처분
(le référé－suspension), 자유보호가처분(le référé－liberté) 및 보전가처분(le référé
conservatoire)이 포함되며, 일반가처분에는 증거보전가처분(le référé－constatation),
심리가처분(le référé－instruction), 가지급금가처분(le référé－provision)이 포함된
다. 박현정, "프랑스 행정소송법상 긴급소송제도: 2000년 개혁 이후의 집행정지가
처분과 자유보호가처분을 중심으로", 행정법연구 제13호, 2005, 54－55 참조.

처분사건 현황을 검토한 뒤(Ⅲ), 가처분결정 유형별로 판례를 선정하여 분석하기로 한다(Ⅳ).

Ⅱ. 프랑스 행정소송법상 집행정지가처분과 자유보호가처분

1. 2000년 개혁 이후의 긴급가처분 제도

현행 행정소송법상 긴급소송제도(les procédures d'urgence)는 2000년 개혁의 결과이다. 2000년 개혁에 따라 긴급소송제도는 긴급가처분(les référés d'urgence), 일반가처분(les référés ordinaires) 및 그 밖의 특별영역의 가처분(les référés spéciaux)으로 재분류할 수 있다.9) 긴급가처분에는 집행정지가처분, 자유보호가처분 및 보전가처분이 있는데, 집행정지가처분과 보전가처분은 2000년 개혁 이전의 제도와 무관하지 않지만, 자유보호가처분제도는 2000년 개혁으로 도입한 "완전히 혁신적인"10) 제도로 평가받았다.

2000년 개혁은 긴급가처분과 일반가처분의 절차적 요건을 완화하고, 집행정지가처분에서 거부결정에 대한 집행정지도 인정하였으며, 긴급가처분에 자유보호가처분을 도입하였다는 등의 특징이 있다.11) 2000년 개혁 이후 가처분사건은 원칙적으로 가처분법관(juge des référés)이 전담하는 단독사건이 되었고, 가처분신청 자체로 보아 신청인의 패소가 명백한 경우(긴급성이 인정되지 않거나, 행정법원 관할 사건이 아니거나, 부적

---

9) René CHAPUS, *Droit du contentieux administratif*, Montchrestien, 2008, 1357−1358, 1379−1520 참조.
10) *Ibid.*, 1379.
11) 관련하여 상세로는 박현정, 앞의 논문, 55−58 참조.

법한 경우 등) 가처분법관은 심리나 변론을 거치지 않고 이유를 붙인 명령으로 신청을 기각/각하할 수 있게 되었다(동 법전 제L.522-3조 참조). 이러한 절차 완화는 가처분신청에서 명령이 있기까지 기간을 단축하는 효과를 낳았다. 또한 가처분사건 심리의 대심구조 원칙(행정소송법전 제L.5조)이 세워져12) 집행정지가처분과 자유보호가처분의 경우 공개법정의 변론을 거치게 되었다(동 법전 제L.522-1조).

통계로 보면, 코로나19 국면 이전에 양적으로 가장 많이 활용된 긴급가처분 제도는 집행정지가처분이었는데, 코로나19 국면에서는 자유보호가처분신청이 폭증하였다. 이 글에서 검토할 73건의 가처분결정 모두 집행정지가처분 또는 자유보호가처분에 해당한다는 점을 고려하여, 아래에서는 집행정지가처분과 자유보호가처분에 한정하여 긴급가처분 제도를 살펴보기로 한다.

2. 공통사항

(1) 잠정성

가처분법관은 가처분결정에서 '잠정성'(un caractère provisoire)을 갖는 조치만을 명하며, 사건의 본안에 대하여 판단하지 않는다(행정소송법전 제L.511-1조).

가처분결정의 이러한 잠정적 효력은, 늦어도 본안판결 선고 시에는 집행정지가처분결정의 효력이 상실된다고 규정한 행정소송법전 제L.521-1조에서 명시적으로 드러난다. 가처분법관이 집행정지 명령의 집행을 위해 내린 조치도 잠정적 효력만을 갖는다.13) 그러나 자유보호가처분 영역에서는 잠정성에 대한 예외가 인정되기도 한다. 즉, 어떠한 잠정적인 조치로도 침해된 기본적 자유를 보호할 수 없는 경우, 가처분

---

12) Camille BROYELLE, *Contentieux administratif*, LGDJ, 2019, n° 663 참조.
13) *Ibid.*, n° 682.

법관은 행정소송법전 제L.511-1조에서 규정한 '잠정성'에서 벗어나, 종국적인 성격을 갖는 조치를 명할 수 있다.[14]

(2) 기판력 불인정

당사자가 가처분법관에게 어떤 조치를 명할 것을 신청하였는데 그것이 본안을 판단하는 결과를 초래할 가능성이 있는 경우, 가처분법관은 당사자의 주장에 대한 입장을 정해야 하는 상황에 놓이게 되기 때문에 가처분법관의 결정이 본안과 전혀 무관하다고 볼 수는 없다.[15] 그러나 가처분결정은 본안에 대하여 기판력(l'autorité de la chose jugée)이 없으므로, 본안사건을 담당하는 법관은 가처분법관이 내린 결론에 법적으로 구속되지 않는다.[16]

(3) 가처분법관의 지위

가처분법관, 특히 자유보호가처분사건을 다루는 가처분법관은 매우 구체적이면서도 기본권 간 충돌이라는 최상위에 있는 헌법적 쟁점을 48시간 내에 판단하고 해결해야 하는 위치에 놓이게 된다. 이를 반영하듯 행정소송법전은 제1심행정법원 및 행정항소법원의 경우 법원장, 국사원 관할 사건의 경우 소송부의 장[17]이 가처분법관이 되고, 이에 더하여 이들이 지명하는 근속기간이 최소 2년 이상인 1급 이상의 법관들이

---

14) *Ibid.*, n° 682.
15) *Ibid.*, n° 680.
16) *Ibid.*, n° 681.
17) 국사원은 원장직을 실질적으로 수행하는 부원장을 필두로 하여 크게 사무국과 7개의 부로 나뉜다. 7개의 부 중 1개의 부가 행정소송을 담당하는 '소송부'(la section du contentieux)이다. 이 부가 유일하게 행정소송을 담당하므로 이 부는 '재판부'라기 보다는 사실상 우리의 '대법원'에 준하는 역할을 한다고 볼 수 있다. 그에 비추어보면 소송부의 장은 우리의 '대법원장'에 준하는 역할을 한다고 볼 수 있다. 사법정책연구원(연구책임자 박우경), 행정재판과 법의 일반원칙: 프랑스 행정법상 법의 일반원칙을 중심으로, 2021, 20-21.

가처분법관이 된다고 정하고 있다(동 법전 제L.511-2조).\

(4) 단독사건 원칙에 대한 예외

2000년 개혁으로 가처분사건은 원칙적으로 가처분법관이 전담하는 단독사건이 되었지만, 민감한 사안 등에 대한 가처분결정을 단독으로 하는 것에 대한 부담을 줄일 필요가 생겼다.[18] 「공무원의 직업윤리 및 권리의무에 관한 2016. 4. 20.자 제2016-483호 법률[19]」 제62조는 행정 소송법전 제L.511-2조에 제3항을 신설하여, 지방행정법원장, 항소행정 법원장, 또는 국사원 행정소송부의 장이 가처분사건의 성격을 고려하여 이를 가처분법관 3인으로 구성된 합의부에서 결정하는 합의사건으로 정할 수 있게 하였다.

3. 집행정지가처분

행정소송법전[20] 제L.521-1조

어떤 행정결정이나 그 거부가 취소소송이나 변경소송의 대상이 되고 이를 이유로 한 신청이 있는 경우, 가처분법관은 그 결정이나 결정의 효력 중 일부의 집행정지를 명할 수 있는바, 이를 위해서는 긴급성이 인정되고 심리 단계에서 해당 행정결정의 적법성에 대한 심각한 의심을 불러일으킬 정도의 이유가 제시되어야 한다.

집행정지가 선고된 경우, 이는 가능한 빠른 시간 내에 행정결정의 취소 또는 변경 청구에 대한 본안판결에서 선고된다. 집행정지는 늦어도 행정결정의 취소 또는 변경 청구에 대한 본안판결이 선고되는 때에

---

18) BROYELLE, *op. cit.*, n° 688 참조.
19) Loi n° 2016-483 du 20 avril 2016 relative à la déontologie et aux droits et obligations des fonctionnaires.
20) Code de justice administrative. 행정소송법전 조문 번역의 일부는 박현정, 앞의 논문, 56, 60의 번역을 기초로 하였고, 일부는 필자가 번역하여 추가하였다.

종료된다.

집행정지가처분은 행정결정 집행의 정지를 구하고자 하는 경우에
활용된다.

집행정지가처분신청의 적법성이 인정되기 위해서는 몇 가지 요건
즉, ① 신청이 행정결정 또는 그 거부에 대한 것일 것, ② 신청 전에(또
는 신청과 동시에) 행정법원에 행정결정의 취소 또는 변경을 구하는 소를
제기하였을 것, ③ 집행의 대상이 존재할 것이 충족되어야 한다.[21]

실체적 요건으로는 ① 긴급성과 ③ 행정결정의 적법성에 대하여
심각한 의심을 불러일으킬 만한 이유가 있을 것 등이 있다.[22]

집행정지가처분결정에서는 집행정지와 함께 행정청에 대한 이행명
령이 부가될 수 있다. 거부결정에 대한 집행정지를 명하는 경우에는 이
행의무를 명시하여야 하는데, 신청인의 신청이 있으면 '집행적' 행정결
정에 대하여도 집행정지와 함께 이행명령(l'injonction)을 내릴 수 있
다.[23] 집행정지가처분결정을 받는 데에 걸리는 기간의 평균은 20일 정
도라고 한다.[24]

4. 자유보호가처분

행정소송법전 제L.521-2조

긴급성에 의하여 정당화되는 신청이 제기되면, 가처분법관은 공법
상 법인이나 공역무 수행을 맡은 사법상 조직이 그 권한을 행사함에 있
어 사인의 기본적 자유(une liberté fondamentale)에 중대하고 명백하게
위법한 침해를 가한 경우, 그 기본적 자유의 보호를 위하여 필요한 모

---

21) CHAPUS, *op. cit.*, 1393-1399 참조.
22) *Ibid.*, 1400-1413 참조.
23) 박현정, 앞의 논문, 2005, 60.
24) Olivier LE BOT, "Le référé-liberté est-il victime de son succès ?", RFDA, 2021,
    658.

든 조치를 명할 수 있다. 가처분법관은 48시간 이내에 결정한다."라고
규정한다.

　자유보호가처분은 가처분절차에서 가처분법관을 통해 행정이 중대
하고 명백하게 위법한 방식으로 침해했을 수 있는 "기본적 자유"(une
liberté fondamentale)[25]를 보호하기 위한 "모든 필요한 조치"를 구하고자
하는 경우에 활용된다.

　자유보호가처분신청의 적법성이 인정되기 위해서는 ① 신청이 행
정작용에 대한 것이어야 한다.[26] 집행정지가처분신청에서와는 달리, 자
유보호가처분신청은 본안의 취소 또는 변경 소송에 부수할 것을 요하지
않는다.[27] 신청기한은 별도로 존재하지 않는다.[28]

　실체적 요건을 충족하기 위해서는 ① 기본적 자유의 침해가 있어
야 하고, ② 그 침해가 중대하고 명백히 위법하여야 하며, ③ 긴급성이
인정되어야 한다. 행정소송법전은 기본적 자유가 무엇인지에 대하여 규
정하고 있지 않다. 국사원은 기본적 자유를 일반적으로 정의함으로써
모든 사건에 적용하는 방식을 취하지 않고 자유보호가처분으로 범위를
좁혀 판례를 통해 기본적 자유의 개념을 구체화하고 있다.[29] 가처분법
관은 기본적 자유의 개념을 해석함에 있어 법규정에 엄격하게 구속되지

---

25)　프랑스 공법상 '기본적 자유'는 'libertés fondamentales', 'droits et libertés
　　fondamentaux', 'droits fondamentaux' 등의 용어로 표현되며, 자유와 평등을 포괄하
　　는 넓은 개념으로 우리 헌법상 '기본권'에 가까운 개념이다. 프랑스 헌법은 체계적
　　인 기본권 규정을 두지 않고 있으나 헌법재판소와 국사원은 1789년 인권선언과
　　1946년 헌법 전문(前文) 등을 '헌법적 가치를 가지는 규범'(des textes et principes à
　　valeur constitutionnelle)으로 인정하고 이를 근거로 다양한 기본권을 도출해 왔다.
　　Louis FAVOREU et al., *Droit des libertés fondamentales*, Dalloz, 2021, 54-55,
　　121-122 참조.
26)　Marc de MONSEMBERNARD, Référés d'urgence: le référé-liberté, *Répertoire du
　　contentieux administratif*, Dalloz, 2020, n° 14.
27)　*Ibid.*, n° 16.
28)　CE 17 mars 2010, Larkhawi, n° 332585.
29)　MONSEMBERNARD, *op. cit.*, n° 19.

않고 그 구체적인 법률적합성을 판단한다.30)

판례상 인정된 기본적 자유의 종류는 매우 다양하다. 검토한 가처분신청들에서도 개인의 자유, 왕래의 자유, 정상적인 가족생활을 영위할 권리, 사생활을 존중받을 권리, 혼인할 자유, 표현 및 집회의 자유, 신앙의 자유, 생명권, 건강권, 방어권, 평등원칙, 재산권, 기업의 자유 등 다양한 종류의 기본적 자유의 침해가 주장되었다.

행정소송법전은 집행정지가처분신청에 대한 결정기한은 정하고 있지 않은데, 자유보호가처분신청에 대한 결정기한은 48시간 이내로 정하고 있다. 자유보호가처분결정에 대하여는 통지를 받은 날로부터 15일 내에 국사원에 항소할 수 있고, 국사원은 이를 48시간 내에 결정하여야 한다(행정소송법전 제L.523-1조 참조).31) 집행정지가처분사건에서와는 달리, 자유보호가처분사건의 경우 제1심행정법원의 자유보호가처분결정에 대한 항소를 행정항소법원이 아닌 국사원에서 관할하며, 이 경우 국사원은 상고심이 아닌 항소심으로 기능한다.32)

---

30) Conseil d'État, *op. cit.*, 103.
31) 프랑스 행정소송법상 결정에 대한 불복절차가 판결에 대한 불복절차와 별도로 마련되어 있지 않다는 점을 감안하여 '항고', '재항고'라는 용어를 사용하지 않고 '항소', '상고'라는 용어를 사용한 선행연구(박현정, 프랑스 행정소송법상 가처분결정의 잠정적 효력, 행정법연구 제55호, 2018, 7)에 따라 이 글에서도 '항소', '상고'라는 용어를 사용하기로 한다.
32) Jean-Claude DOUENCE, Collectivités locales: contrôle de la légalité, *Répertoire du contentieux administratif*, Dalloz, 2014, n° 288 참조.

Ⅲ. 코로나19 국면에서의 가처분사건 현황

국사원이 선정한 코로나19 관련 주요 가처분결정을 분류하면 아래 [표 1]과 같다.[33) 총 76건[34) 중 자유보호가처분 60건, 집행정지가처분 14건, 두 유형의 가처분사건이 병합된 2건이 있었다.[35) 결정의 유형별로 살펴보면, 인용결정 7건, 일부인용결정 21건, 기각결정 48건이 있었다. 이러한 수치 자체의 의미가 없지는 않지만, 통계상으로는 기각결정이 있었으나 실질적으로 진전이 있었던 경우들이 드러나지 않는다. 구체적으로 국사원 보도자료(2021. 4. 20.)에 따르면, 1년 동안(2020. 3. 17. – 2021. 3. 17.) 내려진 647건[36)의 가처분결정 중 국사원 가처분법관이 정부 또는 지방자치단체의 행정결정에 대해 조치를 명하거나 그 집행정지를 명한 경우는 51건이었는데, 변론절차를 거치면서 행정청이 자신의 의무를 상기하였거나 가처분결정이 있기 전에 행정결정을 변경한 경우는 200건 이상이었다.[37)

---

33) 이 목록은 2020–2021년 국사원이 실제로 내린 코로나19 관련 가처분결정 전체를 포괄하지 않고 국사원이 선정한 코로나19 관련 중요 가처분결정 전체를 포괄한다. 실제 있었던 가처분결정 전체가 아닌 선정된 가처분결정 전체에 토대를 둔다는 점에 이 글의 한계가 있으나, 해당기간 동안 있었던 국사원의 가처분결정 전체에 접근하는 데에는 현실적인 어려움이 있다. 이 점을 감안하여 이 글에서는 통계를 중시하기보다는, 국사원 선정 중요 가처분결정의 검토를 통해 긴급가처분제도의 특징을 파악하는 데에 주안점을 두기로 한다.

34) 앞서 언급한 바와 같이, 유사사건들의 가처분결정이 동일한 날짜에 있었던 경우 균일한 통계를 위해 이를 1건으로 다루었는데, 유사사건의 결론이 모두 같았던 경우에는 표에 별도로 기재하지 않았고, 유사사건이지만 결론이 달랐던 경우에는 이를 1건으로 다루되 표에 별도로 기재하였다. 유사한 사건의 결론이 서로 달랐던 경우(판례52, 판례62)와 결론은 같았지만 유사한 사건에 대해 자유보호가처분신청과 집행정지가처분신청이 각각 있었던 경우(판례70)를 고려하여 전체 73건에 3건을 더하였다.

35) 이는 약 4.2:1의 비율인데, 2020년 통계를 기준으로 했을 때, 자유보호가처분과 집행정지가처분 간 실제 비율은 약 3.4:1이다.

36) 부분실업에 관한 유사한 가처분신청(2020. 9.) 283건 등을 제외한 수치이다.

37) Conseil d'État, "Un an de recours en justice liés à la covid–19: Retour en chiffres

국사원 가처분법관이 정부 등의 행정결정에 대해 조치를 명하거나
그 집행정지를 명한 경우의 예로는, 중단한 망명신청 접수를 재개할 것
을 명한 사건(판례 20), 4일 후부터 변호사접견, 징계위원회출석 등을 하
는 수감자에게 마스크를 공급할 것을 법무부장관과 교도소장에 명한 사
건(판례 21), 파리경시청에 드론에 의한 봉쇄령 준수 여부 감독을 즉시
중단할 것을 명한 사건(판례 24), 종교시설에서의 모든 모임을 금지한
국무총리 데크레를 8일 내에 변경할 것을 명한 사건(판례 25), 공공도로
집회(시위)에 사전신고를 요구한 국무총리 데크레의 집행정지를 명한
사건(판례 32, 34), 학교에 설치된 열화상카메라의 사용중단을 명한 사
건(판례 34), 시내 거리 및 공공장소에서의 11세 이상 마스크착용을 의
무화한 론느도지사 아레떼를 2일 내에 변경할 것과 기한 내 변경되지
않은 경우 해당 아레떼가 집행정지됨을 명한 사건(판례 38) 등이 있다.
    결과적으로 기각결정이 있었지만 정부의 노력 등의 진전이 있었던
경우(200건 이상)는 ① 변론절차에서 정부의 실무개선으로 이어진 50여
건(교도소에 장갑과 손소독젤 공급, 노숙인에 대한 과태료 면제, 봉쇄령 기간 동
안 허용된 이동의 기준 명확화 등), ② 가처분법관이 국가에 임무를 상기한
130여 건(변호사에 대한 마스크 공급을 지원할 것, 의료정보허브플랫폼 호스팅
업체인 마이크로소프트와 해결책을 강구할 것, 정부조치에서 서점의 중요한 역할
을 고려할 것, 방역상황이 나아지면 극장 개방을 재개할 것 등), ③ 가처분법관
의 가처분결정 전에 행정청이 계쟁 행정결정을 취소하거나 변경한 89건
으로 분류된다.[38]
    판례상 자유보호가처분신청을 통해서도 행정결정의 집행정지를 구
하는 것이 허용되고,[39] 자유보호가처분신청은 본안의 취소소송이나 변

sur l'activité du Conseil d'État, juge de l'urgence et des libertés", Communiqué de
presse, 20 avril 2021.
38) 가처분결정에서 정부 등에 대한 이행명령이 있었는지 여부는 가처분결정 자체를
    검토하여 파악할 수 있었고, 가처분결정에 드러나지 않은 진전은 국사원 보도자료
    (2021. 4. 20.)를 통해 파악하였다.

경소송 제기를 요건으로 하지 않기 때문에 신청인은 보다 신속한 권리구제를 받을 수 있다. 그러나 자유보호가처분신청을 위해서는 기본적 자유의 침해, 긴급성 등의 요건들을 충족하여야 한다는 어려움이 있다. 이를 감안하여 신청인은 집행정지가처분과 자유보호가처분 중 더 유리한 절차를 선택하거나 양자를 모두 활용할 수 있다.[40)]

　검토한 가처분사건들의 ㉠ 대부분은 신청인이 자유보호가처분신청을 한 경우(60건)에 해당하고, 이에 더하여 ㉡ 소수의 집행정지가처분신청(14건)이 있었다. ㉢ 유사한 내용의 신청이지만 별개의 사건으로 다뤄진 경우에서 한쪽은 자유보호가처분신청을, 다른 쪽은 집행정지가처분신청을 한 경우를 볼 수 있었다(판례 52, 판례 70). 이렇게 다른 유형의 신청을 한 사건들 간에는 결과상 차이가 발생한 경우(판례 52)와 차이가 발생하지 않은 경우(판례 70)가 있었다. 한편, ㉣ 병합된 사건들 중 일부는 자유보호가처분신청을, 나머지 일부는 집행정지가처분신청을 한 경우도 있었다(판례 35, 판례 40). 이 경우에는 계쟁 행정입법에 대한 단순 집행정지명령만이 있었고 이행명령은 없었다. 그런가하면 ㉤ 유사한 가처분사건이 몇 달 후에 다른 신청인에 의해 신청되는 경우들도 있었는데, 유사 가처분결정 간 결론이 달라진 경우는 없었다. ㉢과 ㉣의 경우, ㉤과는 달리, 유사사건에 대한 가처분결정이 같은 날 있었다.

　다섯 가지 유형 가운데 흥미로운 것은 ㉢과 ㉣유형이다. 2000년 개혁 당시 다르게 설계된 집행정지가처분과 자유보호가처분 제도가 실제 신청인들에게는, 특히 코로나19 국면에서, 큰 구별 없이 활용되기도 한 것으로 보이기 때문이다. 그 이유는 앞서 언급한 바와 같이 코로나19 비상국면에서 기본적 자유를 제약하는 데크레의 빈번한 발동으로 신청인이 평시보다 자유보호가처분의 신청요건을 충족하기가 용이해진 데에 있다. 자유보호가처분은 신청요건을 충족하기 어렵다는 난점이 있

---

39) TA Dijon, 2 mars 2001, Ass. pour adultes et jeunes handicappés.
40) 박현정, 앞의 논문, 62.

[그림 1] 국사원이 선정한 가처분결정 수와 신규확진자 수(2020.3.-2021.11.)

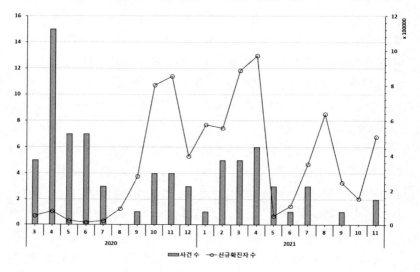

지만 자유보호가처분이 내려지면 집행정지가처분과 유사한 효과를 더 빠른 시간 내에 얻을 수 있다는 이점이 있다.

국사원이 선정한 가처분결정의 월별 건수를 월별 확진자 수[41]와 대비하여 보면 위 [그림 1]과 같이 어느 정도 서로 조응하는 양상을 띤다. 확진자 수의 추이와 보다 직접적으로 조응하는 것은 데크레(총리령)가 발하여진 시점이다. 이동금지령, 임시폐쇄조치 등을 명하는 데크레(총리령)는 확진자 추이에 따라 발하여졌을 것인데, 가처분신청건수는 데크레가 발하여질 때마다 증가하였으므로, 확진자 수의 추이가 가처분신청건수의 추이와도 어느 정도 상관성이 있다고 전제하였을 때, 위 [그림 1]을 통해 국사원이 선정한 가처분결정의 수(73건)는 실제 가처분

---

41) 신규확진자 수 추이 자료는 프랑스 정부 웹페이지에서 확인하였다.
   https://www.data.gouv.fr/fr/datasets/donnees-relatives-a-lepidemie-de-covid
   -19-en-france-vue-densemble/ 참조.

결정건수와 어느 정도 비례할 수 있다고 추측해볼 수 있다. 48시간 내에 결정이 내려지는 자유보호가처분이 아닌 다른 가처분의 경우, 결정까지 소요되는 시간이 상당히 단기간이어야 위와 같은 결론이 도출될 수 있는데, 집행정지가처분결정을 받기까지 걸리는 기간이 평균 20일 정도로 비교적 단기간인 점을 감안하면 이로 인해 패턴에 큰 차이가 발생하지는 않을 것으로 보인다.

[표 1] 2020. 3. 22. - 2021. 11. 22. 코로나19 관련 독사원 주요 가처분결정 목록 (※ 상세하게 다룬 판례에는 굵은 글자 표시를 하였다)

연번	선고일자	사건번호(당사자)	사건내용	신청인	처분성	주장된 기본권 이익	결정유형	이행명령	신청유형(기본권)	처분성	심급
1	2020-03-22	438674 (병합외)	국무총리 및 연대건강부장관에 대한 행정조치 이행명령 등 의료용마스크 대상 선별검사 조치 신청	질병관리본부 등	-	생명권, 건강권 등	일부인용	○(44)	자유보호	○	1-단
2	2020-03-27	439720	내무부장관 등에 대한 행정조치 신청	아주대학병원 (GIST), 대학병원사협회 등	-	생명권, 비인도적 또는 굴욕적인 대우를 받지 않을 권리 등	기각	○	자유보호	○	1-단
3	2020-03-28	438765	검사에 대한 행정조치 신청	개인사업자들	-	생존권, 건강생명에 대한 자유권 등	기각	○	자유보호	○	1-단
4	2020-03-28	439726	정부에 대한 행정조치 신청	엑스지역협의회회 등	-	생명권, 비인도적 또는 굴욕적인 대우를 받지 않을 권리, 건강권, 사회보장권 등	기각	-	자유보호	○	2-단
5	2020-03-28	439693	정부에 대한 행정조치 신청	프레행시민사회연대 등	-	생명권, 비인도적 또는 굴욕적인 대우를 받지 않을 권리, 건강권 등	기각	-	자유보호	○	2-단
6	2020-03-28	439702	사회복지에 관한 행정조치 신청	전자시생협회	-	직업의 자유, 기본적 자유권, 평등권리 등	기각	-	자유보호	○	1-단
7	2020-04-01	438763	검사에 대한 행정조치 신청	전국인권대처협회회, 코로나시민연합	-	생명권, 비인도적 또는 굴욕적인 대우를 받지 않을 권리 등	기각	-	자유보호	○	2-단
8	2020-04-02	439904 (병합)	과학용마스크대책 등에 대한 행정조치 신청	과학용마스크대책위/ 연대보건복지연합	과용마스크대책위/ 연대보건복지연합	생명권, 건강생명에 대한 치료권, 생명권 등	기각	-	자유보호		4-단
9	2020-04-04	438827	국무총리, 연대건강부장관에 대한 행정조치 신청	국제간호사권리단체스(스위스), 수검지역권리수용법사연합 등	-	생명권, 비인도적 또는 굴욕적인 대우를 받지 않을 권리 등	기각	-	자유보호	○	2-단
10	2020-04-08	438821	국무총리 등에 대한 행정조치 신청	전국경기간호단체협회회	-	생명권, 건강권	기각	-	자유보호		2-단
11	2020-04-08	438895	국무총리에 대한 행정조치 신청	아동가정보호협회회, 보호소지역사회복지회 등	-	생명권, 비인도적 또는 굴욕적인 대우를 받지 않을 권리, 건강권 등	기각	-	자유보호	○	1-단
12	2020-04-10	439903 외 12건	검사·행정처분에 관한 행정조치 신청	프랑스보험가입회, 사업조치회 등	-	방어권, 생명과 인도적인 또는 굴욕적인 대우를 받지 않을 권리 등	기각	-	자유보호	○	1-단
13	2020-04-15	439910	국가에 대한 행정조치 신청	코로나피해자보호협회회 등	-	생명권, 건강권, 생명에 대한 자유권 등	기각	-	자유보호	○	2-단

---

42) 병합된 사건의 번호는 부기하지 않았다.

43) 결과(인용, 일부인용, 기각)는 신청을 기준으로 하였다.

44) 흰색 원 표시(○)는 이행명령이 있었던 경우이다.

번호	날짜	사건번호	신청 내용	기관	관련 당사자	관련 권리	결과	자유보호/집행정지	○	○	유형
14	2020-04-15	440002	국무총리 및 연대보건부장관에 대한 영상(부보호-이주거시설(EHPAD)) 거주자 및 직원에 대한 체계적 정기검사 코로나19 검진 조치 등 신청		-	생명권, 바이도적인 또는 굴욕적인 다룸 받지 않을 권리, 건강권에 따른 치료를 받을 받을 권리 등	-	자유보호		○	2-a
15	2020-04-17	440057	새로운-통쇄이주행행당: 마스크착용 관련 쓰(Sceaux, 지방) 사장의 2020. 4. 6.자 아래배 집행정지 명령 신청 인용 ⇒ 소 사장의 항소	프랑스인권연맹	소 시장	사생활을 존중받을 권리, 사업의 자유, 기업의 자유	인용	자유보호	○	○	1-b
16	2020-04-18	440012	장애에 대한 연방필수수용소 사업에에 해당하는 금속감영화사를 업무열을 분류하고 비용수용을 사업임에 해당하는 금속감영사 폐쇄 명령 신청	금속감영사노동자협회	-	생명권, 건강권	기타	자유보호		○	1-b
17	2020-04-20	440005	국무총리 등에 대한 경찰(2016. 4. 7.자 아래배 개정 및 방역하기간 종료 시까지 농약살포를 자제하여 코로나19 확산 요인의 미세먼지정사 종류 발지하도록 법규정 제정 신청	대기/개선지원단체	-	생명권, 건강권	기타	자유보호		○	1-b
18	2020-04-20	439983 (병합)	국가에 대한 경찰(변호사 업무수행 시 보호장치(마스크, 장갑, 가운) 및 손소독제 공급) 신청	마르세유-변방법사/사회/파리사 변호사회	-	생명권, 건강권, 보이권 등	-	자유보호		○	2-a
19	2020-04-30	440179	국무총리, 내무부장관, 스포츠장관에 대한 경찰(홈솔선가) 동안 위물한 이동에 지자녀사물 영사력으로 추가하는 결정을 SNS를 온라인플레이어) 등에 공표를 것 등 신청	프랑스지자연대장사협회	-	활동의 자유, 개인의 자유, 안전권 등	일부인용	자유보호	○	○	1-b
20	2020-04-30	440250	파리행정법원 도지사 등에 대한 경찰(수 재가 명령 신청 인용 ⇒ 내무부장관의 항소	이주자지원단체 (GIST) 등	내무부장관	안전권, 생명권, 바이도적인 또는 굴욕적인 대우 받지 않을 권리 등	일부인용	자유보호	○	○	1-b
21	2020-05-07	440151	마르티니크행정법원 내무부장관, 투르교도소장에 대한 경찰(코로나19 감사 시행 등) 신청 일부인용 ⇒ 내무부장관의 항소	수감자들/마르티니크지방변호사회	법무부장관	생명권, 바이도적인 또는 굴욕적인 대우를 받지 않을 권리 등	일부인용	자유보호		○	2-a
22	2020-05-07	440255	파리행정법원 내무부장관, 외국인센터(ARS)으로 이동 명령 신청 인용 ⇒ 내무부장관의 항소	외국인센터/지방이주사본/파리	내무부장관	생명권, 바이도적인 또는 굴욕적인 대우를 받지 않을 권리 등	일부인용	자유보호		○	1-b
23	2020-05-15	440211	주거지 주변 살충제살포 최소안전거리 제한을 완화한 2020. 2. 3.자 농림부 기술지침 등 집행정지 신청	환경보호단체, 소비자보호단체 등	-	-	기타	집행정지			3-a
24	2020-05-18	440442	파리행정법원 도레에 도레에 대한 폴레팅 준수 여부 점검 후사조건 명령 신청 기간 ⇒ 디지털개인정보보호단체 등의 항소	디지털/개인정보보호단체/프랑스인권연맹	디지털/개인정보보호 조단체, 프랑스인권연맹	사생활을 존중받을 권리, 개인정보보호권	인용	자유보호	○	○	1-b
25	2020-05-18	440366 (병합)	종교시설에서의 모든 모임을 금지한 2020. 5. 11.자 제2020-548호 데크레 제도로 집행정지 및 신앙의 자유와 종교의 자유를 최소한 부분적으로라도 즉시 행사할 수 있게 하는 모든 유용한 조치 등 신청	개인과 단체 등	-	신앙의 자유, 개인의 자유, 왕래의 자유, 집회의 자유 등	일부인용	자유보호		○	1-b
26	2020-05-22	440216 (병합)	방역하기간 중 자택 복을 가능한 경우 후 임신증밀하여 처방으로 비대면진료장려의 2020. 4. 14.자 아래배 제도 제3조 집행정지 등 명령 신청	생명윤리보호단체/낙/사윤리단 제	-	건강권, 평등권	기타	집행정지		○	1-b
27	2020-05-22	440321	정부에 대한 경찰(성전환자 보호대책 대급하게 취할 것) 총분조치 신청	불법의사협회	-	생명권, 환자의 치료를 받으려할 권리 등	기타	자유보호		○	2-a

28	2020-06-08	440777	국립상영과학원는 임명권자(안전행정부)이 단체사고의 및 영상과학원의 2020. 5. 13.자 제2020-656호 오퍼드 마스크 제1조 및 제3조의 집행정지등 명령 신청	-	-	일부인용	▼45)	집행정지	O	1-b
29	2020-06-08	440701	연대교건설현장에 대한 영방(FP2K)FS40K 상응되는 마스크 착용이 필요한 경우에 구성한 지침의 내용을 집행할 것 등 신청	일부수반병 노동조합(의료기관 기술자, 관리자 등)	-	기각	-	자유보호	O	1-b
30	2020-06-09	440809 (병합)	2016~2020 프로축구단씨즈레 집행할 것 등 수에 따라 리그나 피고 집중률 예고 프랑스프로축구연명의 2020. 4. 30.자 결정 집행정지 명령 신청	프로축구단들	-	일부인용	●46)	집행정지	O	1-b
31	2020-06-11	440439	이마추아 축구 연맹에은 2020. 4. 16.자 결정 집행정지 명령 신청	이마추아 축구연맹	-	기각	-	집행정지	O	1-b
32	2020-06-13	440846 (병합)	국무총리와 및 연맹(관건교육부 모임 보건인(제10단에 제1한 2020. 5. 31.자 제2020-663호 데크레 제3조, 제1항 폐지 신청	프랑스민영업연맹/교사노조등	-	일부인용	▼	자유보호, 자유, 표현의 자유 등	O	1-b
33	2020-06-19	440916	국제법 사회에 사건으로은 오퍼 보내진에 집중도 제1한 집행정지 신청 "의정청보관" 탈재를 숨인한 연대보건부함가의 2020. 4. 21.자 아래로 집행정지 신청	다수의 단체, 조합, 협회 등	-	일부인용	O	자유보호		1-b
34	2020-06-26	441065	벼르샤루행정법원 사기로 운영되는 시설과 학교에 온라인쉬 작업화부터에 설치체아 건설한 인권에는 사항풀에서 결정율 속도한지 가으 ~ 프랑스인권연명의 2020. 4. 17. 결정 집행정지 명령 신청 가으 ~ 프랑스인권연명의	프랑스인권연맹	-	일부인용	-	사생활 존중받을 관리, 개인정보보호, 용제의 자유	O	1-a
35	2020-07-06	441257	광정도로 집배시사업의 오2의은 도지사의 사자오2부 구성한 장으 설정 프랑스스송노동연맹의 2020. 5. 31.자 데크레 집행정지 등 명령 신청	프랑스노동총연맹 등	-	기각	▼	집회시위의 자유, 표현의 자유	O	1-b
36	2020-07-07	441443	프랑스-주구영흥 집행할명에 관한 2020. 6. 5.자 데크레 폐지업령 리그코와 강동 집행정지 등 명령 신청	오렌클럽 축구클럽 등	-	기각	-	이동의 자유 경제 추구의자유		1-b
37	2020-07-13	441449	나이트클럽 폐쇄를 유지한 2020. 6. 21.자 제2020-759호 데크레 및 제2020-860호 대크레 집행정지 등 명령 신청	전국디스코테크클럽 등	-	일부인용	-	기업의 자유, 상영업의 자유	O	1-b
38	2020-09-06	443751	리용행정법원 사항으로은 발표된을 개나 거리 및 공공장소에서사의 11세 이상 마스크의무화적용 집행을 제약으로 집행명령 신청 11세 이상 마스크의무화적용	개인 단체 등	연대보건대응관	일부인용	O	필요의 자유, 개인의 자유	O	1-b
39	2020-10-08	444741	통통 조행행법 특일스쿨스고드스터스 대한 수업조정 마스크 의사 명령 신청	변호사, 수급자 등	법무장관	일부인용	-	생존권	O	1-b
40	2020-10-15	444425	코로나19 강염확산의 혀계 가처에 의한 근로자 스스로가 강염하에 속하는 경우의 재택실업제도와 chomage partiel의 대체를 받을 수 없게 한 2020. 8. 29.자 제2020-1086호 데크레 집행정지 등 명령 신청	개인, 비민종사회연대단체 등	-	일부인용	▼	균등권, 집회결사	명령	3-b
41	2020-10-16	445102 (전원부여)	마르세유행정법원 부수자특에 도지사의 명령 신청 기각 ~ 연대보건부장관는 집행정지 명령 신청 제3디스코스튜쉬얼 폐쇄 집행정지 종사자들의 폐소 실내스포츠시설들 종사자들의	실내스포츠시설들 종사자들등	-	기각	-	기업의 자유, 상업업의 자유 개인의 자유 등	O	1-b

---

45) 역삼각형 표시(▼)는 집행정지만 명하고 이행명령은 없었던 경우이다.
46) 검정색 원 표시(●)는 집행정지와 함께 이행명령이 있었던 경우이다.
47) 자유보호가처분신청사건과 집행정지가처분신청사건이 병합된 경우이다.

번호	날짜	사건번호	내용	개입 단체 등		관련 자유·권리	결과		유형		
42	2020-10-23	445430	0건(통행)행정조치21-6시를 명한 2020. 10. 16.자 제2020-1252호 데크레 제51조 집행정지 명령 신청 등	개입 단체 등	-	개인의 자유, 왕래의 자유, 집회 및 결사의 자유, 정상적 가족생활을 영위할 자유 등	기각	-	자유보호	○	1-b
43	2020-11-07	445825	장래사 30인, 결혼식 6인으로 인원을 제한하도록 모임을 금지한 것 재부하고 종교시설에서 모임을 금지한 2020. 10. 29.자 제2020-1310호 데크레 제47조 집행정지 명령 등 신청	종교단체, 카톨릭성직자연합 등	-	종교의 자유, 개인의 자유, 왕래의 자유, 집회의 자유	기각	-	자유보호	○	1-b
44	2020-11-13	445983 (을의뚜)	서점을 비필수업종 사업장으로 분류하여 폐쇄한 2020. 10. 29.자 제2020-1310호 데크레 집행정지 명령 신청	법원, 출판인, 서적상	-	상공업의 자유, 자유로운 경쟁, 평등원칙, 차별금지	기각	-	자유보호	○	1-b
45	2020-11-27	446712	형사재판을 당사자출석 없이 영상으로 실시할 수 있게 한 법무부장관의 2020. 11. 18.자 제2020-1401호 오르도낭스 집행부정지 명령 신청	형사변호사연합 등	-	방어권, 법정에 출석으로 출석할 피고인의 권리 등	일부인용	▶	자유보호	○	1-b
46	2020-11-29	446330	종교시설에 참석할 수 있는 인원을 30명으로 제한한 2020. 10. 29.자 제2020-1310호 데크레 집행정지 명령 및 종교의 자유 침해 중단을 위해 우호를 모든 조치 명령 신청	종교단체, 카톨릭성직자협회	-	신앙의 자유	일부인용	○	집행정지	○	1-b
47	2020-12-08	446715	레스토랑의 비법 폐쇄명령을 폐쇄한 2020. 10. 29.자 제2020-1310호 데크레 집행정지 등 명령 신청	호텔산업연합	-	상공업의 자유, 자유로운 경쟁 등	기각	-	집행정지	○	1-b
48	2020-12-11	447208	스키리프트의 스키리프트를 폐쇄한 2020. 12. 4.자 데크레 및 국무총리에 개정 명령 신청	알프스지역 지자체들, 카톨릭스포츠연맹 등	-	왕래의 자유, 상공업의 자유 (지자체의) 자유로운 행정에 관한 원칙, 평등원칙	기각	-	자유보호	○	1-b
49	2020-12-23	447698 (을의뚜)	문화시설(영화관. 극장 등) 폐쇄한 2020. 10. 29.자 제2020-1310호 데크레 집행정지 및 개정 명령 신청	예술인, 국악인, 영화인연합 등	-	상공업의 자유, 예술의 자유, 평등원칙	기각	-	자유보호	○	1-b
50	2021-01-21	447878 (병합)	프랑스에 거주하는 바 등록자 외국인의 배우자의 자녀에 대한 가족재결합(regroupement familial) 입국을 금지한 국무총리의 2020. 12. 29.자 훈령 집행정지 명령 신청	외국인지원단체 등	-	(정상적인 가족생활을 영위할 권리)	일부인용	●	집행정지	○	1-a
51	2021-02-05	449081	국무총리에 대한 명령하달 수감자 전체를 집행하에 보내달 것 신청	수감자지원협회단체	-	생명권리	기각	-	자유보호	○	1-b
52-1	2021-02-12	448972 (병합)	형사재판을 당사자 출석 없이 영상으로 실시할 수 있게 한 법무부장관의 2020. 11. 18.자 제2020-1401호 오르도낭스 집행부정지 명령 신청	변호사협회 등	-	방어권, 공정한 재판을 받을 권리	인용	▶	자유보호	○	1-b
52-2	2021-02-12	448981	형사재판을 당사자들의 동의 없이 영상으로 실시할 수 있게 한 법무부장관의 2020. 11. 18.자 제2020-1401호 오르도낭스 명령 신청	형사변호사연합 등	-	방어권, 무기평등원칙, 대심절차원칙 등	기각	-	집행정지	○	1-b
53	2021-02-16	449905	니스행정법원 판결(2021.2.6.-2. 20) 동안 개발장 임대를 금지한 니스시장의 2021. 1. 25.자 아래행 집행정지 명령 청소	관련예술인연합단체	나스 시	재산권, 상업의 자유	인용	-	자유보호	○	1-b
54	2021-02-26	449692	국무총리에 대한 명령(영화관. 극장 등) 운영 재개 명령. 2020. 10. 29.자 데크레 제55조 보완 명령 신청	무용예술인등	-	표현의 자유, 사상교환의 자유, 예술의 자유, 상공업의 자유 등	기각	-	자유보호	○	1-b
55	2021-03-03	449759	장기요양병원 등의 거주자(베시엄자) 면회를 거부한 연방보건국장의 2021. 1. 19.자 긴고 등 집행정지 명령 신청	외국인지원단체	-	왕래의 자유 야	인용	-	집행정지	○	1-a

순번	선고일자	사건번호	사건개요	청구인		침해주장 기본권	결정		유형			구분
56	2021-03-03	449764	변호사를 접견할 수 있는 예외적 상황을 구성하지 않은 이간통제관조치(18-6A)를 발한 2020. 10. 29.자 제2020-1310호 대교회 제4조 집행정지 영장 신청	몽골리안개변호사회	-	변호사접견권, 사생활을 존중받을 권리, 정상적인 가족생활을 영위할 권리	일부인용	▶	자유보호	○		1-b
57	2021-03-12	449743 (병합) 외 1건	비사증연합국가 등에 있는 프랑스 국적자에 대해 프랑스 본토 입국을 제한하는 2021. 1. 30.자 제2021-99호 대교회 집행정지 영장 신청	해외거주프랑스인비사단, 세안도제근합영종사자들 등	-		일부인용	▶	집행정지	○		1-b
58	2021-03-12	450163	인대보건부조례에 대한 영향(Doctolib(엑상테)시스템 운영자)과의 파트너쉽 중단 등 신청	의료계 다양한 직업종별들	-	개인정보보호권, 사생활을 존중받을 권리 등	-	-	자유보호	○		1-a
59	2021-03-29	450893 (병합)	국무총리에 대한 영향(이간통행관조치 연좌사항) "성소에 가는 것"이 포함되도록 2020. 10. 16.자 제2020-1262호 대교회 제5조 변경 및 목록별 추가 등의 카탈로 신자의 이간통행 허용) 신청	종교단체들	-	종교시설에 단체로 의사를 행할 권리 등	기각	-	자유보호	○		1-a
60	2021-04-01	450956	백신접종조치에 대해서도 이동제한조치를 발한 2021. 3. 19.자 제2021-296호 대교회 규정 폐지 신청	83세 연금수급자	-	일상의 자유	기각	-	자유보호	○		1-b
61	2021-04-09	450884	외국국적 예외사유로 프랑스에서 프랑스으라 호세를 올리는 경우를 규정하지 않은 국무총리의 2021. 2. 22.자 훈령 집행정지 및 변경 영장 신청	개인과 단체	-	정상적인 가족생활을 영위할 자유, 혼인할 자유	인용	○	집행정지	○		1-a
62-1	2021-04-10	450928	파리행정법원: PCR 검사를 거부한 망명신청자의 망명신청을 거부한 파리경시청장의 영향 신청 인용 - 내무부장관의 청소 (PCR 검사가 이송에 필수적이라는 점이 입증되지 않은 경우)	망명신청인	내무부장관	망명권	기각	-	자유보호	○	○	1-a
62-2	2021-04-10	450931	파리행정법원: PCR 검사를 거부한 망명신청자의 망명신청을 거부한 센드생드니 도지사에 대한 신청수 영향 인용 - 내무부장관의 청소 (PCR 검사가 이송에 필수적이라는 점이 입증되지 않은 경우)	망명신청인	내무부장관	망명권	인용	-	자유보호	○	○	1-a
63	2021-04-14	451085	국무총리의 영향(2020.10.29.자 제2020-1310호 대교회 제37조 재부칙 및 제53조 제1항 집행정지 및 이동불제한 경제자과 같은 목적의 포함하여 대중의 개방할 수 있도록 개정 대교회 조항 변경 신청	아동권리연합들	-	아동의 자유, 표현의 자유, 신앙권리의 자유, 평등권 등	기각	-	자유보호	○		1-b
64	2021-04-30	451849 (병합)	교육부장관에 대한 영향(전문기술지계층 실시 계획을 유지하기로 교육부장관의 2021. 4. 16.자 결정 집행정지 신청	단체들 및 300명의 응시자들	-	생명권, 건강권, 평등권	기각	-	자유보호	○		1-a
65	2021-05-06	452144	이간통행관조치가 있은 후 국가에 대한 영향(이슬람 성월 라마단의 27번째 밤에대한 이간야반 생활 파리의슬람사원 개방 허기 신청	파리의슬람사원 등	-	신앙의 자유	기각	-	자유보호	○		1-b
66	2021-05-06	451455 외 1건	백신접종조치 등에 대해서도 이동제한조치를 발한 2020. 10. 29.자 제2020-1310호 대교회 제5조 집행정지 신청	개인과 단체들 등	-	일상의 자유	기각	-	집행정지	○		1-b

번호	날짜	사건번호	신청내용	신청인		관련 자유·권리	결과				유형
67	2021-05-21	452294 (병합)	2021. 5. 1.자 제2021–541호 데크레 제2조 집행정지 연장 및 국가에 대한 영향(나이트클럽이 높아도 2021. 6. 30.부터 운영재개할 수 있도록 조치) 신청	지역 혹은 관련관광업자 연합	–	상공업의 자유, 기업의 자유, 재산권, 방을 얻어 영동 원처	기각	–	자유보호	○	1-b
68	2021-06-11	453236	아웃궁크앙서의 선거관리위원회 회색(캠페) 최대인원을 50인으로 제한한 2020. 10. 29.자 제2020–1310호 데크레 제2조 3항 9호 집행정지 등 영령 신청	개인 및 정치단체	–	표현의 자유, 집회의 자유 등	기각	–	자유보호	○	1-b
69	2021-07-06	453505	디지털 및 통지 백신패스(le passe sanitaire)를 도입한 2021. 6. 7.자 제2021–724호 데크레 집행정지 등 영령 신청	디지털/개인정보보호단체	–	사생활 존중받을 권리, 개인정보보호 권리, 왕래의 자유	기각	–	자유보호	○	1-b
70-1	2021-07-26	454754	백신패스 의무교시 적용기간을 연장한 국무총리의 2021. 7. 19.자 제2021–955호 데크레 집행정지 영령 신청, 프랑스-슬네재가개발을어연합 등	전국시세어가기통동기업협회, 프랑스-슬네재가개발을어연합 등	–	–	기각	침해정지	침해정지	○	1-b
70-2	2021-07-26	454792 (병합)	백신패스 의무교시 적용기간을 연장한 및 국무총리의 2021. 7. 19.자 제2021–955호 데크레 집행정지 및 국무총리에 대한 영령(여성한인에 대해서도 가페나 레스토랑의 경우에 같이 백신패스 적용시기를 최소 45일 연기 허용) 등 신청	영화 및 공연관계 단체들	–	표현의 자유, 사생교형의 자유, 예술의 자유, 기업의 자유, 상공업의 자유, 직업의 자유 등	기각	–	자유보호	○	1-b
71	2021-09-13	456391	니스행정법원 지역 소방을 임운에 백신패스 재사용 의무화한 알프-마리팀므 도지사의 2021. 8. 31.자 제2021–862호 아레떼 집행정지 영령 신청 기각 ⇒ 상방자들 청소	개인신청인들	개인신청인들	직업의 자유, (행동원처)	기각	–	자유보호	○	1-b
72	2021-11-16	457687	중고교학생 스포츠활동과 과외활동에 백신패스 제사용 의무화한 2021. 6. 1.자 제2021–699호 데크레 제36조 및 제47–1조 등 집행정지 등 영령 신청	학부모 12인	–	자주적 경영할 권리, 건강권, 교육권, 아동 최선의 이익 원칙 등	기각	–	침해정지	○	1-b
73	2021-11-22	459924	내무부상급에 대한 영향(경찰사 유지성이 위성적으로 관리할 수 있도록 모든 조치를 할 것 등) 등 신청	형사변호사인단	–	인간존엄성 비도덕주인 또는 굴욕적인 대우를 받지 않을 권리 등	집행정지 연기신청	○	자유보호	○	2-a

Ⅳ. 가처분신청 유형 분석 및 판례 검토

1. 가처분신청의 4유형

프랑스 행정소송법상 월권소송은 대상적격 측면에서 행정입법의 위법성도 다룰 수 있고 원고적격 측면에서 단체도 그 설립목적을 고려하여 원고적격이 인정될 수 있다. 이는 가처분신청에서도 마찬가지이다. 월권소송을 취소소송의 4유형[48] 유형화 방법론에 따라 분류하면, 이러한 월권소송으로서의 특징이 입체적으로 드러난다.

검토한 가처분사건들을 취소소송의 4유형으로 분류하기는 쉽지 않지만 이를 변형하여 분류를 시도해볼 수는 있다. 즉, 가처분신청의 1유형을 침익적 행정행위에 대한 가처분신청, 2유형을 수익적 행정행위에 대한 이행명령 신청, 3유형을 침익적 제3자효를 갖는 이중효과적 행정행위에 대한 가처분신청, 4유형을 수익적 제3자효를 갖는 이중효과적 행정행위에 대한 이행명령 신청으로 분류하는 것이다.

집행정지가처분신청을 취소소송의 4유형으로 분류하는 것은 상대적으로 용이하다. 집행정지가처분신청은 그 적법성을 인정받기 위해 행정결정의 취소 또는 변경을 구하는 소의 제기 요건을 충족해야 하므로 계쟁 행정결정이 명확하기 때문이다. 자유보호가처분신청의 경우, 집행정지와 이행명령을 함께 구하여 작위와 부작위 의무에 대한 명령신청이 혼합돼 있는 사건도 발견된다. 기본적으로는 자유보호가처분신청도 행정청의 작위에 대한 집행정지를 구하는 것이기 때문에 취소소송의 4유형에 따라 이를 분류하는 데에는 큰 지장이 없지만 집행정지가처분신청을 유형화하는 것에 비해 다소 복잡한 양상을 띤다.

유형차원에서 보면, 1유형(또는 3유형)으로의 분류도 용이하다. 가

---

48) '취소소송의 4유형'은 박정훈, 취소소송의 4유형(제3장), 『행정소송의 구조와 기능』, 박영사, 2006, 63-99의 유형화 방법론을 말한다.

처분신청은 주로 행정결정 또는 그 거부에 대한 집행정지(집행정지가처분) 또는 행정작용에 의한 기본적 자유의 침해를 중지하기 위한 필요한 모든 처분(자유보호가처분)을 명할 것을 구하는 것이므로, 즉 기본적으로 침익적인 조치의 집행정지를 구하는 것이므로, 침익적 행정행위에 대한 가처분신청인 1유형에 해당하는 경우가 압도적으로 많기 때문이다.

취소소송의 4유형으로 분류해보는 것의 의미는 우리의 제도에 없는 2유형과 4유형이 가처분신청에서도 가능하다는 것을 선명하게 드러낼 수 있다는 점에 있다. 국사원의 가처분사건, 특히 코로나19 국면에서의 가처분사건은 어떤 수익적 행정행위의 신청에 대한 행정의 거부조치가 있은 후에 이루어지기 보다는, 침익적 행정행위에 대하여 긴급하게 그 집행정지를 구하는 방식(1유형, 3유형)으로 이루어지거나, 충분하지 않은 수익적 행정행위 또는 부작위에 대해 긴급하게 이행명령을 구하는 방식(2유형, 4유형)으로 이루어지는 경우가 많았다. 이행명령을 구하는 방식의 경우, 1유형에 이행명령 신청이 부가된 경우도 있었지만, 대부분 행정의 작위에 대한 집행정지신청 없이 행정의 부작위(내지 작위가 있었지만 부족했던 경우)를 대상으로 이행명령을 신청한 형태이다. 이는 평시에 많이 나타나는 유형이 아닌데, 코로나19 국면에서는 폭증하였다. 특히 코로나19 초기 국면에서 의료종사자 대상 보호물품(마스크, 손소독제 등) 공급 명령 신청이 많았다. 이를 고려하여, 거부결정이 존재하지 않은 상태에서 행정청의 부작위에 대한 적극적인 이행명령을 구하는 자유보호가처분신청이 있었던 경우를 가처분신청의 2유형과 4유형으로 상정하였다. 아래에서는 검토한 가처분사건의 각 유형에 해당하는 판례를 검토해보기로 한다.

(A) 제1유형: 침익적 행정행위에 대한 가처분신청

이 유형은 행정이 개별·구체적으로 내린 작위·금지·수인하명 등의 침익적 행정행위에 대하여 상대방이 가처분신청을 한 것이다.[49] 간혹 자유보호가처분에는 기본적 자유 침해의 원인이 되는 행정행위의 집행정지를 구하지 않고 그 침해를 제거하기 위한 수익적 행정행위의 명령만을 구하는 경우도 있는데(판례 65), 그 경우 역시 이 유형에 속한다. 또한 자유보호가처분 신청인 중에는 특정 행정입법에 의한 기본적 자유의 침해를 주장하면서 같은 행정입법으로부터 다른 적용을 받는 행정상대방의 경우를 언급하는 경우가 있다. 예컨대 판례 63에서 신청인은 아트갤러리도 경매장과 같은 목록에 포함되어 대중에 개방될 수 있도록 국무총리에 대한 계쟁 데크레 변경 명령을 신청하였는데, 이 경우가 제3유형이 아닌 제1유형에 속하는 이유는, 아트갤러리와 경매장이 이중효과적 행정입법의 적용을 받은 것이 아니라 동일한 행정입법의 다른 규정을 각기 적용받았기 때문이다.

총 14건[50]이 침익적 개별결정을 대상으로 하는 제1-a유형에 속하며, 47건[51]이 침익적 행정입법을 대상으로 하는 제1-b유형에 속한다.

(1) 제1-a유형: 침익적 개별결정에 대한 가처분신청

이 유형은 행정이 개별·구체적으로 내린 침익적 개별결정에 대하여 상대방이 그에 대한 가처분을 신청하는 경우이다. 이 유형 가운데 판례 61, 판례 34를 각각 검토한다. 외국인 관련 사안은 주로 망명신청이나 가족재결합 관련 사례가 주를 이루는데, 판례 61은 비프랑스인과 관련되어 있으면서도 혼인할 자유가 주장된 독특한 사안이라 판단되어 선정하였다. 판례34는 우리나라에서도 코로나19 상황에 접어든 이후 열화상 카메라를 통한 개인정보 수집이 빈번하게 이루어지고 있는데, 유럽연합

---

49) 박정훈, 앞의 책, 67 참조.
50) 판례 20, 24, 29, 30, 31, 34, 36, 50, 55, 58, 61, 62, 64가 이에 해당한다.
51) 판례 1, 2, 3, 6, 11, 12, 15, 16, 17, 19, 22, 25, 26, 28, 32, 33, 35, 37, 38, 41, 42, 43, 44, 45, 46, 47, 48, 49, 51, 52, 53, 54, 56, 57, 59, 60, 63, 65, 66, 67, 68, 69, 70, 71, 72가 이에 해당한다.

일반개인정보보호규정(이하 'GDPR') 적용되는 사안에서 개인정보수집에 관한 동의가 필요할 수 있는 경우에 대해 알리는 차원에서 선정하였다.

(a) 집행정지가처분신청: 판례 61[52]

① 사실관계 및 경과

프랑스에서의 혼인식이 예정되어 있는 신청인들은 국무총리의 2021. 2. 22.자 훈령(n° 6245/SG)이 프랑스 본토 입국금지대상에 대한 예외로 '프랑스에서 프랑스인과 혼례를 올리는 경우'를 규정하지 않은 점에서 그 적법성이 심각하게 의심된다는 이유로 국사원에 계쟁 훈령에 대한 집행정지가처분을 신청하였다. 신청인들은 배우자가 될 사람과 몇 달 간 격리되어 있었다는 점에서 정상적인 가족생활을 영위할 권리가 침해되었으며, 식이 몇 차례 연기됨으로써 혼인할 자유도 침해되어, 신청에 필요한 긴급성을 충족한다고 주장하였다.

신청인들은 계쟁 훈령이 혼인할 자유와 정상적인 사생활 및 가족생활을 영위할 권리를 비례성에 반하여 부적법하게 침해하며, 이러한 사례는 연간 몇 천 명에 불과하여 보건상의 위험을 초래할 정도의 유동량을 양산하지 않을 것이라고 주장하였다. 또한 계쟁 훈령이 유학생과 가족재결합은 예외사유로 규정한다는 점에서 평등원칙에도 반한다고 주장하였다. 이에 대해 내무부장관은 신청인들의 신청은 긴급성을 충족하지 않았고 이유도 없어 기각되어야 한다고 주장하였다.

국사원은 신청인들에 대한 혼인공시도 이루어졌고 이에 반대하는 사람이 없다는 증명서도 발급되었으며, 신청인 가운데 두 사람은 다음 달인 5월에 혼인식이 예정되어 있고 다른 두 사람은 혼인식을 이미 몇 차례 연기한 바 있다는 점 등을 고려하였을 때 긴급성이 인정된다고 보았다.

내무부장관은 평시 가족방문 등을 목적으로 하는 단기비자가 연 8

---

52) CE, réf., 9 avr. 2021, n° 450884.

천여 건인데 그 중 프랑스에서의 혼인 건을 구별하기 어렵다고 항변하였으나, 국사원은 방역위기상황 이래로 프랑스인과 결혼하기 위해 외국인이 프랑스 본토에 입국하는 경우는 평시에 비해 눈에 띄게 줄어들었으므로 이것이 프랑스 방역상황에 중대한 영향을 미칠 것이라고 보기 어렵다고 언급하였다. 내무부장관은 외국인의 예외적 입국은 본국에서 동성 또는 외국인 간의 결혼을 인정하지 않는 등의 경우에만 허용되어야 한다는 입장을 유지하고자 하였으나, 국사원은 그 어떤 법규정이나 법원칙도 프랑스인과 혼인하기 위해 프랑스에 외국인이 입국할 수 있는 경우를 본국에서 혼인이 법적으로 금지되어 있는 경우에 제한하고 있지 않다는 점을 지적하였다.

국사원은 계쟁 훈령이 비례성에 반하여 그 적법성이 심각하게 의심된다는 신청인들의 신청을 받아들여, 계쟁 훈령이 ① 프랑스인과 혼인하기 위해 프랑스에 입국하고자 하는 외국인의 비자신청 접수와 절차를 금지하는 부분과 ② 그러한 비자를 소지하는 외국인의 프랑스 입국을 승인하지 않는 부분의 집행정지를 명하였다. 이와 더불어 국사원은 국무총리에 대해 ① 프랑스인과의 혼인을 위해 프랑스에 입국하는 비자를 소지한 외국인의 프랑스 입국으로 발생할 수 있는 방역위기를 막을 수 있는 적법한 조치를 비례성을 엄격히 준수하여 마련할 것과 ② 프랑스에 거주하는 프랑스인과의 혼인을 목적으로 하는 비자신청의 접수와 심사를 영사관에서 체계적으로 이행하도록 할 것을 명하였다.

② 대상적격

국사원은 훈령, 지침, 권고, 업무보고, 유권해석 등의 일반적 범위의 행정청의 문서도 담당공무원을 제외한 다른 사람의 권리나 지위에 현저한 영향을 줄 수 있는 경우, 그 문서가 월권소송의 대상이 된다고 본다.[53] 집행정지가처분신청은 본안소송의 제기를 요건으로 하는 만큼

---

53) CE, 20 juin 2020, n° 418142.

그 대상이 행정결정일 것을 요하는데, 집행정지가처분신청에서도 행정청의 의견, 권고, 경고 등은 그것이 일반성 및 강제성을 갖는 규정의 성격을 띠거나 이해관계인에 명백한 방식으로 영향을 미칠 목적이 있는 등의 경우에 신청의 대상이 될 수 있다.[54] 국무총리가 발한 계쟁 훈령도 일반성과 강제성을 띠고 신청인들의 권리와 지위에 명백하게 영향을 미친다는 점에서 집행정지가처분신청의 대상이 되는 행정결정에 해당한다.

③ 신청인적격

신청인들은 계쟁 훈령에 대한 직접적이고 개인적인 이익을 갖는 직접상대방으로서 신청인적격이 인정된다.

(b) 자유보호가처분신청: 판례 34[55]

① 사실관계 및 경과

리스 시는 2020. 4. 17.자 결정에 근거하여 시 청사와 학교 입구에 열화상카메라를 설치하여 건물에 입장하는 사람들의 체온을 측정하였다. 신청인 프랑스인권연맹은 리스 시의 계쟁 결정으로 기본적 자유(사생활을 존중받을 권리, 개인정보보호권 및 왕래의 자유)가 중대하고 명백히 위법하게 침해되었음을 이유로 베르사유행정법원에 계쟁 결정에 대한 집행정지와 리스 시가 설치한 열화상카메라의 철거를 명할 것을 신청하였다. 베르사유행정법원은 리스 시가 설치한 열화상카메라에 의한 개인정보처리가 GDPR에 부합하다고 보고 신청인의 신청을 기각하였다. 이 사건은 신청인이 베르사유행정법원의 가처분신청 기각 결정에 대해 국사원에 항소한 사건이다.

국사원은 열화상카메라가 대중을 상대로 설치되어 제3자나 기기를 다루는 사람의 개입 없이 포착된 순간적인 정보만을 제공한다면 정보가

---

54) Xavier VUITTON, Jacques VUITTON, Les référés, LexisNexis, 2018, p. 277.
55) CE, réf., 26 juin 2020, n° 441065.

자동처리되고 있다고 볼 수 없기 때문에 이를 GDPR상의 개인정보처리로 볼 수 없다고 보았다. 청사에 설치된 열화상카메라는 자발적으로 그 앞에 서는 사람의 체온만을 측정하였고 측정하지 않거나 체온이 높다고 하여도 건물에 입장하는 데에 아무런 제약이 없었다.

이에 반하여 학교에 설치된 열화상카메라는 일과 시작 시뿐 아니라 일과 중에도 학생, 교사 및 학교에서 근무하는 시 직원의 체온 측정에 사용되었으며 정상범위를 벗어난 체온이 측정되는 경우 교사와 시 직원은 귀가할 것을 권고받았고 학생은 즉시 학부모에게 연락되어 귀가 조치되었다.

리스 시는 GDPR 제9조 제2항 제a호가 규정하는 동의에 기반한 정보처리를 하였다고 주장하였지만, 아동의 경우 GDPR 제8조는 부모의 동의를 추가로 요구하고 있으므로 정보처리가 있기 전에 학부형으로부터 동의서를 받아야 하는데, 리스 시는 그러한 동의를 받지 않았다.

국사원은 리스 시가 학교에 열화상카메라를 설치하여 개인 건강정보를 처리한 것은 기본적 자유를 명백히 위법하게 침해한 것이라고 판단하여, 학교에 설치된 열화상카메라 부분에 한하여 베르사유행정법원의 결정을 취소하고, 학교에서의 열화상카메라 사용을 중단할 것을 리스 시에 명령하였다.

② 대상적격

자유보호가처분신청은 본안소송의 제기를 요건으로 하지 않는 만큼, 그 대상도 행정결정일 것을 요하지 않고 "공법상 법인이나 공역무의 수행을 맡은 사법상 조직"의 행위이면 족하다.[56] 리스 시의 결정은 공법상 법인의 행위에 해당하는 것으로 자유보호가처분신청의 대상이 된다.

---

56) René CHAPUS, *op. cit.*, 1424.

③ 신청인적격

국사원은 열화상카메라 촬영으로 민감한 개인정보가 처리된다고 볼 수 있다는 점에서 인권보호를 목적으로 하는 프랑스인권연맹의 이 사건 가처분신청은 신청의 이익이 있다고 보았다.

(2) 제1-b유형: 침익적 행정입법에 대한 가처분신청

이 유형은 행정입법의 직접수범자가 해당 행정입법의 위법성을 주장하고 그에 대한 가처분을 신청하는 경우이다. 데크레와 아레떼에 대한 가처분신청이 주를 이루는데, 앞서 서론에서 언급한 바와 같이, 대통령, 국무총리가 발한 데크레와 행정부장관이 발한 아레떼에 관한 집행정지가처분신청 및 자유보호가처분신청은 국사원에서 1심으로 판단한다.57) 이 유형 가운데 판례 26, 판례 1을 각각 검토한다. 판례 26은 방역비상기간 중에도 임신한 여성의 임신중절이 가능하게 한 연대보건부장관의 아레떼에 대한 집행정지 등 명령을 신청한 사건인데, 우리 사회에서는 아직까지 이 수준에서의 논의는 이루어지지 않고 있지만 이 판례는 프랑스에서 방역비상기간 중 임신한 여성의 건강권을 어떻게 보호할 것인가라는 논쟁적인 문제를 어떻게 풀고 있는지를 볼 수 있는 사례라 판단하여 살펴보았다. 판례 1은 코로나19 국면의 첫 가처분신청으로 주목을 받았던 사건으로서 의료종사자에 대한 보호를 요청한 다수의 가처분신청 사건을 대표하는 성격을 띠면서도 더 강한 봉쇄령을 요구했다는 점에서 다른 가처분신청들과 다른 면을 보여줄 수 있다고 판단되어 선정하였다.

---

57) 데끄레와 아레떼에 대한 취소청구는 국사원에서 단심으로 판단한다. Code de justice administrative, art. R.311 – 1 참조. 국사원이 단심으로 판단하는 사건은 대체로 행정사건 중에서 중요한 사건에 속한다. 이 경우 상소가 가능하지 않고 다른 법원에서의 재심사도 보장되지 않지만 국사원 결정의 질과 권위를 고려할 때 이점은 그다지 비판되지 않는다. 박균성, "프랑스의 행정법원과 행정재판", 『현대법의 이론과 실제』(금랑 김철수 교수 화갑기념논문집), 박영사, 1993, 646.

(a) 집행정지가처분신청: 판례 26[58])

① 사실관계 및 경과

신청인 알리앙스비타(취약계층보호단체), 아동을 위한 법률가모임 등은 연대보건부장관의 2020. 4. 14.자 아레떼 제1조 제3항의 적법성이 심각하게 의심된다는 이유로, 국사원에 계쟁 아레떼에 대한 집행정지가처분을 신청하였다. 계쟁 아레떼는 방역비상상황에서도 임신 7주 내에 의료기관 밖(자택)에서 또는 원격진료에 따른 약물투여에 의해 '자발적 임신중단'(l'interruption volontaire de grossesse, IVG)이 가능하도록 하였다.

신청인 단체들은 연대보건부장관이 보건법전 제L.3131-16조가 연대보건부장관에게 허용하는 조치의 범위를 벗어나 계쟁 아레떼를 발하였고 그 벗어난 범위에 한하여 권한이 없다고 주장하였다. 또한 동 조항은 연대보건부장관이 발하는 조치가 방역위기에 필요한 정도로만 엄격하게 비례성을 준수하여 발하여져야 한다고 규정하는데, 계쟁 아레떼는 방역위기상황을 고려하더라도 반드시 필요하고 비례성을 엄격하게 준수하였다고 보기 어렵다고 덧붙였다.

이에 대해 국사원은 보건법전 제L.3131-16조에 따르면 연대보건부장관은 방역위기상황에서 방역재난을 끝내기 위해 임시적인 방법으로 보건시스템의 조직과 운영에 관한 모든 법적 조치를 아레떼를 통해 규정할 수 있는 권한이 있고 약물에 관한 사항도 이에 포함되며, 임신중절에 관한 원격진료는 바이러스 확산 방지를 목표로 한다고 언급하였다.

신청인 단체들은 임신중절이 병원 또는 진료소에서 행해지지 않는 경우 여성의 건강이 위험에 노출되므로, 계쟁 아레떼가 건강권을 침해한다는 점을 강조하였다. 이에 대해 국사원은 협정진료기관의 의사 또는 조산사가 약물에 의한 자발적 임신중단을 처방하는 경우 적절한 통증완화제를 함께 처방하고, 부작용이 발생하는 경우 취해야 하는 조치

---

58) CE, réf., 22 mai 2020, n°s 440216 440317.

와 어려움 발생 시 갈 수 있는 의료기관과 그 연락처를 해당 여성에게 알려준다는 점을 언급하였다. 또한 임신 5주 이상 7주 이내 자택에서의 임신중절은 고등보건청(Haute Autorité de santé)에서 승인한 바 있음을 함께 언급하였다.

국사원은 위와 같은 이유로 계쟁 아레떼의 적법성이 심각하게 의심될 수준에 이르지 않는다고 보아 신청인들의 집행정지가처분신청을 기각하였다.

② 대상적격

집행정지가처분신청은 본안소송의 제기를 요건으로 하고, 그 대상도 행정결정일 것을 요한다. 계쟁 아레떼는 연대보건부장관이 발한 것으로 행정결정에 해당하여 대상적격이 있다.

③ 신청인적격

취약계층과 아동의 보호를 목적으로 하는 신청인 단체들의 이 사건 가처분신청은 신청의 이익이 있다고 볼 수 있다.

(b) 자유보호가처분신청: 판례 1[59)]

코로나19 국면에서 가장 중요한 기본적 자유는 건강권이었다. 건강권과 다른 기본적 자유 간의 형량이 끊임없이 이어졌다. 이를 반영하듯 첫 가처분신청 사건(판례 1)은 생명권과 건강권을 주장하며 더 강한 봉쇄령을 요구하는 가처분신청이었다.

① 사실관계 및 경과

젊은의사연합 등은 2020. 3. 19. 국사원에 국무총리와 연대부장관에 전국민 대상 완전봉쇄령을 내릴 것과 선별검사가 산업적 규모로 행해질 수 있도록 조치를 취할 것 등을 명하는 자유보호가처분을 신청하였다. 이는 국무총리가 발한 「2020. 3. 16.자 제2020 – 260호 데크레」로

---

59) CE, réf., 22 mars 2020, n° 439674.

시행된 이동금지령 이후 행해졌는데, 계쟁 데크레는 2020. 3. 16.부터 3. 31.까지 전국민에 대해 필수적인 사유(재택근무 불가능으로 인한 출퇴근, 생필품·의약품 구매, 건강관련 이유 등)를 증명하는 서류 없이 자택 밖으로 이동하는 것을 금지하였다.

신청인들은 계쟁 데크레가 예외를 허용하고 있고 모순된 해석이 가능하여 일관되지 않게 적용되고 있으며, 코로나19 확산 방지를 위해 불충분하다고 주장하였다. 그에 따라 방역에 실패하여 중대하고 명백하게 국민, 특히 감염에 노출되어 있는 전체 의료종사자의 생명권과 건강권을 침해하였다고 주장하였다. 따라서 국무총리와 보건부장관이 이동을 완전히 금하고(의료목적으로 의사의 승인을 받은 경우만 제외) 대중교통 운행과 비필수직업활동을 중단시킬 것을 촉구하였다.

국사원은 완전봉쇄령은 국민의 건강에 심각한 결과를 초래할 수 있고 대중교통은 의료종사자와 식량생산자의 이동을 위해 필수적이라는 점 등을 이유로 완전봉쇄령에 관한 신청인들의 신청 부분을 기각하면서도, 정부에 대해 48시간 내에 ① 필수적인 사유 중 건강사유의 범위를 구체화하고, ② "자택과 가까운 짧은 이동"을 예외로 허용할지 여부를 재검토할 것과, ③ 시장의 운영을 허용함으로 인한 공중보건상의 위험을 시장의 규모와 빈도를 고려하여 평가할 것을 명하였다.

② 대상적격

이 사건은 자유보호가처분신청으로 그 대상이 행정결정일 것을 요하지 않지만, 계쟁 데크레는 행정결정으로 대상적격이 있다. 한편, 통상 신청인들은 계쟁 행정결정에 대한 집행정지를 구하면서 그와 더불어 그에 대한 취소나 변경 명령을 신청하는데, 이 사건의 신청인들은 계쟁 데크레보다 더 강한 강도의 제재를 구하고 있어 계쟁 데크레의 집행정지를 구하지 않고 있다는 점이 특기할 만하다.

③ 신청인적격

의료인인 신청인들은 계쟁 데크레에 대한 직접적이고 개인적인 이익을 갖는 직접상대방으로서 신청인적격이 인정된다.

(B) 제2유형: 수익적 행정행위에 대한 이행명령 신청

이 유형은 행정의 거부결정이 존재하지 않는 상태에서 행정의 부작위(내지 작위가 있었지만 부족했던 경우)를 대상으로 이행명령을 신청한 경우이다. 자유보호가처분신청으로 가능한 유형인데, 평시에는 드물게 나타났으나 코로나19 상황, 특히 코로나19 초기 국면에서 크게 증가하였다. 대부분 행정의 조치에 대한 이행명령 신청이었는데, 특별히 행정입법에 대한 이행명령 신청을 한 경우, 즉 제2－b유형은 발견되지 않았다. 따라서 아래에서는 제2－a유형인 수익적 개별결정에 대한 이행명령 신청에 해당하는 판례만을 살펴본다.

(1) 제2-a유형: 수익적 개별결정에 대한 이행명령 신청

이 유형은 행정의 부작위(내지 작위가 있었지만 부족했던 경우)를 문제삼아 적극적인 수익적 개별결정에 대한 이행명령을 신청한 경우이다. 특히 마스크, 선별검사도구 등의 공급이 원활하지 않았던 코로나19 초기 국면에서 이를 충분히 공급할 것을 정부에게 명할 것을 구한 사례가 다수를 차지한다. 의사, 간호사, 변호사 등 직접적인 이익이 있는 당사자가 신청한 경우도 보이지만, 목소리를 내기 어려운 수감자, 노숙인 등을 보호하기 위해 관련 공익단체가 신청을 한 경우들도 눈에 띈다. 후자의 경우는 단체의 원고적격을 인정하는 프랑스 행정소송법에서 가능한 사례인데, 원고적격 확대의 필요성을 강조하는 차원에서 후자의 경우에 대한 판례를 살펴보기로 한다.

(a) 자유보호가처분신청: 판례 7

① 사실관계 및 경과

2020. 3. 프랑스 정부는 공중보건법전 규정에 근거한 2020. 3. 4.자 데크레에서 시작하여, 대중이 출입하는 상당수의 시설의 폐쇄와 100인을 초과하는 집회를 금지한 2020. 3. 14.자 데크레, 이동금지령을 명한 2020. 3. 16.자 데크레 등 다수의 데크레를 발하여 코로나19 상황에 대응하고자 하였다.

전국주거권보장협회, 프랑스인권연맹 등의 신청인들은 이러한 정부의 조치가 노숙인이나 부적합한 주택에 거주하는 사람들을 보호하기에 충분하지 않다고 주장하면서 국사원에 정부에 대한 명령을 구하는 자유보호가처분을 신청하였다. 신청인들이 구한 이행명령에는 '노숙인, 불안정거처거주자 및 부적합주택거주자'(이하 '노숙인 등')에 대한 전체현황을 파악하고 이들에게 보호소를 제공할 것, 특히 집단숙박시설 직원 및 거주자 보호를 위한 방역물품을 제공하고 이들에 대한 체계적인 코로나19 검사를 수행할 것, 국가가 노숙인 등에 공급해야 할 개별숙박시설 할당량이 부족해지는 때에는 여행자숙박시설과 비어 있는 호텔 숙소를 활용할 것 등이 포함되었다.

국사원은 정부의 조치로 인한 기본적인 자유의 침해가 명백하게 위법했는지 여부는 "행정당국이 가용할 수 있는 수단과 이미 취한 조치들을 고려하여 판단되어야" 한다고 보았다. 국사원은 국가가 노숙인 등을 위해 동원한 숙소는 코로나19 이전에는 157,000여 곳이 있었는데 코로나19 이후 (임차인이 집세를 내지 못해도 임대인이 임차인을 내쫓지 못하는 동계 기간을 2개월 연장하고 겨울철에 여는 여행자숙소 등을 폐쇄하는 등의 조치로) 170,000여 곳(2020. 3. 31. 기준)으로 증가하여 그 어느 때보다 확보되어 있고, 행정은 호텔 및 휴양지숙소 등과 협상을 계속함으로써 공급가능한 숙소를 단기에 확충하기 위해 끊임없이 노력하고 있으며, 입원에 이르지 않는 증상을 가진 사람들이 머무는 숙박시설에 대한 마스크 공급이 예정되어 있고, 지방자치단체와 사회보장영역의 조직들이 국가의 지원을 받아 마스크를 수입할 수 있도록 하는 허가 조치가 있었으며, 보건당국이 코로나19 선별검사 수를 확대하기 위한 필요한 절차를 밟고 있고 검사가 충분히 이루어지지 못하고 있는 현 상황에서는 공중보건고등위원회(Haut conseil de la santé publique, HCSP)의 의견에 따라 우선순위 기준을 끊임없이 조정하며 검사를 수행하고 있는 점 등을 고려하였을 때, 노숙인 등의 생명권 및 신체의 완전성과 정신의 온전성을 침해받지 않을 권리가 중대하고 명백하게 침해되었다고 볼 수 없다고 판시함으로써 신청인들의 신청을 기각하였다.

② 대상적격

자유보호가처분신청은 그 대상이 행정결정일 것을 요하지 않는데, 신청인들이 문제 삼은 정부의 조치들은 행정결정에 해당하는 데크레를 발함으로써 이루어진 것으로서 대상적격이 있다.

③ 신청인적격

국사원은 신청인 단체들의 신청인적격을 별도로 언급하고 있지는 않으나, 주거권, 인권 등의 보호를 목적으로 하는 신청인 단체들의 이 사건 가처분신청은 신청의 이익이 있다고 볼 수 있다.

(C) 제3유형: 침익적 제3자효를 갖는 이중효과적 행정행위에 대한 가처분신청

이 유형은 상대방에게는 수익적 효과를 발생하나 제3자에게는 침익적 효과가 발생하는 이중효과적 행정행위에 대해 침익적 효과를 받는 제3자가 가처분신청을 하는 것이다.[60] 침익적 제3자효를 갖는 이중효과적 '개별결정'에 대한 가처분신청이 있었던 경우는 제3-a유형으로, 침

---

60) 박정훈, 앞의 책, 68 참조.

익적 제3자효를 갖는 이중효과적 '행정입법'에 대한 가처분신청이 있었던 경우는 제3-b유형으로 분류할 수 있다. 판례 23과 판례 40이 이 유형에 해당한다.

(1) 제3-a유형: 침익적 제3자효를 갖는 이중효과적 개별결정에 대한 가처분신청

이 유형은 상대방에게는 수익적 효과를 발생하나 제3자에게는 침익적 효과가 발생하는 이중효과적 개별결정에 대해 침익적 효과를 받는 제3자가 그 취소를 구하는 것이다. 검토한 가처분사건 가운데 이 유형의 예로는 판례 23이 유일하다.

(a) 집행정지가처분신청: 판례 23[61]

① 사실관계 및 경과

환경보호단체, 소비자보호단체, 살충제피해자지원단체 등의 신청인들은 2020. 5. 7. 국사원에 2020. 2. 3. 농림부 기술지침(이하 '계쟁 지침')과 "주거지 주변 살충제살포 최소안전거리"라는 제목으로 농림부 홈페이지에 게시되어 있는 2020. 3. 30.자 보도자료(이하 '계쟁 보도자료')의 집행정지를 구하는 집행정지가처분을 신청하였다. 계쟁 지침은 주거지 주변 살충제살포 최소안전거리 제한을 완화하였고, 계쟁 보도자료는 이를 안내하였다.

신청인들은 계쟁 지침 등의 적법성이 심각하게 의심된다고 주장하였다. 우선 계쟁 지침 등은 코로나19 국면을 이유로 사전의 공적인 협의 없이 살충제살포 최소안전거리 제한을 완화하였다. 환경에 미치는 영향을 고려하였을 때 이는 행정결정에 해당하는데, 신청인들은 계쟁 지침 등이 공적인 협의절차를 거치지 않아 절차적 하자가 있다고 보았다. 또한 신청인들은 계쟁 지침 등이 법규상에 규정된 내용과 범위를

---

61) CE, réf., 15 mai 2020, n° 440211.

준수하지 않고 조치를 규정하였다고 보았다. 그리고 살충제살포 시 발생하는 미세입자는 코로나19 확산에도 영향을 미친다고 주장하였다.

이에 대해 농림식품부장관은 이 사건 신청은 긴급성을 결하여 기각되어야 한다고 주장하였다. 반면에 계쟁 지침의 집행은 농작물 취급을 위한 기준의 공백을 방지하기 위해 유지할 긴급성이 있다고 주장하였다.

국사원은 계쟁 지침을 검토하였을 때 최소거리기준이 국가식품위생안전청(ANSES)의 2019. 6. 4.자 권고에 부합한다는 점을 확인하였다. 또한 농림부 웹페이지 FAQ란에 게시된 2020. 5. 13.자 글에 따르면, 이 동제한조치가 해제된 5. 11.부터 협의절차가 시작된다는 점도 확인하였다. 국사원은 계쟁 지침의 집행으로 인해 긴급한 방역위기 상황이 발생하지 않고 따라서 가처분법관이 개입하여야 할 긴급성이 인정되지 않는다고 판시함으로써 신청인들의 신청을 기각하였다.

② 대상적격

계쟁 지침 등은 일반성을 띠는 강제조항을 포함하고 있으며 단순 해석을 넘어선 정부의 결정이 나타나 있으므로, 계쟁 지침 등은 행정결정의 성격을 띤다고 볼 수 있고, 따라서 대상적격이 있다.

③ 신청인적격

환경, 소비자, 살충제피해자 등의 보호를 목적으로 하는 신청인 단체들의 이 사건 가처분신청은 신청의 이익이 있다고 볼 수 있다.

(2) 제3-b유형: 침익적 제3자효를 갖는 이중효과적 행정입법에 대한 가처분신청

이 유형은 상대방에게는 수익적 효과를 발생하나 제3자에게는 침익적 효과가 발생하는 이중효과적 행정입법에 대해 침익적 효과를 받는 제3자가 그에 대한 가처분신청을 한 것이다. 검토한 가처분사건 가운데 이 유형의 예로는 판례 40이 유일하다.

(a) 자유보호 및 집행정지 가처분신청 병합사건: 판례 40[62])

① 사실관계 및 경과

개인, 비만증지원활동단체 등으로 구성된 신청인들은 2020. 8. 29. 자 제2020-1098호 데크레의 집행정지 명령을 구하였다. 신청인들의 일부는 자유보호가처분신청(n° 444425, 444919, 445029)을 통해, 일부는 집행정지가처분신청(n° 444916, 445030)을 통해 이를 구하였는데, 국사원은 이들 신청을 병합하였다.[63])

신청인들은 "취약군"(une personne vulnérable)을 규정한 계쟁 데크레가 일정한 범주의 사람들을 취약군에 포함하지 않음으로써 취약군 정의를 동 데크레에 위임한 「2020년 경정예산에 관한 2020. 4. 25.자 법률」[64]) 제20조에 반하였다고 주장하였다. 특히 코로나19 감염 취약군과 함께 거주하는 사법상(私法上) 근로자도 받을 수 있었던 부분실업제도(le chômage partiel)[65])의 혜택을 경과규정 없이 2020. 8. 31.부터 받지 못하게 하였다는 점에서 그러하다고 하였다. 즉, 부분실업제도의 혜택을 받을 수 있는 취약군의 범위를 좁힘으로써 취약군 범위에 포함되어야 하는 사람들의 건강권, 생명권을 침해하였다고 주장하였다.

계쟁 데크레 제2조와 "취약군" 정의 규정을 계쟁 데크레에 위임한 「2020년 경정예산에 관한 2020. 4. 25.자 법률」 제20조 제1항은 다음과 같이 규정하였다(밑줄 필자). 계쟁 데크레는 기존의 「2020. 5. 5.자 제2020-521호 데크레」[66]) 제1조가 규정하던 11가지 사항[67])에서 4가지

---

62) CE, réf., 15 oct. 2020, n°s 444425 444916 444919 445029 445030.
63) 세 건의 신청인은 각기 달랐는데, 445029 및 445030은 같은 단체가 같은 데크레의 집행정지를 각각 자유보호가처분과 집행정지가처분을 통해 구한 것이었다.
64) Loi n° 2020-473 du 25 avril 2020 de finances rectificative pour 2020.
65) 부분실업제도에 관한 상세로는 강명원, "감염병에 대한 프랑스의 공법적 대응: COVID-19를 중심으로", 법학논총 제38집 제2호, 2021, 17-18 참조.
66) Décret n° 2020-521 du 5 mai 2020 définissant les critères permettant d'identifier les salariés vulnérables présentant un risque de développer une forme grave d'infection au virus SARS-CoV-2 et pouvant être placés en activité partielle au titre de

사항으로 취약군의 예시 범위를 축소하였다.

　　2020. 8. 29.자 제2020－1098호 데크레(계쟁 데크레) 제2조

　　다음의 기준 중 하나를 충족하고 의사가 코로나19에 감염될 위험이 크다고 판단하여 근로를 계속하는 것이 불가능한 환자들은 「2020. 4. 25.자 법률」 제20조 제1항이 의미하는 취약군으로 본다.

　　제1호: 전이성 암 치료 중(호르몬 치료 제외)인 경우

　　제2호: 선천적 또는 후천적 면역결핍증이 있는 경우

　　제3호: 65세 이상인 경우 또는 비만증을 동반한 거식증 또는 혈관합병증이 있는 경우

　　제4호: 중증 만성 신부전증을 앓고 있거나 그로 인해 투석 중인 경우

　　2020. 4. 25.자 법률 제20조 제1항

　　사법상 임금노동자가 다음의 이유 중 하나로 인해 근로를 계속하는 것이 불가능한 경우, 그 임금노동자는 부분근로(activité partielle)를 할 수 있는 지위에 놓인다.

　　제1호: 임금노동자가 법령이 정하는 기준에 따르면 중증 코로나바이러스감염증－19에 감염될 위험이 높은 취약군에 속하는 경우

　　제2호: 임금노동자가 격리조치, 등교정지, 가정보육의 대상이 된 16세 미만 아동의 부모 또는 장애아동의 부모인 경우

　　국사원은 「2020년 경정예산에 관한 2020. 4. 25.자 법률」이 국무총리에게 취약군의 기준을 정의하는 데에 넓은 범위의 재량을 부여하였다는 점을 언급하고, 그 기준은 규정의 목적을 고려하였을 때 적합하여야

---

　　l'article 20 de la loi n° 2020－473 du 25 avril 2020 de finances rectificative pour 2020.

67) 그 가운데 제7호는 "신체질량지수가 30 kg/㎡를 초과하는 비만증"의 경우를 취약군에 포함하고 있었다.

하며, 기준 간 일관성이 있어야 한다는 점을 지적하였다. 취약군에 해당하면 부분실업제도 혜택을 적용받을 수 있는데, 정부는 취약군에 관한 새로운 기준에서 규정한 병리 또는 상황과 같거나 더 높은 위험을 내포하고 있는 병리 또는 상황을 취약군에 관한 기준에서 배제할 수 없다고 판시하였다.

그에 따라 국사원은 정부의 새로운 취약군 기준, 특히 거식증과 비만증이 있는 사람들이 65세 이상의 노인과 함께 거주하는 경우에만 취약군에 포함된다는 기준은 일관성을 결하였다고 판시하였다. 그러면서도 국사원은 국무총리가 취약군과 함께 거주하는 임금노동자를 취약군에서 배제하여 부분실업 제도를 더 이상 적용받지 못하게 한 것은 「2020년 경정예산에 관한 2020. 4. 25.자 법률」이 국무총리에게 부여한 권한의 범위 내에서 결정한 사항이라고 보았다.

국사원은 위와 같은 이유로 신청인들의 신청을 일부 인용하여, 계쟁 데크레 제2조, 제3조 및 제4조의 집행을 그 적법성에 관한 결정이 있기까지 정지하였다.

② 대상적격

이 사건은 집행정지가처분신청과 자유보호가처분신청이 병합된 사건이다. 집행정지가처분신청은 그 대상이 행정결정일 것을 요하지만 자유보호가처분신청은 그 대상이 행정결정일 것을 요하지 않는데, 계쟁 데크레는 행정결정으로서 대상적격이 있다.

③ 신청인적격

연대보건부장관은 이 사건 신청은 신청의 이익을 결하여 부적법하고, 긴급성을 충족하지 않으며, 중대하고 명백히 위법한 기본적 자유의 침해가 존재하지 않는다고 주장하였다. 이 사건 신청이 신청의 이익을 결하여 부적법하다는 것은 개인 신청자들이 아닌 비만증지원활동단체(Ligue nationale contre l'obésité)를 겨냥한 것이었다.

이와 관련하여 국사원은 "해당 단체는 보건시스템 이용자를 대표하는 단체로서 그 정관상 목적이 비만증 또는 과체중으로 고통을 겪는 사람들의 권리를 보장하고 모든 수단을 동원하여 이들에 대한 지원활동을 발전시키는 데에 있으므로, 연대보건부장관이 주장하는 바와는 반대로, 비만증으로 고통을 겪는 환자들에 대해 적용되던 요건을 제한한 「2020. 8. 29. 데크레」의 집행정지를 구할 충분한 이익이 있다. (기존에 적용되던) 「2020. 5. 5.자 데크레」 하에서는 신체질량지수가 30 kg/㎡를 초과하는 비만증의 경우도 「2020. 4. 25.자 법률」 제20조 제1항상의 취약군에 포함하였다."고 지적함으로써, 비만증 관련 부분에 한하여 해당 단체의 신청인적격을 인정하였다.

(D) 제4유형: 수익적 제3자효를 갖는 이중효과적 행정행위에 대한 이행명령 신청

이 유형은 상대방에게는 침익적 효과를 발생하나 제3자에게는 수익적 효과가 발생하는 이중효과적 행정행위에 대해 수익적 효과를 받는 제3자가 그 이행명령을 신청하는 것이다. 이 역시 2유형과 같이 자유보호가처분신청으로 가능한 유형인데, 2유형과의 차이는 신청인에게는 수익적 효과가 발생하지만 상대방에게는 침익적 효과가 발생한다는 점이다. 검토 대상 결정 가운데에서는 행정의 조치에 대한 이행명령 신청 중에서도 개별결정에 대한 이행명령 신청, 즉 4-a유형만이 발견되었고, 행정입법에 대한 이행명령 신청을 한 사례, 즉 제4-b유형은 발견되지 않았다. 아래에서는 제4-a유형으로 분류된 판례를 살펴본다.

(1) 제4-a유형: 수익적 제3자효를 갖는 이중효과적 개별결정에 대한 이행명령 신청

이 유형은 상대방에게는 침익적 효과를 발생하나 제3자에게는 수익적 효과가 발생하는 이중효과적 개별결정에 대해 수익적 효과를 받는 제3자가 그 이행명령을 신청하는 것이다. 검토 대상 결정 중에서는 아래의 판례가 발견되었다.

　　(a) 자유보호가처분신청: 판례 8
　　① 사실관계 및 경과

　　프랑스 정부는 코로나19 상황에 대한 대응의 일환으로 2020. 3. 25.자 데크레를 발하였는데, 여기에는 하이드로클로로퀸의 처방을 허용하고 이에 대한 구체적인 방식을 규정하는 내용이 포함되었다. 과들루프 지역의 노동자연맹인 신청인은 해당 데크레에 근거하여 과들루프행정법원에 과들루프보건당국과 과들루프대학병원에 대한 명령을 구하는 자유보호가처분을 신청하였다. 신청인들이 구한 이행명령에는 2만여 명의 환자를 치료할 수 있는 양의 하이드로클로로퀸 구매 및 과들루프 지역 주민 수 절반에 해당하는 수량의 선별검사키트 구매가 포함되었다. 과들루프행정법원은 이를 인용하여 이행명령을 하였고, 과들루프대학병원과 보건부장관은 신청인들이 신청인적격이 없고 과들루프행정법원의 이행명령이 위법하다는 이유로 국사원에 항소하였다.

　　국사원은 이 사안에서도 기본적인 자유의 침해가 명백하게 위법했는지 여부는 "행정당국이 가용할 수 있는 수단과 이미 취한 조치들을 고려하여 판단되어야" 한다고 언급하였다. 국사원은 하이드로클로로퀸의 처방은 그 효용이 증명되지 않았음에도 보건전문가들의 합의적 결정과 공중보건고등위원회의 권고에 따라 승인된 점을 상기하고, 과들루프대학병원은 하이드로클로로퀸에 의한 치료를 받고 있는 20여 명의 환자들을 위한 재고는 충분히 확보하고 있으며 앞으로 200-400여 명의 환자를 치료할 수 있는 양의 하이드로클로로퀸을 구매한 상태임을 확인하면서, 과들루프대학병원이 이보다 더 많은 양의 하이드로클로로퀸을 구매하지 않았다는 점을 문제 삼기 어렵다고 보았다. 또한 과들루프대학병원이 매일 100건의 선별검사를 수행하고 있으며 곧 하루에 180건을 수행하게 될 것이고 1,500여 개의 선별검사키트 재고를 확보하고 있으며 곧 4,000여 개를 더 확보할 것이라는 점도 확인하였다. 국사원은 이러한 점들을 고려하였을 때 과들루프대학병원은 과들루프 지역의 코로나19 환자들을 치료하기 위한 충분한 양의 하이드로클로로퀸을 확보하고 있다고 판단하고 과들루프대학병원과 보건부장관이 과들루프행정법원 이행명령의 취소를 구한 것은 이유 있다고 보아 이를 취소하였다.

② 대상적격

행정당국이 누구나 향유하여야 할 권리(이 사안의 경우 생명권, 건강상태에 따른 치료와 보살핌을 받을 권리 등)를 보장하기 위해 법률에서 위임한 권한을 부족하게 행사하는 경우, 이는 자유보호가처분신청의 대상이 될 수 있다. 이 사안에서 신청인은 과들루프대학병원 등이 그 부여받은 권한을 충분히 행사하지 않았다고 주장함으로써 이를 자유보호가처분신청의 대상으로 삼았다.

③ 신청인적격

국사원은 과들루프 지역의 노동자연맹인 신청인이 노동법전의 적용을 받는 노동조합임을 확인하면서, 과들루프 지역 내 모든 노동자의 건강과 사회운동 영역에 코로나19 상황이 미치는 영향이 크다는 점과 이에 반대되는 규정이 없는 점을 고려하였을 때 신청인에게는 기본적인 자유를 보호하는 데에 필요한 조치를 자유보호가처분신청을 통해 법원에 구할 수 있는 신청인적격이 인정된다고 판시하였다.

2. 이행명령의 범위와 한계

행정소송법전은 가처분법관이 집행정지가처분결정에서 행정결정의 집행정지를 명할 수 있는 권한을, 자유보호가처분결정에서는 자유의 보호에 필요한 모든 조치를 명할 수 있는 권한을 부여하였다. 앞서 살펴본 바와 같이 가처분법관은 집행정지가처분결정에서도 이행명령을 부가하여 행정청이 필요한 조치를 하도록 할 수 있고,[68] 검토한 사안들에서도 이행명령이 있었던 경우를 찾아볼 수 있었다. 자유보호가처분결정에서 가처분법관이 행정청에 명하는 조치는 침해된 기본적 자유를 보호하는 데에 유용하고 효과적인 것으로서 상황의 긴급성을 고려한 것이어야 한다.[69]

검토한 가처분사건 중 인용된 사안(일부인용 포함)들은 국사원 가처분법관이 ① 집행정지만 명하고 이행명령까지 나아가지는 않은 경우(집행정지가처분 2건, 자유보호가처분 6건, 병합사건 1건)[70]와 ② 이행명령만 내린 경우(집행정지가처분 1건, 자유보호가처분 11건),[71] ③ 집행정지와 이행명령이 같이 있었거나 이행명령을 내리면서 해제조건부로 집행정지를 명한 경우(집행정지가처분 2건) 등으로 나뉜다. 아래에서는 각 유형에 해당하는 가처분결정을 간략히 검토하기로 한다.

(1) 집행정지만 명하고 이행명령까지 나아가지는 않은 경우
: 판례 52-1[72]

신청인인 형사변호사연합은 국사원에 법무부장관의 2020. 11. 18.자 제2020-1401호 오르도낭스 제2조의 집행정지 명령을 구하는 자유보호가처분신청을 하였다. 계쟁 오르도낭스는 방역위기상황에서 형사당사자들의 동의 없이도 형사재판을 영상으로 실시할 수 있도록 규정하였다.

국사원은 계쟁 오르도낭스가 명백히 위법하게 방어권을 침해한다고 판단하고 형사재판을 제외한 재판에서의 영상재판 집행을 정지하였다. 국사원은 앞서 유사한 가처분결정(판례 457[73])에서도 계쟁 오르도낭

---

68) Xavier VUITTON, Jacques VUITTON, *op. cit.*, 363.
69) Xavier VUITTON, Jacques VUITTON, *ibid.*, 366.
70) 판례 15, 45, 52-1, 28, 32, 35, 40, 45, 52, 56, 57, 58이 이에 해당한다.
71) 판례 1, 2, 19, 20, 21, 24, 25, 33, 34, 38, 46, 62, 76이 이에 해당한다.
72) CE, réf., 12 févr. 2021, n° 448972.

스 제2조의 집행정지를 명하여 형사재판의 영상재판 집행을 정지한 바 있는데, 이 사건 가처분결정은 계쟁 오르도낭스 제2조 중 집행정지되지 않은 나머지 부분, 즉 형사재판을 제외한 다른 재판에서 영상재판이 실시될 수 있는 부분에 관한 집행정지를 명하였다.

국사원은 계쟁 오르도낭스와 유사하게 코로나19 방역위기상황 초기에 형사재판에서의 영상재판 활용을 규정한 2020. 3. 25.자 오르도낭스 제5조의 경우 파기원의 '판결전 위헌법률심사 제청'(QPC) 이후 헌법재판소의 위헌결정[74]이 있었다는 점을 언급하였다.

(2) 정부에 이행명령만 내린 경우: 판례 19[75]

신청인인 프랑스자전거이용자협회는 국사원에 국무총리, 내무부장관, 스포츠장관에 대한 명령(봉쇄기간 동안 허용된 이동에 자전거사용을 명시적으로 허가하는 결정을 SNS와 온라인홈페이지 등에 공표할 것) 등을 구하는 자유보호가처분신청을 하였다.

국사원은 자전거 이용은 왕래의 자유와 결부되는 것으로 자전거 이용에 대하여 정부가 분명한 입장을 취하지 않은 것은 명백히 위법하다고 보아 신청인의 신청을 일부인용하고, 국무총리에 대하여 24시간 내에 넓게 전파되는 수단으로 봉쇄기간 동안 허용되는 이동에 자전거 사용을 허용한다고 공표할 것을 명하였다.

신청인들은 이에 더하여 검사의 자전거이용자들에 대한 조서작성 중단 명령도 구하였는데, 국사원은 이에 대해 "행정소송법전 제 L.521－2조는 가처분법관에게 사법기관에 대한 이행명령 권한을 부여하지 않는다."는 점을 확인하였다.

---

73) CE, réf., 27 nov. 2020, n°s 446712 446724 446728 446736 446816.
74) Cons. const. 15 janv. 2021, n° 2020－872 QPC.
75) CE, réf., 30 avr. 2021, n° 440179.

(3) 집행정지와 이행명령이 같이 있은 경우: 판례 50[76]

신청인인 외국인지원단체 등은 국사원에 국무총리의 2020. 12. 29. 자 훈령 집행정지 명령을 구하는 집행정지가처분신청을 하였다. 계쟁 훈령은 프랑스에 거주하는 비유럽국적 외국인의 배우자와 자녀에 대한 가족재결합비자(visas de regroupement familial) 발급을 금지하였다.

국사원은 가족재결합을 하게 되는 인구 수가 하루 60여 명 정도에 불과한데, 행정청은 그 인구의 이동이 코로나19 확산에 명백한 영향을 미칠 것인지 여부에 관해 증명하지 못하고 있다고 판단하였다. 국사원은 계쟁 훈령이 모든 가족구성원, 특히 아동의 정상적인 가족생활을 영위할 권리를 심각하게 침해한다고 판단하고 계쟁 훈령의 집행을 정지하는 한편, 국무총리로 하여금 가족재결합의 혜택을 받는 사람들의 프랑스 입국과 관련하여, 비례성을 준수한 적법한 조치를 취할 것을 명하였다.

Ⅳ. 종합 및 결론

프랑스 행정소송법상 가처분제도는 우리 행정소송법상 집행정지 제도와 유사한 점도 있지만 몇 가지 특징적인 면에서 구별된다. 거부결정에 대해 작위를 명하는 가처분결정을 인정한다는 점, 가처분제도가 항고소송에 도입되어 있다는 점, 행정입법의 위법성도 가처분신청으로 다투는 것이 가능하다는 점 등을 예로 들 수 있다. 그런데 코로나19 상황에서는 이에 더하여 제도의 새로운 면들이 부각되었다.

이 글에서는 2020. 3. 22.부터 2021. 11. 22.까지 있었던 국사원의 코로나19 관련 중요 가처분결정 73건을 검토하였다. 이들 가처분결정을 공식 통계자료 및 문헌[77]과 함께 검토하였을 때, 2020－2021년 프랑스

---

76) CE, réf., 21 janv. 2021, n°s 447878 447893.
77) Bernard STIRN, "Le référé et le virus", RFDA, 2020, p. 634 참조.

행정판례에서 가처분사건은 양적으로 증가하였을 뿐 아니라 실무에 변화를 가하였고 국사원 소송업무의 중심이 되었다는 점을 확인할 수 있었다.

집행정지가처분과 자유보호가처분은 성격이 다른 별개의 제도로 설계되었고 그에 따라 신청요건도 전자가 후자보다 완화되어 있으나, 코로나19 국면에서 양자 간 경계는 흐려진 것으로 보인다. 집행정지가처분신청을 통해서도 이행명령을 받는 것이 가능하다는 점도 이러한 현상에 일조하였겠지만 이에 대한 보다 근본적인 이유는 코로나19 국면에서 기본적 자유를 침해하는 행정결정 등이 빈번하여 자유보호가처분신청 요건을 충족하기가 용이해진 상황에서 48시간 내에 집행정지가처분결정과 유사한 결과를 받을 수 있는 자유보호가처분제도를 신청인들이 선호한 데에서 비롯되었을 것이라고 추측한다. 검토한 가처분결정 가운데 동일한 행정결정의 집행정지를 구한 병합사건에서 신청인의 일부는 집행정지가처분신청을, 다른 일부는 자유보호가처분신청을 한 경우가 발견되었다. 서로 다른 집행정지가처분신청과 자유보호가처분신청이 병합된 것으로 보이지만 실제로는 신청인이 같았던 병합사건도 발견되었다.

'취소소송의 4유형'을 변형한 '가처분신청의 4유형'으로 검토대상 가처분사건들을 분류하였을 때, 전체 73건 가운데 1유형이 58건(1-a: 13건, 1-b: 45건)으로 압도적으로 많았고, 2유형이 12건, 3유형이 2건, 4유형이 1건 발견되었다. 가처분신청의 4유형에 따라 분류하여 대상판례를 검토함으로써 자유보호가처분신청으로 가능한 2유형과 4유형의 모습을 선명하게 볼 수 있었다. 2유형과 4유형이 가처분사건에서도 가능하다는 점은 프랑스 가처분제도가 드러낼 수 있는 장점이다.

또한 가처분사건에서도 원고적격과 대상이 넓게 인정되는 점은 코로나19와 같은 위기의 상황에서 더욱 빛을 발하였다. 목소리를 내기 어려운 취약계층도 마땅히 긴급히 보호받아야 할 기본적 자유가 관련 공익단체의 가처분신청을 통해 주장될 수 있게 함으로써 보호의 공백이 생길 수 있는 틈새를 메워주었다.

가처분법관이 정부에 이행명령을 내리는 방식과 그 한계도 구체적인 사례를 통해 확인해볼 수 있었다. 계쟁 행정작용에 대한 집행정지에 더하여 적극적인 이행명령을 하는 경우도 있었지만, 기본적 자유의 보호에 필요한 모든 조치를 할 수 있는 자유보호가처분결정에서도 계쟁 법령의 위법성이 명백하다고 판단하였으나 집행정지를 명하는 것에 그친 경우도 발견할 수 있었다.

코로나19 국면에서의 자유보호가처분신청 폭증은 2000년 개혁 당시에는 국사원도 예견할 수 없었던 것이었지만, 코로나19 국면에서의 국사원 가처분결정을 통해 검토해본 프랑스 행정소송법상 가처분제도는 우리에게 많은 시사점을 주는 것으로 보인다. 국사원은 대부분의 가처분사건에서는 행정의 결정을 존중하여 행정의 조치가 위급한 상황에서 실효성 있게 작동될 수 있게 하면서도, 이익 형량의 결과 신청이 인용되어야 하는 사안에서는 행정의 결정을 견제하여 침해받고 있는 기본적 자유를 신속히 회복시켰다. 특히 자유보호가처분결정의 경우, 48시간 내에 결정을 해야 하는 제약 속에서도 대부분의 사건에서 대심구조를 유지함으로써, 행정 스스로 의무를 상기하고 가처분결정이 있기 전에 행정결정을 변경하는 실질적인 진전이 있는 사례들을 상당수 이끌어낼 수 있었던 것으로 보인다. 국사원이 코로나19 국면 이후 자유보호가처분제도를 어떻게 재정비해 나가는지를 관찰하고 지켜보는 것은 앞으로의 우리 행정소송법 개정 작업에서 제도의 도입으로 발생할 수 있는 쟁점을 미리 예상해볼 수 있다는 점에서 의미가 있을 것이다.

참고문헌

강명원, "감염병에 대한 프랑스의 공법적 대응: COVID – 19를 중심으로", 법학논총 제38집 제2호, 2021.

박균성, "프랑스의 행정법원과 행정재판", 『현대법의 이론과 실제』(금랑 김철수 교수 화갑기념논문집), 박영사, 1993.

박재현, "프랑스의 injonction(이행명령)과 한국의 부작위위법확인소송", 공법학연구 제7권 제1호, 2006.

박정훈, 『행정소송의 구조와 기능』, 박영사, 2006.

박현정, "프랑스 행정소송법상 긴급소송제도: 2000년 개혁 이후의 집행정지가처분과 자유보호가처분을 중심으로", 행정법연구 제13호, 2005.

박현정, "프랑스 행정소송법상 가처분결정의 잠정적 효력", 행정법연구 제 55호, 2018.

박현정, "프랑스 행정소송에서 이행명령: 월권소송과 이행명령의 관계를 중심으로", 행정법학 제18호, 2020.

BROYELLE, Camille, *Contentieux administratif*, LGDJ, 2019.

CHAPUS, René, *Droit du contentieux administratif*, Montchrestien, 2008.

CHABANOL, Daniel, *La pratique du contentieux administratif*, LexisNexis, 2018.

Conseil d'État, *Rapport public: Activité juridictionnelle et consultative des juridictions administratives en 2020*, La documentation Française, 2021.

DEBBASCH, Charles, Jean – Claude RICCI, *Contentieux administratif*, Dalloz, 2001.

DOUENCE, Jean – Claude, Collectivités locales: contrôle de la légalité, *Répertoire du contentieux administratif*, Dalloz, 2014.

FAVOREU, Louis et al., *Droit des libertés fondamentales*, Dalloz, 2021.

GAUDEMET, Yves, *Droit administratif*, Dalloz, 2015.

GUYOMAR, Mattias, Bertrand SEILLER, *Contentieux administratif*, Dalloz, 2017.

LE BOT, Olivier, "Le référé-liberté est-il victime de son succès ?", RFDA, 2021.

de MONSEMBERNARD, Marc, Réféfés d'urgence: le référé-suspension, *Répertoire du contentieux administratif*, Dalloz, 2020.

de MONSEMBERNARD, Marc, Réféfés d'urgence: le référé-liberté, *Répertoire du contentieux administratif*, Dalloz, 2020.

STIRN, Bernard, "Le référé et le virus", RFDA, 2020.

VIGUIER, Jacques, *Le contentieux administratif*, Dalloz, 2005.

VUITTON, Xavier, Jacques VUITTON, *Les référés*, LexisNexis, 2018.

국문초록

　　지난 2년간(2020－2021) 국사원은 코로나19 팬데믹 상황으로 크게 증가한 가처분사건들을 최대한 신속하게 처리하기 위해 제한된 자원 속에서 조직적으로 유연하게 대처하여야 했다. 이 글에서는 1년 8개월의 기간(2020. 3. 22. － 2021. 11. 22.)을 설정하여 해당 기간 동안의 국사원 가처분결정 가운데 국사원에 의해 중요결정으로 선정된 76건의 결정을 '가처분신청의 4유형' 분석방법론에 따라 분석하였다.

　　검토대상 중요결정 76건은 모두 집행정지가처분사건 또는 자유보호가처분사건으로 분류된다. 코로나19 국면에서 신청인들은 집행정지가처분결정과 유사한 결과를 받아볼 수 있으면서도 48시간 내에 결정되는 자유보호가처분제도를 선호하였고 양자 간 경계는 흐려졌다.

　　가처분사건에서도 원고적격과 대상이 넓게 인정되는 점은 코로나19와 같은 위기의 상황에서 더욱 빛을 발하였다. 목소리를 내기 어려운 취약계층도 마땅히 긴급히 보호받아야 할 기본적 자유가 관련 공익단체의 가처분신청으로 주장될 수 있게 함으로써 보호의 공백이 생길 수 있는 틈새를 메워주었다.

　　가처분법관이 정부에 이행명령을 내리는 방식과 그 한계도 구체적인 사례를 통해 확인할 수 있었다. 계쟁 행정작용에 대한 집행정지에 더하여 적극적인 이행명령을 하는 경우도 있었지만, 기본적 자유의 보호에 필요한 모든 조치를 할 수 있는 자유보호가처분결정에서도 계쟁 법령의 위법성이 명백하다고 판단하였으나 집행정지를 명하는 것에 그친 경우도 발견할 수 있었다. 일반적으로 가처분법관이 자유보호가처분결정을 통해 명할 수 있는 조치의 범위는 넓다.

　　국사원은 대부분의 가처분사건에서는 행정의 결정을 존중하여 행정의 조치가 위급한 상황에서 실효성 있게 작동될 수 있게 하면서도, 이익 형량의 결과 신청이 인용되어야 하는 사안에서는 행정의 결정을 견제하여 침해받고 있는 기본적 자유를 신속히 회복시켰다. 특히 자유보호가처분결정의 경우, 48 시간 내에 결정을 해야 하는 제약 속에서도 대부분의 사건에서 대심구조를 유지함으로써, 행정 스스로 의무를 상기하고 가처분결정이 있기 전에 행정결정을 변경하는 실질적인 진전이 있는 사례들을 상당수 이끌어낼 수 있었던 것으로 보인다.

국사원이 앞으로 코로나19와 같은 공중보건 위기 상황에서도 지속가능한 가처분제도를 어떻게 정립해나가는지를 지켜보면 우리 행정소송법 개정 작업에 유의미한 시사점들을 발견할 수 있을 것이다.

주제어: 프랑스 국사원, 가처분, 집행정지, 긴급가처분, 집행정지가처분, 자유보호가처분, 기본적 자유, COVID-19

Résumé

Décisions référés du Conseil d'État français en lien avec l'épidémie de Covid-19

PARK, Woo Kyung*

Les années 2020 et 2021 ont été exceptionnelles pour le Conseil d'État. Il a fallu adapter son organisation et innover pour traiter les requêtes et les projets de texte en liens avec l'épidémie dans les délais les plus brefs, et dans des circonstances particulièrement contraintes. Cet article analyse les décisions référés rendues par le Conseil d'État, entre mars 2020 et novembre 2021, qui ont été retenues comme «les dernières décisions référés importantes», en utilisant la méthodologie d'analyse des «quatre types de requêtes en référés».

Toutes les 76 ordonnances du juge des référés sont classées soit en référé-suspension, soit en référé-liberté. Face au COVID-19, les requérants ont préféré le référé-liberté, car ils ont pu recevoir des résultats similaires en 48 heures. La frontière entre les deux s'est finalement estompée.

L'intérêt pour agir d'une association contre un acte administratif est apprécié tant au regard de la nature des intérêts qu'elle défend que de son champ d'action. En période de crise sanitaire, les associations d'intérêt public concernées ont comblé le vide en revendiquant la liberté

---

* Docteur en droit.

fondamentale des plus démunis.

Le juge des référés a recours à l'injonction, mais il ne peut prendre que des décisions provisoires. En matière de référé—liberté, il a été conduit à enjoindre à l'administration de prendre « toute disposition de nature à sauvegarder l'exercice effectif de la liberté fondamentale en cause », y compris lorsque l'injonction conduit à des mesures difficilement réversibles. De manière générale, dans le cadre du référé—liberté, les mesures susceptibles d'être ordonnées par le juge des référés sont particulièrement étendues.

Dans la plupart des affaires de référés d'urgence, the juge des référés a fait preuve d'une certaine déférence à l'égard du Gouvernement afin que les mesures administratives puissent être appliquées efficacement dans les situations d'urgence, mais en cas de danger caractérisé et imminent pour la vie des personnes, il a enjoint à l'administration de tirer les conséquences résultant de la suspension qu'il prononce. En matière de référé—liberté, il est intervenu en 48h, dans la procédure contradictoire, pour vérifier si les restrictions aux libertés imposées en raison du risque sanitaire étaient justifiées. Dans plus de 200 affaires, des avancées ont été obtenues lors des audiences, l'État a été rappelé à ses devoirs ou les mesures contestées ont été modifiées par l'administration avant la décision du juge.

Des implications significatives peuvent être trouvées pour la révision de la loi coréenne sur le contentieux administratif, en observant comment le conseil d'État gère les référés d'urgence en temps de crise.

Mots-clés: Conseil d'État, les référés d'urgence, le référé—liberté, le référé—suspension, la liberté fondamentale, la procédure contradictoire, Covid—19

투고일 2022. 6. 8.
심사일 2022. 6. 28.
게재확정일 2022.   6. 29

최근(2020) 독일 행정판례
동향과 분석*

계인국**

Ⅰ. 연구의 목적과 방법
Ⅱ. 독일연방행정법원의 업무수행 현황
  1. 개관
  2. 상고절차와 재항고절차에서의 처리기간
  3. 인프라시설 프로젝트에 대한 시심절차
Ⅲ. 주요 행정판례의 분석
  1. Fehmarnbelt 횡단도로 계획확정절차
  2. 오염된 식자재의 수거의무
  3. 위법행위에 의한 재판지연 불이익 추정의 반증
  4. 폐기물법상 하수침전물 처리조치
  5. 연방네트워크청의 주파수 경매 결정의 적법성 판단
  6. 대기청정계획상 한계치 초과에 따른 교통금지조치
  7. 감염병보호법상 영업제한으로 인한 손실보상
Ⅳ. 마치는 글

Ⅰ. 연구의 목적과 방법

본 연구는 최근(2020년) 독일 연방행정법원(Bundesverwaltungsgericht) 판결의 동향을 개관하고 분석하는 데에 있다. 대상판결의 선정에 있어서는 독일 연방행정법원이 직접 주요 사례로 지목한 사건들을 소개하도

---

* 본 논문은 2022년도 고려대학교 행정전문대학원 특성화연구비(K2215381)에 의해 연구되었다.
** 고려대 행정전문대학원 부교수, 법학박사(Dr. jur.)

록 한다. 기존 연구방법론을 계승하여 먼저 독일연방행정법원의 업무수
행 현황을 간략히 살펴본 뒤 독일 연방행정법원의 연차보고서에 수록된
주요 판결 중 일부 내용을 다시 추려서 이하에 소개하는 방식으로 논의
를 진행한다. 이해를 돕기 위하여 사실관계와 법적 근거를 보다 상세히
설명하도록 하며 대신 소개하는 판례편수를 줄여 집중성을 강화하였다.
  한편 시의성있는 판례연구를 위하여 COVID-19 펜데믹으로 인하여
발생하는 각종 공법적 분쟁을 일부 소개하도록 할 것이다. 2020년 기준
으로는1) 특히 하급심 판결에서 의미있는 내용을 찾아볼 수 있다.

Ⅱ. 독일연방행정법원의 업무수행 현황2)

1. 개관

  독일연방행정법원의 접수사건은 2018년 최근 5년간 최저 수준의
감소폭을 보여준 이후 지속적으로 감소추세를 보이고 있다. 2020년 접
수사건은 1160건으로 전년도 1251건에 비해 7.3% 감소하였다. 2016년
대폭 증가와 2017년 대폭 감소 이후 지속적으로 접수사건 감소추세가 4
년째 이어지고 있음이 나타난다.
  처리사건과 계류건수를 보면 2019년 1,300건에 비해 낮아진 1237
건으로 나타났다. 2020년 연말까지 계류 중인 사건은 559건으로 이 역
시 지속적으로 감소추세를 보이고 있다.

---

1) 한편 독일연방대법원은 최근(2022년) 감염병보호법상 손실보상이 특정 사례에 국
   한된다는 결정을 내린 바 있다. 이에 대해서는 차년도 해외판례연구를 통해 보다
   상세히 밝힐 수 있기를 기대해본다.
2) 본 절 업무수행 현황에 대한 내용은 독일연방행정법원 2020년 연차보고서의 내용
   을 정리하였음을 밝혀둔다. Bundesverwaltungsgericht, Jahresbericht 2020, S. 16 ff.

最근(2020) 독일 행정판례 동향과 분석 315

최근 독일연방행정법원 업무현황

해당연도	접 수	처 리	계 류
2016	1,658	1,664	727
2017	1,459	1,407	782
2018	1,344	1,441	685
2019	1,251	1,300	636
2020	1,160	1,237	559

2. 상고절차와 재항고절차에서의 처리기간

종국절차기간은 2016년 대폭적 감축 이후 다시 연장되는 추세를 보인다. 2019년은 다시 15개월 13일이 소요된 것과 거의 차이가 없이 2020년은 평균 15개월 3일이 소요되었다.

최근 판결에 의한 종국절차기간

해당연도	절차기간 (판결에 의한 종국절차)
2016	11개월 27일
2017	12개월 9일
2018	14개월 16일
2019	15개월 13일
2020	15개월 3일

재항고절차기간은 2018년의 경우 평균 3개월 29일로 소요기간이 상당히 단축되었다가 2019년 다소 증가하고 있으며 2019년에 비해 소폭 감소하였다. 2020년 46. 23%가 접수 후 3개월 이내에, 70.92%가 6개월 안에 종결되었다.

3. 인프라시설 프로젝트에 대한 시심절차

연방행정법원은 인프라시설 프로젝트에 대한 법적 분쟁에 있어 시심이자 종심으로서 관할권을 가지고 있다. 2020년도 소제기 건수는 47건으로 전년도 52건에 비해 소폭 감소하였다. 임시적 권리구제절차의 접수는 2020년 18건으로 전년도 19건과 큰 차이를 보이지 않는다. 영역별로 살펴보면 도로법 사건이 11건으로 전년도 23건에 비해 감소하였고, 철도법 14건, 에너지설비구축법에서는 14건, 수로법에서는 5건, 공항부지법에서는 3건이 제기되었다.

인프라시설 프로젝트에 대한 소송절차기간은 2018년에는 12개월 23일로 최근 기록 중 절차기간이 최대로 연장된 양상을 보였으나 2019년 10개월 23일로 단축되었고 2020년에는 9개월 16일을 기록하였다. 이는 2015년 8개월 16일에 이어 최근 5년 내 최단기간으로 기록된다.

Ⅲ. 주요 행정판례의 분석

1. Fehmarnbelt 횡단도로 계획확정절차
(Urteile vom 3. November 2020
  - BVerwG 9 A 6.19, 7.19, 9.19, 11.19 - 13.19)

가. 주요 요지

지방자치단체는 전문계획적 프로젝트에 있어 화재방지를 위한 추가비용으로 인하여 화재방지의 적절한 관리라는 자치행정사무 이행이 본질적으로 어려워지거나 불가능하게 되었다는 것을 주장할 수 있다. 이러한 점에서, 지방자치단체가 추가적 비용부담을 위해 전면적이고 재

정건전성에 구속되지 않는 재정조정청구권을 가지는 경우에는 자치행
정권이 침해되지 않는다.

나. 사실관계 및 경과

발트 해의 Fehmarnbelt 해협은 독일의 Fehmarn 섬에서 덴마크의
Lolland 섬 사이의 폭 약 19km 가량의 수로이다. 2007년 독일과 덴마
크 정부는 독일의 Puttgarden에서 덴마크의 Rødby에 이르는
Fehmarnbelt 횡단 터널과 도로를 2028년까지 완공하여 개통하는 공동
건설 프로젝트에 합의하였다. 이 횡단도로는 이미 19세기부터 계속 진
행되어온 코펜하겐과 함부르크간의 최단교통로 기획에서 시작되어 이
후 구축된 "Vogelflug – Linie"의 연장선상에 놓여있다.

Fehmarn 시는 Fehmarnbelt 횡단도로 건설에 대한 독일 측 프로젝
트 부분에 대해 2019년 1월 31일에 내려진 계획확정결정
(Planfeststellungsbeschluss)에 대해 소를 제기하였다. 2019년 1월 31일 내
려진 계획확정 대상은 Fehmarn 섬과 덴마크 Lolland 섬을 연결하는 도
로 및 철도 결합터널로 터널의 총 길이는 약 18km, 구조물의 너비는 최
대 47m, 높이는 최대 13m이며 전체 터널 중 약 절반이 독일 측 계획부
분에 속한다. 터널 건설은 먼저 각 터널 구조물을 덴마크의 Lolland에
건설된 공장에서 조립식 파트로 먼저 제작된 후 해저에 파낸 수로로 내
려보내는 방식으로 진행된다. 터널은 4차선 자동차 도로, 이중 선로로
이뤄진 전기 철도 선로, 유지 보수 및 대피 통로로 구성되어 있다. 2009
년 독일과 덴마크 양국 간의 국가조약에 의하면 덴마크가 자체 비용으
로 건설하고 운영하게 된다. 이를 위해 덴마크는 민간기업을 설립하였으
며 비용은 통행료와 철도이용요금에 의하게 된다. 반면 독일의
Schleswig – Holstein 주 입법자는 터널의 화재방지를 위하여 2019년 2
월 13일 구역확대법률을 통해 주 행정법 제30조가 정하는 행정청의 지
역적 관할을 추가하게 된다. 2019년 1월의 계획확정결정은 Fehmarnbelt

터널의 화재방지에 대해서는 Schleswig-Holstein 주 화재방지법에 따라 설립된 소방서가 담당하고 원고는 이에 대해 주의 확약을 통해 추가 비용을 부담하지 않을 것에 기초하고 있다. 원고는 Fehmarnbelt 도로에 대한 계획확정결정 중 독일 측 계획부분에 대한 취소를 구하는 소를 제기하였다.

다. 연방행정법원의 판결

행정법원법 제50조 제1항은 연방행정법원이 시심이자 종심으로 관할하는 사건으로 제6호에 계획확정절차를 두고 있다.[3] 원고가 제기한 소에 대해 연방행정법원은 원고가 충분한 수준의 소방업무를 유지하기 위한 자치행정임무를 이행하는 것이 건설계획을 통해 심각하게 어려워지거나 심지어 불가능하게 되는 것이 본래부터 배제되는 것이 아니라고 보아 소의 적법성을 인정하였다.[4]

(1) 계획확정결정에 대한 이의

연방행정법원은 원고 지방자치단체가 계획확정결정의 취소도, 위법성의 확인도 구할 수 없다고 보았다. 지방자치단체는 구역에 관련된 계획확정결정에 대한 포괄적 사법적 판단을 구할 수 없고 연방기본법 제28조 제2항이 규정하고 있는 그의 자치행정권(Selbstverwaltungsrecht)을 주장하는 데에 한정된다는 것이다. 지방자치단체는 전문계획 프로젝

---

3) VwGO § 50

(1) Das Bundesverwaltungsgericht entscheidet im ersten und letzten Rechtszug

6. <u>über sämtliche Streitigkeiten, die Planfeststellungsverfahren und Plangenehmigungsverfahren für Vorhaben betreffen</u>, die in dem Allgemeinen Eisenbahngesetz, dem Bundesfernstraßengesetz, dem Bundeswasserstraßengesetz, dem Energieleitungsausbaugesetz, dem Bundesbedarfsplangesetz, dem § 43e Absatz 4 des Energiewirtschaftsgesetzes, dem § 54a Absatz 1 des Windenergie-auf-See-Gesetzes oder dem Magnetschwebebahnplanungsgesetz bezeichnet sind.

4) 관련 판례로는 BVerwG, Urteil vom 28. April 2016 - 9 A 8.15

트가 특정한 지방자치단체의 계획을 장기적으로 저해한다는 것과 집행 가능한 지방자치단체의 계획의 중요한 구역 부분을 잃게 된다는 것 또는 지방자치단체의 영조물이 현저히 동요된다는 것을 주장할 수 있다.[5] 이에 비추어 보면 다툼이 있는 계획확정결정에 이의를 제기할 수 있는 것은 아니다.

(2) 계획의 정당성

연방행정법원은 프로젝트에 대한 계획정당성(Planrechtfertigung)에 대해 원고의 주장을 배척하였다. Fehmarnbelt 시설에 대한 교통수요는 연방행정법원에 대해 법적 구속력을 가지며 법률상 확인되는 것이다. 이 프로젝트는 연방의 철도나 간선도로의 수요계획을 포함하고 있지는 않지만, 독일과 덴마크 간 국가조약에서는 이러한 내용에 대해 합의하였고 독일의 국내법으로 전환되었다. 따라서 프로젝트의 구체화는 최소한 법률상의 수요계획의 내용에 상응한다고 보게 된다. 이러한 법률상의 수요확정에 하자가 있고 위헌이라고 할 수 있을만한 점이 없다는 것이다. 이는 프로젝트가 현재 또는 미래에 예측되는 교통부담이나 개발되는 지역의 교통개발과 관련하여 필요성이 결여되어 있거나 입법자의 수요결정 이후 근간이 되는 사정이 변경되는 등 교통수요확정이 명백하게 객관성이 없는 경우를 말하며,[6] 본 사안에서 그러한 문제가 발견되지는 않는다고 보았다.

(3) 재정 불안과 계획정당성

연방행정법원은 프로젝트의 재정확보의 문제가 곧바로 계획정당성을 배제하지는 않는다고 보았다. 물론 계획을 확정하는 행정청은 프로

5) BVerwG, Urteil vom 28. April 2016 — 9 A 8.15; Urteil vom 9. November 2017 — 3 A 2.15.
6) BVerwG, Urteile vom 12. März 2008 — 9 A 3.06; vom 6. November 2013 — 9 A 14.12.

젝트의 재정 부족을 무시할 수는 없다. 재정적 이유로 인해 실현할 수 없는 계획은 합리적으로 기대되지 않는 것이기 때문이다. 관할 행정청은 그러므로 계획된 건축프로젝트가 극복할 수 없는 재정적 한계에 봉착하는지에 대해 사전예측적으로 평가해야 한다.[7]

본 사안의 경우 재정확보는 덴마크의 국가보증에 의하며 원고는 이에 대해 유럽연합법상 허용되는 방식인지에 대해 문제를 제기하였다. 그러나 연방행정법원의 판례에 의하면 계획확정결정에 대한 소송절차에서 유럽연합법적 조달허용 여부는 일반적으로 심사될 수 없기 때문에[8] 법원의 심사는 단지 계획확정절차에서 유럽연합 조달법상 명백성 통제에 국한된다. 본 사건과 관련하여 유럽연합법원은 2018년 판결에서 공식적인 심사절차의 부작위에 대해서만 판단하였을 뿐 재정조달에 대해 근본적으로 중대한 우려를 표명한 바는 없다.[9] 유럽연합법의 위반 여부에 대해서 문제되는 것은 유럽연합기능조약 제108조 제3항 제3문으로, 여기에서는 유럽연합 위원회의 종국적 결정 이전에 의도된 보조금 조치를 실행하는 것을 금지하고 있는데, 건설 및 운영에 대한 프로젝트에 대한 위 계획확정결정은 유럽연합기능조약 제108조 제3항 제3문이 규율하려는 보조금의 수여문제와 구별되므로 이에 반한다고 볼 수 없다.

(4) 견련성의 원칙과 재정조정

Fehmarn 터널 화재방지에 대한 계획확정결정의 형량에 하자가 있는지에 대해서는 살펴보면, 먼저 이 결정은 구역확대법(Gesetz zur Erweiterung behörderlicher Bezirke auf den Bereich der Festen

---

7) BVerwG, Urteil vom 28. April 2016 - 9 A 9.15
8) BVerwG, Urteil vom 19. Oktober 2006 - 3 C 33.05; vom 26. Oktober 2016 - 10 C 3.15.
9) EuGH, Urteil vom 13. Dezember 2018 - T-630/15

Fehmarnbeltquerung: Bezirkserweiterungsgesetz)에 근거하고 있다. 이 법률
은 독일 연안에서부터 배타적 경제수역까지를 원고의 관할로 확장하고
있다. 문제는 2020년 9월 Schleswig-Holstein 주 헌법재판소가 이 법
률이 새로 원고의 관할로 지정된 구역의 화재방지를 위해 추가된 비용
에 상응하는 재정조정을 두지 않았음을 이유로 하여 주 헌법에 합치되
지 않는다고 판결했다는 점이다.[10] 구역확대법에 의해 원고 시의 소방
대가 건설단계는 물론 운영단계에 있어서도 화재예방조치를 취해야 하
며 비상사태나 사고 발생기에 이에 대한 기술지원을 제공할 책임이 주
어진다. 독일과 덴마크 간의 국가조약과 여기에서 공동선의 이익을 위
해 요구되는 화재방지의무를 고려하면 이러한 법적 책임의 부과 자체는
정당하다. 다만 이에 대하여 연 200만~300만유로 가량의 추가비용이
발생하게 되고 Schleswig-Holstein 주는 재정지원을 확약하면서도 비
용부담에 대한 법적 근거를 부인하였다. Schleswig-Holstein 주 헌법
재판소는 견련성의 원칙(상호연결성의 원칙: Konnexitätsprinzip)에 따라 이
미 존재하는 지방자치단체의 임무가 확대되는 것은 비용조정을 가져올
수 있음을 지적하였고 Schleswig-Holstein 주가 구속력없는 사실상의
약속이 아닌 사무수행과 재정부담의 동일주체 원칙을 준수할 것을 요구
하였다. 결국 Schleswig-Holstein 주 헌법재판소는 구역확대법이 재정
조정에 대한 법적 근거를 두고 있지 않음을 이유로 주 헌법에 합치되지
아니함과 Schleswig-Holstein 주 입법자에게 2021년 9월까지 재정 조
정의 법적 근거를 정할 의무를 명하였다.[11] 이에 따라 연방행정법원은
주 헌법재판소가 잠정적용을 명한 법률에 근거한 계획확정결정은 유효
하다고 보았다. 다만 연방행정법원은 계획확정결정이 추가 비용의 조정

---

10) LVerfG SH, Urteil vom 14. September 2020 — LVerfG 3/19
11) LVerfG SH, Urteil vom 14. September 2020 — LVerfG 3/19

에 대한 주의 확약에 기초하고 있으므로 지방자치단체의 이익에 대한 형량이 위법하지는 않지만 법적 근거에 따른 조정이 필요함을 지적하였다. 물론 계획확정결정에서의 형량이 모든 면에서 적합한 가정에 전제하고 있지는 않다고 보더라도 형량의 하자가 현저하지는 않을 것이며 결국 연방기본법 제28조 제2항 제1문이 규정하는 지방자치단체의 방어권을 침해하지는 않을 정도로 형량을 했다면 적절한 것으로 보게 된다.

2. 오염된 식자재의 수거의무 (Urteil vom 14. Oktober 2020 – BVerwG 3 C 10.19)

가. 주요 요지

[1] 유럽연합명령 Nr. 2073/2005의 부록I에 따른 식품안전기준이 충족되었는지 확인하기 위해 식품사업자는 자신이 제조한 제품을 즉시 판매가능한 상태로 샘플링 조사하여야 한다.

[2] 검사 결과 지정된 한계값이 초과된 것으로 확인되면 식품사업자는 이에 영향을 받은 제품을 수거하여야 한다.

나. 사실관계와 경과

원고는 로티세리 고기를 생산하고 각 영업장에 냉동처리하여 배송하면 각 영업장에서 로티세리를 익혀서 소비자에게 판매하도록 되어있고 최종소비자에게 직접 로티세리 고기를 제공하지는 않는다. 로티세리 고기에는 "완전히 익혀 먹을 것!"이라는 표시가 붙어있다. 원고는 HACCP 위생수칙에 따라 배송 전에 무작위 자가점검을 통하여 샘플에 대한 미생물학적 검사를 실시한다. 살모넬라균이 검출되는 경우 다양한 조치를 예정하고 있으나 강제 회수는 해당되지 않는다. 그러나 Augsburg 관할 행정청(Landratsamt: 군청, 란트라트청)은 원고의 위생수칙에 대해 살모넬라

균 양성반응시 오염된 식자재를 시장에서 수거할 것을 권고하였으나 원
고는 이에 반대하였고 바이에른 주 환경 및 소비자보호부(Bayerischer
Staatsministerium für Umwelt und Verbraucherschutz)와의 협의 후에 원고
에게 위생수칙의 적용을 요구하였다.

이에 원고는 살모넬라균 양성반응이 나온 제품을 강제로 수거하는
위생수칙을 둘 의무가 없음에 확인을 구하는 소를 제기하였다.
Augsburg 행정법원은 원고의 청구를 받아들였다. 원고에게는 제조과정
에서 살모넬라균 발생의 경우 해당 제품을 수거할 의무가 정해진 위생
수칙을 둘 의무가 없다는 것이다.[12]

항소심 München 행정법원은 제1심의 판단을 변경하고 소를 기각
하였다. 항소심은 살모넬라 확인을 식품안전기준으로 평가하였다. 배송
이전에 생산과정 동안에 로트세리가 검사되어야 하지만, 그 결과는 제
품이 고객에게 배송되고 유통되는 때에 나타난다는 것이다. 이미 배송
된 로트세리를 고려하여 살모넬라균에 대한 증거는 식품의 허용가능성
에 관련되는 기준이라는 것이다. 특히 제1심에서 유럽연합법상 식품의
단계화에 대한 특별규정인 유럽연합명령(Verordnung EG 2073/2005)을 간
과하였음이 지적되었다. 이에 의하면 만족스럽지 못한 검사결과가 나온
경우 이미 배송된 로트세리는 원고에 의해 수거되어야 한다는 것이
다.[13] 상고이유에서 원고는 제품에서 살모넬라 양성반응은 '식품안전기
준'의 문제가 아니라고 주장하였다. 제조 과정에서 채취한 샘플을 바탕
으로 한 검사결과는 오히려 '생산위생기준'이라는 것이다.

다. 연방행정법원의 판단

유럽연합명령은 특정한 미생물과 관련하여 식품사업자에게 위생기
준을 요구함으로써 시민의 건강에 대한 높은 보호수준을 목적으로 하고

---

12) VG Augsburg vom 4. Juli 2017 (Az: VG Au 1 K 16.1531)
13) VGH München vom 7. Februar 2019 (Az: VGH 20 BV 17.1560)

있다. 미생물에 의한 위험은 식품이 야기하는 질병의 주된 원인이므로 유럽연합명령은 식품사업자에게 요구되는 표준을 준수하고 HACCP 원칙을 준수하며 미생물기준에 따른 검사를 하며 끝으로 불만족스러운 검사결과가 나오는 경우 특정한 조치를 하도록 하는데 여기에는 이미 유통되고 있는 식품을 회수 및 수거하는 것도 포함된다.14) 유럽연합명령의 규정은 원고의 주장과 같이 일차적으로 식품사업자를 수범자로 한다. 그러나 이 규정은 또한 감독청에 대한 것이기도 하다. 식품사업자는 그의 위생수칙을 관련 규정 및 관할 행청청의 지시와 조화를 이루어 형성하도록 해야 한다.15)

　유럽연합명령은 식품사업자로 하여금 생산, 가공, 유통의 모든 단계에서 식품안전기준을 준수하도록 하며 생산한 식품을 샘플링하는 것은 이러한 요구사항의 충족여부를 확인하는 것이다. 또한 이 명령은 적용영역의 기준과 의무를 각각 독립적으로 정하는 식품의 미생물학적 위험에 대한 범주와 의무에 대한 특별규정으로 발생가능한 위해에 있어 "예방적 조치"를 정하게 된다. 식품안전기준에 대한 한계치는(식품에 대해) 허용될 수 없는 미생물학적 관련성을 통해 정해지고 이를 통해 이미 유통 중인 식품이라도 한계치를 유월하는 경우 시장에서 회수되어야 할 의무가 도출되는 것이다. 이미 유통 중인, 식품위생기준의 한계치를 유월하는 식품이 회수되지 않을 경우16) 유럽연합명령의 목적이 달성될 수 없기 때문이다.

　한편 원고의 주장과 같이 제품에 "충분히 익혀서 섭취할 것"을 표기하고 있더라도 연방행정법원은 이로써 식품안전기준 상의 허용가능성을 충족시킬 수 있는 것은 아니라고 보았다. 예방적 접근방식을 취하

---

14) Art. 7 Abs. 2, Verordnung (EG), Nr. 2073/2005
15) Erwägungsgrund 6 und 7, Verordnung (EG), Nr. 2073/2005
16) 이 문제에 대해서는 EuGH, Urteil vom 13. November 2014 - C-443/13, Reindl - ZLR 2015, 62

고 있는 유럽연합기준에서 식품안전기준은 가열 취식 여부에 무관하게 제품에 계속적으로 적용되어야 하는 것이며 이에 대한 식품제조업자의 의무는 지속된다고 본 것이다.

3. 위법행위에 의한 재판지연 불이익 추정의 반증 (Urteil vom 5. Juni 2020 – BVerwG 5 C 3.19 D)

가. 주요 요지

소송절차와 관련하여 위법하게 형성된 이익이 법원기본법 제198조 제2항 1문에서 말하는 정신적 불이익을 필요적으로 배제시키는 것은 아니다

나. 사실관계 및 경과

원고는 그의 소유 대지에 주말주택을 건축하기 위하여 건축예비결정을 신청하였다. 관할 행정청은 원고의 신청에 대해 대상 건축계획 입지가 외부지역(Außenbereich)에 위치한다는 이유로 이를 거부하였다. 원고는 행정심판을 거쳐 의무이행의 소를 제기하였다. 행정법원은 원고의 소를 기각하였다. 이에 원고는 2012년 1월 27일 항소신청을 하였다. 이 신청은 계속 지연되었으며 약 4년이 되어갈 무렵인 2015년 12월 29일 원고는 지연책문(Verzögerungsrüge)을 하게 된다.[17] 2016년 11월 22일 고등행정법원은 항소를 기각하였다. 이에 원고는 손실보상소송을 통해 항소신청절차의 지연을 주장하였고 이로 인한 비재산적인, 즉 정신적인 불이익의 보상을 청구하였다. 고등행정법원은 손실보상소송을 기각하였

---

17) 이에 대한 국내 선행연구로는, 김중권, "재판지연에 대한 국가책임에 관한 소고", 공법연구 제47집 제2호 (2018), 199면 이하; 박진완, "독일에서의 헌법재판의 신속한 실현에 대한 법적 통제 기준", 법학논고 제50집, 2015, 1면 이하

다.18) 고등행정법원은 항소신청절차의 기간이 적절하지 않았는지는 중요하지 않다고 보았다. 왜냐하면 원고는 절차 지연에 있어서 스스로 법률상 불이익 추정을 반증하였기 때문이라는 것이다. 원고는 제1심 판결 이전에 구술변론에서 이미 건축허가 없이 그의 대지에 주말 주택을 건축하였다는 사실을 밝힌 바 있다. 그러므로 항소신청절차의 기간은 원고에게 불이익으로 돌아가지 않는다는 것이다.

원고는 상고하여 소송절차의 지연으로 인한 손실보상을 청구하였다. 원고는 법원기본법 제198조 제2항 제1문의 침해19) 및 형식적인 건축법위반 행태가 법원기본법 제198조 제2항 제1문에서 말하는 지연으로 인한 정신적 불이익의 법률상 추정20)을 스스로 반증하는 것은 아니라고 주장하였다. 연방행정법원은 원고의 청구를 인용하였다.

다. 연방행정법원의 판단

(1) 소송절차 지연과 손실보상

구 법원기본법 제198조 제1항과 동조 제2항 제1문은 부적절하게 지연된 소송절차의 경우 절차참여자에게 인정되는 손실보상청구를 규정하고 있다. 손실보상청구는 소송절차 지연으로 인하 불이익을 받은 자에게만 인정되는데 구 법원기본법 제198조 제2항은 비재산적인 불이익, 즉 정신적 불이익도 동조항의 불이익에 포함됨을 보여준다. 입법자가 의도하는 '비재산적 불이익'이란 일차적으로 일반적인 절차리스크에 의한 부담을 넘어서는 성도의 절차기간의 지연으로 인해 발생하는 부정

---

18) OVG Greifswald vom 21. November 2018 (Az: OVG 2 P-EK 466/16)

19) 대상 법조문은 상고심 진행 중인 2019년 12월 12일 법원기본법 제198조 제3항으로 개정되었다. § 198 Abs. 3 S. 1 GVG "Entschädigung erhält ein Verfahrensbeteiligter nur, wenn er bei dem mit der Sache befassten Gericht die Dauer des Verfahrens gerügt hat (Verzögerungsrüge)."

20) § 198 Abs. 2 S. 1 GVG "Ein Nachteil, der nicht Vermögensnachteil ist, wird vermutet, wenn ein Gerichtsverfahren unangemessen lange gedauert hat."

적인 심리효과, 즉 우려, 불쾌함, 불확실성을 의미한다.[21]

(2) 정신적 불이익의 추정과 반증의 정도

또한 이러한 정신적 불이익은 법원기본법 제198조 제2항 1문에 의해 법률상 추정된다. 연방행정법원은, 고등행정법원이 원고의 과거 위법적 행태가 법률상 불이익의 추정을 반증한 것으로 보아야 한다고 판단한 데에 법리를 오해하였다고 보았다. 원고가 소송의 계속 중 또는 그 이전에 사실상의 이익을 위법하게 창출했다는 것만으로는 정신적 불이익의 추정이 반증된다는 것은 법원기본법 제198조 제2항 1문에 합치되지 않는 해석이다. 이 조항에 규정된 법률상 추정원칙에 있어 중요한 것은 민사소송법 제292조 1문에서 말하는 법률상 사실추정의 반증이다. 정신적 불이익과 책임이행의 인과관계의 존재까지 확장되는 이 추정원칙은 또한 유럽연합인권재판소의 판례에도 부합한다.[22] 반증은 법률상 추정되는 사실이 실제로 주어지지 않았다는 증거에 의해야 하나 그 정도에 있어서는 단지 추정을 동요시키는 것으로는 충분하지 아니하고 오히려 추정되는 사실이 존재하지 않는다는 완전한 증거가 나타나야 하는 것이다.[23] 그러나 고등행정법원이 정신적 불이익에 대한 보상의 거부를 과거의 위법행위에 대한 제재로서 이해하려는 것은 법원기본법 제198조 제2항 1문의 취지에 부합하지 않는다.

(3) 불이익의 상쇄

항소신청절차가 부적절하게 지연되었다는 것과 이 기간 중 원고가 불법적으로 주말저택을 건축하였다는 것에 대해 고등행정법원은 항소심을 통해 얻어낸 것보다 더 많은 이익을 이미 얻은 것이라고 보아 법률상 불이익의 추정이 반증되었다고 보았다. 그러나 연방행정법원은 사

---

21) BT−Drs. 17/3802, S. 19.
22) EGMR, Urteil vom 29. März 2006 − 36813/97, Scordino/Italien − NJW 2007, 1259
23) BVerwGE 85, 314 (321).

실인정에 있어서도 원고가 불법적으로 건축한 주말저택을 사용하였는지 여부와 정도에 대한 판단 없이 불법적 행태의 존재만으로 부적절하게 지연된 소송절차의 불이익이 배제되는 것은 아니라고 보았다.

4. 폐기물법상 하수침전물 처리조치
(Urteil vom 8. Juli 2020 - BVerwG 7 C 19.18)

가. 주요 요지

폐기물관리법은 하수시스템으로 배출되는 물질에 대해서는 하수처리가 완료되는 경우에는 재적용될 수 있다. 하수처리 시스템에서 물질을 물리적으로 제거할 것까지는 요하지 아니한다.

나. 사실관계 및 경과

원고는 1965년부터 하수처리장을 운영하고 있었다. 이 처리장에서는 하수침전물(슬러지)를 건조하여 폐기하기 위한 부지를 마련하여 6개의 하수침전물처리장에 대한 허가를 받아 운영을 하여 왔다. 그러나 1984년 원고는 침전물 압력파이프라인에 대한 주무부처의 허가를 받아 이를 설치하고 이후 침전물 처리장을 이용하지 않고 침전물을 처리하였다. 1999년 6월 원고는 하수침전물 처리장을 폐쇄하였다. 지방자치단체에서는 위 하수처리장에서 처리되고 남은 폐수 등을 방류하기 위해 원고에게 발령된 하수처리 허가를 취소하였다. 처리장은 이후 본질적인 변화 없이 방치되고 있다가 2006년 10월 원고는 피고에게 처리장 공사계획을 제안하였다. 이에 의하면 처리장에 침전물을 매립하고 표면을 방수처리하여 밀봉하고 조경 시설을 건축하도록 하는 것이다.

피고는 이에 대해 처리장 2에서 6까지의 침전물을 폐기물로 구분하여 매립장 바닥까지 굴착하여 이를 제거하고 허가된 폐기물처리시설

에서 처리하도록 하고 처리장 1의 경우 지면보호법에 따라 원상복구할
것을 명하였다. 이에 대해 원고는 취소소송을 제기하는 한편 2013년 3
월 조경시설 건축허가를 신청하였으나, 피고는 이에 대해 거부처분을
발령하였다.

제1심 Düsseldorf 행정법원[24]과 항소심 Münster 고등행정법원[25]
은 원고의 주장을 이유 없다고 보았다. 판단의 주된 근거가 된 법적 근
거는 재활용처리 및 폐기물관리법(Kreislaufwirtschaftsgesetz: KrWG, 이하
폐기물관리법)[26] 제21조 제1항의 일반규정으로 이에 의하면 어떤 물질이
하천 또는 파수처리장으로 배출되거나 유입되는 즉시 폐기물관리법의
적용이 없게 된다. 이러한 조건은 하수침전물에 대해서는 충족되지 않
는다는 것이다. 다시 말해 폐수처리에 대해 수법상의 적용이 없는 경우
에는 당연히 폐기물관리법에 따라 처리되어야 하는 것이다. 원고는 폐
기물관리법에 의하여 하수침전물을 적절하고 무해하게 재활용하거나
공익에 부합하는 방식으로 제거해야할 의무를 부담하게 된다. 하수침전
물은 유동적 물질로 지표면에 점착하지 않았으며 원고 역시 제거하기를
원했다는 점에서 침전물은 경제적 가치가 없는 것으로 볼 수 있다.

원심은 또한 피고 행정청이 원고에게 명령한 내용에 대해 피고에
게 주어진 재량권을 하자 없이 행사한 것이라고 판단하였다. 이미 허가
된 폐기물처리시설에서의 폐기물 처리로 인해 원고는 하수침전물을 재
활용할 수도 있고 처리할 수도 있는 폐기물관리법상의 다양한 방법의
선택권을 가지고 있었다. 한편 원고의 처리장 부지는 폐기물관리법상
허가요건이 면제되는 매립지(Altdeponie)가 아니므로 처리장의 허가의
내용에 원고가 처리장에 하수침전물을 남겨두는 것까지 포함되지는 않

24) VG Düsseldorf vom 24. Januar 2014 (Az: VG 17 K 2868/11)
25) OVG Münster vom 13. September 2017 (Az: OVG 20 A 601/14)
26) Gesetz zur Förderung der Kreislaufwirtschaft und Sicherung der umweltverträglichen Bewirtschaftung von Abfällen.

는다고 보았다.

원고는 이에 대하여 상고하면서 원심이 수법이 아닌 폐기물법을 적용한 것이 법리오해라는 주장을 하였다. 폐기물관리법은 배출되거나 유입된 물질이 제거된 후에만 관련이 있는 것이며 하수침전물은 폐기물관리법상 유동적 물질이 아니며 고착은 중력에만 기인할 수도 있다는 것이다. 오염된 장소의 존재에 대해서도 이것이 영속적인지 일시적인지의 여부로 판단되지 않는다고 주장하였다. 끝으로 피고가 매립지의 굴착과 준설, 제거 및 운송을 명하는 것은 그 비용이 과다하게 소요되는 것으로 비례적이지 않다고 주장하였다.

다. 연방행정법원의 판단

연방행정법원은 상고를 이유없다고 보아 기각하였다. 폐기물관리법 제2조 제2항 제6호의 규정에 의하면 폐기물관리법의 규정은 해당 물질이 수역이나 하수처리장으로 배출되거나 유입되는 즉시 적용되지 않는다고 정하고 있는데, 규정의 표현상 "~하는 즉시"라는 표현을 사용하고 있을 뿐 "~하는 한"의 표현이 아니라는 점에서 폐기물관리법에서 수법으로의 전환시점을 규율하는 것으로 해석하여야 한다. 또한 수자원관리법(Gesetz zur Ordnung des Wasserhaushalts: WHG) 제54조 제2항 1문과의 관련성에서 살펴보면, 하수처리가 완료되면 수자원관리법의 규율체계는 그 적용이 종료되고 다시 폐기물관리법이 적용됨을 알 수 있다. 규정의 해석 및 규율구조를 살펴보면 하수침전물의 배수는 특정한 요건 하에서만, 즉 배수가 하수처리공정의 일부일 때에 연계되는 것이며 여기에서도 하수의 유해성을 낮추거나 제거하는 공정이 포함된다고 보아야 한다.

한편 폐기물관리법 제36조 제1항 1문에 의거하여 매립지 운영자는 시설의 폐쇄를 통지하고 필요한 문서를 제출하여야 하며 폐기물관리법 제36조 제2항은 공익을 이유로 매립지의 재경작이나 기타 예방조치를 위한 필요한 모든 명령을 관할 행정청에 의무화시키고 있다. 확립된 판례에 의할 경우 공공의 일반이익을 위하여 행정청은 통지 의무나 각종 명령을 발할 권한이 부여됨이 확인되고 있다.[27]

결국 원고가 운영하던 하수처리장에 유입된 하수에 의해 생성된 하수침전물은 당시로서는 수법의 적용대상으로 볼 수 있었으나, 하수침전물이 더 이상 하수처리라는 목표를 위해, 또한 그러한 방식으로 배수되지 않고 계속 퇴적이 되고 있는 상황에서 수법의 적용 영역인 하수처리 시스템과의 "기능적 연결"은 존재하지 않는다고 보아야 할 것이다. 하수침전물 현장은 매립지의 요건을 충족시키지 못하고 있고 본래 하수침전물을 매립하여 처리하도록 한 것이 아니었음도 지적되어야 한다.

5. 연방네트워크청의 주파수 경매 결정의 적법성 판단 (Urteil vom 24. Juni 2020 - BVerwG 6 C 3.19)

가. 주요 요지

연방네트워크청은 통신법 제55조 제2항 제2문에 따라 주파수 경매와 할당에 대한 구체적 절차에 앞서 특정 주파수가 구체화된 이용목적에 따라 제공되는 내용의 규제적 결정을 내릴 수 있다. 통신법 제55조 제10항 제1문의 1유형에 의한 분배규정은 이러한 내용을 전제한다.

나. 사실관계 및 경과

2018년 독일 교통 및 디지털인프라부(BMVI)가 제시한 주파수 경매안에 대한 현황보고서를 작성하였다. 이 보고서에서는 주파수 경매의 근거법령인 통신법과 통신법이 예정하고 있는 주파수 규제

---

27) BVerwG, Urteil vom 31. August 2006 - 7 C 3.06; Beschlüsse vom 2. Mai 1995 - 7 B 270.94; vom 26. Juli 2016 - 7 B 28.15.

(Frequenzregulierung)의 기본적 방향을 예정하였다. 주파수의 희소성으로 인해 더 이상 필요하지 않은 대역은 4G 또는 5G 작동을 위해 2G 또는 3G 네트워크에서 해제하도록 하였고 향후 5G 롤아웃 프로그램에 700MHz 스펙트럼을 제공한다고 발표하였다. 700MHz 대역은 이전에는 지상파 텔레비전 서비스에 사용되었던 이었지만 이제 이러한 서비스는 다른 주파수로 마이그레이션되었으며 이에 700MHz 스펙트럼의 출시는 모바일 네트워크 사업자들로 하여금 특히 농촌 지역에서 커버리지를 향상시키기 위해 전국적으로 추가 주파수를 이용할 수 있게 된다. 뿐만 아니라 유럽연합 회원국은 2020년 6월 말까지 5G 사용을 위해 700MHz 대역 스펙트럼을 확보해야 할 의무를 부담한다. 본래 700MHz 대역은 추가 4G용량을 제공하기에 적합한 것으로 평가되어왔고 특히 농촌 지역 등에 유의미할 것으로 예상되었다. 그러나 최근 유럽연합의 정책은 700MHz 대역이 5G 새로운 무선 통신을 위한 광역 커버리지 계층을 제공하는 쪽으로 방향을 선회하였다.

2018년 5월 14일 연방네트워크청은 무선통신의 접속을 위한 주파수 할당을 명령하였고 해당 대역을 2GHz 대역(1,920MHz － 1,980MHz / 2,110MHz)과 3.6 GHz 대역(3400 MHz － 3700 MHz)으로 정하여 경매형식을 취할 것을 선택하였다. 해당 경매규칙의 결정과 주파수 규제에 대한 기본적인 측면을 정함에 있어 상급위원회(Präsidentenkammer der BNetzA)는 이해당사자를 대상으로 하여 청문절차를 진행하였고 9월 24일 초안을 마련한 뒤 11월 26일 확정된 결정을 공표하였다. 주파수 할당을 받은 사업자는 개선된 전국적 공급과 현대 산업에 상응하는 이용에 대한 의무를 지게 된다.[28]

경매대역으로 유럽연합지침[29] 제54조는 3.4~3.8 GHz 대역을 중

---

[28] 현재 독일의 이동통신 사업자는 과거에 요구되었던 의무를 이행하고 있었던 바, 2015년 주파수 할당에서 기인하는 의무는 2019년 12월 31일까지는 전 연방 단위 세대 98%와 각 주의 세대 97% 이상에 대해 50Mbit/s의 속도를 보장하도록 되어 있다.

최근(2020) 독일 행정판례 동향과 분석 333

심으로 하여 필요에 따라 24.25~27.5 GHz 대역의 주파수를 5G 주파수
의 도입을 위해 이용하도록 명시하였다. 이에 따라 독일 연방트워크청
은 먼저 2GHz와 3,420~3,690 MHz의 블록을 경매하도록 결정하였다.
연방네트워크청은 유럽연합지침이 예정하고 있는 5G 주파수 대역 중
3,700MHz~3,800MHz 대역에 대해서는 지역 할당을 위해 남겨두었다.
경매방식에 있어서는 '변형된' 동시상승경매(SMRA)방식을 채택하였는데
이는 연방네트워크청 상급위원회가 경매대상 주파수 대역을 추상적으
로 할당한 것은 구체적으로 할당하는 것에 비해 입찰자에게 이익이 된
다는 점을 고려한 결과이다. 연방네트워크청 상급위원회는 이러한 결정
이 사용자와 소비자의 이익을 보호하고 지속가능하며 경쟁적인 통신시
장을 진흥하며 차세대 고성능 공공통신망의 확대를 가속화하는 한편 주
파수의 효율적이라는 규제목표를 모두 고려한 것이라고 이유를 밝혔다.
통신사업자인 원고는 연방네트워크청 상급위원회의 이러한 결정에 대
한 취소를 구하는 소를 제기하였다.

   Köln 행정법원은 원고의 주장이 이유 없다고 보았다. 일련의 주파
수할당의 근거조항은 주파수희소성에 기인한다. 이에 따라 연방네트워
크청은 그에게 주어진 판단여지에 따른 예측으로 분배시점에 가용가능
한 주파수대역을 초과하는 할당 신청서가 제출한 것으로 보았다.

다. 연방행정법원의 판단

   연방행정법원은 원고의 주장을 이유 없다고 보아 기각하였다. 주파
수 경매의 문제는 희소성에 기인하며 이에 대해 주파수분배절차의 명령
은 통신법(Telekommunikationsgesetz: TKG) 제55조 제1항 1문을 근거로
한다. 이에 의하면 주파수의 이용은 그에 앞서 연방네트워크청에 의한

---

29) RICHTLINIE (EU) 2018/1972 DES EUROPÄISCHEN PARLAMENTS UND DES RATES
   vom 11. Dezember 2018 über den europäischen Kodex für die elektronische
   Kommunikation

주파수할당을 필요로 한다. 주파수할당은 통신법 55조 1항 2문에서 행정청의 또는 행정규칙을 통해 발령되어지며 확정적 조건 하에서 특정 주파수를 이용하기 위한 허가로 정의된다. 형식에 있어서 주파수할당은 직권으로 발령되는 일반할당이나 신청에 의한 개별할당으로 구별된다. 통신법 제55조 2항에 의하면, 원칙적으로 주파수는 규제관청의 직권으로 일반공중에 의한 또는 일반적인 표지에 따라 확정되거나 확정될 수 있는 인적범위에 의한 특정주파수의 이용에 대한 이용을 위해 할당되어진다. 경매결정의 절차는 법정 절차에 의한 것으로 이에 대한 연방네트워크청의 결정은 할당절차의 개시와 경매절차의 선택이라는 통신법상 규정의 적용이라는 것이다. 다만 현재 연방네트워크청 상급위원회의 결정 중 2GHz와 3.6GHz 대역에 대한 경매조건 등에 대해서는 추가적으로 소가 계류 중에 있다.

6. 대기청정계획상 한계치 초과에 따른 교통금지조치
(Urteil vom 27. Februar 2020
- BVerwG 7 C 3.19)

가. 주요요지

[1] 대기청정계획의 재정비에 대한 환경단체소송의 허용성과 근거는 전략적 환경평가의 사실적 존재를 전제하지 않는다.

[2] 비례의 원칙은 어떻게 통행금지를 구성할 수 있는지에 대한 문제뿐만 아니라 그에 앞서서 통행금지가 명령될 수 있는지에 대한 타당성도 요구한다. 통행금지가 매우 근소하게 한계를 위반하여 비례적이지 않은 것으로 나타나는지는 개별 사안의 사실관계에 달려있다.

[3] 대기청정계획 예측에 대한 사법심사에 있어 여타의 예측과 다른 요구사항은 없다.

[4] 한계치준수 예측이 매우 긍정적으로 평가되며 실현될 가능성이 없는 경우를 위해 대기청정계획이 어떤 조치를 준비할 필요는 없다.

[5] 연방임미시온법 제47조 제4a항의 규정은 이산화질소 $50\mu g/m^3$ 이하에 대한 통행금지가 비례성원칙의 준수 하에서 한계치 초과를 가능한 한 짧게 유지할 수 있는 유일한 수단인 경우 이와 충돌하지 않도록 해석하여야 한다.

나. 사실관계 및 경과

Reutlingen 시는 2005년부터 수차례 대기청정계획을 변경하면서 미세먼지와 이산화질소 저감을 위한 다양한 조치를 두었다. 2009년부터 2017년까지 연간 평균 이산화질소 한계치 $40\mu g/m^3$를 초과하였으며 2014년 Sigmaringen 행정법원의 판결로 4차 대기청정계획 재정비가 이뤄졌다. 이른바 "Reutlingen 시나리오"는 2018년부터 2020년까지 단계적인 조치를 예정하였는데 특정 지역의 교통량감축과 시내 화물차 교통금지 확대, 특정 도로의 속도제한 등이 그것이다. 이산화질소 한계치의 준수가 2018년 달성되지 않고 2019년에도 기대할 수 없는 경우라면 2020년부터는 인증마크(blaue Pakette) 없는 차량의 교통금지를 실시할 예정이다. 4차 재정비계획이 기초로 하는 보고서는 2019년 이산화질소 수치는 승용차 설비개조 없이는 $41\mu g/m^3$을 설비개조를 할 경우 $39\mu g/m^3$으로 예측하고 있다. 이에 대해 원고 환경단체[30]는 2018년 4월 대기

---

30) 원고는 이른바 환경권리구제법(Gesetz über ergänzende Vorschriften zu Rechtsbehelfen in Umweltangelegenheiten nach der EG－Richtlinie 2003/35/EG, Umwelt－Rechtsbehelfsgesetz － UmwRG) 제3조에 의해 "승인된 단체"로 환경단체소송에 있어 원고적격을 인정받고 있다. 환경권리구제법의 연혁 등에 대해서는 조인성, "독일 환경권리구제법상 배제효", 과학기술법연구 제24집 제2호, 161면 이하 참조.

청정계획변경을 구하는 소를 제기하였다. 절차의 진행 중 피고 Reutlingen 시는 2019년 이산화질소 수치가 $48\mu g/m^3$, 2020년 $44\mu g/m^3$ 이 될 것으로 예측하였다.

　2019년 Baden-Württemberg 행정법원은 피고에 대해 현행 대기 청정계획을 가능한 빠른 시일 안에 연간 이산화질소 한계치를 최대 40 $\mu g/m^3$으로 유지하도록 재정비하여야 한다고 판시하였다.[31] 그 이유로 먼저 유럽연합법원 판결에 따라 한계치 미준수 시기를 가능한 짧게 할 의무가 있으나 제4차 대기청정계획이 이러한 요구를 충족시키지 못한 다는 것이 들어졌다. 또한 해당 계획은 예측의 결함이 있음이 지적되었다. 대기청정계획은 계획된 조치가 이산화질소 한계치의 준수를 가져올 수 있는 충분한 개연성이 있을 것을 필요로 한다. 이러한 점에서 현행 대기청정계획의 일부 조치는 적합하지 않은 것으로 입증되었으며 교통 금지에 관련되어 있는 현행 계획재정비안은 완결적이지 않다는 것이다. 디젤차량금지 추가조치는 2019년의 한계치초과 수치를 현저히 줄일 수 있을 것으로 보이며 현재 예측으로는 2020년에도 한계치초과가 일어날 것으로 보이기에 이를 적절히 고려하지 못한 채 준비된 조치의 개연성 이 충분치 못하다는 것이다.

　이에 피고 Reutlingen시와 보조참가인은 Baden-Würtemberg 행 정법원에 항소하였다. 피고 등은 대기청정계획 재정비를 위한 판단은 환 경권리구제법 제2조 제4항에 의해 환경영향평가법(UVPG)에 따른 환경 영향평가를 수행할 의무를 전제한다고 주장하였다. 뿐만 아니라 법원이 예측가능한 장래의 한계치 초과에 있어 비례의 원칙에 따른 통행금지의 제한을 오인하였다고 주장하였다. 유럽연합 지침(Richtlinie 2008/50/EG)에 서 도출되는 의무가 교통금지의 명령에 있어 비례의 원칙을 배제하는 것은 아니며, 대기청정계획이 수립 당시 한계치의 준수가 가까운 장래

---

31) Urteil vom 18.03.2019 — VGH Mannheim 10 S 1977/18

실현될 것으로 예측되는 경우에는 교통금지조치를 도입하지 않아야 할
수도 있다는 것이다.

다. 연방행정법원의 판단

(1) 승인된 단체의 환경단체소송

연방행정법원은 먼저 원고 환경단체의 원고적격을 재확인하였다.
환경권리구제법 제2조 제1항 1문 1호에 의하면 동법 제3조에 따라 승인
된 단체는 자신의 권리침해를 주장하지 않고서도 원고적격이 인정된다
고 보았다. 환경권리구제법 제1조 제1항 1문 제4호상 환경영향평가법
제2조 제7항에 따라 전략적 환경평가를 할 의무가 있는 계획에 대한 결
정이 중요한 의미를 가질 수 있는 규정을 침해한다고 주장하는 경우에
는 행정법원법에 따른 권리구제가 강구된다. 법률은 권리구제를 위해
적합한 대상을 요구하며 존재가능성만으로는 충분치 않다. 그러므로 계
획에 환경영향평가법에 따른 전략적 환경평가의무가 존재하는 지가 판
단되어야 하는데 본 사안 대기청정계획의 경우 전략적 환경평가의무가
예정되어 있다.32) 또한 환경권리구제법은 승인된 단체에 대한 특별한
적격요건을 규정하고 있는 바 제1조 제1항 1문 4호와 같은 의견진술기
회의 보장이 그 예가 된다.33)

또한, 연방행정법원은 대기청정계획 재정비를 위한 이유에 있어서
전략적 환경평가를 수행할 의무의 사실적 존재를 조건으로 하지 않았
다. 환경권리구제법 제1조 제1항 1문 4호에서 계획에 대한 사법적 심사
가 이를 전제한다는 규정을 여기에서 적용하지 않은 것에 대해 연방행
정법원은 목적론적 축소해석을 시도하였다. 대기청정계획 재정비 이행

---

32) 법적 근거로는 Nr. 2.2 der Anlage 5 des UVPG i.V.m. § 35 Abs. 1 Nr. 2 UVPG
33) 배경이 되는 유럽연합법원의 판결은 EuGH, Urteil vom 15.10.2015 - C-137/14;
　　독일 연방행정법원의 최근 판결로는 BVerwG, Urteil vom 26. September 2019 - 7
　　C 5.18.

의 소는 다른 측면에서는 대기청정계획 승인결정에 반하는 것이 될 수
도 있는데 이는 계획이 위법하다고 판명된 경우이기 때문이다.[34]

(2) 교통금지의 비례성원칙 충족 여부

원심은 피고 Reutlingen 시가 대기청정계획에서 정한 한계치를 초
과한 사례에 있어 2019년 교통금지를 정하지 않았음이 연방임미시온법
제48a조 제1항 및 제47조 제1항 제1문에 반한다고 보았다. 다툼이 없는
사실에 의하면 2019년 디젤차량에 대한 교통금지는 이산화질소 한계치
를 전반적으로 준수할 수 있을 것으로 보인다. 원심은 이에 따라 디젤
차량의 교통금지가 한계치 초과를 피하기 위해 필요한 것이라는 가정을
하고 있으나, 연방행정법원은 원심이 비례의 원칙을 충분히 고려하지
않고 있다고 판단하였다. 대기청정계획이 본래 기초하였던 예측에 의하
면 2019년 측정지역 이산화질소 수치는 $41\mu g/m^3$이어야 했다. 원심은
2020년 교통금지조치를 취하지 않아도 본래 예측에 따른 한계치를 준
수했음에도 불구하고 2019년 교통금지를 했어야 한다고 과장한 것이다.
이 부분은 유럽연합지침 및 이에 대한 유럽연합법원의 판례의 해석과
관련된다.

유럽연합의 대기질 및 청정대기를 위한 지침(Richtlinie 2008/50/EG)
에 의하면 각종 배출가스 오염에 있어 한계치 미준수는 한계치 초과 그
자체만으로 지침 제13조 제1항에 대한 위반이라는 것이 연방행정법원
의 종래 판례이다.[35] 유럽연합법원은 특히 한계치 미준수의 경우 배출
가스 오염의 정도가 부분적으로 하향세를 보이고 있더라도 회원국의 추
가적 계약위반효력을 제거하지 못한다고 보았다.[36] 이러한 관점에서 원

---

34) 이는 연방임미시온법 제47조 제1항에 반하여, 대기오염을 영속적으로 저감시키기
   위해 필요한 조치(die erforderlichen Maßnahmen zur dauerhaften Verminderung
   von Luftverunreinigungen)가 아니라고 확인된 경우를 말한다.
35) BVerwG, Urteil vom 27. Februar 2018 — 7 C 30.17
36) EuGH, Urteil vom 22. Februar 2018 — C-336/16

심이 한계치 초과의 경우 보다 강력한 조치로 교통금지를 취하지 않은 것을 지적함을 수긍할 수도 있으나, 연방행정법원은 2018년 판결을 통해 해당 유럽연합지침 제13조 제1항에 대한 위반이 있더라도 특정 개별 조치를 취해야 할 특정의무가 아직 발생한 것은 아니라고 판시한 바 있다. 즉 회원국의 대기 중 오염물질의 한계치가 초과되었다는 사실 자체만으로 회원국이 지침 제23조 제1항에 따른 의무위반으로 곧바로 이어짐을 입증하기에는 충분하지 않으며, 오히려 회원국은 조치를 결정함에 있어 재량을 가지고 있다고 보았다.[37] 비례의 원칙에 따라 지정된 조치는 어쨌든 한계치 미준수 기간을 가능한 한 짧게 유지하는 데에는 적합하도록 하여야 하며 한계치를 초과한 기간도 고려해야 한다. 그러나 대기관리계획은 오염 위험의 감소목적과 관련된 다양한 공익 및 사익간의 균형을 기반으로 하여서만 수립될 수 있다. 이러한 태도는 유럽연합법원 판결의 경우에도 마찬가지로 유지되었으며[38] 연방행정법원은 이에 따라 2018년 교통금지조치가 반드시 비례의 원칙에 따라 발령되어야 함을 선언하였다.[39]

이에 따라 판단하면 비례성 심사가 교통금지조치의 형성에만 국한된다는 원심의 해석은 수긍할 수 없다. 비례의 원칙은 교통금지가 어떻게 구성되는지의 문제뿐만 아니라 그에 앞서 교통금지를 명령해야하는지에 대해서도 적용되어야 한다. 교통금지가 연간 이산화질소 한계치를 준수할 수 있는 유일하고 또한 적절한 조치라고 하여도 이러한 금지를 발령해야 하는지 여부에 대해서 비례성 심사가 불필요하다고 볼 수는 없다. 연방헌법재판소에 의해 확립된 판례는, 비례의 원칙은 기본권적으로 보호되는 자유의 손실이 기본권제한으로 가져오는 공동선목적에 비해 적절하다고 하여도 여전히 최종심사, 즉 좁은 의미의 비례성 심사

---

37) BVerwG, Urteil vom 27. Februar 2018 — 7 C 30.17, Rn. 33 f.
38) EuGH, vgl. Urteil vom 24. Oktober 2019 — C−636/18
39) BVerwG, Urteil vom 27. Februar 2018 — 7 C 30.17, Rn. 38.

를 요구한다는 것이다.[40]

이산화질소 배출 한계치 준수를 위한 각종 조치가 목적으로 하는 것은 인간의 건강을 보호하는 것이다. 건강의 보호가 헌법상 지위에 있어 대단히 중요한 공동선목적임은 분명하다.[41] 이에 따르면 국가는 개인의 생명, 신체적 완전성 및 건강을 보호하고 증진할 의무가 있다. 그러나 이 의무는 결코 절대적이지 않다. 이러한 보호의무는 제3자의 행위에 관련되는 한, 적용되는 규정이나 조치가 명백히 부적절하거나 완전히 어려운 경우, 보호목적에 현저히 미달되는 경우 또는 불충분한 사실조사나 불합리한 평가에 기인하는 경우에 침해된다고 할 것이다. 원심의 논리대로라면 대기청정계획이 시행된 다음 해 한계치를 그저 $1\mu g/m^3$만 초과하였다가 다음 해에 다시 한계치 밑으로 떨어지면 교통금지가 필요하지 않다는 결과가 된다. 이러한 일시적 한계치 위반과 관련되어 기본권이 제한되는 자, 특히 디젤차량 소유자나 유지인 및 운전자가 부담하는 교통금지의 손실은 한계치 위반으로 인한 건강위험에 비례하지 않는다.

7. 감염병보호법상 영업제한으로 인한 손실보상

가. 감염병보호법상 규정

(1) 감염병 예방 및 보호조치

감염병보호법 제16조 제1항은 감염병 발생으로 이어질 수 있는 사실이 확인되거나 추정되는 경우 관할 행정청은 이를 통한 개인 또는 일반공중의 위험을 예방하기 위하여 필수적인 조치를 취하여야 한다고 규정하고 있으며 동조 제2항은 제1항의 경우 관할 행정청 및 보건청이

---

40) BVerfG, Urteil vom 14. Juli 1999 — 1 BvR 2226/94
41) BVerfG, Beschluss vom 30. Juli 2008 — 1 BvR 3262/07

감염병 조사 수행이나 조치의 감시 목적을 위해 해당 대지나 공간, 시설과 시설물 및 교통수단에 출입할 수 있도록 하고 문서 등 열람 및 복사, 기타 물건 등의 조사나 실험을 위한 시료를 요구할 권한을 부여하고 있다.

감염병보호법 제28조 제1항 1문 전단은 "환자, 의심환자, 병원체배출자, 감염의심자로 확인되거나 사망한 자가 환자, 의심환자 또는 병원체배출자인 경우 관할 행정청은 이하 규정에서 언급하고 있는 감염병의 확산저지를 위하여 필수적 보호조치를 취하여야 한다"고 규정하여 일반적 수권조항을 두었으며 이하 개별적 수권조항을 통해 각종 보호조치를 규정하였다.

한편 신종 감염병인 COVID-19에 대처하기 위하여 감염병보호법 제28a조를 신설하여 전 국가범위의 대확산 상황 중 필수적인 조치를 열거하였다. 본 규정은 감염병보호법 제28조 제1항 및 2항의 필수적 조치에 대한 특칙(제1항 제1호~17호)으로 볼 수 있으며 그 내용으로는 공공장소에서의 거리두기, 마스크 의무, 공적 및 사적 장소에서의 출입 및 접촉제한, 영업장, 시설물 또는 대중교통에서의 방역지침 적용의무, 여가, 영업, 문화, 종교 등의 집회 금지 또는 제한, 포괄적 또는 특정 시간대 공지 또는 특정 공공시설에서의 음주 금지 또는 제한, 여행, 숙박, 숙박업 영업 금지 및 제한이 있다.

(2) 영업손실보상

영업손실에 대한 손실보상은 감염병보호법 제56조가 정하고 있다. 요건으로 손실보상청구권자는 환자, 의심환자, 병원체배출자, 감염의심자 및 보균자이며, 대상행위는 감염병 제31조 제2문에 의한 영업활동 수행의 금지이다. 즉 일반적으로 영업에 종사하는 자가 영업제한으로 인해 재산상의 피해가 발생한 것은 손실보상(Entschädigung)의 대상으로 보고 있지 않다.

요건을 충족하는 경우 손실보상은 위 환자 등이 영업활동 수행이 금지됨으로 인한 수익의 결여에 대한 금전적 손실보상이며 기간은 수익 결여 이후 최초 6주간 손실을 보상한다. 단 제7주 이후부터의 손실은 더 이상 재산상 손실의 금전보상이 아니라 사회법전 제5권 제47조 제1항에 따른 병가로 지원한다.

(3) 수용손실보상

감염병보호법 제65조는 제16조의 조치, 즉 감염병 발생으로 인한 위험을 예방하기 위한 필수적인 조치로서 공간 등의 출입, 문서 열람이나 복사, 시료제출 요구 등으로 인해 대상물건이 멸실, 손상 또는 가치 감소가 된 경우 이를 수용보상한다.

나. 보론: 사회법적 지원

국내에서 "손실보상"으로 표현되는 각종 지원은 독일의 경우 사회법적 지원을 통하여 이뤄진다. 예를 들어 연방자녀수당법(Bundeskindergeldgesetz), 연방부양법(Bundesversorgungsgesetz), 근로시간법(Arbeitszeitsgesetz), 농업인노령보험법(Gesetz über die Alterssicherung der Landwirte) 등이 소위 "사회보장 패키지법(Sozialschutz-Paket)"을 통해 개정되었다.

다. 판례의 예시적 분석

(1) LG Heilbronn, Urteil vom 29.4.2020(Az.: I 4 O 82/20)

원고는 Heilbronn에서 미용실을 운영하고 있었으나 코로나 펜데믹으로 인하여 Baden-Würtemberg 주 정부가 2020년 3월 23일에 실시한 감염병보호조치에 따라 미용실 영업을 중단하게 되었고 이로 인해 영업활동이 중단되자 2020년 4월 3일 Heilbronn 관할 보건소를 상대로 소득의 손실과 사회보장비용, 임대비용에 대한 보상을 청구하였다.

　　Heilbronn 지방법원은 감염병보호법 제56조의 보상청구는 환자, 의심환자, 병원체배출자, 감염의심자 및 보균자에 대한 것이므로 이에 해당하지 않는 원고가 감염병보호법상의 손실보상을 청구할 수 없다고 하였다. 한편 일반규정으로서 주 경찰법상의 손실보상규정의 적용여부에 대해서는 펜데믹 관련된 제약상황에는 감염병보호법이 적용될 뿐 경찰법상의 일반규정은 차단되는 것으로 해석하였다. 끝으로 연방기본법 제14조의 재산권보장 규정에 의하는 경우 공용침해 또는 특별희생의 이념에 비추어 볼 때 인정되기 어렵다고 보았다..

　　(2) LG Berlin, Urteil vom 13.10.2020 (Az.: 2 O 247/20)

　　Berlin에서 식당을 운영하는 원고는 펜데믹으로 인한 봉쇄조치 기간 동안 베를린 주에 손실 영업이익에 기초하여 재정적 보상을 청구하였다.

　　Berlin 지방법원은 식당의 소유자는 코로나 사태로 인해 명령된 방역조치의 일환으로 영업중단이 내려진 데에 국가에 대해 손해배상이나 손실보상을 구할 청구권이 인정되지 않는다고 보았다. 원고의 경우는 감염병보호법 제56조 및 제65조의 요건을 모두 충족시키지 못하므로 손실보상청구가 발생할 여지가 없다. 일반경찰법상 비책임자의 손실보상은 감염병보호법에 의해 배제되는 것으로 보았다. 재산권적 손실보상 여부에 대해 특별희생이 인정되기 어렵다.

　　(3) LG Hannover, Urteil vom 9.7.2020 (Az.: 8 O 2/20)

　　식당을 운영 중인 원고는 코로나 펜데믹으로 인한 2020년 3월 28일부터 2020년 5월 10일까지 식당영업을 완전히 중단하였고 이에 따른 매출 및 이익손실에 대해 손실보상을 청구하였다.

　　Hannover 지방법원은 식당을 운영하는 원고의 손실보상청구권을 인정하지 않았다. 감염병보호법상 요건을 충족시키지 못하였을 뿐만 아니라 재산권상 특별희생을 부담하고 있지 않다고 보았다.

(4) LG München I Urteil vom 1.10.2020(Az.: 12 O 5895/20)

원고는 숙박업자로서 방역조시에 따른 폐쇄로 인한 보험금지급을 청구하였다. 보험계약상 질병 또는 병원체의 발생에 있어 감염병보호법으로 인해 피보험사업을 폐쇄하는 경우 보험자가 보상하는 것으로 보험범위가 명시되어 있다. 대상이 되는 질병과 병원체에 대해서는 감염병보호법 제6조 및 제7조에 규정되어 있는 신고 대상 질병 및 병원체이며 이에 대해서는 신고의무가 부과된다. 그러나 코로나 바이러스는 당시에 질병 및 병원체 목록에 포함되어 있지 않았다.

München 제1지방법원은 보험사의 이행의무를 인정하였다. 먼저 법원은 보험사의 이행의무가 폐쇄명령의 법적 형식이나 적법성에 반드시 좌우되는 것은 아니라는 것, 그리고 실제로 코로나가 해당 업장 등에서 발생하였는지 여부도 중요하지 않다는 것을 명확히 하였다. 특히 보험계약 상의 대상 질병이 감염병보호법에 의하도록 되어 있고 감염병보호법에 코로나 바이러스가 규정되어 있지 않았음에도 불구하고 이로 인한 업장폐쇄조치는 보험의무의 발생을 가져온다고 보았다. 특히 계약서의 문구가 감염병보호법을 예정하고 있으나 이에 배타적으로 한정된다고 해석될 수는 없다는 점도 지적하였다.

(5) LG Hamburg, Urteil vom 4. 11. 2020(Az.: 412 HKO 83/20)

원고는 Hamburg 항의 선박박물관에서 요식업을 운영하는 자로 코로나 펜데믹으로 인한 방역조치로 2020년 3월 16일부터 2020년 5월 12일까지 영업폐쇄명령이 내려지자 폐업보험에 기초하여 보험금지급을 청구하였다. 원고는 이미 2018년 1월 폐업보험계약을 체결하였다.

Hamburg 지방법원은 당사자 간에 2018년부터 존재한 폐업보험으로 합의된 보험금을 지급받아야 한다고 보았다. 일반보험약관상 보험위험에 대한 설명에 코로나 바이러스가 해당되지 않는다는 주장에 대해서는 비록 감염병보호법상 질병 및 병원체 목록에 한정적으로 제한되지

最近(2020) 독일 행정판례 동향과 분석 345

않는다는 해석을 내렸다.

(6) LG Oldenburg, Urteil vom 14.10.2020,(Az.:13 O 2068/20)

원고는 방역조치로 영업 중인 레스토랑의 폐쇄명령을 받게 되자 폐업보험에 근거하여 보험금지급청구를 하였다. 보험계약은 2017년 1월부터 체결되어 있었으며 여기에는 각종 감염병 위험으로 인한 폐업에 대한 보호내용이 포함되어 있었다.

Oldenburg 지방법원은 코로나 펜데믹으로 인한 폐업으로 발생한 물품손상에 대해 보험금지급을 청구할 수 없다고 판결하였다. Oldenburg 법원은 코로나 바이러스가 보험계약상 보호내용으로 예정되어 있는 질병 및 병원체가 아니라는 점을 이유로 하였다.

Ⅳ. 마치는 글

해외 판례의 동향과 분석이라는 연구는 특정 판결을 평석하여 사실관계에 대한 외국 법원의 관점과 법리, 법률 규정의 분석을 집중적으로 진행하는 것과 확연한 차이점을 가질 수밖에 없다. 제한된 판결례를 통해 동향을 파악한다는 것도 사실 한계를 지니고 있다. 다만 이러한 해외판례 동향 및 분석 연구가 장기간 지속되는 경우에는 그 자체로 기초자료가 될 수도 있을 뿐만 아니라 적어도 선정된 몇몇 영역에 있어서는 동향파악도 가능하다고 본다. 이러한 점에서도 본 연구에서도 연방행정법원의 주요 판례를 선정하여 소개하였으며 판결에 따라 사실관계를 상세히 소개한 경우도 있으나 대개는 판결이유에 해당하는 법리를 중심으로 하였다. 외국의 소송법적 특수성은 해외 판례 동향보다는 소송법 연구를 통해 집중하는 것이 보다 적절하며 마찬가지로 특정 주제에 대한 보다 심도 있는 분석 역시 본 연구를 통해 모두 충족시킬 수는 없다. 그러나 이미 장기간 지속된 해외판례 동향 및 분석 연구가 현재 그리고 향후에도 판례 연구의 근간이 될 것으로 기대하며 이러한 연구가 지속될 수 있기를 기대한다.

참고문헌

Bundesverwaltungsgericht, Jahresbericht 2020.

김중권, "재판지연에 대한 국가책임에 관한 소고", 공법연구 제47집 제2
   호 (2018), 199면 이하

박진완, "독일에서의 헌법재판의 신속한 실현에 대한 법적 통제 기준", 법
   학논고 제50집, 2015, 1면 이하.

조인성, "독일 환경권리구제법상 배제효", 과학기술법연구 제24집 제2호,
   161면 이하.

국문초록

본 연구는 독일연방행정법원의 2020년 업무현황과 주요 판례를 분석하여 최근 독일 행정판례의 동향을 파악하고 분석하는 데 의의가 있다. 독일 연방행정법원의 연차보고서에서 선별된 판결을 대상 판결로 하였으며 주제는 다음과 같다. 그 외에도 코로나 펜데믹 상황 중 감염병보호법상 영업제한으로 인한 손실보상에 대한 하급심 판결을 발췌하여 소개하였다.

- Fehmarnbelt 횡단도로 계획확정절차
- 오염 식자재의 수거의무
- 위법행위에 의한 재판지연 불이익 추정의 반증
- 폐기물법상 하수침전물 처리조치
- 주파수 경매 결정의 적법성 판단
- 대기청정계획상 한계치 초과에 따른 교통금지조치

주제어: 독일연방행정법원, 견련성의 원칙, 재판지연, 비례성심사, 손실보상

Zusammenfassung

Analyse der aktuellen Rechtsprechung des Deutschen Bundesverwaltungsgerichts

Prof. Dr. jur. Inkook Kay*

Die vorliegende Arbeit führt wichtigen Rechtsprechungen und Geschäftslage des deutschen Bundesverwaltungsgerichts im Jahr 2020 ein. Gegenstand dieser Arbeit wird aus der Jahresbericht des Deutschen Bundesverwaltungsgerichts im Jahr 2020 ausgezogen. Hier werden folgenden Entscheidungen kurz überblickt: Feste Fehmarnbeltquerung, Lebensmittelunternehmer muss mit Salmonellen kontaminierte Fleischdrehspieße vom Markt nehmen, Keine Widerlegung der Nachteilsvermutung bei überlangem Gerichtsverfahren allein durch vorangegangenes rechtswidriges Verhalten, Abfallrechtliche Verfügung zur Entsorgung von Klärschlamm, Vergabe von Frequenzen für 5G im Wege der Versteigerung, Luftreinhalteplan Reutlingen. Auch gibt diese Arbeit einen Kurzüberblick zu ausgewählter Entscheidung zu COVID19− Entschädigung für Erwerbsausfall.

* Universität Korea

Schlüsselwörter: Bundesverwaltungsgericht, Konnexitätsprinzip, überlanges Gerichtsverfahren, Grundsatz der Verhältnismäßigkeit, Entschädigung

투고일 2022. 6. 8.
심사일 2022. 6. 28.
게재확정일 2022. 6. 29

附　　錄

研究倫理委員會 規程
研究論集 刊行 및 編輯規則
「行政判例研究」 原稿作成要領
歷代 任員 名單
月例 集會 記錄

研究倫理委員會 規程

제1장 총 칙

제1조 (목적)

이 규정은 사단법인 한국행정판례연구회(이하 "학회"라 한다) 정관 제26조에 의하여 연구의 진실성을 확보하기 위하여 설치하는 연구윤리위원회(이하 "위원회"라 한다)의 구성 및 운영에 관한 기본적인 사항을 정함을 목적으로 한다.

제2조 (적용대상)

이 규정은 학회의 정회원·준회원 및 특별회원(이하 "회원"이라 한다)에 대하여 적용한다.

제3조 (적용범위)

연구윤리의 확립 및 연구진실성의 검증과 관련하여 다른 특별한 규정이 없는 한 이 규정에 따른다.

제4조 (용어의 정의)

이 규정에서 사용하는 용어의 정의는 다음과 같다.

1. "연구부정행위"는 연구를 제안, 수행, 발표하는 과정에서 연구목적과 무관하게 고의 또는 중대한 과실로 행하여진 위조·변조·표절·부당한 저자표시 등 연구의 진실성을 심각하게 해치는 행위를 말한다.
2. "위조"는 존재하지 않는 자료나 연구결과를 허위로 만들고 이를 기록하거나 보고하는 행위를 말한다.
3. "변조"는 연구와 관련된 자료, 과정, 결과를 사실과 다르게

변경하거나 누락시켜 연구가 진실에 부합하지 않도록 하는 행위를
말한다.

    4. "표절"은 타인의 아이디어, 연구 과정 및 연구결과 등을 정
       당한 승인 또는 적절한 인용표시 없이 연구에 사용하는 행
       위를 말한다.

    5. "부당한 저자 표시"는 연구내용 또는 결과에 대하여 학술적
       공헌 또는 기여를 한 자에게 정당한 이유 없이 저자 자격을
       부여하지 않거나, 학술적 공헌 또는 기여를 하지 않은 자에
       게 감사의 표시 또는 예우 등을 이유로 저자 자격을 부여하
       는 행위를 말한다.

제 2 장   연구윤리위원회의 구성 및 운영

제 5 조 (기능)

위원회는 학회 회원의 연구윤리와 관련된 다음 각 호의 사항을 심
의 · 의결한다.

    1. 연구윤리 · 진실성 관련 제도의 수립 및 운영 등 연구윤리확
      립에 관한 사항
    2. 연구윤리 · 진실성 관련 규정의 제·개정에 관한 사항
    3. 연구부정행위의 예방 · 조사에 관한 사항
    4. 제보자 및 피조사자 보호에 관한 사항
    5. 연구진실성의 검증·결과처리 및 후속조치에 관한 사항
    6. 기타 위원장이 부의하는 사항

제 6 조 (구성)

① 위원회는 위원장과 부위원장 각 1인을 포함하여 7인 이내의 위
원으로 구성한다.

② 위원장은 부회장 중에서, 부위원장은 위원 중에서 회장이 지명

한다.

③ 부위원장은 위원장을 보좌하고 위원장의 유고시에 위원장의 직무를 대행한다.

④ 위원은 정회원 중에서 회장이 위촉한다.

⑤ 위원장과 부위원장 및 위원의 임기는 1년으로 하되 연임할 수 있다.

⑥ 위원회의 제반업무를 처리하기 위해 위원장이 위원 중에서 지명하는 간사 1인을 둘 수 있다.

⑦ 위원장은 위원회의 의견을 들어 전문위원을 위촉할 수 있다.

제 7 조 (회의)

① 위원장은 필요한 경우 위원회의 회의를 소집하고 그 의장이 된다.

② 회의는 재적위원 과반수 출석과 출석위원 과반수 찬성으로 의결한다. 단 위임장은 위원회의 성립에 있어 출석으로 인정하되 의결권은 부여하지 않는다.

③ 회의는 비공개를 원칙으로 하되, 필요한 경우에는 위원이 아닌 자를 참석시켜 의견을 진술하게 할 수 있다.

제 3 장   연구진실성의 검증

제 8 조 (연구부정행위의 조사)

① 위원회는 구체적인 제보가 있거나 상당한 의혹이 있는 경우에는 연구부정행위의 존재 여부를 조사하여야 한다.

② 위원회는 조사과정에서 제보자·피조사자·증인 및 참고인에 대하여 진술을 위한 출석과 자료의 제출을 요구할 수 있다.

③ 위원회는 연구기록이나 증거의 멸실, 파손, 은닉 또는 변조 등을 방지하기 위하여 상당한 조치를 취할 수 있다.

제 9 조 (제보자와 피조사자의 권리 보호)

① 위원회는 어떠한 경우에도 제보자의 신원을 직·간접적으로 노출시켜서는 안 된다. 다만, 제보 내용이 허위인 줄 알았거나 알 수 있었음에도 불구하고 이를 신고한 경우에는 보호 대상에 포함되지 않는다.

② 위원회는 연구부정행위 여부에 대한 검증과정이 종료될 때까지 피조사자의 명예나 권리가 침해되지 않도록 노력하여야 한다.

제10조 (비밀엄수)

① 위원회의 위원은 연구부정행위의 조사, 판정 및 제재조치의 건의 등과 관련한 일체의 사항을 비밀로 하며, 검증과정에 직·간접적으로 참여한 자는 검증과정에서 취득한 정보를 누설하여서는 아니 된다.

② 위원장은 제 1 항에 규정된 사항으로서 합당한 공개의 필요성이 있는 때에는 위원회의 의결을 거쳐 공개할 수 있다. 다만, 제보자·조사위원·증인·참고인·자문에 참여한 자의 명단 등 신원과 관련된 정보가 당사자에게 부당한 불이익을 줄 가능성이 있는 때에는 공개하지 아니한다.

제11조 (제척·기피·회피)

① 위원은 검증사건과 직접적인 이해관계가 있는 때에는 당해 사건의 조사·심의 및 의결에 관여하지 못한다. ② 제보자 또는 피조사자는 위원에게 공정성을 기대하기 어려운 사정이 있는 때에는 그 이유를 밝혀 당해 위원의 기피를 신청할 수 있다. 위원회에서 기피신청이 인용된 때에는 기피 신청된 위원은 당해 사건의 조사·심의 및 의결에 관여하지 못한다.

③ 위원은 제 1 항 또는 제 2 항의 사유가 있다고 판단하는 때에는 회피하여야 한다.

④ 위원장은 위원이 검증사건과 직접적인 이해관계가 있다고 인정하는 때에는 당해 검증사건과 관련하여 위원의 자격을 정지할 수 있다.

제12조 (의견진술, 이의제기 및 변론기회의 보장)

위원회는 제보자와 피조사자에게 관련 절차를 사전에 알려주어야 하며, 의견진술, 이의제기 및 변론의 기회를 동등하게 보장하여야 한다.

제13조 (판정)

① 위원회는 위원들의 조사와 심의 결과, 제보자와 피조사자의 의견진술, 이의제기 및 변론의 내용을 토대로 검증대상행위의 연구부정행위 해당 여부를 판정한다.

② 위원회가 검증대상행위의 연구부정행위 해당을 확인하는 판정을 하는 경우에는 재적위원 과반수 출석과 출석위원 3분의 2 이상의 찬성으로 한다.

제 4 장　검증에 따른 조치

제14조 (판정에 따른 조치)

① 위원장은 제13조 제1항의 규정에 의한 판정결과를 회장에게 통보하고, 검증대상행위가 연구부정행위에 해당한다고 판정된 경우에는 위원회의 심의를 거쳐 그 판정결과에 따라 필요한 조치를 건의할 수 있다.

② 회장은 제 1 항의 건의가 있는 경우에는 다음 각 호 중 어느 하나의 제재조치를 하거나 이를 병과할 수 있다.

　　1. 연구부정논문의 게재취소
　　2. 연구부정논문의 게재취소사실의 공지
　　3. 회원의 제명절차에의 회부

4. 관계 기관에의 통보

5. 기타 적절한 조치

③ 전항 제2호의 공지는 저자명, 논문명, 논문의 수록 권·호수, 취소일자, 취소이유 등이 포함되어야 한다.

④ 회장은 학회의 연구윤리와 관련하여 고의 또는 중대한 과실로 진실과 다른 제보를 하거나 허위의 사실을 유포한 자가 회원인 경우 이를 제명절차에 회부할 수 있다.

제15조 (조사결과 및 제재조치의 통지)

회장은 위원회의 조사결과 및 제재조치에 대하여 제보자 및 피조사자 등에게 지체없이 서면으로 통지한다.

제16조 (재심의)

피조사자 또는 제보자가 판정결과 및 제재조치에 대해 불복할 경우 제15조의 통지를 받은 날부터 20일 이내에 이유를 기재한 서면으로 재심의를 요청할 수 있다.

제17조 (명예회복 등 후속조치)

검증대상행위가 연구부정행위에 해당하지 아니한다고 판정된 경우에는 학회 및 위원회는 피조사자의 명예회복을 위해 노력하여야 하며 적절한 후속조치를 취하여야한다.

제18조 (기록의 보관) ① 학회는 조사와 관련된 기록은 조사 종료 시점을 기준으로 5년간 보관하여야 한다.

부   칙

제1조 (시행일) 이 규정은 2007년 11월 29일부터 시행한다.

研究論集 刊行 및 編輯規則

제정: 1999. 08. 20.
제 1 차 개정: 2003. 08. 22.
제 2 차 개정: 2004. 04. 16.
제 3 차 개정: 2005. 03. 18.
전문개정: 2008. 05. 26.
제 5 차 개정: 2009. 12. 18.
제 6 차 개정: 2018. 12. 24.
제 7 차 개정: 2019. 04. 25.

제 1 장 총   칙

제 1 조 (目的)

이 규칙은 사단법인 한국행정판례연구회(이하 "학회"라 한다)의 정관 제27조의 규정에 따라 연구논집(이하 '논집'이라 한다)을 간행 및 편집함에 있어서 필요한 사항을 정함을 목적으로 한다.

제 2 조 (題號)

논집의 제호는 '行政判例研究'(Studies on Public Administration Cases)라 한다.

제 3 조 (刊行週期)

① 논집은 연 2회 정기적으로 매년 6월 30일, 12월 31일에 간행함을 원칙으로 한다.

② 전항의 정기간행 이외에 필요한 경우는 특별호를 간행할 수

있다.

제 4 조 (刊行形式)

논집의 간행형식은 다음 각 호의 어느 하나에 의한다.

    1. 등록된 출판사와의 출판권 설정의 형식

    2. 자비출판의 형식

제 5 조 (收錄對象)

① 논집에 수록할 논문은 다음과 같다.

    1. 발표논문: 학회의 연구발표회에서 발표하고 제출한 논문으로서 편집위원회의 심사절차를 거쳐 게재확정된 논문

    2. 제출논문: 회원 또는 비회원이 논집게재를 위하여 따로 제출한 논문으로서 편집위원회의 심사절차를 거쳐 게재확정된 논문

    3. 그 밖에 편집위원회의 심사절차와 간행위원회의 의결을 거쳐 수록하기로 한 논문 등

② 논집에는 부록으로서 다음의 문건을 수록할 수 있다.

    1. 학회의 정관, 회칙 및 각종 규칙

    2. 학회의 역사 또는 활동상황

    3. 학회의 각종 통계

③ 논집에는 간행비용의 조달을 위하여 광고를 게재할 수 있다.

제 6 조 (收錄論文要件)

논집에 수록할 논문은 다음 각호의 요건을 갖춘 것이어야 한다.

    1. 행정판례의 평석 또는 연구에 관한 논문일 것

    2. 다른 학술지 등에 발표한 일이 없는 논문일 것

    3. 이 규정 또는 별도의 공고에 의한 원고작성요령 및 심사기준에 부합하는 학술연구로서의 형식과 품격을 갖춘 논문일 것

제 7 조 (著作權)

① 논집의 편자는 학회의 명의로 하고, 논집의 개별 논문에는 집필자(저작자)를 명기한다.

② 학회는 논집의 편집저작권을 보유한다.

③ 집필자는 논문 투고 시 학회에서 정하는 양식에 따라 논문사용권, 편집저작권 및 복제·전송권을 학회에 위임하는 것에 동의하는 내용의 동의서를 제출하여야 한다.

제 2 장 刊行委員會와 編輯委員會

제 8 조 (刊行 및 編輯主管)

① 논집의 간행 및 편집에 관한 업무를 관장하기 위하여 학회에 간행위원회와 편집위원회를 둔다.

② 간행위원회는 논집의 간행에 관한 중요한 사항을 심의·의결한다.

③ 편집위원회는 간행위원회의 결정에 따라 논집의 편집에 관한 업무를 행한다.

제 9 조 (刊行委員會의 構成과 職務 등)

① 간행위원회는 편집위원을 포함하여 회장이 위촉하는 적정한 수의 위원으로 구성하고 임기는 1년으로 하되 연임할 수 있다.

② 간행위원회는 위원장, 부위원장 및 간사 각 1인을 둔다.

③ 간행위원장은 위원 중에서 호선하고, 부위원장은 학회의 출판담당 상임이사로 하고, 간사는 위원 중에서 위원장이 위촉한다.

④ 간행위원회는 다음의 사항을 심의·의결한다.

    1. 논집의 간행계획에 관한 사항

    2. 논집의 특별호의 기획 등에 관한 사항

    3. 이 규칙의 개정에 관한 사항

    4. 출판권을 설정할 출판사의 선정에 관한 사항

　　5. 그 밖에 논집의 간행과 관련된 중요한 사항

⑤ 간행위원회는 다음 각 호의 경우에 위원장이 소집하고, 간행위
원회는 위원 과반수의 출석과 출석위원 과반수의 찬성으로 의결
한다.

　　1. 회장 또는 위원장이 필요하다고 판단하는 경우

　　2. 위원 과반수의 요구가 있는 경우

제10조 (編輯委員會의 構成과 職務 등)

① 편집위원회는 학회의 출판담당 상임이사를 포함하여 회장이 이
사회의 승인을 얻어 선임하는 10인 내외의 위원으로 구성하고 임기
는 3년으로 한다.

② 편집위원회는 위원장, 부위원장 및 간사 각 1인을 둔다.

③ 편집위원장은 위원 중에서 호선하고 임기는 3년으로 하며, 부위
원장은 학회의 출판담당 상임이사로 하고, 간사는 위원 중에서 위
원장이 위촉한다.

④ 편집위원회는 다음의 사항을 행한다.

　　1. 이 규칙에 의하는 외에 논집에 수록할 논문의 원고작성요령
　　　　및 심사기준에 관한 세칙의 제정 및 개정

　　2. 논문심사위원의 위촉

　　3. 논문심사의 의뢰 및 취합, 종합판정, 수정요청 및 수정후재심
　　　　사, 논집에의 게재확정 또는 거부 등 논문심사절차의 진행

　　4. 논집의 편집 및 교정

　　5. 그 밖에 논집의 편집과 관련된 사항

⑤ 편집위원회는 다음 각 호의 경우에 위원장이 소집하고, 위원 과
반수의 출석과 출석위원 과반수의 찬성으로 의결한다.

　　1. 회장 또는 위원장이 필요하다고 판단하는 경우

　　2. 위원 과반수의 요구가 있는 경우

제3장 論文의 提出과 審査節次 등

제11조 (論文提出의 基準)

① 논문원고의 분량은 A4용지 20매(200자 원고지 150매) 내외로 한다.

② 논문의 원고는 (주)한글과 컴퓨터의 "문서파일(HWP)"로 작성하고 한글사용을 원칙으로 하되, 필요한 경우 국한문혼용 또는 외국어를 사용할 수 있다.

③ 논문원고의 구성은 다음 각 호의 순서에 의한다.

    1. 제목

    2. 목차

    3. 본문

    4. 한글초록·주제어

    5. 외국어초록·주제어

    6. 참고문헌

    7. 부록(필요한 경우)

④ 논문은 제1항 내지 제3항 이외에 편집위원회가 따로 정하는 원고작성요령 또는 심사기준에 관한 세칙을 준수하고, 원고는 편집위원회가 정하여 공고하는 기한 내에 출판간사를 통하여 출판담당 상임이사에게 제출하여야 한다.

제12조 (論文審査節次의 開始)

① 논문접수가 완료되면 출판담당 상임이사는 심사절차에 필요한 서류를 작성하여 편집위원장에게 보고하여야 한다.

② 편집위원장은 전항의 보고를 받으면 편집위원회를 소집하여 논문심사절차를 진행하여야 한다.

제13조 (論文審査委員의 委囑과 審査 依賴 등)

① 편집위원회는 간행위원, 편집위원 기타 해당 분야의 전문가 중에서 심사대상 논문 한 편당 3인의 논문심사위원을 위촉하여 심사를 의뢰한다.

② 제1항의 규정에 의하여 위촉되어 심사를 의뢰받는 논문심사위원이 심사대상 논문 또는 그 제출자와 특별한 관계가 명백하게 있어 논문심사의 공정성을 해할 우려가 있는 사람이어서는 안 된다.

제14조 (秘密維持) ① 편집위원장은 논문심사위원의 선정 및 심사의 진행에 관한 사항이 외부로 누설되지 않도록 필요한 조치를 취하여야 한다.

② 편집위원 및 논문심사위원은 논문심사에 관한 사항을 외부로 누설해서는 안 된다.

제15조 (論文審査의 基準) 논문심사위원이 논집에 수록할 논문을 심사함에 있어서는 다음 각 호의 기준을 종합적으로 고려하여 심사의견을 제출하여야 한다.

　　1. 제6조에 정한 수록요건
　　2. 제11조에 정한 논문제출기준
　　3. 연구내용의 전문성과 창의성 및 논리적 체계성
　　4. 연구내용의 근거제시의 적절성 및 객관성

제16조 (論文審査委員別 論文審査의 判定) ① 논문심사위원은 제15조의 논문심사기준에 따라 [별표 1]의 [논문심사서](서식)에 심사의견을 기술하여 제출하여야 한다.

② 논문심사위원은 심사대상 논문에 대하여 다음 각호에 따라 '판정의견'을 제출한다.

　　1. '게재적합': 논집에의 게재가 적합하다고 판단하는 경우
　　2. '게재부적합': 논집에의 게재가 부적합하다고 판단하는 경우

   3. '수정후게재': 논문내용의 수정·보완 후 논집에의 게재가 적
     합하다고 판단하는 경우
③ 전항 제 1 호에 의한 '게재적합' 판정의 경우에도 논문심사위원은
수정·보완이 필요한 경미한 사항을 기술할 수 있다.
④ 제 2 항 제 2 호에 의한 '게재부적합' 판정 및 제 3 호에 의한 '수
정후게재' 판정의 경우에는 각각 부적합사유와 논문내용의 수정·보
완할 점을 구체적으로 명기하여야 한다.

제17조 (編輯委員會의 綜合判定 및 再審査)　편집위원회는 논문심사
위원 3인의 논문심사서가 접수되면 [별표 2]의 종합판정기준에 의
하여 '게재확정', '수정후게재', '수정후재심사' 또는 '불게재'로 종합
판정을 하고, 그 결과 및 논문심사위원의 심사의견을 논문제출자에
게 통보한다.

제18조 (修正要請 등)
① 편집위원장은 제17조의 규정에 의해 '수정후게재' 판정을 받은
논문에 대하여 수정을 요청하여야 한다.
② 편집위원장은 제17조의 규정에 의해 '게재확정'으로 판정된 논
문에 대하여도 편집위원회의 판단에 따라 수정이 필요하다고 인정
하는 때에는 내용상 수정을 요청할 수 있다.
③ 편집위원회는 집필자가 전항의 수정요청에 따르지 않거나 재심
사를 위해 고지된 기한 내에 수정된 논문을 제출하지 않을 때에는
처음 제출된 논문을 '불게재'로 최종 판정한다.

제 4 장　기　　타

제19조 (審査謝禮費의 支給)　논문심사위원에게 논집의 간행·편집을
위한 예산의 범위 안에서 심사사례비를 지급할 수 있다.

제20조(輔助要員) 학회는 논집의 간행·편집을 위하여 필요하다고 인정하는 때에는 원고의 편집, 인쇄본의 교정, 부록의 작성 등에 관한 보조요원을 고용할 수 있다.

제21조 (刊行·編輯財源) ① 논집의 간행·편집에 필요한 재원은 다음 각호에 의한다.

    1. 출판수입

    2. 광고수입

    3. 판매수입

    4. 논문게재료

    5. 외부 지원금

    6. 기타 학회의 재원

② 논문 집필자에 대한 원고료는 따로 지급하지 아니한다.

제22조 (論集의 配布) ① 간행된 논집은 회원에게 배포한다.

② 논문의 집필자에게는 전항의 배포본 외에 일정한 부수의 증정본을 교부할 수 있다.

附　則 (1999. 8. 20. 제정)

이 규칙은 1999년 8월 20일부터 시행한다.

附　則

이 규칙은 2003년 8월 22일부터 시행한다.

附　則

이 규칙은 2004년 4월 17일부터 시행한다.

附　　則

이 규칙은 2005년 3월 19일부터 시행한다.

附　　則

이 규칙은 2008년 5월 26일부터 시행한다.

附　　則

이 규칙은 2009년 12월 18일부터 시행한다.

附　　則

이 규칙은 2018년 12월 24일부터 시행한다.

附　　則

이 규칙은 2019년 4월 25일부터 시행한다.

[별표 1 : 논문심사서(서식)]

「行政判例研究」 게재신청논문 심사서

社團法人 韓國行政判例研究會

게재논집	行政判例研究 제15-2집	심사일	2010. . .	
심사위원	소속		직위	
			성명	(인)
게재신청논문 [심사대상논문]				
판정의견	1. 게재적합 ( ): 논집의 게재가 가능하다고 판단하는 경우 2. 게재부적합 ( ): 논집의 게재가 불가능하다고 판단하는 경우 3. 수정후게재 ( ): 논문내용의 수정·보완 후 논집의 게재가 가능하다고 판단하는 경우			
심사의견				
심사기준	• 행정판례의 평석 또는 연구에 관한 논문일 것 • 다른 학술지 등에 발표한 일이 없는 논문일 것 • 연구내용의 전문성과 창의성 및 논리적 체계성이 인정되는 논문일 것 • 연구내용의 근거제시가 적절성과 객관성을 갖춘 논문일 것			

※ 심사의견 작성시 유의사항 ※

▷ '게재적합' 판정의 경우에도 수정·보완이 필요한 사항을 기술할 수 있습니다.

▷ '게재부적합' 및 '수정후게재' 판정의 경우에는 각각 부적합사유와 논문내용의 수정·보완할 점을 구체적으로 명기하여 주십시오.

▷ 표 안의 공간이 부족하면 별지를 이용해 주십시오.

[별표 2: 종합판정기준]

	심사위원의 판정			편집위원회 종합판정
1	○	○	○	게재확정
2	○	○	△	
3	○	△	△	수정후게재
4	△	△	△	
5	○	○	×	
6	○	△	×	불게재
7	△	△	×	
8	○	×	×	
9	△	×	×	
10	×	×	×	

○ = "게재적합"   △ = "수정후게재"   × = "게재부적합"

「行政判例研究」 原稿作成要領

I. 원고작성기준

1. 원고는 워드프로세서 프로그램인 [한글]로 작성하여 전자우편을 통해 출판간사에게 제출한다.

2. 원고분량은 도표, 사진, 참고문헌 포함하여 200자 원고지 150매 내외로 한다.

3. 원고는 「원고표지 － 제목 － 저자 － 목차(로마자표시와 아라비아숫자까지) － 본문 － 참고문헌 － 국문 초록 － 국문 주제어(5개 내외) － 외국문 초록 － 외국문 주제어(5개 내외)」의 순으로 작성한다.

4. 원고의 표지에는 논문제목, 저자명, 소속기관과 직책, 주소, 전화번호(사무실, 핸드폰)와 e－mail주소를 기재하여야 한다.

5. 외국문 초록(논문제목, 저자명, 소속 및 직위 포함)은 영어를 사용하는 것이 원칙이지만, 논문의 내용에 따라서 독일어, 프랑스어, 중국어, 일본어를 사용할 수도 있다.

6. 논문의 저자가 2인 이상인 경우 주저자(First Author)와 공동저자(Corresponding Author)를 구분하고, 주저자·공동저자의 순서로 표기하여야 한다. 특별한 표시가 없는 경우에는 제일 앞에 기재된 자를 주저자로 본다.

7. 목차는 로마숫자(보기 : I, II), 아라비아숫자(보기 : 1, 2), 괄호숫자(보기: (1), (2)), 반괄호숫자(보기 : 1), 2), 원숫자(보기 : ①, ②)의 순으로 한다. 그 이후의 목차번호는 논문제출자가 임의로 정하여 사용할 수 있다.

II. 각주작성기준

1. 기본원칙
   (1) 본문과 관련한 저술을 소개하거나 부연이 필요한 경우 각주로 처리한다. 각주는 일련번호를 사용하여 작성한다.
   (2) 각주의 인명, 서명, 논문명 등은 원어대로 씀을 원칙으로 한다.
   (3) 외국 잡지의 경우 처음 인용시 잡지명을 전부 기재하고 그 이후 각 주에서는 약어로 표시한다.

2. 처음 인용할 경우의 각주 표기 방법
   (1) 저서: 저자명, 서명, 출판사, 출판년도, 면수.
      번역서의 경우 저자명은 본래의 이름으로 표기하고, 저자명과 서명 사이에 옮긴이의 이름을 쓰고 "옮김"을 덧붙인다.
      엮은 책의 경우 저자명과 서명 사이에 엮은이의 이름을 쓰고 "엮음"을 덧붙인다. 저자와 엮은이가 같은 경우 엮은이를 생략할 수 있다.
   (2) 정기간행물: 저자명, "논문제목", 「잡지명」, 제00권 제00호, 출판연도, 면수.
      번역문헌의 경우 저자명과 논문제목 사이에 역자명을 쓰고 "옮김"을 덧붙인다.
   (3) 기념논문집: 저자명, "논문제목", 기념논문집명(000선생00기념논문집), 출판사, 출판년도, 면수.
   (4) 판결 인용: 다음과 같이 대법원과 헌법재판소의 양식에 준하여 작성한다.
      판결 : 대법원 2000. 00. 00. 선고 00두0000 판결.
      결정 : 대법원 2000. 00. 00.자 00아0000 결정.
      헌법재판소 결정 : 헌법재판소 2000. 00. 00. 선고 00헌가00

결정.

(5) 외국문헌 : 그 나라의 표준표기방식에 의한다.

(6) 외국판결 : 그 나라의 표준표기방식에 의한다.

(7) 신문기사는 기사면수를 따로 밝히지 않는다(신문명 0000. 00. 00.자). 다만, 필요한 경우 글쓴이와 글제목을 밝힐 수 있다.

(8) 인터넷에서의 자료인용은 원칙적으로 다음과 같이 표기한다. 저자 혹은 서버관리주체, 자료명, 해당 URL(검색일자)

(9) 국문 또는 한자로 표기되는 저서나 논문을 인용할 때는 면으로(120면, 120면-122면), 로마자로 표기되는 저서나 논문을 인용할 때는 p.(p. 120, pp. 121-135) 또는 S.(S. 120, S. 121 ff.)로 인용면수를 표기한다.

3. 앞의 각주 혹은 각주에서 제시된 문헌을 다시 인용할 경우 다음과 같이 표기한다. 국내문헌, 외국문헌 모두 같다. 다만, 저자나 문헌 혹은 양자 모두가 여럿인 경우 이에 따르지 않고 각각 필요한 저자명, 문헌명 등을 덧붙여 표기함으로써 구별한다.

(1) 바로 위의 각주가 아닌 앞의 각주의 문헌을 다시 인용할 경우

1) 저서인용: 저자명, 앞의 책, 면수

2) 논문인용: 저자명, 앞의 글, 면수

3) 논문 이외의 글 인용: 저자명, 앞의 글, 면수

(2) 바로 위의 각주에 인용된 문헌을 다시 인용할 경우에는 "위의 책, 면수", "위의 글, 면수"로 표시한다.

(3) 하나의 각주에서 앞서 인용한 문헌을 다시 인용할 경우에는 "같은 책, 면수", "같은 글, 면수"로 표시한다.

4. 기타

(1) 3인 공저까지는 저자명을 모두 표기하되, 저자간의 표시는 "/"

로 구분하고 "/" 이후에는 한 칸을 띄어 쓴다. 4인 이상의 경우 성을 온전히 표기하되, 중간이름은 첫글자만을 표기한다.

(2) 부제의 표기가 필요한 경우 원래 문헌의 표기양식과 관계없이 원칙적으로 콜론으로 연결한다.

(3) 글의 성격상 전거만을 밝히는 각주가 너무 많을 경우 약자를 사용하여 본문에서 그 전거를 밝힐 수 있다.

(4) 여러 문헌의 소개는 세미콜론(;)으로 하고, 재인용의 경우 원전과 재인용출처 사이를 콜론(:)으로 연결한다.

III. 참고문헌작성기준

1. 순서
국문, 외국문헌 순으로 정리하되, 단행본, 논문, 자료의 순으로 정리한다.

2. 국내문헌
(1) 단행본: 저자, 서명, 출판사, 출판연도.
(2) 논문: 저자명, "논문제목", 잡지명 제00권 제00호, 출판연도.

3. 외국문헌
그 나라의 표준적인 인용방법과 순서에 따라 정리한다.

歷代 任員 名單

■ 초대(1984. 10. 29.)

회　　장　金道昶
부 회 장　徐元宇·崔光律(1987. 11. 27.부터)

■ 제 2 대(1988. 12. 9.)

회　　장　金道昶
부 회 장　徐元宇·崔光律
감　　사　李尙圭
상임이사　李鴻薰(총무), 金南辰(연구), 朴鈗炘(출판), 梁承斗(섭외)
이　　사　金東熙, 金斗千, 金英勳, 金元主, 金伊烈, 金鐵容, 石琮顯,
　　　　　芮鍾德, 李康爀, 李升煥, 趙慶根, 崔松和, 韓昌奎, 黃祐呂

■ 제 3 대(1990. 2. 23.)

회　　장　金道昶
부 회 장　徐元宇·崔光律
감　　사　金鐵容
상임이사　李鴻薰(총무), 黃祐呂(총무), 金南辰(연구), 朴鈗炘(출판),
　　　　　梁承斗(섭외)
이　　사　金東熙, 金斗千, 金英勳, 金元主, 金伊烈, 石琮顯, 芮鍾德,
　　　　　李康爀, 李升煥, 李鴻薰
(1991. 1. 25.부터) 趙慶根, 崔松和, 韓昌奎, 黃祐呂

■ 제 4 대(1993. 2. 23.)

회　　장 金道昶
부 회 장 徐元宇·崔光律
감　　사 金鐵容
상임이사 李鴻薰(총무), 金南辰(연구), 朴鈗炘(출판), 梁承斗(섭외)
이　　사 金東熙, 金英勳, 金元主, 朴松圭, 卞在玉, 石琮顯, 孫智烈, 芮鍾德, 李康國, 李康爀, 李京運, 李淳容, 李重光, 李鴻薰, 趙慶根, 趙憲銖, 千柄泰, 崔松和, 韓昌奎, 黃祐呂

■ 제 5 대(1996. 2. 23.)

명예회장 金道昶
고　　문 徐元宇·金鐵容
회　　장 崔光律
부 회 장 金南辰·徐廷友
감　　사 韓昌奎
상임이사 金東熙(총무), 金元主(연구), 李康國(출판), 梁承斗(섭외)
이　　사 金英勳, 朴松圭, 朴鈗炘, 卞在玉, 石琮顯, 李康爀, 李京運, 李淳容, 李升煥, 李重光, 李鴻薰, 趙慶根, 趙憲銖, 千柄泰, 崔松和, 黃祐呂

■ 제 6 대(1999. 2. 19.)

명예회장 金道昶
고　　문 徐元宇, 金鐵容, 金南辰, 徐廷友, 韓昌奎
회　　장 崔光律
부 회 장 梁承斗, 李康國
감　　사 金元主
상임이사 李鴻薰(총무), 金東熙(연구), 崔松和(출판), 金善旭(섭외)

이　　사　金東建, 金英勳, 南勝吉, 朴松圭, 朴鈗炘, 白潤基, 卞海喆,
　　　　　石琮顯, 李京運, 李光潤, 李升煥, 李重光, 鄭然彧, 趙憲銖,
　　　　　洪準亨, 黃祐呂

■ 제 7 대(2002. 2. 15.)

명예회장　金道昶
고　　문　金南辰, 金元主, 徐元宇, 徐廷友, 梁承斗, 李康國, 崔光律,
　　　　　韓昌奎
회　　장　金鐵容
부 회 장　金東建, 崔松和
감　　사　金東熙
상임이사　金善旭(총무), 朴正勳(연구), 李光潤(출판), 李京運(섭외)
이　　사　金英勳, 金海龍, 南勝吉, 朴均省, 朴鈗炘, 白潤基, 卞海喆,
　　　　　石琮顯, 李東洽, 李範柱, 李重光, 李鴻薰, 鄭夏重, 趙憲銖,
　　　　　洪準亨, 黃祐呂

■ 제 8 대(2005. 2. 21. / 2008. 2. 20.) *

명예회장　金道昶(2005. 7. 17. 별세)
고　　문　金南辰, 金元主, 徐元宇(2005. 10. 16. 별세), 徐廷友, 梁承斗,
　　　　　李康國, 崔光律, 韓昌奎, 金鐵容, 金英勳, 朴鈗炘, 金東熙
회　　장　崔松和
부 회 장　李鴻薰, 鄭夏重
감　　사　金東建, 李京運,
상임이사　李光潤(총무), 安哲相(기획), 洪準亨/吳峻根(연구),
　　　　　金性洙(출판), 徐基錫(섭외)
이　　사　金善旭, 金海龍, 南勝吉, 朴均省, 朴秀赫, 朴正勳, 白潤基,
　　　　　卞海喆, 石琮顯, 石鎬哲, 蘇淳茂, 柳至泰, 尹炯漢, 李東洽,
　　　　　李範柱, 李殷祈, 李重光, 趙龍鎬, 趙憲銖, 崔正一, 黃祐呂,

　　　　　　金香基, 裵柄皓, 劉南碩
간　　　　사　李元雨 / 金鐘甫(총무), 李賢修(연구), 金重權(재무),
　　　　　　宣正源 / 李熙貞(출판), 권은민(섭외)
* 위 '회장', '부회장', '상임이사', '이사'는 2007. 4. 20. 제정된 사단법인 한국행정
판례연구회 정관 제13조, 제14조, 제15조의 '이사장 겸 회장', '이사 겸 부회장',
'이사 겸 상임이사', '운영이사'임.

■제 9 대(2008. 2. 15. / 2011. 2. 14.)

고　　　문　金南辰, 金東熙, 金英勳, 金元主, 金鐵容, 朴鈗炘, 徐廷友,
　　　　　　梁承斗, 李康國, 李鴻薰, 鄭夏重, 崔光律, 韓昌奎
회　　　장　崔松和
부 회 장　李京運, 徐基錫
감　　　사　金東建, 金善旭
이사 겸 상임이사　慶　健(총무), 安哲相(기획), 朴均省(연구), 韓堅愚
　　　　　　　　　(출판), 權純一(섭외/연구)
운영이사　具旭書, 권은민, 金光洙, 金性洙, 金連泰, 金容燮, 金容贊,
　　　　　　金裕煥, 金義煥, 金重權, 金敏祚, 金海龍, 金香基, 金鉉峻,
　　　　　　朴正勳, 朴海植, 裵柄皓, 白潤基, 卞海喆, 石琮顯, 石鎬哲,
　　　　　　成百玹, 蘇淳茂, 申東昇, 辛奉起, 吳峻根, 劉南碩, 俞珍式,
　　　　　　尹炯漢, 李光潤, 李承寧, 李元雨, 李殷祈, 李重光, 鄭鍾館,
　　　　　　鄭準鉉, 趙龍鎬, 曺海鉉, 趙憲銖, 崔正一, 洪準亨
간　　　　사　張曔源·李殷相·安東寅(총무), 鄭亨植·장상균(기획), 金泰昊
　　　　　　(기획/연구), 金聖泰·崔善雄·鄭南哲(연구), 李熙貞·河明鎬崔
　　　　　　桂暎(출판), 林聖勳(섭외), 박재윤(총무)

■제 10 대(2011. 2. 15. /2014. 2. 14)

명예회장　金鐵容, 崔光律

고   문   金南辰, 金東建, 金東熙, 金英勳, 金元主, 朴鈗炘, 徐廷友, 梁
            承斗, 李康國, 李京運, 鄭夏重, 崔松和, 韓昌奎
회   장   李鴻薰
부 회 장   徐基錫, 李光潤
감   사   金善旭, 蘇淳茂
이사 겸 상임이사   金重權(총무), 安哲相(기획), 劉南碩, 金容燮(연구), 金
            鐘甫(출판), 金敞祚, 金義煥(섭외/연구)
운영이사   姜錫勳, 慶 健, 具旭書, 權純一, 權殷玟, 琴泰煥, 金光洙, 金
            性洙, 金連泰, 金容燮, 金容贊, 金海龍, 金香基, 金鉉峻, 朴均
            省, 朴正勳, 朴海植, 裵柄晧, 白潤基, 卞海喆, 石琮顯, 石鎬哲,
            宣正源, 成百玹, 申東昇, 辛奉起, 呂相薰, 吳峻根, 俞珍式, 尹
            炯漢, 李承寧, 李元雨, 李殷祈, 李重光, 李賢修, 李熙貞, 林永
            浩, 鄭南哲, 鄭鍾錧, 鄭準鉉, 鄭亨植, 趙龍鎬, 曺海鉉, 趙憲銖,
            崔正一, 洪準亨, 韓堅愚, 河明鎬
간   사   安東寅, 李羲俊(총무), 蔣尚均(기획), 金泰昊, 朴在胤(연구), 朴
            玄廷, 姜知恩(출판), 李殷相(섭외)

■제 11 대(2014. 2. 15. /2017. 2. 14.)

명예회장   金鐵容, 崔光律
고   문   金南辰, 金東建, 金東熙, 金英勳, 金元主, 朴鈗炘, 徐廷友, 梁
            承斗, 李康國, 李京運, 崔松和, 韓昌奎 李光潤, 徐基錫
회   장   鄭夏重
부 회 장   安哲相, 朴正勳
감   사   蘇淳茂, 白潤基
상임이사   李熙貞(총무), 鄭鎬庚(연구), 李承寧, 康鉉浩(기획) 金義煥, 鄭
            夏明(섭외), 鄭南哲(출판)
운영이사   姜錫勳, 慶 健, 具旭書, 權殷玟, 琴泰煥, 金光洙, 金國鉉,

金南撤，金炳圻，金性洙，金聖泰，金秀珍，金連泰，金容燮，
金容贊，金裕煥，金重權，金鐘甫，金敬祚，金致煥，金海龍，
金香基，金鉉峻，文尙德，朴均省，朴海植，裵柄皓，卞海喆，
石鎬哲，宣正源，宋鎭賢，成百玹，申東昇，辛奉起，呂相薰，
吳峻根，俞珍式，柳哲馨，尹炯漢，李東植，李元雨，李殷祚，
李重光，李賢修，林永浩，張暻源，藏尙均，田聖銖，田　勳，
鄭鍾錧，鄭準鉉，鄭亨植，趙成奎，趙龍鎬，曺海鉉，趙憲銖，
趙弘植，朱한길，崔峰碩，崔善雄，崔正一，洪準亨，韓堅愚，
河明鎬，河宗大，黃彰根

간　　사　房東熙，崔允寧(총무)，崔桂暎，張承爀(연구)，洪先基(기획)
　　　　　桂仁國，李惠畛(출판)

■제12대(2017. 2. 17. /2020. 2. 16.)

명예회장 金鐵容，崔光律
고　　문 金南辰，金東熙，金英勳，朴銳炘，徐基錫，徐廷友，蘇淳茂，
　　　　　李康國，李京運，李光潤，李鴻薰，鄭夏重，崔松和，韓昌奎
회　　장 金東建
부 회 장 朴正勳，李承寧，金重權
감　　사 李殷祚，孫台浩
상임이사 金敬祚/李鎭萬(기획)，俞珍式/徐圭永(섭외)，
　　　　　李熙貞/張暻源(총무)，李賢修/河明鎬(연구)，崔瑨修(출판)
운영이사 姜基弘，姜錫勳，康鉉浩，慶　健，具旭書，權殷旼，琴泰煥，
　　　　　金光洙，金國鉉，金南撤，金炳圻，金聲培，金性洙，金聖泰，
　　　　　金秀珍，金連泰，金容燮，金容贊，金裕煥，金義煥，金鐘甫，
　　　　　金致煥，金海龍，金香基，金鉉峻，文尙德，朴均省，朴海植，
　　　　　房東熙，裵柄皓，白潤基，石鎬哲，宣正源，成百玹，成重卓，
　　　　　宋鎭賢，申東昇，辛奉起，安東寅，呂相薰，吳峻根，柳哲馨，

崔正一, 崔瑨修, 河明鎬, 河宗大, 韓堅愚, 洪準亨

간사　　朴祐慶/朴乾嵎/河敏貞(총무), 李在勳/李采鍈/姜相宇(출판),
　　　　張允瑛/金在仙(연구)

■제14대(2022. 2. 21. /2024. 2. 20.)

명예회장 金鐵容, 崔光律
고　　문 金南辰, 金東建, 金東熙, 金英勳, 朴鈗炘, 徐基錫, 徐廷友,
　　　　蘇淳茂, 李康國, 李京運, 李光潤, 李鴻薰, 鄭夏重, 韓昌奎
회　　장 朴正勳
부 회 장 康鉉浩, 崔瑨修, 金國鉉, 李熙貞, 河明鎬
감　　사 趙椿, 金秀珍
특임이사 金義煥, 鄭夏明
총무이사 徐輔國, 李殷相
연구이사 林賢, 成重卓, 崔桂映, 宋時康, 洪康熏, 朴玄廷
출판이사 桂仁國, 李承玟
기획이사 朴在胤, 安東寅, 金志訓
대외이사 丁相奎, 李相憙, 金炯秀
재무이사 李眞洙, 姜知恩, 朴祐慶
간사　　禹美亨/李在勳/朴乾嵎/金厚信(총무), 金在仙/金慧眞/崔名芝/
　　　　文光珍(연구), 姜相宇/黃善勳/石浩榮/張允瑛(출판), 金讚喜(재무)

月例 集會 記錄

<2022. 6. 현재>

순번	연월일	발표자	발 표 제 목
1-1	84.12.11.	金南辰	聽問을 결한 行政處分의 違法性
-2		李鴻薰	都市計劃과 行政拒否處分
2-1	85.2.22.	崔世英	行政規則의 法規性 認定 與否
-2		崔光律	實地讓渡價額을 넘는 讓渡差益의 인정여부
3-1	3.29.	石琮顯	都市計劃決定의 法的 性質
-2		金東建	違法한 旅館建物의 건축과 營業許可의 취소
4-1	4.26.	徐元宇	當然無效의 行政訴訟과 事情判決
-2		黃祐呂	아파트地區내의 土地와 空閑地稅
5-1	5.31.	朴鈗炘	林産物團束에관한法律 제 7 조에 대한 違法性 認定의 與否
-2		姜求哲	行政訴訟에 있어서의 立證責任의 문제
6-1	6.28.	金鐵容	酒類販賣業 免許處分 撤回의 근거와 撤回權 留保의 한계
-2		盧塋保	國稅基本法 제42조 소정의 讓渡擔保財産의 의미
7-1	9.27.	金道昶	信賴保護에 관한 行政判例의 최근 동향
-2		金東熙	自動車運輸事業法 제31조 등에 관한 處分要

순번	연월일	발표자	발 표 제 목
			領의 성질
8-1	10.25.	李尙圭	入札參加資格 制限行爲의 법적 성질
-2		李相敦	公有水面埋立에 따른 不動産所有權 國家歸屬의 무효확인
9-1	11.22.	梁承斗	抗告訴訟의 提起要件
-2		韓昌奎	地目變更 拒否의 성질
10	86.1.31.	李相赫	行政訴訟에 있어서의 訴의 利益의 문제
11	2.28	崔松和	運轉免許 缺格者에 대한 면허의 효력
12	3.28	金道昶	憲法上의 違憲審査權의 所在
13	4.25.	趙慶根	美聯邦情報公開法에 대한 약간의 고찰
14	5.30.	張台柱	西獨에 있어서 隣人保護에 관한 判例의 최근 동향
15	6.27.	金斗千	僞裝事業者와 買入稅額 控除
外1	9.30.	藤田宙靖	日本의 最近行政判例 동향
16	10.31.	金英勳	注油所 許可와 瑕疵의 承繼
17	11.28.	芮鍾德	漁業免許의 취소와 裁量權의 濫用
外2	87.3.21.	鹽野宏	日本 行政法學界의 現況
		園部逸夫	새 行政訴訟法 시행 1년을 보고
18	4.25.	金道昶	知的財産權의 문제들
19-1	4.22.	李升煥	商標法에 관한 최근판례의 동향
-2			工場登錄 拒否處分과 소의 이익
20	5.29.	金南辰	執行停止의 요건과 本案理由와의 관계
21	9.25.	崔光律	日本公法學會 總會參觀 등에 관한 보고
22-1	10.30.	金道昶	地方自治權의 강화와 行政權限의 위임에 관한 문제
-2			
23	11.27.	金鐵容	不作爲를 구하는 訴의 가부

순번	연월일	발표자	발 표 제 목
24	88.2.26.	金時秀	租稅賦課處分에 있어서의 當初處分과 更正拒否處分의 법률관계
25-1	3.25.	徐元宇	최근 日本公法學界의 동향
-2		朴鈗炘	平澤港 漁業補償 문제
外3	4.29.	成田賴明	日本 行政法學과 行政判例의 최근 동향
26	5.27.	李尙圭	防衛稅 過誤納 還給拒否處分의 취소
27	6.24.	徐元宇	運輸事業計劃 변경인가처분의 취소
28	8.26.	金完燮	처분후의 事情變更과 소의 이익
29	10.7.	石琮顯	行政處分(訓令)의 법적 성질
30	10.28.	李鴻薰	土地收用裁決處分의 취소
31	11.17.	朴鈗炘	行政計劃의 법적 성질
32	89.1.27.	金東熙	載量行爲에 대한 司法的統制의 한계
33	2.24.	李碩祐	國稅還給申請權의 인정 여부
34	3.24.	朴松圭	國産新技術製品 保護決定處分의 일부취소
35-1	4.28.	金鐵容	독일 行政法學界의 최근동향
-2		千柄泰	제3자의 行政審判前置節次 이행 여부
36	5.26.	金善旭	公務員의 團體行動의 違法性
37	6.30.	金元主	租稅行政과 信義誠實의 원칙
38	8.25.	趙憲銖	國稅還給拒否處分의 법적 성질
39	9.29.	鄭準鉉	刑事訴追와 行政處分의 효력
40	10.27.	韓堅愚	行政規則(訓令)의 성질
41	11.24.	金斗千	相續稅法 제32조의2의 違憲 여부
外4	12.27.	小早川光朗	日本 行政法學界의 최근 동향
42	90.1.19.	金鐵容	豫防的 不作爲訴訟의 許容 여부
43	2.23.	李光潤	營造物行爲의 법적 성질
44	3.30.	南勝吉	行政刑罰의 범위

순번	연월일	발표자	발 표 제 목
45	4.27.	黃祐呂	法律의 遡及效
46	5.25.	朴均省	行政訴訟과 訴의 이익
47	6.29.	卞在玉	軍檢察官의 公訴權行使에 관한 憲法訴願
48	8.31.	成樂寅	結社의 自由의 事前制限
49	9.28.	辛奉起	憲法訴願과 辯護士 强制主義
50	10.26.	朴圭河	行政官廳의 權限의 委任·再委任
51	11.30.	朴國洙	行政行爲의 公定力과 國家賠償責任
52	91.1.25.	梁承斗	土地去來許可의 법적 성질
53	2.22.	徐元宇	建築許可 保留의 위법성 문제
外5-1	3.29.	南博方	處分取消訴訟과 裁決取消訴訟
-2		藤田宙靖	日本 土地法制의 현황과 課題
54	4.26.	吳峻根	遺傳子工學的 施設 設置許可와 法律留保
55	5.31.	金南辰	拒否行爲의 行政處分性과 "법률상 이익 있는 자"의 의미
56	6.28.	鄭然彧	無效確認訴訟과 訴의 이익
57	8.30.	金性洙	主觀的公權과 基本權
58	9.27.	金英勳	運轉免許 取消處分의 취소
59	10.25.	石琮顯	基準地價告示地域 내의 收用補償額 算定基準에 관한 판례동향
60	11.29.	朴鈗炘	工事中止處分의 취소
61	92.1.31.	卞海喆	公物에 대한 强制執行
62	2.28.	李康國	違憲法律의 효력-그 遡及效의 범위와 관련하여
63	3.27	金善旭	公勤務에 관한 女性支援指針과 憲法上의 平等原則
64	4.24.	全光錫	不合致決定의 허용 여부
65	5.29.	崔正一	行政規則의 법적성질 및 효력

순번	연월일	발표자	발 표 제 목
66	6.26.	李琦雨	獨逸 Münster 高等行政裁判所 1964.1.8. 판결
67	8.28.	朴鈗炘	地方自治團體의 자주적인 條例制定權과 規律 문제
68	9.18.	金元主	讓渡所得稅 등 賦課處分의 취소
69	10.16.	洪準亨	結果除去請求權과 行政介入請求權
70	11.20.	金時秀	土地收用裁決處分의 취소
71	93.1.15.	金海龍	環境技術관계 行政決定에 대한 司法的 統制의 범위
72	2.19.	李重光	租稅法上 不當利得 返還請求權
73	3.19.	高永訓	行政規則에 의한 行政府의 立法行爲外
外6	4.16.	J.Anouil	EC法의 現在와 將來
74	5.21.	柳至泰	行政訴訟에서의 行政行爲 根據變更에 관한 판례분석
75	6.18.	徐元宇	原處分主義와 被告適格
76	8.20.	朴均省	國家의 公務員에 대한 求償權
77	9.17.	金東熙	敎員任用義務不履行 違法確認訴訟
78	10.15.	盧永錄	建設業免許 取消處分의 취소
79	94.1.21.	徐廷友	無效確認을 구하는 의미의 租稅取消訴訟과 租稅還給金 消滅時效의 起算點
80	2.18.	洪準亨	判斷餘地의 한계
81	3.18.	裵輔允	憲法訴願 審判請求 却下決定에 대한 헌법소원
82	4.15.	金善旭	舊東獨判事의 獨逸判事任用에 관한 決定과 그 不服에 대한 管轄權
83	5.20.	李京運	學則의 법적 성질
84	6.17.	朴松圭	任用行爲取消處分의 취소
85	8.19.	金鐵容	公務員 個人의 不法行爲責任

순번	연월일	발표자	발 표 제 목
86	9.30.	卞在玉	日本 家永敎科書檢定 第一次訴訟 上告審 判決의 評釋
87	10.21.	金香基	無名抗告訴訟의 可否
88	11.18.	李康國	行政行爲의 瑕疵의 治癒
89	95.1.20.	趙憲銖	取消判決의 遡及效
90	2.17.	朴秀赫	獨逸 統一條約과 補償法上의 原狀回復 排除 規定의 合憲 여부
外7	3.17.	小高剛	損失補償에 관한 日本 最高裁判所 判決의 분석
91	4.21.	崔松和	行政處分의 理由明示義務에 관한 판례
92	5.19.	崔正一	石油販賣業의 양도와 歸責事由의 승계
93	6.16.	鄭夏重	國家賠償法 제5조에 의한 배상책임의 성격
94	8.18.	吳振煥	無效인 條例에 근거한 行政處分의 효력
95	9.15.	金敞祚	日本 長良川 安八水害 賠償判決
96	10.20.	黃祐呂	非常高等軍法會議 判決의 破棄와 還送法院
97	11.17.	白潤基	地方自治法 제98조 및 제159조에 의한 訴訟
98	96.1.19.	徐元宇	營業停止期間徒過後의 取消訴訟과 訴의 이익
99	2.23.	金海龍	計劃變更 내지 保障請求權의 성립요건
外8	3.19.	鹽野宏	日本 行政法 判例의 近年動向 - 行政訴訟을 중심으로
100	4.19.	金東熙	國家賠償과 公務員에 대한 求償
101	5.17.	梁承斗	敎員懲戒와 그 救濟制度
102	6.28.	金容燮	運轉免許取消·停止處分의 法的 性質 및 그 한계
103	8.16.	李京運	轉補發令의 處分性
104	9.20.	盧永錄	申告納稅方式의 租稅와 그 瑕疵의 판단기준
105	10.18.	金敞祚	道路公害와 道路設置·管理者의 賠償責任

순번	연월일	발표자	발 표 제 목
106	11.15.	金裕煥	形式的 拒否處分에 대한 取消訴訟의 審理범위
107	97.1.17.	裵柄皓	北韓國籍住民에 대한 强制退去命令의 적법성
108	2.21.	趙龍鎬	公衆保健醫師 採用契約解止에 대한 爭訟
109	3.21.	金鐵容	行政節次法의 내용
110	4.18.	趙憲銖	建築物臺帳 職權訂正行爲의 처분성
111	5.16.	鄭夏重	交通標識板의 법적성격
112	6.20.	裵輔允	違憲決定과 行政處分의 효력
113	8.22.	吳峻根	聽聞의 실시요건
114	9.19.	金善旭	옴부즈만條例案 再議決 無效確認判決의 문제점
115	10.17.	李光潤	機關訴訟의 성질
116	11.21.	朴正勳	敎授再任用拒否의 처분성
117	98.1.16.	白潤基	當事者訴訟의 대상
118	2.20.	辛奉起	機關訴訟 주문의 형식
119	3.20.	洪準亨	行政法院 出帆의 意義와 행정법원의 課題
120	4.17.	宣正源	오스트리아와 독일의 不作爲訴訟에 관한 고찰
121	5.16.	李東洽	刑事記錄 열람·등사 거부처분
122	6.19.	金東建	環境行政訴訟과 地域住民의 原告適格
123	98.8.21.	金南辰	法規命令과 行政規則의 구별
124	9.18.	金敏祚	河川 管理 責任
125	10.16.	金容燮	行政審判의 裁決에 대한 取消訴訟
126	11.20.	徐廷友	垈地造成事業計劃 승인처분의 재량행위
127	99.1.15.	南勝吉	處分의 기준을 規定한 施行規則(部令)의 성격
128	2.19.	金裕煥	違憲法律에 根據한 行政處分의 效力
129	3.19.	鄭夏重	多段階行政節次에 있어서 事前決定과 部分許可의 意味

순번	연월일	발표자	발 표 제 목
130	4.16.	裵輔允	南北交流協力 등 統一에 관한 법적 문제
131	5.21.	康鉉浩	計劃承認과 司法的 統制
132	6.18.	俞珍式	行政指導와 違法性阻却事由
133	8.20.	朴正勳	侵益的 行政行爲의 公定力과 刑事裁判
134	9.17.	金東熙	建築許可신청서 返戻처분취소
		金南澈	行政審判法 제37조 제2항에 의한 自治權侵害의 가능성
135	10.15.	金炳圻	條例에 대한 再議要求事由와 大法院提訴
		權殷玟	公賣決定·通知의 처분성 및 소송상 문제점
136	11.19.	石鎬哲	羈束力의 범위로서의 처분사유의 동일
		金珉昊	직무와 관련된 不法行爲에 있어 공무원 개인의 책임
137	00.1.21.	尹炯漢	任用缺格과 退職給與
		裵柄皓	還買權소송의 管轄문제
138	2.18.	趙憲銖	個人事業의 法人轉換과 租稅減免
		金連泰	조세행정에 있어서 경정처분의 효력
139	3.17.	俞珍式	自動車運輸事業 면허처분에 있어서 競業, 競願의 범위
		慶 健	情報公開請求權의 憲法的 根據와 그 制限
140	4.21.	朴正勳	拒否處分 取消訴訟에 있어 違法判斷의 基準時와 訴의 利益
		金柄圻	行政訴訟上 執行停止의 要件으로서의 '回復하기 어려운 損害'와 그 立證責任
141	5.19.	洪準亨	不可變力, 信賴保護, 그리고 行政上 二重危險의 禁止
		康鉉浩	建築變更許可와 附款

순번	연월일	발표자	발 표 제 목
142	6.16.	趙龍鎬	寄附金品募集許可의 法的性質
		金容燮	行政上 公表
143	8.18.	朴松圭	盜難당한 自動車에 대한 自動車稅와 免許稅
		權殷玟	廢棄物處理業 許可權者가 한 '不適正通報'의 法的性質
144	9.22.	石鎬哲	公法的 側面에서 본 日照權 保護
145	10.20.	蘇淳茂	後發的 事由에 의한 更正請求權을 條理上 인정할 수 있는지 與否
		金光洙	土地形質變更許可와 信賴保護原則
146	11.17.	朴鈗炘	慣行漁業權
		宣正源	複合民願과 認·許可擬制
147	01.1.19.	崔松和	판례에 있어서 공익
		李光潤	도로가 행정재산이 되기 위한 요건 및 잡종재산에 대한 시효취득
148	2.16.	金鐵容	개발제한 구역의 시정과 손실 보상
		鄭夏重	부관에 대한 행정소송
149	3. 8.	金性洙	독일연방헌재의 폐기물법에 대한 결정과 환경법상 협력의 원칙
		李東植	중소기업에 대한 조세 특례와 종업원의 전출.파견
150	4.20.	李京運	주택건설사업계획 사전결정의 구속력
		裵輔允	2000년 미국대통령 선거 소송 사건
151	5. 9.	李東洽	위헌법률에 근거한 처분에 대한 집행력 허용여부
		金珉昊	상속세 및 증여세법상 증여의 의미
152	6.15.	李元雨	정부투자기관의 부정당업자 제재조치의 법적

순번	연월일	발표자	발 표 제 목
			성질
		朴榮萬	군사시설보호법상의 협의와 항고소송
153	8.17.	崔正一	법규명령형식의 재량준칙의 법적성질 및 효력
		趙憲銖	유적발굴허가와 행정청의 재량
154	9.21.	金東熙	국가배상법 제5조상의 영조물의 설치·관리 상 하자의 관념
		金東建	대법원 판례상의 재량행위
155	10.10.	吳峻根	행정절차법 시행이후의 행정절차 관련 주요 행정판례 동향분석
		柳至泰	공물법의 체계에 관한 판례 검토
156	11. 7.	白潤基	행정소송에 있어서 건축주와 인근주민의 이익의 충돌과 그 조화
		徐廷範	국가배상에 있어서 위법성과 과실의 일원화에 관하여
157	02.1.18.	金善旭	독일헌법상의 직업공무원제도와 시간제공무원
		朴正勳	처분사유의 추가·변경 – 제재철회와 공익상 철회
158	2.15.	辛奉起	일본의 기관소송 법제와 판례
		權殷玟	원천징수행위의 처분성과 원천징수의무자의 불복방법
159	3.15.	朴均省	환경영향평가의 하자와 사업계획승인처분의 효력
		金鐘甫	관리처분계획의 처분성과 그 공정력의 범위
160	4.19.	崔光律	농지전용에 관한 위임명령의 한계
		俞珍式	건축법상 일조보호규정의 私法上의 의미
161	5.17.	朴鈗炘	국가배상법 제2조 제1항 단서에 대한 헌법재

순번	연월일	발표자	발 표 제 목
			판소의 한정위헌결정 및 관련 대법원판례에 대한 평석
		宣正源	행정의 공증에 대한 사법적 통제의 의미와 기능의 명확화
162	6.21.	金元主	도로배연에 의한 대기오염과 인과관계
		康鉉浩	재량준칙의 법적 성격
163	7.19.	裵柄皓	회의록과 정보공개법상 비공개대상정보
		慶 健	공문서관리의 잘못과 국가배상책임
164	8.16.	金容爕	거부처분취소판결의 기속력
		金炳圻	보완요구의 '부작위'성과 재결의 기속력
165	9.13.	尹炯漢	기납부 택지초과소유부담금 환급청구권의 성질과 환급가산금의 이자율
		鄭夏明	미국연방대법원의 이른바 임시규제적 수용에 관한 새로운 판결례
166	10.18.	李鴻薰	공용지하사용과 간접손실보상
		金光洙	국가배상소송과 헌법소원심판의 관계
167	11.15.	徐元宇	행정법규위반행위의 사법적 효력
		李康國	조세채무의 성립과 확정
168	12.20.	蘇淳茂	인텔리전트빌딩에 대한 재산세중과시행규칙의 유효성 여부
169	03.1.17.	金敞祚	정보공개제도상의 비공개사유와 본인개시청구
		金聖泰	운전면허수시적성검사와 개인 정보보호
170	2.21.	金東熙	기속재량행위와 관련된 몇 가지 논점 또는 의문점
		曹海鉉	행정처분의 근거 및 이유제시의 정도
171	3.21.	白潤基	불합격처분에 대한 효력정지결정에 대한 고찰

순번	연월일	발표자	발 표 제 목
172	5.16.	宣正源	행정입법에 대한 부수적 통제
		李元雨	한국증권업협회의 협회등록최소결정의 법적 성질
173	6.20.	金容贊	정보공개청구사건에서의 몇 가지 쟁점
		金重權	이른바 "수리를 요하는 신고"의 문제점에 관한 소고
		洪準亨	평생교육시설 설치자 지위승계와 설치자 변경 신청서 반려처분의 적법 여부
174	7.18.	金鐵容	학교법인임원취임승인취소처분과 행정절차법
		金秀珍	성별에 따른 상이한 창업지원금신청기간설정과 국가의 평등보장의무
175	8.22.	鄭夏重	법관의 재판작용에 대한 국가배상책임
		金鐘甫	정비조합(재건축, 재개발조합) 인가의 법적 성격
176	9.19.	金炳圻	수익적 행정행위의 철회의 법적 성질과 철회사유
		朴榮萬	군사시설보호구역설정행위의 법적 성격
177	10. 9	朴正勳	취소판결의 기판력과 기속력
		李東植	구 소득세법 제101조 제2항에 따른 양도소득세부과와 이중과세 문제
178	11.21.	李東洽	최근 행정소송의 주요사례
		慶 健	하천구역으로 편입된 토지에 대한 손실보상
179	12.19.	朴均省	거부처분취소판결의 기속력과 간접강제
180	04.1.16.	李光潤	광역지방자치단체와 기초지방자치단체의 성격
		朴海植	행정소송법상 간접강제결정에 기한 배상금의 성질
181	2.20.	金海龍	행정계획에 대한 사법심사에 있어서 법원의

순번	연월일	발표자	발 표 제 목
182	3.19.		석명권행사 한계와 입증책임
		李賢修	영업양도와 공법상 지위의 승계
		俞珍式	기부채납부관을 둘러싼 법률문제
		鄭泰學	매입세액의 공제와 세금계산서의 작성·교부 시기
183	4.16.	柳至泰	행정행위의 취소의 취소
		金致煥	통지의 법적 성질
184	5.21.	鄭準鉉	단순하자 있는 행정명령을 위반한 행위의 가벌성
		權殷玟	압류처분취소소송에서 부과처분의 근거법률이 위헌이라는 주장이 허용되는지 여부
185	6.18.	趙憲銖	사업양도와 제 2 차 납세의무
		金連泰	과징금 부과처분에 대한 집행정지결정의 효력
186	7.16.	金容燮	보조금 교부결정을 둘러싼 법적 문제
		林聖勳	영내 구타·가혹 행위로 인한 자살에 대한 배상과 보상
187	8.20.	李京運	교수재임용거부처분취소
		曹媛卿	국가공무원법 제69조 위헌제청
188	9.17.	鄭成太	법규명령의 처분성
		金敞祚	원자로 설치허가 무효확인소송
189	04.10.15.	崔正一	법령보충적행정규칙의 법적 성질 및 효력
		李湖暎	독점규제법상 특수관계인에 대한 부당지원행위의 규제
190	11.19.	金香基	재결에 대한 취소소송
		劉南碩	집행정지의 요건으로서 "회복하기 어려운 손해를 예방하기 위한 긴급한 필요"와 그 고려

순번	연월일	발표자	발 표 제 목
			사항으로서의 '승소가능성'
191	12.17.	尹炯漢	사전통지의 대상과 흠결의 효과
192	05.1.31.	鄭鎬慶	행정소송의 협의의 소의 이익과 헌법소원의 보충성
		金重權	국토이용계획변경신청권의 예외적 인정의 문제점에 관한 소고
193	2.18.	宣正源	하자승계론에 몇 가지 쟁점에 관한 검토
		李熙貞	공법상 계약의 해지와 의견청취절차
194	3.18.	安哲相	취소소송 사이의 소의 변경과 새로운 소의 제소기간
		康鉉浩	민간투자법제에 따른 우선협상대상자지정의 법적 제문제
195	4.15.	吳峻根	재량행위의 판단기준과 재량행위 투명화를 위한 법제정비
		李根壽	대집행의 법적 성격
196	5.20.	河宗大	금산법에 기한 계약이전결정 등의 처분과 주주의 원고적격
		金鐘甫	토지형질변경의 법적 성격
197	6.17.	朴海植	제재적 행정처분의 효력기간 경과와 법률상 이익
		李桂洙	공무원의 정치적 자유와 정치운동금지의무
198	8.19.	金容燮	재결의 기속력의 주관적 범위를 둘러싼 논의
		徐正旭	공시지가와 하자의 승계
199	9.16.	金鉉峻	용도지역 지정·변경행위의 법적 성질과 그에 대한 사법심사
		趙成奎	직접민주주의와 조례제정권의 한계

순번	연월일	발표자	발 표 제 목
200	10.21.	金光洙	공직선거법과 행정형벌
		崔桂暎	용도폐지된 공공시설에 대한 무상양도신청거부의 처분성
201	11.12.	鄭夏重	행정판례의 발전과 전망
		朴正勳	행정판례의 발전과 전망
		尹炯漢	행정재판제도의 발전과 행정판례
		朴海植	행정재판제도의 발전과 행정판례
202	12.16.	鄭泰容	행정심판청구인적격에 관한 몇 가지 사례
203	06. 1.20	朴均省	행정상 즉시강제의 통제 — 비례원칙, 영장주의, 적법절차의 원칙과 관련하여 —
		權殷玟	기본행위인 영업권 양도계약이 무효라고 주장하는 경우에 행정청이 한 변경신고수리처분에 대한 불복방법 등
204	2.17.	曹海鉉	민주화운동관련자명예회복및보상등에관한법률에 기한 행정소송의 형태
		金重權	사권형성적 행정행위와 그 폐지의 문제점에 관한 소고
205	06.3.17.	朴正勳	불확정개념과 재량 — 법규의 적용에 관한 행정의 우선권
		李相憙	한국지역난방공사 공급규정 변경신고를 산업자원부장관이 수리한 행위의 법적 성질
206	4.21.	俞珍式	공유수면매립법상 사정변경에 의한 매립면허의 취소신청
		林永浩	채석허가기간의 만료와 채석허가취소처분에 대한 소의 이익
207	5.19	嚴基燮	공정거래법상 사업자단체의 부당제한행위의

순번	연월일	발표자	발 표 제 목
		李賢修	성립요건 납입고지에 의한 변상금부과처분의 취소와 소멸시효의 중단
208	6.16.	金鐘甫	재건축 창립총회의 이중기능
		鄭夏明	미국 연방대법원의 행정입법재량통제
209	8.17.	裵柄晧	개정 하천법 부칙 제2조의 손실보상과 당사 자 소송
		金裕煥	공공갈등의 사법적 해결 — 의미와 한계
210	9.15.	金容燮	텔레비전 수신료와 관련된 행정법적 쟁점
		崔桂暎	행정처분과 형벌
211	10.20.	金海龍	처분기간이 경과된 행정처분을 다툴 법률상 이익(행정소송법 제12조 후문 관련)과 제재적
		石鎬哲	처분기준을 정한 부령의 법규성 인정 문제
212	11.17.	宣正源	입헌주의적 지방자치와 조직고권
		李熙貞	주민투표권 침해에 대한 사법심사
213	06.12.8.-		법제처 · 한국행정판례연구회 공동주관 관학 협동워크샵
	9.	朴 仁	법령보충적 성격의 행정규칙의 현황과 문제점
		林永浩	법령보충적 성격의 행정규칙에 대한 판례분석
		鄭南哲	법령보충적 성격의 행정규칙의 정비방향과 위임사항의 한계
		金重權	민주적 법치국가에서 의회와 행정의 공관적 법정립에 따른 법제처의 역할에 관한 소고
		金海龍	국토계획 관련법제의 문제점과 개선방안
214	07.1.19.	張曤源	독일 맥주순수령 판결을 통해 본 유럽과 독 일의 경제행정법

순번	연월일	발표자	발 표 제 목
		權純一	재정경제부령에 의한 덤핑방지관세부과조치의 처분성 재론 - 기능적 관점에서 -
215	2.23.	鄭準鉉	소위 '공익사업법'상 협의취득의 법적 성질
		裵輔允	구 농어촌정비법 제93조 제1항의 국공유지 양증여의 창설환지 등의 문제점
216	3.16.	朴榮萬	법령의 개정과 신뢰보호의 원칙
		金重權	행정입법적 고시의 처분성인정과 관련한 문제점에 관한 소고
217	4.20.	金容贊	국가지정문화재현상변경허가처분의 재량행위성
		李湖暎	합의추정된 가격담합의 과징금산정
218	5.18	金敏昨	공인중개사시험불합격처분 취소소송
		李宣憙	행정청의 고시와 원고적격
219	6.15.	李光潤	제재적 처분기준의 성격과 제재기간 경과후의 소익
		金暎賢	행정소송의 피고적격
220	07.8.17.	金義煥	정보공개법상의 공공기관 및 정보공개청구와 권리남용
		金秀珍	행정서류의 외국으로의 송달
221	9.21.	蘇淳茂	명의신탁 주식에 대한 증여의제에 있어서 조세회피목적의 해석
		慶 健	관계기관과의 협의를 거치지 아니한 조례의 효력
222	10.19.	成百玹	공특법상 '이주대책'과 공급규칙상 '특별공급'과의 관계
		金南澈	건축허가의 법적 성질에 대한 판례의 검토
223	11.16.	金性洙	민간투자사업의 성격과 사업자 선정의 법적

순번	연월일	발표자	발 표 제 목
			과제
224	12.21.	趙憲銖	병역의무 이행과 불이익 처우 금지의 관계
225	08.1.18.	金南辰	국가의 경찰법, 질서법상의 책임
		李殷祈	폐기물관리법제와 폐기물처리조치명령취소처분
		鄭成太	대형국책사업에 대한 사법심사(일명 새만금사건을 중심으로)
226	2.15.	辛奉起	한국 행정판례에 있어서 형량하자론의 도입과 평가
		鄭鍾舘	하천법상의 손실보상
227	3.21.	鄭夏重	사립학교법상의 임시이사의 이사선임권한
		林聖勳	행정입법 부작위에 관한 몇가지 문제점
228	4.18.	金光洙	자치사무에 대한 국가감독의 한계
		金熙喆	토지수용으로 인한 손실보상금 산정
229	5.16.	申東昇	행정행위 하자승계와 선결문제
		趙成奎	과징금의 법적 성질과 부과기준
230	6.20.	姜錫勳	위임입법의 방식 및 해석론에 관한 고찰
		鄭南哲	명확성원칙의 판단기준과 사법심사의 한계
231	8.22.	鄭泰學	조세통칙과 신의성실의 원칙
		李京運	부관으로서의 기한
232	9.19.	朴尙勳	시간강사의 근로자성
		金善旭	지방자치단체장의 소속공무원에 대한 징계권과 직무유기
233	10.17.	趙允熙	정보통신부 장관의 위성망국제등록신청과 항고소송의 대상
		金鉉峻	환경사법 액세스권 보장을 위한 "법률상 이익"의 해석

순번	연월일	발표자	발 표 제 목
234	11.21.	裵輔允	권한쟁의심판의 제3자 소송담당
		李賢修	공물의 성립요건
235	12.19.	金鐵容	행정청의 처분근거·이유제시의무와 처분근거·이유제시의 정도
236	09.1.16.	金炳圻	행정법상 신뢰보호원칙
		劉慶才	원인자부담금
237	2.20.	金聖泰	도로교통법 제58조 위헌확인
		林永浩	공매 통지의 법적 성격
238	3.20.	崔桂暎	위헌결정의 효력과 취소소송의 제소기간
		金尙煥	법규명령에 대한 헌법소원의 적법요건
239	4.17.	朴均省	직무상 의무위반으로 인한 국가배상책임
		金國鉉	사망자의 법규위반으로 인한 제재사유의 승계
240	5.15.	金容燮	택지개발업무처리지침 위반과 영업소 폐쇄
		金炅蘭	개발제한구역의 해제와 원고적격
241	6.19.	朴正勳	무효확인소송의 보충성
		曹海鉉	민주화운동관련자 명예회복 및 보상 등에 관한 법률에 의한 보상금의 지급을 구하는 소송의 형태
242	8.21.	鄭泰容	행정심판 재결 확정력의 의미
		安哲相	지방계약직 공무원의 징계
243	9.18.	金鐘甫	「도시 및 주거환경정비법」상 정비기반시설의 귀속 관계
		徐基錫	국회의 입법행위 또는 입법부작위로 인한 국가배상책임
244	10.16.	河明鎬	법인에 대한 양벌규정의 위헌여부
		趙龍鎬	표준지공시지가 하자의 승계

순번	연월일	발표자	발 표 제 목
245	11.20.	金連泰	한국마사회의 조교사 및 기수의 면허부여 또는 취소의 처분성
		金義煥	행정상 법률관계에 있어서의 소멸시효의 원용과 신의성실의 원칙
246	12.18.	朴銃炘	주거이전비 보상의 법적 절차, 성격 및 소송법적 쟁점
247	10.1.15	林宰洪	출입국관리법상 난민인정행위의 법적 성격과 난민인정요건
		金泰昊	하자있는 수익적 행정처분의 직권취소
248	2.19	金南澈	국가기관의 지방자치단체에 대한 감독·감사권한
		權殷玟	미국산 쇠고기 수입 고시의 법적 문제
249	3.19	金聲培	수용재결과 헌법상 정교분리원칙
		姜相旭	건축물대장 용도변경신청 거부의 처분성
250	4.16	李宣憙	공정거래법상 시정조치로서 정보교환 금지명령
		金鍾泌	이주대책대상자제외처분 취소소송의 쟁점
251	5.14	鄭夏重	공법상 부당이득반환청구권의 독자성
		魯坰泌	관리처분계획안에 대한 총회결의 무효확인을 다투는 소송방법
252	6.18	金秀珍	합의제 행정기관의 설치에 관한 조례 제정의 허용 여부
253	8.20	白濟欽 崔正一	과세처분에 대한 증액경정처분과 행정소송 경원자 소송에서의 원고적격과 사정판결제도의 위헌 여부
254	9.17	蔣尙均 金敏昨 河宗大	승진임용신청에 대한 부작위위법확인소송 강의전담교원제와 해직처분 행정처분으로서의 통보 및 신고의 수리

순번	연월일	발표자	발 표 제 목
255	10.15	최진수	징발매수재산의 환매권
		朴海植	주민등록전입신고 수리 여부에 대한 심사범위와 대상
256	11.12	金容燮	부당결부금지원칙과 부관
		朴尚勳	공무원에 대한 불이익한 전보인사 조치와 손해배상
257	12.10	金東熙	제재적 재량처분의 기준을 정한 부령
258	11.1.14	成智鏞	위임입법의 한계와 행정입법에 대한 사법심사
		安東寅	법령의 개정과 신뢰보호원칙 — 신뢰보호원칙의 적극적 활용에 대한 관견 —
259	2.18	崔桂暎	민간기업에 의한 수용
		金泰昊	사전환경성검토와 사법심사
260	3.18	金鉉峻	규제권한 불행사에 의한 국가배상책임의 구조와 위법성 판단기준
		朴在胤	지방자치단체 자치감사의 범위와 한계
261	4.15	金重權	민간투자사업의 법적 절차와 처분하자
		徐輔國	행정입법의 부작위에 대한 헌법소원과 행정소송
262	5.20	李熙貞	귀화허가의 법적 성질
		尹仁聖	독점규제 및 공정거래에 관한 법률 제3조의2 제1항 제5호 후단에 규정된 "부당하게 소비자의 이익을 현저히 저해할 우려가 있는 행위"에 관한 소고
263	6.17	朴均省	납골당설치신고 수리거부의 법적 성질 및 적법성 판단
		姜錫勳	재조사결정의 법적 성격과 제소기간의 기산점
264	8.19	金光洙	임시이사의법적 지위

순번	연월일	발표자	발 표 제 목
265	9.16	趙允熙	불복절차 도중의 과세처분 취소와 재처분금지
		鄭準鉉	개인택시사업면허 양도시 하자의 승계
		김용하	잔여지 수용청구권의 행사방법 및 불복수단
266	10.21	崔峰碩	과징금 부과처분의 재량권 일탈·남용
		朴榮萬	군인공무원관계와 기본권 보장
267	11.11	俞珍式	정보공개법상 비공개사유
		주한길	행정소송법상 집행정지의 요건
268	12.16	琴泰煥	최근 외국 행정판례의 동향 및 분석
		金致煥	미국, 일본, 프랑스, 독일
		田勳	
		李殷相	
269	12.1.27	李鴻薰	사회발전과 행정판결
		裵炳皓	재개발조합설립인가 등에 관한 소송의 방법
		河明鎬	사회보장행정에서 권리의 체계와 구제
270	2.17	朴玄廷	건축법 위반과 이행강제금
		金善娥	출퇴근 재해의 인정범위
271	3.16	金重權	국가배상법상 중과실의 의미
		徐泰煥	행정소송법상 직권심리주의의 의미와 범위
272	4.20	李湖暎	시장지배적사업자의 기술적 보호조치와 공정거래법
273	5.18	李玩憙	공정거래법상 신고자 감면제도
		李東植	세무조사 결정통지의 처분성
274	6.15	鄭基相	조세소송에서 실의성실원칙
		許康茂	생활대책대상자선정거부의 처분성과 신청권의 존부
275	8.17	朴貞枇	기대권의 법리와 교원재임용거부 및 부당한 근로계약 갱신 거절의 효력
		金敏祚	정보공개법상 비공개사유로서 법인 등의 경

순번	연월일	발표자	발 표 제 목
			영·영업상 비밀에 관한 사항
276	9.21	成承桓	경찰권 발동의 한계와 기본권
		金宣希	도시정비법상 조합설립인가처분과 변경인가처분
		李相憙	국가와 지방자치단체의 보조금 지원과 지원거부의 처분성
277	10.19	康鉉浩	건축법상 인허가의제의 효과를 수반하는 신고
		尹景雅	결손처분과 그 취소 및 공매통지의 처분성
278	11.16	金容燮	원격평생교육시설 신고 및 그 수리거부
		李義俊	사업시행자의 생활기본시설 설치 의무
279	12.21	琴泰煥	미국, 일본, 프랑스, 독일의 최근 행정판례동향
		金致煥	
		田 勳	
		李殷相	
		崔松和	행정판례의 회고와 전망
280	13.1.18	崔桂暎	행정처분의 위법성과 국가배상책임
		金泰昊	정보공개법상 비공개사유로서 '진행 중인 재판에 관련된 정보'
281	2.15	金致煥	주민소송의 대상
		朴在胤	체육시설을 위한 수용
282	3.15	金聲培	국가유공자요건비해당결정처분
		金東國	해임처분무효
283	4.19	徐輔國	압류등처분무효확인
		崔柄律	자동차운전면허취소처분취소
284	5.24	裵柄皓	국가배상청구권의 소멸시효
		朴海植	감면불인정처분등취소
285	6.21	朴均省	국방·군사시설사업실시계획승인처분무효확인 등

순번	연월일	발표자	발 표 제 목
		金慧眞	형의 집행 및 수용자의 처우에 관한 법률 제45조 제1항 위헌확인
286	8.16	俞珍式	여객자동차운수사업법 제14조 등 위헌확인 등
		김필용	증여세부과처분취소
287	9.27	慶建	정보공개청구거부처분취소
		이산해	과징금부과처분취소·부당이득환수처분취소
288	10.18	金裕煥	직권면직취소
		許盛旭	관리처분계획무효확인
289	11.15	金炳圻	완충녹지지정의 해제신청거부처분의 취소
		成重卓	조합설립인가처분무효확인
290	12.20	金聲培	미국, 일본, 프랑스, 독일의 최근 행정판례 동향
		金致煥	
		吳丞奎	
		桂仁國	
		鄭夏重	행정판례에 있어서 몇 가지 쟁점에 관한 소고
291	14. 1. 17	金相贊	국가공무원 복무규정 제3조 제2항 등 위헌확인
		金容河	사업시행승인처분취소
292	2.21	姜知恩	주택건설사업승인불허가처분 취소 등
		金世鉉	소득금액변동통지와 하자의 승계 판례변경에 따른 신뢰성 보호 문제
293	3.21	金重權	지방자치단체의 구역관할결정의 제 문제에 관한 소고
		李相憲	체납자 출국금지처분의 요건과 재량통제
294	4.18	俞珍式	정보공개거부처분취소
		金惠眞	백두대간보호에관한법률 제7조 제1항 제6호 위헌소원

순번	연월일	발표자	발 표 제 목
295	5.16	安東寅	토지대장의 직권말소 및 기재사항 변경거부의 처분성
		河泰興	증액경정처분의 취소를 구하는 항고소송에서 납세의무자가 다툴 수 있는 불복사유의 범위
296	6.20	金容燮	독립유공자법적용배제결정 – 처분취소소송에 있어 선행처분의 위법성승계
		李承勳	조합설립추진위원회 설립승인 무효 확인
297	8.22	鄭鎬庚	不利益處分原狀回復 등 要求處分取消
		이병희	解任處分取消決定取消
298	9.19	崔峰碩	職務履行命令取消
		文俊弼	還買代金增減
299	10.17	朴均省	行政判例 30年의 回顧와 展望: 행정법총론 I
		金重權	行政判例의 回顧와 展望–행정절차, 정보공개, 행정조사, 행정의 실효성확보의 분야
		洪準亨	行政判例 30年의 回顧와 展望–행정구제법: 한국행정판례의 정체성을 찾아서
300	11.21	康鉉浩	不正當業者制裁處分取消
		李承寧	讓受金
301	12.19	金聲培	美國의 最近 行政判例動向
		吳丞奎	프랑스의 最近 行政判例動向
		桂仁國	獨逸의 最近 行政判例動向
		咸仁善	日本의 最近 行政判例動向
		朴鈗炘	온실가스 배출거래권 제도 도입에 즈음하여
302	15. 1.23	金泰昊	수정명령 취소
		李羲俊	손해배상(기)
303	2.27	朴玄廷	정비사업조합설립과 토지 또는 건축물을 소유

순번	연월일	발표자	발 표 제 목
			한 국가·지방자치단체의 지위
		李羲俊	건축허가처분취소
304	3.20	俞珍式	공공감사법의 재심의신청과 행정심판에 관한 제소기간의 특례
		金世鉉	명의신탁과 양도소득세의 납세의무자
305	4.17	朴均省	노동조합설립신고반려처분취소
		金海磨中	국세부과취소
306	5.15	崔峰碩	직무이행명령취소청구
		박준희	지역균형개발 및 지방중소기업 육성에 관한 법률 제16조 제1항 제4호 등 위헌소원
307	6.19	裵柄皓	인신보호법 제2조 제1항 위헌확인
		金東柱	생태자연도등급조정처분무효확인
		裵柄皓	인신보호법 제2조 제1항 위헌확인
		김동주	생태자연도등급조정처분무효확인
308	8.29		牧村 金道昶 박사 10주기 기념 학술대회
309	9.18	崔桂暎	정보비공개결정처분취소
		정지영	부당이득금반환
310	10.16	鄭夏明	예방접종으로 인한 장애인정거부처분취소
		郭相鉉	급여제한및 환수처분취소
311		鄭鎬庚	독립유공자서훈취소결정무효확인등
		김혜성	직위해제처분취소
312		金聲培	최근(2014/2015) 미국 행정판례의 동향 및 분석 연구
		咸仁善	일본의 최근(2014) 행정판례의 동향 및 분석
		吳丞奎	2014년 프랑스 행정판례의 동향 연구
		桂仁國	국가의 종교적·윤리적 중립성과 윤리과목

순번	연월일	발표자	발 표 제 목
			편성 요구권
		金海龍	행정재판과 법치주의 확립
313	16. 1.22	金泰昊	주민소송(부당이득 반환)
		朴淵昱	건축협의취소처분취소
314	2.26	李熙貞	보상금환수처분취소
		李義俊	변상금부과처분취소
315	3.18	成重卓	영업시간제한등처분취소
		임지영	조정반지정거부처분
316	4.15	裵柄皓	하천공사시행계획취소청구
		李用雨	세무조사결정행정처분취소
317	5.20	金南澈	과징금납부명령등취소청구의소
		李煌熙	홍▽군과 태△군 등 간의 권한쟁의
318	6.11	金重權	환경기술개발사업중단처분취소
		崔瑢修	관리처분계획안에대한총회결의효력정지가처분
		강주영	시설개수명령처분취소
		角松生史	일본 행정소송법개정의 성과와 한계
319	8.19	咸仁善	조례안의결무효확인 <학생인권조례안 사건>
		金世鉉	교육세경정거부처분취소
320	9.23	金容燮	독립유공자서훈취소처분의 취소
		李殷相	주유소운영사업자불선정처분취소
321	10.21	李光潤	부당이득금등
		이승민	형식적 불법과 실질적 불법
322	11.25	俞珍式	학칙개정처분무효확인
		윤진규	부당이득금
			채무부존재확인
323	12.15	李京運	교육판례의 회고와 전망

순번	연월일	발표자	발 표 제 목
		朴均省	사법의 기능과 행정판례
		咸仁善	일본의 최근 행정판례
		金聲培	미국의 최근 행정판례
		桂仁國	독일의 최근 행정판례
		吳承奎	프랑스의 최근 행정판례
324	17. 1.20.	成奉根	취급거부명령처분취소
		尹焌碩	취득세등부과처분취소
325	2.17.	鄭永哲	도시계획시설결정폐지신청거부처분취소
		이희준	손해배상(기)
326	3.17.	朴在胤	직무이행명령취소
		정은영	습지보전법 제20조의2 제1항 위헌소원
327	4.21.	金容燮	시정명령처분취소
		장승혁	산재법 제37조 위헌소원
328	5.19.	박정훈	감차명령처분취소
		金世鉉	법인세등부과처분취소
329	6.16.	裵柄皓	조례안재의결무효확인
		송시강	개발부담금환급거부취소
330	8.8.	함인선	부당이득금반환
		김형수	개발부담금환급거부취소
331	9.15.	성중탁	출입국관리법 제63조 제1항 위헌소원
		이은상	보험료채무부존재확인
332	10.20.	유진식	정보공개청구기각처분취소
		김상찬	영업정지처분취소
333	11.24.	안동인	치과의사 안면보톡스시술사건
		김선욱	부가가치세경정거부처분취소
334	12.14.	김동희	행정판례를 둘러싼 학계와 법조계의 대화에

순번	연월일	발표자	발 표 제 목
			관한 몇 가지 생각
		정태용	행정부 공무원의 시각에서 본 행정판례
		함인선	일본의 최근 행정판례
		김성배	미국의 최근 행정판례
		계인국	독일의 최근 행정판례
		김혜진	프랑스의 최근 행정판례
335	18. 1.19.	성봉근	민사사건에 있어 공법적 영향
		박호경	조례무효확인
336	3.16.	김치환	산재보험적용사업장변경불승인처분취소
		신철순	폐업처분무효확인등
337	4.20.	박정훈	입찰참가자격제한처분취소
		신상민	건축허가철회신청거부처분취소의소
338	5.18.	최봉석	직권취소처분취소청구의소
		윤준석	증여세부과처분취소
339	6.15.	김대인	직권취소처분취소청구의소
		문중흠	증여세부과처분취소
340	8.17.	이혜진	정직처분취소
		김형수	이동통신단말장치 유통구조 개선에 관한 법률 제4조 제1항 등 위헌확인
341	9.28.	김현준	재직기간합산불승인처분취소
		김세현	양도소득세부과처분취소
342	10.19.	김창조	주민등록번호변경신청거부처분취소
		장현철	청산금
343	11.16	강현호	손해배상
		임성훈	부당이득반환등
344	12.21	김재선	미국의 최근 행정판례

순번	연월일	발표자	발 표 제 목
		계인국	독일의 최근 행정판례
		박현정	프랑스의 최근 행정판례
345	19. 2.15	박재윤	숙박업영업신고증교부의무부작위위법확인
		이은상	사업시행계획인가처분취소
346	3.15	정영철	입찰참가자격제한처분취소청구의소
		이승훈	부작위위법확인
347	4.19	박균성	사업계획승인취소처분취소등
		김혜성	종합쇼핑몰거래정지처분취소
348	5.17	김중권	전역처분등취소
		고소영	임용제청거부처분취소등
349	6.21	김판기	생활폐기물수집운반및가로청소대행용역비반납처분취소
		윤준석	증여세부과처분취소
350	8.23	배병호	지방자치단체를 당사자로 하는 계약에 관한 법률 시행령 제30조 제5항 등 위헌확인
		신상민	퇴교처분취소
351	9.20	김성배	사증발급거부처분취소
		박건우	보상금증액
352	10.18	김병기	교원소청심사위원회결정취소
		오에스데	징계처분등
353	11.15	강현호	의료기관개설신고불수리처분취소
		이수안	손실보상금증액등
354	12.19	신원일	일본의 최근 행정판례
		김재선	미국의 최근 행정판례
		계인국	독일의 최근 행정판례
		박우경	프랑스의 최근 행정판례

순번	연월일	발표자	발 표 제 목
355	20.2.21.	성중탁	변호인 접견 불허처분 등 위헌확인
		김근호	입찰참가자격제한처분취소청구
356	5.22	김태호	학원설립운영등록신청 반려처분취소
		이희준	수용재결취소등
357	6.19	김유환	도로점용허가처분무효확인등
		황용남	기타이행강제금부과처분취소
358	8.21	박재윤	제재조치명령의 취소
		주동진	급수공사비등부과처분취소청구의 소
359	9.18	김치환	도로점용료부과처분취소·도로점용료부과 처분취소
		김후신	장해등급결정처분취소
360	10.16	정호경	고용노동부 고시 제2017-42호 위헌확인
		이용우	건축신고반려처분취소
361	11.20	김창조	사업대상자선정처분취소
		정은영	부당이득금부과처분취소등
362	12.17	손호영	일본의 최근 행정판례
		김재선	미국의 최근 행정판례
		계인국	독일의 최근 행정판례
363	21.2.19.	박우경	프랑스의 최근 행정판례
		이현수	대법원 2019. 7. 11. 선고 2017두38874 판결
		이산해	대법원 2019. 2. 28. 선고 2017두71031 판결
364	3.19.	이은상	대법원 2019. 10. 31. 선고 2016두50907 판결
		김근호	대법원 2019. 6. 27. 선고 2018두49130 판결
365	4.16.	하명호	대법원 2020. 12. 24. 선고 2018두45633 판결
		박호경	대법원 2020. 6. 25. 선고 2018두34732 판결
366	5.21.	김중권	대법원 2020. 6. 25. 선고 2019두52980 판결

순번	연월일	발표자	발 표 제 목
367	6.18.	맹주한	대법원 2020. 7. 9. 선고 2017두39785 판결
		김대인	대법원 2020. 7. 29. 선고 2017두63467 판결
		박정훈	대법원 2020. 9. 3. 선고 2020두34070 판결
368	8.20.	이윤정	부당해고구제재심판정취소
		이국현	물이용부담금과 재정책임
369	9.17.	서보국	종합소득세경정거부처분취소
		윤진규	관세등부과처분취소
370	10.15.	김유환	공급자등록취소무효확인등청구
		최명지	업무정지처분 취소청구
371	11.19.	김현준	이사회결의무효확인의소
		황정현	세무대리업무등록취소처분취소등
372	12.16.	이혜진	일본의 최근 행정판례
		김재선	미국의 최근 행정판례
		계인국	독일의 최근 행정판례
		박우경	프랑스의 최근 행정판례
373	22.2.18	최계영	사업종류변경처분등취소청구의소
		이용우	건축허가취소처분취소
374	3.18	이은상	국가배상법 제2조 제1항 위헌소원
		최미연	도선사업면허변경처분취소
375	4.15	강현호	건축허가신청반려처분취소
		이희준	전부금
376	5.20	이기춘	공무집행방해·일반교통방해·집회및시위에 관한법률위반/손해배상(기)
		김형수	시정명령등처분취소청구의소
377	6.17	박현정	채무부존재확인
		박가림	과징금부과처분취소

行政判例研究 I~ XXVII-1 總目次

行政判例研究 I ~ XXVII -1 總目次

主題別 總目次

研究判例 總目次

行政判例研究 Ⅰ ~ ⅩⅩⅦ-1 總目次

[第 Ⅰ 卷]

Ⅰ. 行政上立法

行政規則의 法規性 認定與否(崔世英)   15
프랑스 行政判例上 行政規則의 性質(韓堅愚)   23

Ⅱ. 行政裁量

漁業免許 拒否處分의 要件(石琮顯)   45

Ⅲ. 行政行爲의 附款

公有水面 埋立에 따른 不動産 所有權 國家歸屬의 無效確認을 求하는
   訴(李相敦)   55
酒類販賣業 免許處分撤回의 根據와 撤回權留保의 限界(金鐵容)   69

Ⅳ. 行政行爲의 取消

國産新技術製品 保護決定處分 一部取消(朴松圭)   79

Ⅴ. 行政節次

部令이 정한 聽聞을 缺한 處分의 效力(金南辰)   87
美聯邦情報公開法에 관한 若干의 考察(趙慶根)   103

Ⅵ. 行政計劃

都市計劃과 行政拒否處分(李鴻薰)　115

Ⅶ. 行政訴訟의 對象

入札 參加資格 制限行爲의 法的 性質(李尙圭)　127
租稅賦課處分에 있어서 當初處分과 更正處分의 法律關係(金時秀)　133
國稅還給拒否決定의 法的性質(趙惠秀)　141

Ⅷ. 行政訴訟에 있어서의 訴의 利益

行政訴訟에 있어서의 訴의 利益의 問題(李相赫)　153
取消訴訟에 있어서의 訴의 利益(梁承斗)　163
運轉免許停止期間 徒過後의 取消訴訟과 訴의 利益(金完燮)　179
西獨에 있어서 行政法上 隣人保護에 관한 判例의 最近動向(張台柱)　187

Ⅸ. 行政訴訟의 執行停止

執行停止의 要件과 本案理由와의 關係(崔光律)　195

Ⅹ. 行政權限의 委任

行政權限의 委任, 再委任(朴圭河)　207

Ⅺ. 公務員法

公務員의 스트라이크와 類似한 方法의 團體行動의 違法性(金善旭)　219

Ⅻ. 營造物法

營造物行爲의 法的 性格에 관한 Interfrost會社 對 F.I.O.M 事件(李光潤)
　239

XⅢ. 知的所有權 · 遺傳工學

知的所有權의 問題들(李升煥) 249

遺傳子工學的 施設 設置許可와 法律留保(吳峻根) 265

XⅣ. 租 稅

아파트地區內의 土地와 空閑地稅(黃祐呂) 279

名義信託登記와 贈與看做規定(金斗千) 291

XⅤ. 違憲審査

프랑스憲法委員會 1971年 7月 16日 結社의 自由에 관한 規定(成樂寅) 305

[第Ⅱ卷]

Ⅰ. 個人的 公權

主觀的公權과 基本權(金性洙) 7

結果除去請求權, 行政介入請求權(洪準亨) 23

프랑스行政法上 公法人의 財産에 대한 押留不可原則(卞海喆) 55

Ⅱ. 行政上立法

遡及立法에 관한 小考(黃祐呂) 65

訓令(行政規則)과 部令의 效力(金道昶) 77

法規範具體化行政規則의 法的性質 및 效力(崔正一) 83

Ⅲ. 行政行爲

交涉合意에 의한 附款의 效力(金南辰) 107

行政訴訟에서의 行政行爲 根據變更에 관한 大法院 判例分析(柳至泰)
    125
建築許可의 取消(金東建)   143
行政行爲의 撤回權의 制限(盧永錄)   149

IV. 行政計劃

都市計劃決定의 法的性質(石琮顯)   159

V. 行政上爭訟 一般

行政上의 義務履行을 貫徹시키기 위한 訴訟(洪準亨)   171
環境技術關係 行政決定에 대한 司法的統制(金海龍)   193

VI. 行政訴訟에 있어서의 訴의 利益

原處分主義와 被告適格(徐元宇)   207

VII. 行政訴訟의 類型

豫防的不作爲訴訟의 許容性 與否(金鐵容)   225
敎員任用義務不履行 違法確認訴訟(金東熙)   233

VIII. 損害塡補

國家賠償에 있어서의 國家의 公務員에 대한 求償權(朴均省)   243
基準地價가 告示된 地域에 있어서 收用補償額算定基準에 관한 判例
    動向(石琮顯)   263

IX. 公 務 員

프랑스 公務員法上의 公務員과 勞動組合(韓堅愚)   277

Ⅹ. 地方自治

地方自治團體에 대한 國家의 承認(李琦雨)　291

Ⅺ. 租　　稅

實地讓渡價額을 넘는 讓渡差益의 認定可否(崔光律)　313

Ⅻ. 違憲審査

非常戒嚴解除後 軍法會議裁判權 延長의 違憲性 與否(金道昶)　325
違憲法律의 效力(李康國)　333
不合致決定에 관한 憲法裁判所決定 分析(全光錫)　347
辯護士强制主義와 憲法訴願(辛奉起)　367

[第 Ⅲ 卷]

Ⅰ.새 行政爭訟制度 10年과 憲法裁判 7年의 回顧(金道昶)　7

Ⅱ. 個人的 公權

日本에 있어서 家永教科書檢定第一次訴訟의 諸判決(卞在玉)　27

Ⅲ. 信賴保護

信賴保護에 관한 行政判例의 最近動向(金道昶)　45

Ⅳ. 行政上立法

行政規則에 의한 行政上 立法行爲(高永訓)　57

Ⅴ. 行政行爲

行政處分의 理由附記義務(崔松和)　67
行政行爲의 瑕疵의 治癒(李康國)　91

無效確認을 구하는 意味에서의 課稅取消訴訟의 提起와 還給金請求權
    의 時效(徐廷友)　121

VI. 行政上爭訟 一般

修正裁決의 被告適格(徐元宇)　139
取消判決(裁決)의 遡及效(趙憲銖)　151
競爭者訴訟의 原告適格과 判斷餘地의 限界(洪準亨)　157

VII. 行政訴訟의 類型

無名抗告訴訟의 可否(金香基)　193

VIII. 損害塡補

國家賠償法 第 5 條의 營造物의 設置·管理에 있어서 瑕疵의 意味와
    賠償責任의 性格(鄭夏重)　205
公務員 個人의 不法行爲責任(金鐵容)　221
土地利用規制와 最高裁判所判決(小高剛)　233
日本 長良川 安八水害賠償訴訟(金敞祚)　249

IX. 地方自治

地方自治法 第98條, 第159條에 의한 訴訟(白潤基)　263
條例의 無效와 그 條例에 根據한 行政處分의 當然無效 與否
    (吳振換)　305

X. 違憲審査

憲法裁判에 대한 不服方法(裵輔允)　359

[第 Ⅳ 卷]

Ⅰ. 行政行爲

교통표지판의 法的 性格 ― 法規命令과 行政行爲의 限界設定
    (鄭夏重)   3
申告納 方式의 租稅에 있어서의 重大하고 明白한 瑕疵의 判斷 基準
    (盧榮錄)   46
運轉免許取消停止處分의 法的 性質 및 그 限界(金容燮)   55
違憲決定과 行政處分의 效力(裵輔允)   81

Ⅱ. 行政計劃

都市計劃變更請求權의 成立要件(金海龍)   105

Ⅲ. 行政節次

行政節次法의 槪要 ― 施行에 즈음하여(金鐵容)   119
「聽聞」 實施 要件(吳峻根)   129

Ⅳ. 行政爭訟 一般

行政法院 出帆의 意義와 行政法院의 課題(洪準亨)   163

Ⅴ. 行政訴訟의 對象과 權利保護 必要性

制裁的 行政處分의 制裁期間 經過 後의 訴의 利益(徐元宇)   209
私立學校 敎員에 대한 懲戒處分과 行政訴訟 ― 公·私法關係의 區別
    (梁承斗)   232
檢事의 刑事記錄 閱覽·謄寫 拒否處分에 관하여(李東洽)   243
公務員 轉補發令의 處分性(李京運)   277
建築物臺帳 職權訂正行爲의 處分性(趙憲銖)   296

形式的 拒否處分에 대한 取消訴訟에 있어서의 審理範圍
　　(金裕煥)　303

Ⅵ. 行政訴訟의 類型

機關訴訟의 性質 ― 地方自治法 第159條 第6項에 의한 訴訟
　　(李光潤)　323
公衆保健醫師 採用契約解止에 대한 爭訟(趙龍鎬)　338
當事者訴訟의 對象(白潤基)　350
機關訴訟 主文의 形式(辛奉起)　368
獨逸과 오스트리아의 不作爲訴訟에 관한 考察(宣正源)　385

Ⅶ. 損害塡補

公務員이 職務執行中 不法行爲로 他人에게 損害를 입힌 境遇, 公務
　　員의 個人責任 成立與否(金東熙)　443
道路公害와 道路의 設置·管理者의 賠償責任(金敏祚)　458

Ⅷ. 地方自治法

옴부즈만條例案 再議決 無效確認 判例의 問題(金善旭)　481

Ⅸ. 秩序行政法

北韓國籍 住民에 대한 强制退去命令의 適法性(裵柄皓)　505

[第Ⅴ卷]

Ⅰ. 行政立法

訓令(개발제한구역관리규정)의 法的 性質(金南辰)　3

Ⅱ. 行政行爲

建築許可處分과 裁量(金東熙) 17

不可變力, 信賴保護, 그리고 行政上 二重危險의 禁止(洪準亨) 33

違憲法律에 根據한 行政處分의 效力 — 判例理論의 重大明白說 理解에
　　　대한 批判과 代案(金裕煥) 68

建築變更許可와 附款(康鉉浩) 87

Ⅲ. 行政計劃

衡量瑕疵 있는 行政計劃에 대한 司法審査(辛奉起) 107

Ⅳ. 行政節次

多段階行政節次에 있어서 事前決定과 部分許可의 意味(鄭夏重) 135

情報公開請求權의 憲法的 根據와 그 制限(慶　健) 159

Ⅴ. 行政訴訟

環境行政訴訟과 地域住民의 原告適格(金東建) 183

自動車運輸事業免許處分에 있어서 競業, 競願의 範圍(俞珍式) 217

公賣決定·通知의 處分性 및 訴訟上 問題點(권은민) 226

羈束力의 範圍로서의 處分事由의 同一(石鎬哲) 258

還買權 訴訟의 管轄問題(裵柄晧) 290

Ⅵ. 損害塡補

職務와 관련된 不法行爲에 있어 公務員 個人의 責任(金珉昊) 309

河川管理責任(金敞祚) 333

國家賠償法 第5條 第1項의 公共의 營造物의 設置·管理上의 瑕疵의
　　　意味 및 그 判斷基準 — 도로통행자의 경우(李光潤) 356

Ⅶ. 公務員法

任用缺格과 退職給與(尹炯漢)   373

Ⅷ. 地方自治法

行政審判法 第37條 第2項에 의한 自治權侵害의 可能性 ― 성남시와
    경기도간의 權限爭議事件을 중심으로(金南澈)   405

Ⅸ. 秩序行政法

南北交流協力과 統一에 관한 法的 問題(裵輔允)   435

Ⅹ. 租   稅

租稅行政에 있어서 更正處分의 效力(金連泰)   469
個人事業의 法人轉換과 租稅減免(趙憲銖)   502

[第 Ⅵ 卷]

Ⅰ. 行政法의 基本概念

判例에 있어서의 公益(崔松和)   3
土地形質變更許可와 信賴保護原則(金光洙)   29

Ⅱ. 行政行爲

違憲法律에 根據한 處分에 대한 執行力 許容 與否(李東洽)   55
住宅建設事業計劃 事前決定의 拘束力(李京運)   75
複合民願과 認·許可擬制(宣正源)   98
廢棄物處理業 許可權者가 한 '不適正通報'의 法的 性質(권은민)   127

Ⅲ. 行政訴訟

附款에 대한 行政訴訟(鄭夏重)　147

軍事施設保護法上의 '協議' 節次와 抗告訴訟(朴榮萬)　175

Ⅳ. 給付行政 · 環境行政

慣行漁業權(朴鈗炘)　205

道路가 行政財産이 되기 위한 要件 및 雜種財産에 대한 時效取得
　　(李光潤)　222

公法的 側面에서 본 日照權 保護(石鎬哲)　238

Ⅴ. 租　稅

後發的 事由에 의한 條理上 更正請求權(蘇淳茂)　275

相續稅 및 贈與稅法上 贈與의 意味(金珉昊)　303

中小企業에 대한 租稅特例와 從業員의 轉出·派遣(李東植)　327

Ⅵ. 外國判例研究

獨逸 聯邦憲法裁判所의 判例에 나타난 環境法上 協力의 原則
　　(金性洙)　355

2000년 美國 大統領選擧訴訟事件(裵輔允)　395

都市計劃事業許可處分 등의 取消訴訟에 있어서의 原告適格
　　(金敏祚)　420

[第 Ⅶ 卷]

Ⅰ. 行政行爲

農地轉用에 관한 委任命令의 限界(崔光律)　3

裁量準則의 法的 性格(康鉉浩)　25

Ⅱ. 行政行爲

大法院 判例上의 裁量行爲 — 羈束行爲와 裁量行爲의 區分과 그에 대한
    司法審査方式을 中心으로(金東建)   49

Ⅲ. 行政節次

行政節次法 施行 이후의 行政節次關聯 行政判例의 動向에 관한 몇 가지
    分析(吳峻根)   81

Ⅳ. 行政上 損害塡補

國家賠償法 제2조 제1항 단서에 대한 憲法裁判所의 限定違憲決定
    및 그 羈束力을 부인한 大法院 判例에 대한 評釋(朴鈗炘)   119
國家賠償에 있어서의 違法性과 過失의 一元化(徐廷範)   146

Ⅴ. 行政訴訟

行政訴訟에 있어 建築主와 隣近住民의 利益의 衝突과 그 調和
    (白潤基)   165
處分事由의 追加·變更과 行政行爲의 轉換 — 制裁撤回와 公益上 撤回
    (朴正勳)   196
公簿變更 및 그 拒否行爲의 處分性(宣正源)   275

Ⅵ. 建築行政法

管理處分計劃의 處分性과 그 公定力의 範圍 管理處分計劃을
    둘러싼 紛爭의 訴訟形式(金鐘甫)   317
建築法上 日照保護規定의 私法上의 意味(俞珍式)   343

Ⅶ. 環境行政法

環境影響評價의 瑕疵와 事業計劃承認處分의 效力(朴均省)   363

Ⅷ. 文化行政法

遺跡發掘許可와 行政廳의 裁量(趙憲銖)　389

Ⅸ. 外國行政法判例研究

獨逸憲法上의 職業公務員制度와 時間制公務員(金善旭)　407
道路排煙에 의한 大氣汚染과 因果關係 ― 日本, 尼崎大氣汚染公害訴
　　訟 第一審 判決(金元主)　431
日本의 機關訴訟 法制와 判例(辛奉起)　446

[第Ⅷ卷]

Ⅰ. 行政立法

施行規則의 法的 性質과 附隨的 統制의 實效性强化(宣正源)　3

Ⅱ. 行政行爲

判例上의 羈束裁量에 관한 一考(金東熙)　41
이른바 "受理를 요하는 申告"의 問題點에 관한 小考(金重權)　63
平生敎育施設 設置者 地位承繼와 設置者變更 申請書 返戾處分의
　　適法與否(洪準亨)　93
行政處分의 根據 및 理由提示의 程度(曺海鉉)　123

Ⅲ. 情報公開

會議錄과 情報公開法上 非公開對象情報(裵柄皓)　147
情報公開制度上의 非公開事由와 本人公開請求(金敞祚)　168

IV. 行政의 實效性確保手段

行政法規違反行爲의 私法的 效力(徐元宇)　193

V. 行政上 損害塡補

公用地下使用과 間接損失補償(李鴻薰)　221
公文書管理의 잘못과 國家賠償責任(慶 健)　251

VI. 行政訴訟

不合格處分에 대한 效力停止決定에 대한 考察(白潤基)　279

VII. 土地行政法

旣 納付 宅地超過所有負擔金 還給請求權의 性質과 還給加算金의 利子率
　(尹炯漢)　301

VIII. 租稅行政法

인텔리젼트빌딩에 대한 財産稅 重課施行規則의 有效 與否(蘇淳茂)
　321

IX. 外國行政判例研究

美國 聯邦大法院의 臨時規制的 收用(Temporary Regulatory Takings)
　(鄭夏明)　349

X. 韓·日行政訴訟法制의 改正과 向後方向(國際學術會議)

日本のおける行政訴訟法の改正と今後の方向(塩野 宏, 飜譯:俞珍式)　375
韓國의 行政訴訟法 改正과 向後方向(崔松和)　432
討論要旨　456

[第 Ⅸ 卷]

Ⅰ. 行政行爲

軍事施設保護區域設定行爲의 法的 性格(朴榮萬)　3

Ⅱ. 行政節次

學校法人任員就任承認取消處分과 行政節次法(金鐵容)　33
行政行爲 取消의 取消(柳至泰)　65
受益的 行政行爲의 撤回의 法的 性質과 撤回 事由(金炳圻)　86

Ⅲ. 行政訴訟

取消判決의 旣判力과 羈束力(朴正勳)　135
拒否處分取消判決의 羈束力과 間接强制(朴均省)　236
行政訴訟法上의 間接强制決定에 기한 賠償金의 性質(朴海植)　357

Ⅳ. 地方自治法

廣域自治團體와 基礎地方自治團體의 性格(李光潤)　303

Ⅴ. 租稅行政法

買入稅額의 控除와 稅金計算書의 作成·交付時期(鄭泰學)　327

Ⅵ. 최근 行政訴訟判決의 主要動向

최근 行政訴訟判決의 主要動向(李東洽)　371

[第 X 卷]

Ⅰ. 行政立法

法規命令의 處分性(鄭成太) 3

Ⅱ. 行政行爲

國土利用計劃變更申請權의 例外的 認定의 問題點에 관한 小考
　　(金重權) 21
教授再任用에 관한 大法院判例의 變更과 그 意義(李京運) 61
違憲法律規定에 의해 當然退職한 者에 대한 任用申請拒否의 處分性
　　(曺媛卿) 92
營業讓渡와 制裁處分上의 地位承繼(李賢修) 139
瑕疵承繼論의 몇 가지 爭點에 관한 檢討(宣正源) 170

Ⅲ. 行政節次

事前通知의 對象과 欠缺의 效果(尹炯漢) 213

Ⅳ. 行政上 損害塡補

營內 毆打·苛酷行爲로 인한 自殺에 대한 賠償과 補償(林聖勳) 233

Ⅴ. 行政訴訟

裁決의 內容에 대한 取消訴訟(金香基) 275
行政計劃에 대한 司法統制 法理(金海龍) 308
原子爐設置許可 無效確認訴訟의 本案審理(金敏昨) 346
過徵金賦課處分에 대한 執行停止決定의 效力(金連泰) 370

Ⅵ. 租稅行政法

事業讓受渡와 第2次 納稅義務(趙憲銖) 405

[第XI 卷]

I. 韓國行政判例研究會 200회 特輯 紀念論文

韓國 行政判例의 成果와 課題(鄭夏重) 3
行政判例 半世紀 回顧 — 行政訴訟·國家賠償·損失補償을 중심으로
    (朴正勳) 50
行政裁判制度의 發展과 行政判例 — 特殊行政裁判制度를 中心으로
    (尹炯漢) 91

II. 行政行爲

開發制限區域內 行爲許可 期間延長과 裁量行爲 判斷基準에 관한
    爭點 檢討(吳峻根) 117
私權形成的 行政行爲와 그 廢止의 問題點에 관한 小考(金重權) 151
基本行爲인 營業權 讓渡契約이 無效라고 主張하는 경우에 行政廳이
    한 變更申告受理處分에 대한 不服方法 등(권은민) 184

III. 行政의 實效性確保手段

行政上 卽時强制의 統制 — 비례원칙, 영장주의, 적법절차의 원칙과
    관련하여(朴均省) 217
選擧法 違反과 法的 制裁(金光洙) 243

IV. 行政訴訟

行政訴訟에서의 訴의 變更과 새로운 訴의 提訴期間(安哲相) 271
民主化運動關聯者名譽回復및報償等에관한法律에 기한 行政訴訟의
    形態(曺海鉉) 315

V. 地方自治法

直接民主主義와 條例制定權의 限界(趙成奎) 347

Ⅵ. 建築行政法

土地形質變更許可의 法的 性質(金鐘甫)　383

[第Ⅻ卷]

Ⅰ. 韓法令補充的 性格의 行政規則의 整備方案
― 法制處·韓國行政判例研究會 官學協同 Workshop ―

行政規則의 違法事例 및 對策(朴 仁)　3
判例를 中心으로 본 法令補充的 行政規則의 法的 性質(林永浩)　35
民主的 法治國家에서 議會와 行政의 共管的 法定立에 따른 法制處의
　　役割에 관한 小考(金重權)　59
法令補充的 性格의 行政規則의 整備方向과 委任事項의 限界(鄭南哲)　100

Ⅱ. 行政立法

美國 聯邦大法院의 行政立法裁量統制(鄭夏明)　141

Ⅲ. 行政訴訟法

公共葛藤의 司法的 解決: 意味와 限界(金裕煥)　169
財政經濟部令에 의한 덤핑防止關稅賦課措置의 處分性 再論(權純一)
　　191
採石許可期間의 滿了와 採石許可取消處分에 대한 訴의 利益(林永浩)　210
改正河川法 附則 第2條 등에 의한 損失補償請求와 當事者訴訟
　　(裵炳晧)　231
規範統制事件에서 法院의 法解釋權과 憲法裁判所의 審査範圍
　　(裵輔允)　253

Ⅳ. 經濟行政法

合意推定된 價格談合의 過徵金 算定(李湖暎)　　277

獨逸 麥酒純粹令 判決을 통해 본 유럽과 獨逸의 經濟行政法(張暻源)
　　304

Ⅴ. 租稅行政法

上場株式 名義信託에 대한 贈與擬制에서의 實務上 爭點(文一湖)　　341

[第XⅢ卷]

Ⅰ. 行政立法

法令의 改正과 信賴保護의 原則(朴榮萬)　　3

制裁的 處分基準의 性格과 制裁機關의 經過 後의 訴의 利益(李光潤)　　29

Ⅱ. 行政行爲

建築許可의 法的 性質에 대한 判例의 檢討(金南澈)　　67

Ⅲ. 行政計劃

韓國 行政判例에 있어서 衡量瑕疵論의 導入과 評價(申奉起)　　107

Ⅳ. 行政節次法

行政書類의 外國으로의 送達(金秀珍)　　155

關係機關과의 協議를 거치지 아니한 條例의 效力(慶　健)　　186

Ⅴ. 行政上 損害塡補

暴雪로 인한 高速道路 孤立事故에서의 管理上 瑕疵의 判斷基準(黃彰根)
　　219

土地收用에 따른 損失補償額 算定의 具體的 方法(金熙喆)   257

VI. 行政訴訟法

取消訴訟의 對象(金敞祚)   309
處分的 行政規則과 原告適格(李宣憙)   341

VII. 地方自治法

自治事務에 대한 國家等 監督權의 範圍와 限界(金光洙)   377
條例制定權의 對象 및 規律範圍(鄭南哲)   410

VIII. 環境行政法

廢棄物管理法制와 廢棄物處理措置命令取消處分(李殷祈)   451

IX. 教育行政法

私立學校法上의 臨時理事의 理事選任權限(鄭夏重)   503

[第XIV卷]

I. 行政法의 基本原理

法令改正과 信賴保護原則(金炳圻)   3

II. 行政立法

宅地開發業務處理指針 違反과 營業所 閉鎖命令의 適法性－行政規則의
    對外的 拘束力을 中心으로－(金容燮)   43

III. 行政行爲

行政行爲 瑕疵承繼와 先決問題(申東昇)   101

Ⅳ. 行政의 實效性確保手段

過徵金의 法的 性質 및 賦課基準(趙成奎)　141

Ⅴ. 行政上 損害塡補

職務上 義務違反으로 인한 國家賠償責任(朴均省)　197

Ⅵ. 行政訴訟法

情報通信部長官의 衛星網 國際登錄申請이 抗告訴訟의 對象이 되는
　　　行政處分에 該當하는지 與否(趙允熙)　229
環境司法액세스권과 行政訴訟法 第12條의 '法律上 利益'의 解釋(金鉉峻)
　　　275
行政訴訟法 第12條 後文의 解釋과 保護範圍(鄭南哲)　307

Ⅶ. 公物營造物法

二輪自動車에 대한 高速道路 등 通行禁止의 正當性(金聖泰)　339

Ⅷ. 外國判例 및 外國法制 研究

最近(2006/2007) 美國 行政判例의 動向 및 分析 研究(鄭夏明)　375
最近(2006/2007) 日本 行政判例의 動向 및 分析 研究(俞珍式)　413
最近(2006/2007) 獨逸 行政判例의 動向 및 分析 研究(張暻源)　455
最近(2006/2007) 프랑스 行政判例의 動向 및 分析 研究(田勳)　503

[第ⅩⅣ-2卷]

Ⅰ. 行政法의 基本原理

行政上 法律關係에 있어서의 消滅時效의 援用과 信義誠實의 原則
　　(金義煥)　3

II. 行政行爲의 附款

이른바 條件存續期間인 期限(李京運)　　53
整備基盤施設에 대한 有償買入附款의 公定力과 限界(金鐘甫)　　89

III. 行政行爲의 瑕疵

瑕疵 있는 公賣通知가 公賣處分에 미치는 影響(林永浩)　　123

IV. 行政의 實效性確保手段

法人에 대한 兩罰規定의 違憲 與否(河明鎬)　　151

V. 行政上 損害塡補

國會의 立法行爲 또는 立法不作爲로 인한 國家賠償責任(徐基錫)　　203

VI. 公務員法

契約職公務員에 대한 報酬削減措置의 法的 性質(安哲相)　　235

VII. 外國判例 및 外國法制 硏究

最近(2008/2009) 美國 行政判例의 動向 및 分析 硏究(鄭夏明)　　271
最近(2008) 日本 行政判例의 動向 및 分析 硏究(俞珍式)　　299
最近(2008) 獨逸 行政判例의 動向 및 分析 硏究(張暻源)　　321
最近(2008) 프랑스 行政判例의 動向 및 分析 硏究(田勳)　　361

[第XV-1卷]

I. 行政法의 基本原理

公法上 不當利得返還請求權의 獨自性(鄭夏重)　　3

Ⅱ. 行政行爲의 槪念과 種類

出入國管理法上 難民認定行爲의 法的 性格과 難民認定要件(林宰洪)
36

Ⅲ. 行政行爲의 職權取消·撤回

瑕疵 있는 授益的 行政處分의 職權取消(金泰昊)　73

Ⅳ. 取消訴訟의 對象

韓國馬事會의 調敎師 및 騎手의 免許 附與 또는 取消의 處分性(金連泰)
111

Ⅴ. 行政上 損害塡補

公務受託者의 法的 地位와 損害賠償責任(朴均省)　151
行政代執行과 國家賠償責任(鄭南哲)　189
收用裁決과 憲法上 政敎分離原則(金聲培)　223

Ⅵ. 公務員法

人事交流計劃이 결여된 轉出決定(命令)의 效力에 관한 小考(金重權)　273

Ⅶ. 地方自治法

國家機關의 地方自治團體에 대한 監督·監査 權限(金南澈)　303

Ⅷ. 經濟行政法

公正去來法上 是正措置의 限界(李宣憙)　345

Ⅸ. 建築行政法

管理處分計劃 總會決議 無效確認訴訟의 法的 取扱(魯坰泌)　381
移住對策對象者 選定基準과 除外要件의 具體的 意味(金鍾泌)　411

[第XV-2卷]

Ⅰ. 認·許可 擬制 制度의 效果와 立法의 方向

　　(2010. 6. 4. 韓國行政判例研究會·法制處 공동세미나)

認·許可 擬制의 法的 效果에 관한 立法現況(鄭準鉉)　　3

判例·解釋例 및 行政審判裁決例에 비추어 본 韓國에서의 認·許可
　　擬制制度와 獨逸에서의 行政計劃決定의 集中效制度에 관한 小稿
　　(崔正一)　　37

원스탑 서비스제와 認許可擬制의 立法的 改革과 發展方向(宣正源)　　69

Ⅱ. 行政立法

裁量處分(裁量行爲)의 基準을 정하고 있는 部令의 考察(金東熙)　　103

國家의 基本權保護義務와 告示를 對象으로 한 不服方法: 미국산 쇠고기
　　등 수입위생조건 위헌확인사건 평석(權殷珷)　　129

Ⅲ. 行政行爲

講義全擔敎授 再任用拒否處分의 處分性(金敞祚)　　189

住民登錄 轉入申告 受理 與否에 대한 審査範圍와 對象(朴海植)　　227

不當結付禁止의 原則과 附款(金容燮)　　271

Ⅳ. 行政訴訟

不作爲違法 確認訴訟에 관한 몇 가지 問題(蔣尙均)　　317

Ⅴ. 地方自治法

合議制 行政機關의 設置에 관한 條例 制定의 許容 與否(金秀珍)　　357

Ⅵ. 外國判例 및 外國法制 研究

最近(2009/2010) 美國 行政判例의 動向 및 分析 研究(鄭夏明)　　391

最近(2009) 日本 行政判例의 動向 및 分析 研究(兪珍式)　423
最近(2009) 獨逸 主要 行政判例의 分析 研究(張暻源)　459
最近(2009) 프랑스 行政判例의 動向 및 分析 研究(田勳)　495

[第XVI－1卷]

Ⅰ. 行政法의 基本原理

法令의 改正과 信賴保護原則(安東寅)　3

Ⅱ. 行政立法

委任立法의 限界와 行政立法에 대한 司法審査(成智鏞)　45

Ⅲ. 行政行爲

納骨堂設置申告 受理拒否의 法的 性質 및 適法性 判斷(朴均省)　107
民間投資事業者指定의 節次法的 問題點(金重權)　149
豫備認可(內認可)處分 및 豫備認可拒否處分의 法的 性質,
　競願者訴訟에서의 原告適格·除斥事由, 事情判決의 違憲性
　問題(崔正一)　187

Ⅳ. 損害塡補

民間企業에 의한 收用(崔桂暎)　229
規制權限 不行使에 의한 國家賠償責任의 構造와 違法性 判斷基準
　(金鉉峻)　271

Ⅴ. 地方自治法

條例制定權의 範圍와 限界(張暻源)　309

Ⅵ. 租稅行政法

當初處分과 增額更正處分의 關係(白濟欽)　343

[第 XVI-2 卷]

Ⅰ.行政行爲의 瑕疵

개인택시운송사업면허 양도시 瑕疵承繼의 可否와 信賴保護 등(鄭準鉉)
　3
過徵金賦課處分의 裁量權 逸脫・濫用(崔峰碩)　41
臨時理事의 法的 地位(金光洙)　75

Ⅱ. 行政訴訟一般

再調査決定의 法的 性格과 提訴期間의 起算點(姜錫勳)　105

Ⅲ. 行政訴訟의 類型

命令・規則에 대한 行政訴訟法的 規範統制의 憲法的 限界(徐輔國)
　149

Ⅳ. 經濟行政法

'不當하게 消費者의 利益을 顯著히 沮害할 憂慮가 있는 行爲'에
　관한 小考(尹仁聖)　187

Ⅴ. 外國判例 및 外國法制 研究

最近(2010/2011) 美國 行政判例의 動向 및 分析 研究(琴泰煥)　235
最近(2010) 日本 行政判例의 動向 및 分析 研究(金致煥)　277
最近(2010) 獨逸 行政判例의 動向 및 分析 研究(李殷相)　321
最近(2010) 프랑스 行政判例의 動向과 檢討(田勳)　369

[第XⅦ-1卷]

Ⅰ. 行政行爲의 附款

法的인 根據가 없음에도 公行政을 正當化하는 行政判例에 대한 批判的 檢討(행정행위의 부관과 수익적 행정행위의 철회에 대한 논의를 중심으로)(金容燮) 3

Ⅱ. 行政計劃

計劃變更請求權과 計劃變更申請權(洪準亨) 53

Ⅲ. 行政의 實效性 確保手段

建築法 違反과 履行强制金(朴玄廷) 95

Ⅳ. 取消訴訟의 對象

稅務調査 決定通知의 處分性(李東植) 143
租稅還給金 充當通知의 處分性에 관한 硏究(金英順·徐大源) 183

Ⅴ. 行政訴訟의 類型

不作爲違法確認訴訟의 違法判斷 및 提訴期間(鄭南哲) 229
再開發組合設立認可 등에 관한 訴訟方法(裵柄晧) 271

Ⅵ. 地方自治法

地方自治團體 自治監査의 範圍와 限界(朴在胤) 327

Ⅶ. 經濟行政法

市長支配的 事業者의 排他的 DRM 搭載行爲의 競爭法的 評價(李湖暎) 371

Ⅷ. 租税行政法

租税訴訟에 있어 信義誠實의 原則(鄭基相)   415

[第 XVII -2卷]

Ⅰ. 行政行爲의 槪念과 種類

行爲開始統制手段으로서의 建築申告에 대한 考察(康鉉浩)   3
遠隔平生教育施設 申告 및 그 受理拒否(金容燮)   51

Ⅱ. 行政節次 및 情報公開

情報公開法上 非公開事由(俞珍式)   113
情報公開法上 非公開事由로서 法人 等의 經營·營業上 秘密에 관한 事項
    (金敏昨)   143

Ⅲ. 損害塡補

公益事業 生活對策의 意味와 正當補償原理(허강무)   189
徵發買受財産의 還買權(최진수)   227

Ⅳ. 秩序行政法

警察權 發動의 限界와 基本權(成承桓)   267

Ⅴ. 經濟行政法

포스코 判決 이후 市場支配的 地位 濫用行爲 判例에서
    '不當性' 判斷의 傾向과 展望(李 煌)   335

Ⅵ. 勞動行政法

期間制 勤勞契約에 있어서의 更新期待權 및 更新拒絕의 效力
　　(朴貞杴)　385

Ⅶ. 外國判例 및 外國法制 研究

最近 美國 聯邦大法院의 移民關聯判例에서 司法審査의 基準
　　(金聲培)　423
最近(2011) 프랑스 行政判例의 動向과 檢討(田　勳)　467
最近(2011) 日本 行政判例의 動向 및 分析 研究(金致煥)　499
最近(2011/2012) 美國 行政判例의 動向 및 分析 研究(琴泰煥)　549
最近(2011) 獨逸 行政判例의 動向 및 分析 研究(李殷相)　589

[第ⅩⅧ－1卷]

Ⅰ. 行政行爲의 瑕疵

合憲的 執行法律에 根據한 押留處分의 違憲的 結果에 대한 權利救濟
　　의 直接根據로서 憲法 제107조 제2항(徐輔國)　3
　　運轉免許 取消事由 中 運轉者에 關한 事由(崔柄律)　29
大統領의 韓國放送公社 社長 解任事件을 통하여 본 法令의 解釋方法
　　과 節次的 司法統制(金東國)　53

Ⅱ. 行政節次 및 情報公開

情報公開 拒否決定과 處分事由의 追加·變更(鄭南哲)　89

Ⅲ. 取消訴訟의 對象

自進申告者等에 대한 減免不認定通知의 處分性에 관한 法的 爭點
　　(朴海植·李承玟)　127

Ⅳ. 行政訴訟 一般

拒否處分 取消判決의 羈束力(張暻源)　　159

Ⅴ. 損害塡補

自殺한 軍人에 대한 國家의 責任(金聲培)　　187
處分의 取消判決과 國家賠償責任(崔桂暎)　　261

Ⅵ. 地方自治法

住民訴訟의 對象(金致煥)　　303

Ⅶ. 環境行政法

環境影響評價書의 提出時期, 協議要請時期 및 協議完了時期 等
　　(朴均省)　　349

[第 XVIII -2卷]

Ⅰ. 行政行爲의 槪念과 種類

裁量과 判斷餘地에 대한 司法審査(崔善雄)　　3

Ⅱ. 行政節次 및 情報公開

情報公開法上 非公開事由인 個人情報의 意味와 範圍(慶　健)　　41

Ⅲ. 取消訴訟의 對象

里長에 대한 免職處分의 法的 性格(金裕煥)　　89

Ⅳ. 行政訴訟의 審理

行政訴訟에서의 職權審理主義의 意味와 範圍(徐泰煥)　　123

Ⅴ. 損害塡補

國家賠償請求權의 消滅時效(裵柄皓)　175

Ⅵ. 建築行政法

組合設立認可處分 無效를 둘러싼 몇 가지 法的 爭點(成重卓)　213
再建築整備事業 移轉告示 效力發生과
　　管理處分計劃 無效確認請求訴訟의 訴益(許盛旭)　251

Ⅶ. 環境行政法

舊 事前環境性檢討 制度와 司法審査(金泰昊)　293

Ⅷ. 外國判例 및 外國法制硏究

最近(2012/2013) 美國 行政判例의 動向 및 分析 硏究(金聲培)　335
最近(2012) 日本 行政判例의 動向 및 分析 硏究(金致煥)　395
最近(2012) 獨逸 行政判例의 動向과 分析(桂仁國)　437
最近(2012) 프랑스 行政判例의 動向 分析 硏究(吳丞奎)　473

[第ⅩⅨ－1卷]

Ⅰ. 行政行爲의 瑕疵

所得金額變動通知와 瑕疵의 承繼, 判例變更에 따른 信賴性 保護 問題
　　(金世鉉)　3

Ⅱ. 行政節次 및 情報公開

情報公開拒否處分取消(兪珍式)　47
情報公開法의 非公開事由로서 ‘進行中인 裁判에 關聯된 情報’
　　(金泰昊)　79

Ⅲ. 行政의 實效性確保手段

滯納者 出國禁止處分의 要件과 裁量統制(李相憙)   107

Ⅳ. 取消訴訟의 對象

土地臺帳의 職權抹消 및 記載事項 變更拒否의 處分性(安東寅)   173
增額更正處分의 取消를 구하는 抗告訴訟에서 納稅義務者가 다툴 수
   있는 不服事由의 範圍(河泰興) 219

Ⅴ. 行政訴訟의 類型

公法上 當事者訴訟의 發展과 課題(鄭南哲)   277

Ⅵ. 憲法裁判

事實行爲에 대한 司法的 統制 傾向 및 그 改善方案(成重卓)   315

Ⅶ. 地方自治法

地方自治團體의 區域管轄決定의 諸問題에 關한 小考(金重權)   359

[第XIX-2卷]

Ⅰ. 行政行爲의 瑕疵

獨立有功者法適用排除決定處分取消訴訟에 있어 先行處分의 違法性 承繼
   (金容燮)   3
處分의 瑕疵가 "重大·明白"하여 當然 無效인지 與否에 관한 一 考察
   (李起翰)   49

Ⅱ. 取消訴訟의 對象

民間資格의 職務가 辯護士의 職務에 抵觸될 수 있는가?(朴鈗炘)　87

Ⅲ. 地方自治法

職務履行命令의 取消(崔峰碩)　125

Ⅳ. 建築行政法

組合設立推進委員會 設立承認 無效確認(李承訓)　173

Ⅴ. 外國判例 및 外國法制 研究

最近(2013－2014) 美國 行政判例의 動向 및 分析 研究(金聲培)　229
最近(2013) 日本 行政判例의 動向 및 分析 研究(咸仁善)　281
2013년 프랑스 行政判例의 動向 研究(吳丞奎)　323
最近(2013) 獨逸 行政判例의 動向 및 分析 研究(桂仁國)　343

Ⅵ. 특집논문: 행정판례연구회 30주년 특별기념논문

行政判例 30年의 回顧와 展望－行政法總論 Ⅰ(朴均省)　375
行政判例의 回顧와 展望－行政節次, 情報公開, 行政調査, 行政의 實效
　　性確保의 分野(金重權)　439
行政判例 30年의 回顧와 展望－行政救濟法: 韓國行政判例의 正體性을
　　찾아서(洪準亨)　487

[第XX－1卷]

Ⅰ. 行政立法

行政立法과 規範統制에 대한 法的 考察(康鉉浩)　3

Ⅱ. 行政行爲의 槪念과 種類

勞動組合設立申告의 申告要件 및 申告要件의 審査方式(朴均省)　65

Ⅲ. 行政行爲의 效力

法律의 違憲決定의 效力과 行政處分의 法的 效果(鄭南哲)　123

Ⅳ. 行政節次 및 情報公開

法解釋을 통한 適法한 行政節次原理의 근거 지움과 規範力(金泰昊)　159

Ⅴ. 行政爭訟一般

「공공감사에 관한 법률」상의 재심의신청의 법적 성격과 제소기간 (俞珍式) 201

Ⅵ. 地方自治法

敎育에 關한 國家와 地方自治團體의 權限(崔峰碩)　231

Ⅶ. 租稅行政法

名義受託者의 不動産 任意 處分時 讓渡所得稅의 納稅義務者(金世鉉)　281

整備事業組合의 租稅法的 性質과 取得稅 課稅問題(成重卓)　321

Ⅷ. 建築行政法

異議申請節次와 提訴期間(姜知恩)　359

[第XX-2卷]

Ⅰ. 行政法의 基本原理

遡及立法에 의한 公務員年金 給與制限處分의 限界(郭相鉉)　3

Ⅱ. 行政節次 및 情報公開

情報公開請求權의 濫用 (崔桂暎)　41

Ⅲ. 行政爭訟一般

取消訴訟에서 계쟁처분의 違法性의 權利侵害牽聯性에 관한 小考
(金重權)　83

Ⅳ. 損害塡補

豫防接種被害救濟를 위한 因果關係立證要件(鄭夏明)　131

Ⅴ. 建築行政法

再建築·再開發組合設立과 不動産을 所有한 國家·地方自治團體의 地位
(朴玄廷)　163

Ⅵ. 憲法裁判

出入國管理法에 따라 "保護된 者"에 대한 拘束適否審制度와 立法形成
(裵柄皓)　209

Ⅶ. 外國判例 및 外國法制 研究

最近(2014/2015) 美國 行政判例의 動向 및 分析 研究(金聲培)　257
日本의 最近(2014) 行政判例의 動向 및 分析(咸仁善)　311
2014年 프랑스 行政判例의 動向 研究(吳丞奎)　351
國家의 宗敎的·倫理的 中立性과 倫理科目 編成 要求權 (桂仁國)　369

[第 XXI-1 卷]

Ⅰ. 行政行爲의 槪念과 種類

규제에 대한 판결의 새로운 패러다임 - 건축신고 판례의 예를 중심으로 - (성봉근) 3

公法契約의 解止의 處分性 與否에 관한 小考(金重權) 57

Ⅱ. 損害塡補

公法上 制限을 받는 土地에 대한 損失補償(朴均省) 81

Ⅲ. 地方自治法

부당이득반환청구를 요구하는 주민소송 - 지방의회의원 의정비 반환소송에서 조례의 사법심사를 중심으로(김태호) 123

Ⅳ. 經濟行政法

대형마트 영업제한의 법리적 쟁점과 개선방안(성중탁) 157

Ⅴ. 外國判例 및 外國法制硏究

국적 보유자와 혼인한 외국인에 대한 입국비자거부처분에 대한 판례분석 - 미국 Kerry v. Din 판결을 중심으로 - (김성배) 211

日本行政事件訴訟法2004年改正とその影響(角松生史) 255

일본행정사건소송법 2004년 개정과 그 영향(가도마츠 나루후미(角松生史 저, 유진식 역) 287

Ⅵ. [특별기고] 行政法硏究資料

行政法規(鷹松龍種 著/ 鄭夏重 解題/ 俞珍式 飜譯) 317

[第XXI-2卷]

I.行政行爲의 槪念과 種類

獨立有功者 敍勳取消의 法的 爭點(金容燮)　3

II. 損害塡補

食品·醫藥品 領域에서 規制權限不行使로 인한
　　國家賠償責任(崔桂暎)　59

III. 行政行爲의 類型

競願者關係에서 拒否處分을 다투는 訴訟形態와 訴의 利益(李殷相)　97

IV. 公物·營造物法

期成會費의 法的 性格(李光潤)　149

V. 環境行政法

大規模 開發事業(4大江事業)에 따른 河川工事施行計劃 및 實施計劃承
　　認處分의 違法性(裵柄晧)　181

VI. 租稅行政法

變額保險 特別計定의 保險料 및 運用收益金額 등이 敎育稅法上 收益
　　金額에 해당하는지 여부(金世鉉)　219

VII. 外國判例 및 外國法制 研究

最近(2015/2016) 美國 行政判例의 動向 및 分析 研究(金聲培)　259
日本의 最近(2015) 行政判例의 動向 및 分析(咸仁善)　333
2015年 프랑스 行政判例의 動向 研究(吳丞奎)　381
最近(2015) 獨逸 行政判例의 動向과 分析(桂仁國)　403

[第 XXII-1卷]

Ⅰ. 行政法의 基本原理

司法의 機能과 行政判例(朴均省)　3

Ⅱ. 行政節次 및 情報公開

行政調查 및 行政節次의 法的問題(金容燮)　71

Ⅲ. 行政의 實效性確保手段

홈페이지 閉鎖命令에 대한 法의 解釋과 比例의 原則(成奉根)　127

Ⅳ. 取消訴訟의 對象

都市計劃施設決定廢止申請拒否와 計劃變更請求權의 問題(鄭永哲)　183

Ⅴ. 地方自治法

職務履行命令의 適法性과 限界(朴在胤)　221

Ⅵ. 租稅行政法

宗敎團體의 不動産 取得稅 免除要件(尹焌碩)　263

Ⅶ. 憲法裁判

우리나라 矯正施設의 過密收容 問題와 그 解決 方案(成重卓)　291

[第 XXII-2卷](第1卷)

행정판례를 통해 본 공익의 행정법적 함의와 기능(박균성)　1
敎育判例에서의 公益(李京運)　41
환경행정판결을 통해 본 공익실현의 명(明)과 암(暗)(이은기)　75

도로점용허가와 주민소송(선정원)　125

공공조달계약과 공익 － 계약변경의 한계에 관한 우리나라와 독일법제
　　의 비교를 중심으로 －(김대인)　155

公益訴訟과 行政訴訟(김태호)　195

韓國行政判例硏究會의 判例硏究의 歷史的 考察(金重權)　231

이행강제금에 관한 농지법 규정의 위헌 여부(琴泰煥)　275

公法人의 處分(李光潤)　311

행정심판제도의 존재이유(독일에서의 행정심판제도 폐지·축소를 위한
　　입법과정과 그를 둘러싼 논의를 중심으로)(崔正一)　337

「부담금관리기본법」을 위반하여 설치된 부담금의 효력(오준근)　383

地方議會 再議決에 對한 提訴指示權者와 提訴權者(裵柄皓)　429

임대아파트의 분양가와 강행법규이론(김종보)　475

親日殘滓淸算과 追認的 法律(李賢修)　501

[第XXII-2卷](第2卷)

정보공개법의 적용범위(유진식)　1

公開된 個人情報 處理의 違法性(咸仁善)　31

행정청의 행위기준으로서의 재량준칙에 대한 법적 고찰(康鉉浩)　61

命令·規則 등의 不眞正行政立法不作爲에 대한 法院의 規範統制
　　－특히 獨逸의 規範補充訴訟을 中心으로－(鄭南哲)　111

行政訴訟에서 假處分 規定의 準用(河明鎬)　169

公法上 留止請求權 實現의 法治國家的 課題(金鉉峻)　209

合議制行政機關의 設置와 條例制定權(張暻源)　245

기초 지방의회의 재의결에 대한 제소권자
　　－ 주무부장관의 제소권 인정 여부를 중심으로 －(문상덕)　271

지방자치단체에 대한 감독청의 직권취소의 범위와 한계(조성규)　305

성소수자의 난민인정요건(崔桂暎)   351
出入國管理法上 外國人 保護命令 및 强制退去 規定의 問題點과
    그 改善方案(成重卓)   389
課稅豫告 通知 누락과 課稅處分의 節次的 違法 여부(金世鉉)   429
미국 연방대법원 판결례에서 본 이중배상금지의 원칙(鄭夏明)   473
장애를 가진 학생에 대한 특수교육과 개별화교육에 관한 판례 검토
    ― 2017년 미국 Endrew사건과 Fry사건을 중심으로 (金聲培)   499

[第 XXIII-1卷]

Ⅰ. 行政法의 基本原理

晴潭의 公益論과 公益關聯 行政判例(金裕煥)   3

Ⅱ. 行政의 實效性確保手段

醫療公法(Medical Public Law)의 基礎로서의 (齒科)醫療行爲(安東寅)   35

Ⅲ. 行政爭訟一般

取消判決의 反復禁止效(朴正勳)   75

Ⅳ. 取消訴訟의 對象

處分의 變更申請權과 行政行爲의 再審査(辛尙珉)   111
申請權과 處分性(金致煥)   153
醫療院 閉業方針 發表의 處分性과 取消訴訟의 訴의 利益(申喆淳)   185

Ⅴ. 行政訴訟의 類型

公法上 當事者訴訟에 관한 訴訟實務上 難點과 解決方案(李殷相)   219

Ⅵ. 地方自治法

自治事務의 職權取消에 대한 異議의 訴(崔峰碩)　263

Ⅶ. 環境行政法

民事事件에 있어서 公法的 影響과 判例의 發展方向(成奉根)　309

Ⅷ. 外國判例 및 外國法制 研究

最近(2016-2017) 美國 行政判例의 動向 및 分析 研究(金聲培)　371
日本의 最近(2016) 行政判例의 動向 및 分析(咸仁善)　407
最近(2016) 獨逸 行政判例의 動向과 分析(桂仁國)　439
最近(2017) 프랑스 행정판례의 動向과 檢討(金慧眞)　467

[第ⅩⅩⅢ-2卷]

Ⅰ. 行政法의 基本原理

社會保障分野에서 行政裁判의 意義와 役割(김중권)　3

Ⅱ. 行政行爲의 槪念과 類型

住民登錄番號가 意思와 無關하게 流出된 경우 條理上 住民登錄番號의
　　變更을 要求할 申請權의 存否(김창조)　47
公法上 給付請求訴訟으로서 抗告訴訟 및 當事者訴訟(金鉉峻)　93
制裁的 行政處分에 대한 司法審査(김철우)　129

Ⅲ. 損害塡補

災難事故에 있어서 公務員의 義務와 責任(鄭南哲)　169

Ⅳ. 公務員法

公務員의 集團的 表現行爲 制限의 正當性
　　- 집단행위 해당요건 검토를 중심으로 -(이혜진)　211

Ⅴ. 環境行政法

공법인의 환경침해에 있어서 책임의 분배와 이해의 조정(강현호)　249

Ⅵ. 經濟行政法

公共契約에서 契約金額調整을 排除하는 特約의 效力(林聖勳)　311

Ⅶ. 建築行政法

開發行爲許可가 擬制되는 建築許可 拒否處分에 대한 司法審査 基準
　　및 審査强度(文重欽)　353
都市 및 住居環境整備法上 賦課金·淸算金 徵收委託과 改善方案
　　(張賢哲)　403

[第 XXIV-1 卷]

Ⅰ. 행정법의 의의 및 기본원리(일반론)

군인의 복종의무와 기본권행사의 충돌에 관한 소고(金重權)　277
신고제와 제3자 보호(朴在胤)　41
社會保障受給權의 財産權的 性格에 관한 憲法的 判斷(鄭南哲)　317

Ⅱ. 행정의 행위형식

의제된 인·허가의 취소(朴均省)　3
私人에 대한 都市計劃施設事業 施行者 指定處分의 無效 事由와 後行
　　處分의 效力(李殷相)　123

위임의 한계를 일탈한 부령의 효력과 사법통제의 방식(정영철)　81

Ⅲ. 국가배상제도

규제권한불행사와 국가배상(유진식)　255

Ⅳ. 항고소송의 대상

대학의 자율성과 국립대학 총장임용제도에서의 사법심사(고소영)　215

Ⅴ. 기타소송

公共葛藤 紛爭解決의 實效性 提高를 위한 課題(성중탁)　169

Ⅵ. 外國判例 및 外國法制 研究

最近(2018) 프랑스 行政判例의 動向과 檢討(朴玄廷)　355
最近(2018) 미국 行政判例의 動向과 分析(김재선)　395

[第 XXIV-2 卷]

Ⅰ. 行政行爲의 槪念과 種類

요청조달계약과 입찰참가자격제한처분 권한(朴正勳)　3

Ⅱ. 行政行爲의 槪念과 種類

신고의 본질에 대한 법적 고찰(강현호)　39

Ⅲ. 行政行爲의 瑕疵

入國禁止決定과 査證發給 拒否處分의 違法性 判斷(鄭南哲)　91

Ⅳ. 行政節次 및 情報公開

辯護士의 助力權을 制限한 行政節次의 違法性(辛尙珉)　125

Ⅴ. 行政爭訟一般

결혼이민사증발급거부에 대한 외국인배우자의 원고적격(김성배)　171

Ⅵ. 取消訴訟의 對象

판결에 의한 교원소청심사위원회 결정의 취소와 재처분의무
　　(김병기)　251
산재보험의 사업종류변경, 보험료 부과 및 납입고지의 처분성
　　(최진수)　309

Ⅶ. 行政訴訟에 있어서의 訴의 利益

공사완료 후에 제기한 건축허가취소소송의 권리보호의 필요성의
　　문제점(金重權)　337

Ⅷ. 損害塡補

도시계획과 수용토지의 보상(박건우)　361

Ⅸ. 地方自治法

수익적 조례에 관한 법적 고찰(선정원)　411

Ⅹ. 憲法裁判

決定 基準을 委任하는 施行令 및 隨意契約 排除事由를 規定한 例規의
　　憲法訴願 對象性(裵柄皓)　447
행정법규의 헌법합치적 법률해석(허이훈)　479

Ⅺ. 外國判例 및 外國法制 硏究

역수용 소송의 주법원소송요건에 관한 미국연방대법원 판결례
　　(鄭夏明)　517

유럽연합의 위임입법에 대한 일고찰(이재훈) 545

最近(2018) 獨逸 行政判例 動向과 分析(계인국) 581

[第XXV-1卷]

Ⅰ. 行政法의 基本原理

사회적 공공성 개념과 쟁송취소에서의 신뢰보호(김유환) 3

Ⅱ. 行政行爲의 槪念과 種類

국토계획법상 실시계획인가의 법적 성질 및 사법통제의 방법과 한계
　　(김용섭) 41

Ⅲ. 行政行爲의 瑕疵

無形文化財(人間文化財) 保有者의 認定 解除處分의 法理에 關한 硏究
　　(한견우) 109

Ⅳ. 行政節次 및 情報公開

행정절차법상 처분기준과 이유제시(유진식) 167

Ⅴ. 行政爭訟一般

병역의무기피자인적사항의 공개의 법적 성질의 문제점(金重權) 209

Ⅵ. 取消訴訟의 對象

근로복지공단에 의한 사업종류 변경결정의 처분성(장윤영) 241

Ⅶ. 憲法裁判

國家公務員의 政治團體 參加禁止條項에 대한 違憲決定과 그 羈束力의
　　範圍(鄭南哲) 271

국제회의로 인한 일시적 집회제한조항의 위헌성 판단기준에 대한 비
　　교법적 연구(徐輔國)　299
출입국 외국인(난민)의 기본권 보장범위에 관한 헌재 결정 및 관련 법
　　제에 대한 검토와 그 개선방안(성중탁)　337

Ⅷ. 外國判例 및 外國法制 研究

最近(2019) 미국 行政判例의 動向과 分析(김재선)　385
最近(2019) 프랑스 行政判例의 動向과 檢討(朴祐慶)　425

[第 XXV-2卷]

Ⅰ. 行政行爲의 職權取消·撤回

도로점용료 부과처분에 있어서의 직권취소(김치환)　3

Ⅱ. 行政의 實效性確保手段

농지법상 이행강제금 부과처분에 대한 불복절차(황용남)　37

Ⅲ. 行政爭訟一般

전교조 법외노조통보처분 취소소송의 법적 쟁점과 문제점(鄭南哲)　69

Ⅳ. 行政訴訟의 審理

행정재량과 주장·증명책임(김창조)　111
방송의 공정성과 법의 포기(朴在胤)　167
추가·변경된 처분사유로서 기속사유와 재량사유의 구분(이용우)　213
효력발생 이전의 행정행위에 대한 제소기간(김후신)　255

Ⅴ. 損害塡補

공익사업으로 인한 환경피해에 대한 손실보상과 손해배상(박균성) 287
미국 연방대법원의 연방공무원 손해배상책임에 관한 최근 판결례
　　(정하명) 321

Ⅵ. 行政組織法

국가임무수행주체의 변화와 법률관계의 해석(우미형) 349

Ⅶ. 建築行政法

도시계획시설사업시행자 지정에 있어 동의요건의 의미(이희준) 399

Ⅷ. 行政行爲의 職權取消·撤回

최근(2019) 독일 행정판례 동향과 분석(계인국) 445
最近(2020) 프랑스 行政判例의 動向과 檢討(朴祐慶) 489
일본의 최근(2018년~2020년) 행정판례 동향(손호영) 547

[第 XXVI −1 卷]

Ⅰ. 行政行爲의 槪念과 種類

국민건강보험법의 부당이득징수처분의 법적 성질(김중권) 3
교육환경영향평가와 건축의 자유(우미형) 47

Ⅱ. 行政行爲의 效力

처분기준 설정·공표의무와 이를 위반한 처분의 효력(하명호) 83

Ⅲ. 行政行爲의 瑕疵

입법 미비를 이유로 한 장애인등록 거부처분의 위법 여부와
　　사법심사의 방식(李殷相)　125

Ⅳ. 地方自治法

공유수면 매립지 분쟁의 관할권 및 심사범위에 관한 법적 쟁점
　　(鄭南哲)　165
용인경전철 주민소송 사건에 대한 고찰(김대인)　201

Ⅴ. 外國判例 및 外國法制 研究

最近(2020) 미국 行政判例의 動向과 分析(김재선)　243

[第 XXVI-2 卷]

Ⅰ. 行政立法

조정반 지정대상에서 법무법인을 제외한 시행령조항의 위법판단에 관
　　한 소고(鄭南哲)　3

Ⅱ. 行政行爲의 槪念과 種類

公企業의 內部規定 및 私法上 契約에 의한 供給者登錄 制限措置의
　　處分性(金裕煥)　45
사회복지법인 이사임면(任免) 보고수리와 사법(私法)관계 형성적 행정
　　행위(金鉉峻)　79

Ⅲ. 行政訴訟에 있어서의 訴의 利益

부당해고구제명령의 성격과 재심판정취소소송에서의 소의 이익
　　(이윤정)　119

IV. 行政訴訟의 審理

구 군사기지법상 보호구역 및 비행안전구역 내 개발행위허가에 대한
 부동의 사유에 대한 재량성 및 사법심사의 방법(맹주한) 161

V. 行政訴訟과 假救濟

집행정지결정에 의해 처분의 상대방이 얻은 유리한 지위 내지 이익을
 제한·회수할 방안과 그 한계(朴貞薰) 213

VI. 行政組織法

독립행정기관의 설치와 헌법상의 규율(유진식) 263

VII. 租稅行政法

고유목적사업준비금 제도와 관련된 법원의 법형성에 대하여
 (류연호·강상우) 301

[第XXVII－1卷]

I. 行政行爲의 效力

선행행위의 후행행위에 대한 규준력 및 개발행위허가에 있어서 사법
 심사(강현호) 3

II. 行政行爲의 瑕疵

하자의 승계와 쟁송법적 처분(최계영) 63

III. 損害塡補

국가배상법상 이중배상금지규정의 의의(김치환) 105
국가배상법상 고의, 과실 요건과 권익구제방안(李殷相) 143

Ⅳ. 外國判例 및 外國法制 研究

最近(2021) 미국 行政判例의 動向과 分析(김재선)   179
최근(2020－2021) 일본 행정판례의 동향과 검토(이혜진)   211
최근(2020－2021) 프랑스 행정판례 동향과 분석(박우경)   255
최근(2020) 독일 행정판례 동향과 분석(계인국)   313

主題別 總目次(行政判例硏究 Ⅰ ~ XXVII-1)

行政法의 基本原理

信賴保護에 관한 行政判例의 最近動向(金道昶)　Ⅲ－45

不可變力, 信賴保護, 그리고 行政上 二重危險의 禁止(洪準亨)　Ⅴ－33

判例에 있어서의 公益(崔松和)　Ⅵ－3

土地形質變更許可와 信賴保護原則(金光洙)　Ⅵ－29

法令改正과 信賴保護原則(金炳圻)　XIV－3

行政上 法律關係에 있어서의 消滅時效의 援用과 信義誠實의 原則

　　(金義煥)　XIV－2-3

公法上 不當利得返還請求權의 獨自性(鄭夏重)　XV－1－3

法令의 改正과 信賴保護原則(安東寅)　XVI－1－3

遡及立法에 의한 公務員年金 給與制限處分의 限界(郭相鉉)　XX－2－3

司法의 機能과 行政判例(朴均省)　XXII－1－3

晴潭의 公益論과 公益關聯 行政判例(金裕煥)　XXIII－1－3

社會保障分野에서 行政裁判의 意義와 役割(김중권)　XXIII－2-3

요청조달계약과 입찰참가자격제한처분 권한(朴正勳)　XXIV－2-3

사회적 공공성 개념과 쟁송취소에서의 신뢰보호(김유환)　XXV－1－3

個人的 公權

主觀的公權과 基本權(金性洙)　Ⅱ－7

結果除去請求權, 行政介入請求權(洪準亨)　Ⅱ－23

프랑스 行政法上 公法人의 財産에 대한 押留不可原則(卞海喆)　Ⅱ-55

日本에 있어서 家永敎科書檢定第一次訴訟의 諸判決(卞在玉)　Ⅲ-27

行政立法

行政規則의 法規性 認定與否(崔世英)　Ⅰ-15

프랑스 行政判例上 行政規則의 性質(韓堅愚)　Ⅰ-23

遡及立法에 관한 小考(黃祐呂)　Ⅱ-65

訓令(行政規則)과 部令의 效力(金道昶)　Ⅱ-77

法規範具體化行政規則의 法的性質 및 效力(崔正一)　Ⅱ-83

行政規則에 의한 行政上 立法行爲(高永訓)　Ⅲ-57

訓令(개발제한구역관리규정)의 法的 性質(金南辰)　Ⅴ-3

農地轉用에 관한 委任命令의 限界(崔光律)　Ⅶ-3

裁量準則의 法的 性格(康鉉浩)　Ⅶ-25

施行規則의 法的 性質과 附隨的 統制의 實效性强化(宣正源)　Ⅷ-3

法規命令의 處分性(鄭成太)　Ⅹ-3

行政規則의 違法事例 및 對策(朴 仁)　Ⅻ-3

判例를 中心으로 본 法令補充的 行政規則의 法的 性質(林永浩)　Ⅻ-35

民主的 法治國家에서 議會와 行政의 共管的 法定立에 따른

　　法制處의 役割에 관한 小考(金重權)　Ⅻ-58

法令補充的 性格의 行政規則의 整備方向과 委任事項의 限界(鄭南哲)

　　　Ⅻ-96

法令의 改正과 信賴保護의 原則(朴榮萬)　ⅩⅢ-3

制裁的 處分基準의 性格과 制裁機關의 經過 後의 訴의 利益

　　(李光潤)　ⅩⅢ-29

宅地開發業務處理指針 違反과 營業所 閉鎖命令의 適法性 - 行政規

　　則의 對外的 拘束力을 中心으로-(金容燮)　ⅩⅣ-43

裁量處分(裁量行爲)의 基準을 정하고 있는 部令의 考察(金東熙)

XV-2-103

國家의 基本權保護義務와 告示를 對象으로 한 不服方法: 미국산
　쇠고기 등 수입위생조건 위헌확인사건 평석(權殷玟)　X-2-129
委任立法의 限界와 行政立法에 대한 司法審査(成智鏞)　XVI-1-45
行政立法과 規範統制에 대한 法的 考察(康鉉浩) XX-1-3
위임의 한계를 일탈한 부령의 효력과 사법통제의 방식(정영철)
　XXⅣ-1-81
조정반 지정대상에서 법무법인을 제외한 시행령조항의 위법판단에 관한
　소고(鄭南哲)　XXⅥ-2-3

行政行爲의 槪念과 種類

交通標示板의 法的 性格 — 法規命令과 行政行爲의 限界設定(鄭夏重)
　Ⅳ-3
複合民願과 認·許可擬制(宣正源)　Ⅵ-98
廢棄物處理業 許可權者가 한 '不適正通報'의 法的 性質(권은민)
　Ⅵ-127
判例上의 羈束裁量에 관한 一考(金東熙)　Ⅷ-41
이른바 "受理를 요하는 申告"의 問題點에 관한 小考(金重權)　Ⅷ-63
軍事施設保護區域設定行爲의 法的 性格(朴榮萬)　Ⅸ-3
國土利用計劃變更申請權의 例外的 認定의 問題點에 관한 小考
　(金重權)　X-21
教授再任用에 관한 大法院判例의 變更과 그 意義(李京運)　X-61
違憲法律規定에 의해 當然退職한 者에 대한 任用申請拒否의 處分性
　(曺媛卿)　X-92
開發制限區域內 行爲許可 期間延長과 裁量行爲 判斷基準에 관한
　爭點 檢討(吳峻根)　XI-117
私權形成的 行政行爲와 그 廢止의 問題點에 관한 小考(金重權)

XI — 151

建築許可의 法的 性質에 대한 判例의 檢討(金南澈)   XIII —67

認·許可 擬制의 法的 效果에 관한 立法現況(鄭準鉉)   XV —2−3

判例·解釋例 및 行政審判裁決例에 비추어 본 韓國에서의 認·許可擬
    制制度와 獨逸에서의 行政計劃決定의 集中效制度에 관한 小稿
    (崔正一)   XV—2−37

원스탑 서비스제와 認許可擬制의 立法的 改革과 發展方向(宣正源)
    XV−2−69

講義全擔敎授 再任用拒否處分의 處分性(金敏昨)   XV−2−189

住民登錄 轉入申告 受理 與否에 대한 審査範圍와 對象(朴海植)
    XV −2−227

納骨堂設置申告 受理拒否의 法的 性質 및 適法性 判斷(朴均省)
    XVI-1−107

豫備認可(內認可)處分 및 豫備認可拒否處分의 法的 性質,
    競願者訴訟에서의 原告適格·除斥事由, 事情判決의 違憲性
    問題(崔正一)   XVI-1−187

行爲開始統制手段으로서의 建築申告에 대한 考察(康鉉浩)   X−2−3

遠隔平生敎育施設 申告 및 그 受理拒否(金容燮)   XVII−2−51

勞動組合設立申告의 申告要件 및 申告要件의 審査方式(朴均省)
    XX−1−65

規制에 대한 判決의 새로운 패러다임−建築申告 判例의 例를 中心으로
    − (成奉根)   XXI−1−3

公法契約의 解止의 處分性 與否에 관한 小考 (金重權)   XXI−1−57

獨立有功者 敍勳取消의 法的 爭點(金容燮)   XXI−2−3

住民登錄番號가 意思와 無關하게 流出된 경우 條理上 住民登錄番號의
    變更을 要求할 申請權의 存否(김창조)   XXIII−2−47

公法上 給付請求訴訟으로서 抗告訴訟 및 當事者訴訟(金鉉峻)

XXIII-2-93

制裁的 行政處分에 대한 司法審査(김철우) XXIII-2-129

의제된 인·허가의 취소(朴均省) XXIV-1-13

신고제와 제3자 보호(朴在胤) XXIV-1-41

신고의 본질에 대한 법적 고찰(강현호) XXIV-2-39

국토계획법상 실시계획인가의 법적 성질 및 사법통제의 방법과 한계
(김용섭) XXV-1-41

국민건강보험법의 부당이득징수처분의 법적 성질(김중권) XXVI-1-13

교육환경영향평가와 건축의 자유(우미형) XXVI-1-47

公企業의 內部規定 및 私法上 契約에 의한 供給者登錄 制限措置의
處分性(金裕煥) XXVI-2-45

사회복지법인 이사임면(任免) 보고수리와 사법(私法)관계 형성적 행정
행위(金鉉峻) XXVI-2-79

行政行爲의 附款

公有水面 埋立에 따른 不動産 所有權 國家歸屬의 無效確認을
求하는 訴(李相敦) I-55

酒類販賣業 免許處分撤回의 根據와 撤回權留保의 限界(金鐵容)
I-69

交涉·合意에 의한 附款의 效力(金南辰) II-107

建築變更許可와 附款(康鉉浩) V-17

이른바 條件存續期間인 期限(李京運) XIV-II-53

整備基盤施設에 대한 有償買入附款의 公定力과 限界(金鐘甫)
XIV-2-89

出入國管理法上 難民認定行爲의 法的 性格과 難民認定要件(林宰洪)
XV-1-36

不當結付禁止의 原則과 附款(金容燮) XV-2-271

法的인 根據가 없음에도 公行政을 正當化하는 行政判例에 대한 批
　判的 檢討(행정행위의 부관과 수익적 행정행위의 철회에 대한
　논의를 중심으로)(金容燮)　XVII-1-3
裁量과 判斷餘地에 대한 司法審査(崔善雄)　XVIII-2-3

行政行爲의 類型

競願者關係에서 拒否處分을 다투는 訴訟形態와 訴의 利益(李殷相)
　XXI-2-97
公法上 當事者訴訟에 관한 訴訟實務上 難點과 解決方案(李殷相)
　XXIII-1-219

行政行爲의 效力

住宅建設事業計劃 事前決定의 拘束力(李京運)　VI-75
營業讓渡와 制裁處分上의 地位承繼(李賢修)　X-139
法律의 違憲決定의 效力과 行政處分의 法的 效果(鄭南哲)
　XX-1-123
처분기준 설정·공표의무와 이를 위반한 처분의 효력(하명호)
　XXVI-1-88
선행행위의 후행행위에 대한 규준력 및 개발행위허가에 있어서 사법
　심사(강현호)　XXVII-1-3

行政行爲의 瑕疵

行政行爲의 瑕疵의 治癒(李康國)　III-91
申告納 方式의 租稅에 있어서의 重大하고 明白한 瑕疵의 判斷基準
　(盧永錄)　IV-16
違憲決定과 行政處分의 效力(裵輔允)　IV-81
建築許可處分과 裁量(金東熙)　V-17

違憲法律에 根據한 行政處分의 效力 — 判例理論의 重大明白說 理解
　　　에 대한 批判과 代案(金裕煥)　　V－68

違憲法律에 근거한 處分에 대한 執行力 許容 與否(李東洽)　　VI－55

大法院 判例上의 裁量行爲 — 羈束行爲와 裁量行爲의 區分과 그에
　　　대한 司法審査方式을 中心으로(金東建)　　VII－49

平生敎育施設 設置者 地位承繼와 設置者變更 申請書 返戾處分의
　　　適法 與否(洪準亨)　　VIII－93

行政處分의 根據 및 理由提示의 程度(曺海鉉)　　VIII－123

瑕疵承繼論의 몇 가지 爭點에 관한 檢討(宣正源)　　X－170

事前通知의 對象과 欠缺의 效果(尹炯漢)　　X－213

基本行爲인 營業權 讓渡契約이 無效라고 주장하는 경우에 行政廳이
　　　한 變更申告受理處分에 대한 不服方法 등(권은민)　　XI－184

行政行爲 瑕疵承繼와 先決問題(申東昇)　　XIV－101

瑕疵 있는 公賣通知가 公賣處分에 미치는 影響(林永浩)
　　　XIV－2－123

民間投資事業者指定의 節次法的 問題點(金重權)　　XVI－1－149

개인택시운송사업면허 양도시 瑕疵承繼의 可否와 信賴保護 등
　　　(鄭準鉉)　　XVI－2－3

過徵金賦課處分의 裁量權 逸脫・濫用(崔峰碩)　　XVI－2－41

臨時理事의 法的 地位(金光洙)　　XVI－2－75

合憲的 執行法律에 根據한 押留處分의 違憲的 結果에 대한 權利救
　　　濟의 直接根據로서 憲法 제107조 제2항(徐輔國)　　XVIII－1－3

運轉免許 取消事由 中 運轉者에 關한 事由 (崔柄律)　　XVIII－1－29

大統領의 韓國放送公社 社長 解任事件을 통하여 본 法令의 解釋方
　　　法과 節次的 司法統制 (金東國)　　XVIII－1－53

所得金額變動通知와 瑕疵의 承繼, 判例變更에 따른 信賴性 保護 問題
　　　(金世鉉)　　XIX－1－3

獨立有功者法適用排除決定處分取消訴訟에 있어 先行處分의 違法性
　　承繼(金容燮) XIX-2-3
處分의 瑕疵가 "重大·明白"하여 當然 無效인지 與否에 관한 一 考
　　察(李起翰) IX-2-49
私人에 대한 都市計劃施設事業 施行者 指定處分의 無效 事由와 後行
　　處分의 效力(李殷相) XXIV-1-123
入國禁止決定과 査證發給 拒否處分의 違法性 判斷(鄭南哲)
　　XXIV-2-91
無形文化財(人間文化財) 保有者의 認定 解除處分의 法理에 關한 研究
　　(한견우) XXV-1-109
입법 미비를 이유로 한 장애인등록 거부처분의 위법 여부와 사법심사
　　의 방식(李殷相) XXVI-1-125
하자의 승계와 쟁송법적 처분(최계영) XXVII-1-63

行政行爲의 職權取消·撤回

國産新技術製品 保護決定處分 一部取消(朴松圭) I-79
建築許可의 取消(金東建) II-143
行政行爲의 撤回權의 制限(盧永錄) II-149
運轉免許取消·停止處分의 法的 性質 및 그 限界(金容燮) IV-55
行政行爲 取消의 取消(柳至泰) IX-65
受益的 行政行爲의 撤回의 法的 性質과 撤回 事由(金炳圻) IX-86
瑕疵 있는 授益的 行政處分의 職權取消(金泰昊) XV-1-73
도로점용료 부과처분에 있어서의 직권취소(김치환) XXV-2-3

行政計劃

都市計劃과 行政拒否處分(李鴻薰)
都市計劃決定의 法的 性質(石琮顯)

都市計劃變更請求權의 成立要件(金海龍)　Ⅳ─105

衡量瑕疵 있는 行政計劃에 대한 司法審査(辛奉起)　Ⅴ─107

行政計劃에 대한 司法統制 法理(金海龍)　Ⅹ─308

韓國 行政判例에 있어서 衡量瑕疵論의 導入과 評價(申奉起)

　　　Ⅻ─107

計劃變更請求權과 計劃變更申請權(洪準亨)　ⅩⅦ─1─53

公共葛藤 紛爭解決의 實效性 提高를 위한 課題(성중탁)　ⅩⅩⅣ─1─169

行政節次 및 情報公開

部令이 정한 廳聞을 缺한 處分의 效力(金南辰)　Ⅰ─87

美國 聯邦情報公開法에 관한 若干의 考察(趙慶根)　Ⅰ─103

行政處分의 理由附記義務(崔松和)　Ⅲ─67

行政節次法의 槪要 ─ 施行에 즈음하여(金鐵容)　Ⅳ─119

「廳聞」 實施 要件(吳峻根)　Ⅳ─129

多段階行政節次에 있어서 事前決定과 部分許可의 意味(鄭夏重)

　　　Ⅴ─135

情報公開請求權의 憲法的 根據와 그 制限(慶健)　Ⅴ─159

行政節次法 施行 이후의 行政節次關聯 行政判例의 動向에 관한

　　　몇 가지 分析(吳峻根)　Ⅶ─81

會議錄과 情報公開法上 非公開對象情報(裵柄皓)　Ⅷ─147

情報公開制度上의 非公開事由와 本人公開請求(金敞祚)　Ⅷ─168

學校法人任員就任承認取消處分과 行政節次法(金鐵容)　Ⅸ─33

行政書類의 外國으로의 送達(金秀珍)　Ⅻ─155

關係機關과의 協議를 거치지 아니한 條例의 效力(慶健)　　Ⅻ─186

情報公開法上 非公開事由(兪珍式)　ⅩⅦ─2─113

情報公開法上 非公開事由로서 法人 等의 經營·營業上 秘密에 관한

　　　事項(金敞祚)　ⅩⅦ─2─143

情報公開 拒否決定과 處分事由의 追加·變更(鄭南哲) XVIII-1-89

情報公開法上 非公開事由인 個人情報의 意味와 範圍(慶健)
     XVIII-2-41

情報公開拒否處分取消(俞珍式) XIX-1-47

情報公開法의 非公開事由로서 '進行中인 裁判에 關聯된 情報'(金泰昊)
     XIX-1-79

法解釋을 통한 適法한 行政節次原理의 근거 지움과 規範力(金泰昊)
     XX-1-159

行政調査 및 行政節次의 法的問題(金容燮) XXII-1-71

辯護士의 助力權을 制限한 行政節次의 違法性(辛尙珉) XXIV-2-125

행정절차법상 처분기준과 이유제시(유진식) XXV-1-167

行政의 實效性確保手段

行政法規違反行爲의 私法的 效力(徐元于) VIII-193

行政上 卽時强制의 統制 — 비례원칙, 영장주의, 적법절차의 원칙과
     관련하여(朴均省) XI-217

選擧法 違反과 法的 制裁(金光洙) XI-243

過徵金의 法的 性質 및 賦課基準(趙成奎) XIV-141

法人에 대한 兩罰規定의 違憲 與否(河明鎬) XIV-2-151

建築法 違反과 履行强制金(朴玄廷) XVII-1-95

滯納者 出國禁止處分의 要件과 裁量統制(李相悳) XIX-1-107

홈페이지 閉鎖命令에 대한 法의 解釋과 比例의 原則(成奉根)
     XXII-1-107

醫療公法(Medical Public Law)의 基礎로서의 (齒科)醫療行爲(安東寅)
     XXIII-1-35

농지법상 이행강제금 부과처분에 대한 불복절차(황용남) XXV-2-37

行政爭訟一般

行政上의 義務履行을 貫徹시키기 위한 訴訟(洪準亨)　Ⅱ-171

環境技術關係 行政決定에 대한 司法的統制(金海龍)　Ⅱ-193

새 行政爭訟制度 10年과 憲法裁判 7年의 回顧(金道昶)　Ⅲ-7

修正裁決의 被告適格(徐元宇)　Ⅲ-139

取消判決(裁決)의 遡及效(趙憲銖)　Ⅲ-151

競爭者訴訟의 原告適格과 判斷餘地의 限界(洪準亨)　Ⅲ-157

行政法院 出帆의 意義와 行政法院의 課題(洪準亨)　Ⅳ-163

環境行政訴訟과 地域住民의 原告適格(金東建)　Ⅴ-183

自動車運輸事業免許處分에 있어서 競業, 競願의 範圍(俞珍式)
　　　Ⅴ-217

羈束力의 範圍로서의 處分事由의 同一(石鎬哲)　Ⅴ-258

還買權 訴訟의 管轄問題(裵柄皓)　Ⅴ-290

韓國의 行政訴訟法 改正과 向後方向(崔松和)　Ⅷ-432

取消判決의 旣判力과 羈束力(朴正勳)　Ⅸ-135

拒否處分取消判決의 羈束力과 間接强制(朴均省)　Ⅸ-236

行政訴訟法上의 間接强制決定에 기한 賠償金의 性質(朴海植)
　　　Ⅸ-257

再調査決定의 法的 性格과 提訴期間의 起算點(姜錫勳)　Ⅹ-2-105

拒否處分 取消判決의 羈束力 (張暻源)　ⅩⅧ-1-159

「공공감사에 관한 법률」상의 재심의신청의 법적 성격과 제소기간
　　　(俞珍式)　ⅩⅩ-1-201

情報公開請求權의 濫用(崔桂暎)　ⅩⅩ-2-41

取消訴訟에서 계쟁처분의 違法性의 權利侵害牽聯性에 관한 小考
　　　(金重權)　ⅩⅩ-2-83

取消判決의 反復禁止效(朴正勳)　ⅩⅩⅢ-1-75

대학의 자율성과 국립대학 총장임용제도에서의 사법심사(고소영)
　　XXIV- 1 - 215
결혼이민사증발급거부에 대한 외국인배우자의 원고적격(김성배)
　　XXIV- 2 - 171
병역의무기피자인적사항의 공개의 법적 성질의 문제점(金重權)
　　XXV- 1 - 209
전교조 법외노조통보처분 취소소송의 법적 쟁점과 문제점(鄭南哲)
　　XXV- 2 - 69

取消訴訟의 對象

入札參加資格 制限行爲의 法的 性質(李尙圭)　Ⅰ- 127
租稅賦課處分에 있어서 當初處分과 更正處分의 法律關係(金時秀)
　　Ⅰ- 133
國稅還給拒否決定의 法的性質(趙憲銖)　Ⅰ- 141
私立學校 敎員에 대한 懲戒處分과 行政訴訟 ─ 公·私法關係의 區別
　　(梁承斗)　Ⅳ- 232
檢査의 刑事記錄 閱覽·謄寫 拒否處分에 관하여(李東洽)　Ⅳ- 243
公務員 轉補發令의 處分性(李京運)　Ⅳ- 277
建築物臺帳 職權訂正行爲의 處分性(趙憲銖)　Ⅳ- 296
形式的 拒否處分에 대한 取消訴訟에 있어서의 審理範圍(金裕煥)
　　Ⅳ- 303
公賣決定·通知의 處分性 및 訴訟上 問題點(권은민)　Ⅴ- 226
附款에 대한 行政訴訟(鄭夏重)　Ⅵ- 147
軍事施設保護法上의 協議와 抗告訴訟(朴榮萬)　Ⅵ- 175
行政訴訟에 있어 建築主와 隣近住民의 利益의 衝突과 그 調和
　　(白潤基)　Ⅶ- 165
處分事由의 追加·變更과 行政行爲의 轉換 ─ 制裁撤回와 公益上

撤回(朴正勳)   VII-196

公簿變更 및 그 拒絶行爲의 處分性(宣正源)   VII-275

裁決의 內容에 대한 取消訴訟(金香基)   X-275

財政經濟部令에 의한 덤핑防止關稅賦課措置의 處分性 再論 ― 機能
    的 觀點에서(權純一)   XII-187

取消訴訟의 對象(金敏昨)   XIII-309

情報通信部長官의 衛星網 國際登錄申請이 抗告訴訟의 對象이 되는
    行政處分에 該當하는지 與否(趙允熙)   XIV-229

韓國馬事會의 調敎師 및 騎手의 免許 附與 또는 取消의 處分性
    (金連泰)   XV-1-111

稅務調査 決定通知의 處分性(李東植)   XVII-1-143

租稅還給金 充當通知의 處分性에 관한 硏究(金英順·徐大源)
    XVII-1-183

自進申告者等에 대한 減免不認定通知의 處分性에 관한 法的 爭點
    (朴海植·李承玟)   XVIII-1-127

里長에 대한 免職處分의 法的 性格(金裕煥)   XVIII-2-89

土地臺帳의 職權抹消 및 記載事項 變更拒否의 處分性(安東寅)
    XIX-1-173

增額更正處分의 取消를 구하는 抗告訴訟에서 納稅義務者가 다툴 수
    있는 不服事由의 範圍(河泰興)   XIX-1-219

民間資格의 職務가 辯護士의 職務에 抵觸될 수 있는가?(朴鈗炘)
    XIX-2-87

都市計劃施設決定廢止申請拒否와 計劃變更請求權의 問題(鄭永哲)
    XXII-1-183

處分의 變更申請權과 行政行爲의 再審査(辛尙珉)   XXII-1-111

申請權과 處分性(金致煥)   XXII-1-153

醫療院 閉業方針 發表의 處分性과 取消訴訟의 訴의 利益(申喆淳)

XXIII-1-185
근로복지공단에 의한 사업종류 변경결정의 처분성(장윤영) XXV-1-241

行政訴訟에 있어서의 訴의 利益

行政訴訟에 있어서의 訴의 利益의 問題(李相赫) Ⅰ-153
取消訴訟에 있어서의 訴의 利益(梁承斗) Ⅰ-163
運轉免許停止期間 徒過後의 取消訴訟과 訴의 利益(金完燮) Ⅰ-179
西獨에 있어서 行政法上 隣人保護에 관한 判例의 最近動向(張台柱)
    Ⅰ-187
原處分主義와 被告適格(徐元宇) Ⅱ-207
制裁的 行政處分의 制裁期間 經過 後의 訴의 利益(徐元宇) Ⅳ-209
採石許可期間의 滿了와 採石許可取消處分에 대한 訴의 利益(林永浩)
    Ⅻ-206
處分으로서의 告示와 原告適格(李宣憙) ⅩⅢ-341
環境司法액세스권과 行政訴訟法 第12條의 '法律上 利益'의 解釋
    (金鉉峻) ⅩⅣ-275
行政訴訟法 第12條 後文의 解釋과 保護範圍(鄭南哲) ⅩⅣ-307
공사완료 후에 제기한 건축허가취소소송의 권리보호의 필요성의
    문제점(金重權) XXIV-2-337
부당해고구제명령의 성격과 재심판정취소소송에서의 소의 이익
    (이윤정) XXVI-2-119

行政訴訟의 審理

行政訴訟의 行政行爲 根據變更에 관한 大法院 判例分析(柳至泰)
    Ⅱ-125
行政訴訟에서의 訴의 變更과 새로운 訴의 提訴期間(安哲相) ⅩⅠ-271
行政訴訟에서의 職權審理主義의 意味와 範圍(徐泰煥) ⅩⅧ-2-123

판결에 의한 교원소청심사위원회 결정의 취소와 재처분의무(김병기)
　　XXIV-2-251
산재보험의 사업종류변경, 보험료 부과 및 납입고지의 처분성
　　(최진수)　XXIV-2-309
행정재량과 주장·증명책임(김창조)　XXV-2-111
방송의 공정성과 법의 포기(朴在胤)　XXV-2-167
추가·변경된 처분사유로서 기속사유와 재량사유의 구분(이용우)
　　XXV-2-213
효력발생 이전의 행정행위에 대한 제소기간(김후신)　XXV-2-255
구 군사기지법상 보호구역 및 비행안전구역 내 개발행위허가에 대한
　　부동의 사유에 대한 재량성 및 사법심사의 방법(맹주한)
　　XXVI-2-161

行政訴訟과 假救濟

執行停止의 要件과 本案理由와의 關係(崔光律)　I-195
不合格處分에 대한 效力停止決定에 대한 考察(白潤基)　Ⅷ-279
課徵金賦課處分에 대한 執行停止決定의 效力(金連泰)　Ⅹ-370

行政訴訟의 類型

豫防的不作爲訴訟의 許容性 與否(金鐵容)　Ⅱ-225
教員任用義務不履行 違法確認訴訟(金東熙)　Ⅱ-233
無效確認을 구하는 意味에서의 課稅取消訴訟의 提起와 還給金請求權
　　의 時效(徐廷友)　Ⅲ-121
無名抗告訴訟의 可否(金香基)　Ⅲ-193
機關訴訟의 性質 — 地方自治法 第159條 第6項에 의한 訴訟(李光潤)
　　Ⅳ-323
公衆保健醫師 採用契約 解止에 대한 爭訟(趙龍鎬)　Ⅳ-338

當事者訴訟의 對象(白潤基) Ⅳ-350

機關訴訟의 主文의 形式(辛奉起) Ⅳ-368

獨逸과 오스트리아의 不作爲訴訟에 관한 考察(宣正源) Ⅳ-385

原子爐設置許可 無效確認訴訟의 本案審理(金敏昨) Ⅹ-346

民主化運動關聯者名譽回復및補償等에관한法律에 기한 行政訴訟의
　　形態(曺海鉉) ⅩⅠ-315

不作爲違法 確認訴訟에 관한 몇 가지 問題(蔣尙均) ⅩⅤ-2-317

命令·規則에 대한 行政訴訟法的 規範統制의 憲法的 限界
　　(徐輔國) ⅩⅥ-2-149

不作爲違法確認訴訟의 提訴期間(鄭南哲) ⅩⅦ-1-229

再開發組合設立認可 등에 관한 訴訟方法(裵柄皓) ⅩⅦ-1-271

公法上 當事者訴訟의 發展과 課題(鄭南哲) ⅩⅨ-1-277

집행정지결정에 의해 처분의 상대방이 얻은 유리한 지위 내지 이익을
　　제한·회수할 방안과 그 한계(朴貞薰) ⅩⅩⅥ-2-213

損害塡補

國家賠償에 있어서의 國家의 公務員에 대한 求償權(朴均省) Ⅱ-243

基準地價가 告示된 地域에 있어서 收用補償額算定基準에 관한 判例
　　動向(石琮顯) Ⅱ-263

國家賠償法 第5條의 營造物의 設置, 管理에 있어서 瑕疵의 意味와
　　賠償責任의 性格(鄭夏重) Ⅲ-205

公務員 個人의 不法行爲責任(金鐵容) Ⅲ-221

土地利用規制와 最高裁判所判決(小高剛) Ⅲ-233

日本 長良川 安八水害賠償訴訟(金敏昨) Ⅲ-249

公務員이 職務執行中 不法行爲로 他人에게 損害를 입힌 境遇, 公務
　　員의 個人責任 成立與否(金東熙) Ⅳ-443

道路公害와 道路의 設置·管理者의 賠償責任(金敏昨) Ⅳ-458

職務와 관련된 不法行爲에 있어 公務員 個人의 責任(金珉昊)
　　　Ⅴ-309

河川管理責任(金敞祚)　　Ⅴ-333

國家賠償法 第5條 第1項의 公共의 영조물의 設置·管理上의 瑕疵
　　　의 意味 및 그 判斷基準 — 도로통행자의 경우(李光潤)　　Ⅴ-356

國家賠償法 제2조 제1항 단서에 대한 憲法裁判所의 限定違憲決定
　　　및 그 羈束力을 부인한 大法院 判例에 대한 評釋(朴鈗炘)
　　　Ⅶ-119

國家賠償에 있어서의 違法性과 過失의 一元化(徐廷範)　　Ⅶ-146

公用地下使用과 間接損失補償(李鴻薰)　　Ⅷ-221

公文書管理의 잘못과 國家賠償責任(慶　健)　　Ⅷ-251

營內 毆打·苛酷行爲로 인한 自殺에 대한 賠償과 補償(林聖勳)
　　　Ⅹ-233

改正河川法 附則 第2條 等에 의한 損失補償請求와 當事者訴訟
　　　(裵炳晧)　　Ⅻ-227

暴雪로 인한 高速道路 孤立事故에서의 管理上 瑕疵의 判斷基準
　　　(黃彰根)　　ⅩⅢ-219

土地收用에 따른 損失補償額 算定의 具體的 方法
　　　(金熙喆)　　ⅩⅢ-257

職務上 義務違反으로 인한 國家賠償責任(朴均省)　　ⅩⅣ-197

國會의 立法行爲 또는 立法不作爲로 인한 國家賠償責任(徐基錫)
　　　ⅩⅣ-Ⅱ-203

公務受託者의 法的 地位와 損害賠償責任(朴均省)　　ⅩⅤ-1-151

行政代執行과 國家賠償責任(鄭南哲)　　ⅩⅤ-1-189

收用裁決과 憲法上 政敎分離原則(金聲培)　　ⅩⅤ-1-223

民間企業에 의한 收用(崔桂暎)　　ⅩⅥ-1-225

規制權限 不行使에 의한 國家賠償責任의 構造와 違法性

判斷基準(金鉉峻) XVI -1-271

公益事業 生活對策의 意味와 正當補償原理(許康茂) XVII-2-189

徵發買受財産의 還買權(崔瑢修) XVII-2-227

自殺한 軍人에 대한 國家의 責任(金聲培) XVIII-1-187

處分의 取消判決과 國家賠償責任(崔桂暎) XVIII-1-261

國家賠償請求權의 消滅時效(裵柄晧) XVIII-2-175

豫防接種被害救濟를 위한 因果關係立證要件(鄭夏明) XX-2-131

公法上 制限을 받는 土地에 대한 損失補償(朴均省) XXI-1-81

食品·醫藥品 領域에서 規制權限不行使로 인한 國家賠償責任(崔桂暎)
  XXI-2-59

災難事故에 있어서 公務員의 義務와 責任(鄭南哲) XXIII-2-169

규제권한불행사와 국가배상(유진식) XXIV-1-255

도시계획과 수용토지의 보상(박건우) XXIV-2-361

공익사업으로 인한 환경피해에 대한 손실보상과 손해배상(박균성)
    XXV-2-287

미국 연방대법원의 연방공무원 손해배상책임에 관한 최근 판결례
    (정하명)XXV-2-321

국가배상법상 이중배상금지규정의 의의(김치환) XXVII-1-105

국가배상법상 고의, 과실 요건과 권익구제방안(李殷相) XXVII-1-143

行政組織法

行政權限의 委任, 再委任(朴圭河) I-207

국가임무수행주체의 변화와 법률관계의 해석(우미형) XXV-2-349

독립행정기관의 설치와 헌법상의 규율(유진식) XXVI-2-263

公務員法

公務員의 스트라이크와 類似한 方法의 團體行動의 違法性(金善旭)

　　　I −219

프랑스 公務員法上의 公務員과 勞動組合(韓堅愚)　II − 277

任用缺格과 退職給與 — 공무원퇴직급여환수처분취소(尹炯漢)

　　　V −373

契約職公務員에 대한 報酬削減措置의 法的 性質(安哲相)

　　　XIV − II −235

人事交流計劃이 결여된 轉出決定(命令)의 效力에 관한 小考(金重權)

　　　XV−1−273

公務員의 集團的 表現行爲 制限의 正當性

　　　− 집단행위 해당요건 검토를 중심으로 −(이혜진)　XXIII−2−211

地方自治法

地方自治團體에 대한 國家의 承認(李琦雨)　II − 291

地方自治法 第98條, 第159條에 의한 訴訟(白潤基)　III − 263

條例의 無效와 그 條例에 根據한 行政處分의 當然無效 與否(吳振煥)

　　　III − 305

옴부즈만條例案 再議決 無效確認判例의 問題(金善旭)　IV − 481

行政審判法 第37條 第 2 項에 의한 自治權侵害의 可能性 — 성남시와

　　　경기도간의 權限爭議事件을 중심으로(金南澈)　V − 405

廣域自治團體와 基礎地方自治團體의 性格(李光潤)　IX − 303

直接民主主義와 條例制定權의 限界(조성규)　XI − 347

自治事務에 대한 國家等 監督權의 範圍와 限界(金光洙)　XIII − 387

條例制定權의 對象 및 規律範圍(鄭南哲)　XIII − 420

國家機關의 地方自治團體에 대한 監督·監査 權限(金南澈)

　　　XV−1−303

合議制 行政機關의 設置에 관한 條例 制定의 許容 與否(金秀珍)

　　　XV−2−357

條例制定權의 範圍와 限界(張暻源)　XVI －1－309

地方自治團體 自治監査의 範圍와 限界(朴在胤)　XVII－1－327

住民訴訟의 對象(金致煥)　XVIII－1－303

地方自治團體의 區域管轄決定의 諸問題에 關한 小考(金重權)
　　XIX－1－359

職務履行命令의 取消(崔峰碩)　XIX－2－125

教育에 關한 國家와 地方自治團體의 權限(崔峰碩) XX－1－231

不當利得返還請求를 要求하는 住民訴訟－地方議會議員 議定費 返還
　　訴訟에서 條例의 司法審査를 中心으로(金泰昊)　XXI－1－123

職務履行命令의 適法性과 限界(朴在胤)　XXII－1－221

自治事務의 職權取消에 대한 異議의 訴(崔峰碩)　XXIII－1－263

수익적 조례에 관한 법적 고찰(선정원)　XXIV－2－411

공유수면 매립지 분쟁의 관할권 및 심사범위에 관한 법적 쟁점
　　(鄭南哲)　XXV－1－165

용인경전철 주민소송 사건에 대한 고찰(김대인)　XXV－1－201

秩序行政法

北韓國籍 住民에 대한 强制退去命令의 適法性(裵柄皓)　IV－505

南北交流協力과 統一에 관한 法的 問題(裵輔允)　V－435

警察權 發動의 限界와 基本權(成承桓)　XVII－2－267

公物·營造物法

營造物行爲의 法的 性格에 관한 Interfrost 會社 對 F.I.O.M 事件
　　(李光潤)　I－239

道路가 行政財産이 되기 위한 要件 및 雜種財産에 대한 時效取得
　　(李光潤)　VI－222

二輪自動車에 대한 高速道路 등 通行禁止의 正當性(金聖泰)

　　　XⅣ-339

期成會費의 法的 性格(李光潤)　　XXI-2-149

環境行政法

公法的 側面에서 본 日照權(石鎬哲)　　Ⅵ-238

環境影響評價의 瑕疵와 事業計劃承認處分의 效力(朴均省)　　Ⅶ-363

公共葛藤의 司法的 解決: 意味와 限界 ─ 새만금判決의 分析을
　　　　中心으로(金裕煥)　　XII-165

廢棄物管理法制와 廢棄物處理措置命令取消處分(李殷祈)　　XIII-461

環境影響評價書의 提出時期, 協議要請時期 및 協議完了時期 等(朴均省)
　　　XⅧ-1-349

舊 事前環境性檢討 制度와 司法審査(金泰昊)　　XⅧ-2-293

大規模 開發事業(4大江事業)에 따른 河川工事施行計劃 및 實施計劃承認
　　處分의 違法性(裵柄晧)　　XXI-2-181

民事事件에 있어서 公法的 影響과 判例의 發展方向(成奉根)
　　XXIII-1-309

공법인의 환경침해에 있어서 책임의 분배와 이해의 조정(강현호)
　　XXIII-2-249

助成行政法

知的所有權의 問題들(李升煥)　　Ⅰ-249

經濟行政法

漁業免許 拒否處分의 要件(石琮顯)　　Ⅰ-45

遺傳子工學的 施設 設置許可와 法律留保(吳峻根)　　Ⅰ-265

慣行漁業權(朴鈗炘)　　Ⅵ-205

合意推定된 價格談合의 過徵金 算定(李湖暎)　　XII-271

公正去來法上 是正措置의 限界(李宣熹) XV-1-345

'不當하게 消費者의 利益을 顯著히 沮害할 憂慮가 있는 行爲'에
　　관한 小考(尹仁聖) XVI -2-187

市長支配的 事業者의 排他的 DRM 搭載行爲의 競爭法的 評價
　　(李湖暎) XVII-1-371

포스코 判決 이후 市場支配的 地位 濫用行爲 判例에서'不當性'
　　判斷의 傾向과 展望(李 煌) XVII-2-335

大型마트 營業制限의 法理的 爭點과 改善方案(成重卓) XXI-1-157

公共契約에서 契約金額調整을 排除하는 特約의 效力(林聖勳)
　　XXIII-2-311

租稅行政法

아파트地區內의 土地와 空閑地稅(黃祐呂) I -279

名義信託登記와 贈與看做規定(金斗千) I -291

實地讓渡價額을 넘는 讓渡差益의 認定可否(崔光律) II -313

無效確認을 구하는 意味에서의 課稅取消訴訟의 提起와 還給金請求權
　　의 時效(徐廷友) III -121

租稅行政에 있어서 更正處分의 效力(金連泰) V -469

個人事業의 法人轉換의 租稅減免(趙憲銖) V -502

後發的 事由에 의한 條理上 更正請求權(蘇淳茂) VI -275

相續稅 및 贈與稅法上 贈與의 意味(金玟昊) VI -303

中小企業에 대한 租稅特例와 從業員의 轉出·派遣(李東植) VI -327

인텔리젼트빌딩에 대한 財産稅 重課施行規則의 有效 與否(蘇淳茂)
　　VIII -321

買入稅額의 控除와 稅金計算書의 作成·交付時期(鄭泰學) IX -327

事業讓受渡와 第 2 次 納稅義務(趙憲銖) X -405

上場株式 名義信託에 대한 贈與擬制에서의 實務上 爭點(文一湖)

XII-333

當初處分과 增額更正處分의 關係(白濟欽)   XVI-1-343

租稅訴訟에 있어 信義誠實의 原則(鄭基相)   XVII-1-415

名義受託者의 不動産 任意 處分時 讓渡所得稅의 納稅義務者(金世鉉)
　　　XX-1-281

整備事業組合의 租稅法的 性質과 取得稅 課稅問題(成重卓)
　　　XX-1-321

變額保險 特別計定의 保險料 및 運用收益金額 등이 敎育稅法上 收益金
　　額에 해당하는지 여부(金世鉉)   XXI-2-219

宗敎團體의 不動産 取得稅 免除要件(尹焌碩)   XXII-1-263

고유목적사업준비금 제도와 관련된 법원의 법형성에 대하여
　　　(류연호·강상우)   XXVI-2-301

建築行政法

管理處分計劃의 處分性과 그 公定力의 範圍 — 管理處分計劃을
　　　둘러싼 紛爭의 訴訟形式(金鍾甫)   VII-317

建築法上 日照保護規定의 私法上의 意味(俞珍式)   VII-343

土地形質變更許可의 法的 性質(金鍾甫)   XI-383

管理處分計劃 總會決議 無效確認訴訟의 法的 取扱(魯坰泌)
　　　XV-1-381

移住對策對象者 選定基準과 除外要件의 具體的 意味(金鍾泌)
　　　XV-1-411

組合設立認可處分 無效를 둘러싼 몇 가지 法的 爭點(成重卓)
　　　XVIII-2-213

再建築整備事業 移轉告示 效力發生과
　　　管理處分計劃 無效確認請求訴訟의 所益(許盛旭)   XVIII-2-251

組合設立推進委員會 設立承認 無效確認(李承訓)   XIX-1-173

異議申請節次와 提訴期間(姜知恩)   XX-1-359

再建築·再開發組合設立과 不動産을 所有한 國家·地方自治團體의
　地位(朴玄廷)   XX-2-163

開發行爲許可가 擬制되는 建築許可 拒否處分에 대한 司法審査 基準
및 審査強度(文重欽)   XXIII-2-353

都市 및 住居環境整備法上 賦課金·淸算金 徵收委託과 改善方案
(張賢哲)   XXIII-2-403

土地行政法

旣 納付 宅地超過所有負擔金 還給請求의 性質과 還給加算金의 利子
率(尹炯漢)   VIII-301

規範統制事件에서 法院의 法解釋權과 憲法裁判所의 審査範圍
(裵輔允)   XII-248

도시계획시설사업시행자 지정에 있어 동의요건의 의미(이희준)
XXV-2-399

教育行政法

私立學校法上의 臨時理事의 理事選任權限(鄭夏重)   XIII-513

文化行政法

遺跡發掘許可와 行政廳의 裁量(趙憲銖)   VII-389

勞動行政法

期間制 勤勞契約에 있어서의 更新期待權 및 更新拒絶의 效力
(朴貞杙)   XVII-2-385

憲法裁判

프랑스憲法委員會 1971年 7月 16日 結社의 自由에 관한 決定

(成樂寅)　Ⅰ-305

非常戒嚴解除後 軍法會議裁判權 延長의 違憲性 與否(金道昶) Ⅱ-325

違憲法律의 效力(李康國)　Ⅱ-333

不合致決定에 관한 憲法裁判所決定分析(全光錫)　Ⅱ-347

辯護士强制主義와 憲法訴願(辛奉起)　Ⅲ-367

憲法裁判에 대한 不服方法(裵輔允)　Ⅲ-359

事實行爲에 대한 司法的 統制 傾向 및 그 改善方案(成重卓)
　　XIX-1-315

出入國管理法에 따라 "保護된 者"에 대한 拘束適否審制度와 立法形成
　　(裵柄皓)　XX-2-209

우리나라 矯正施設의 過密收容 問題와 그 解決 方案(成重卓)
　　XXII-1-291

군인의 복종의무와 기본권행사의 충돌에 관한 소고(金重權)
　　XXIV-1-277

社會保障受給權의 財産權的 性格에 관한 憲法的 判斷(鄭南哲)
　　XXIV-1-317

決定 基準을 委任하는 施行令 및 隨意契約 排除事由를 規定한 例規의
　　憲法訴願 對象性(裵柄皓)　XXIV-2-447

행정법규의 헌법합치적 법률해석(허이훈)　XXIV-2-479

國家公務員의 政治團體 參加禁止條項에 대한 違憲決定과 그 羈束力의
　　範圍(鄭南哲)　XXV-1-271

국제회의로 인한 일시적 집회제한조항의 위헌성 판단기준에 대한 비
　　교법적 연구(徐輔國)　XXV-1-299

출입국 외국인(난민)의 기본권 보장범위에 관한 헌재 결정 및 관련 법
　　제에 대한 검토와 그 개선방안(성중탁)　XXV-1-337

外國判例 및 外國法制 研究

獨逸 聯邦憲法裁判所의 判例에 나타난 環境法上 協力의 原則(金性洙)
    VI - 355

2000년 美國 大統領選擧訴訟事件(裵輔允)   VI - 395

都市計劃事業許可處分 등의 取消訴訟에 있어서의 原告適格(金敞祚)
    VI - 420

獨逸 憲法上의 職業公務員制度와 時間制公務員(金善旭)   VII - 407

道路排煙에 의한 大氣汚染과 因果關係─日本, 尼崎大氣汚染公害訴訟
    第一審 判決(金元主)   VII - 431

日本의 機關訴訟 法制와 判例(辛奉起)   VII - 446

美國 聯邦法院의 臨時規制的 收用(Temporary Ragulatory Takings)
    (鄭夏明)   VII - 349

日本における行政訴訟法の改正と今後の方向(鹽野 宏)   VIII - 375

美國 聯邦大法院의 行政立法裁量統制(鄭夏明)   XII - 137

獨逸 麥酒純粹令 判決을 통해 본 유럽과 獨逸의 經濟行政法(張暻源)
    XII - 298

最近(2006/2007) 美國 行政判例의 動向 및 分析 研究(鄭夏明)
    XIV - 375

最近(2006/2007) 日本 行政判例의 動向 및 分析 研究(俞珍式)
    XIV - 413

最近(2006/2007) 獨逸 行政判例의 動向 및 分析 研究(張暻源)
    XIV - 455

最近(2006/2007) 프랑스 行政判例의 動向 및 分析 研究(田勳)
    XIV - 503

最近(2008/2009) 美國 行政判例의 動向 및 分析 研究(鄭夏明)
    XIV - 2 - 271

最近(2008) 日本 行政判例의 動向 및 分析 研究(俞珍式)
     XIV - 2 - 299
最近(2008) 獨逸 行政判例의 動向 및 分析 研究(張暻源)
     XIV - 2 - 321
最近(2008) 프랑스 行政判例의 動向 및 分析 研究(田勳)
     XIV - 2 - 361
最近(2009/2010) 美國 行政判例의 動向 및 分析 研究(鄭夏明)
     XV- 2 - 391
最近(2009) 日本 行政判例의 動向 및 分析 研究(俞珍式)
     XV- 2 - 423
最近(2009) 獨逸 主要 行政判例의 分析 研究(張暻源)
     XV- 2 - 459
最近(2009) 프랑스 行政判例의 動向 및 分析 研究(田勳)
     XV- 2 - 495
最近(2010/2011) 美國 行政判例의 動向 및 分析 研究(琴泰煥)
     XVI - 2 - 235
最近(2010) 日本 行政判例의 動向 및 分析 研究(金致煥)
     XVI - 2 - 277
最近(2010) 獨逸 行政判例의 動向 및 分析 研究(李殷相)
     XVI - 2 - 321
最近(2010) 프랑스 行政判例의 動向과 檢討(田勳)
     XVI - 2 - 369
最近 美國 聯邦大法院의 移民關聯判例에서 司法審査의 基準(金聲培)
     XVII- 2 - 423
最近(2011) 프랑스 行政判例의 動向과 檢討(田 勳)   XVII - 2 - 467
最近(2011) 日本 行政判例의 動向 및 分析 研究(金致煥)
     XVII - 2 - 499

最近(2011/2012) 美國 行政判例의 動向 및 分析 研究(琴泰煥)
    XVII－2－549

最近(2011) 獨逸 行政判例의 動向 및 分析 研究(李殷相)
    XVII－2－589

最近(2012/2013) 美國 行政判例의 動向 및 分析 研究(金聲培)
    XVIII－2－335

最近(2012) 日本 行政判例의 動向 및 分析 研究(金致煥)
    XVIII－2－395

最近(2012) 獨逸 行政判例의 動向과 分析(桂仁國)   XVIII－2－437
最近(2012) 프랑스 行政判例의 動向 分析 研究(吳丞奎)   XVIII－2－473
最近(2013－2014) 美國 行政判例의 動向 및 分析 研究(金聲培)
    XIX－2－229

最近(2013) 日本 行政判例의 動向 및 分析 研究(咸仁善)
    XIX－2－281

2013년 프랑스 行政判例의 動向 研究(吳丞奎)   XIX－2－323
最近(2013) 獨逸 行政判例의 動向 및 分析 研究(桂仁國)   XIX－2－343
最近(2014/2015) 美國 行政判例의 動向 및 分析 研究(金聲培)
    XX－2－257

日本의 最近(2014) 行政判例의 動向 및 分析(咸仁善)   XX－2－311
2014年 프랑스 行政判例의 動向 研究(吳丞奎)   XX－2－351
國家의 宗敎的·倫理的 中立性과 倫理科目 編成 要求權(桂仁國)
    XX－2－369

國籍 保有者와 婚姻한 外國人에 대한 入國비자拒否處分에 대한 判例分
    析－美國 Kerry v. Din 判決을 中心으로－(金聲培)   XXI－1－211
日本行政事件訴訟法2004年改正とその影響(角松生史)   XXI－1－255
日本行政事件訴訟法 2004年 改正과 그 影響(角松生史 著/俞珍式 飜譯)
    XXI－1－287

最近(2015/2016) 美國 行政判例의 動向 및 分析 研究(金聲培)

　　XXI-2-259

日本의 最近(2015) 行政判例의 動向 및 分析(咸仁善)　XXI-2-333

2015年 프랑스 行政判例의 動向 研究(吳丞奎)　XXI-2-381

最近(2015) 獨逸 行政判例의 動向과 分析(桂仁國)　XXI-2-403

最近(2016-2017) 美國 行政判例의 動向 및 分析 研究(金聲培)

　　XXIII-1-371

日本의 最近(2016) 行政判例의 動向 및 分析(咸仁善)　XXIII-1-407

最近(2016) 獨逸 行政判例의 動向과 分析(桂仁國)　XXIII-1-439

最近(2017) 프랑스 행정판례의 動向과 檢討(金慧眞)　XXIII-1-467

最近(2018) 프랑스 行政判例의 動向과 檢討(朴玄廷)　XXIV-1-355

最近(2018) 미국 行政判例의 動向과 分析(김재선)　XXIV-1-395

역수용 소송의 주법원소송요건에 관한 미국연방대법원 판결례

　　(鄭夏明)　XXIV-2-517

유럽연합의 위임입법에 대한 일고찰(이재훈)　XXIV-2-545

最近(2018) 獨逸 行政判例 動向과 分析(계인국　XXIV-2-581

最近(2019) 미국 行政判例의 動向과 分析(김재선)　XXV-1-385

最近(2019) 프랑스 行政判例의 動向과 檢討(朴祐慶)　XXV-1-425

최근(2019) 독일 행정판례 동향과 분석(계인국)　XXV-2-445

最近(2020) 프랑스 行政判例의 動向과 檢討(朴祐慶)　XXV-2-489

일본의 최근(2018년~2020년) 행정판례 동향(손호영)　XXV-2-547

最近(2020) 미국 行政判例의 動向과 分析(김재선)　XXVI-1-243

最近(2021) 미국 行政判例의 動向과 分析(김재선)　XXVII-1-179

최근(2020-2021) 일본 행정판례의 동향과 검토(이혜진)　XXVII-1-211

최근(2020-2021) 프랑스 행정판례 동향과 분석(박우경)　XXVII-1-255

최근(2020) 독일 행정판례 동향과 분석(계인국)　XXVII-1-313

行政訴訟判決의 主要動向

최근 行政訴訟判決의 主要動向(李東洽)　IX－371

紀念論文

韓國 行政判例의 成果와 課題(鄭夏重)　XI－3

行政判例 半世紀 回顧—行政訴訟·國家賠償·損失補償을 중심으로
　　(朴正勳)　XI－50

行政裁判制度의 發展과 行政判例—特殊行政裁判制度를 中心으로
　　(尹炯漢)　XI－91

行政判例 30年의 回顧와 展望－行政法總論 I(朴均省)　XIX－2－375

行政判例의 回顧와 展望－行政節次, 情報公開, 行政調査, 行政의 實
　　效性確保의 分野(金重權)　XIX－2－439

行政判例 30年의 回顧와 展望－行政救濟法: 韓國行政判例의 正體性
　　을 찾아서(洪準亨)　XIX－2－487

행정판례를 통해 본 공익의 행정법적 함의와 기능(박균성)
　　XXII－2(1)－1

敎育判例에서의 公益(李京運)　XXII－2(1)－41

환경행정판결을 통해 본 공익실현의 명(明)과 암(暗)(이은기)
　　XXII－2(1)－75

도로점용허가와 주민소송(선정원)　XXII－2(1)－125

공공조달계약과 공익－계약변경의 한계에 관한 우리나라와 독일법제
　　의 비교를 중심으로－(김대인)　XXII－2(1)－155

公益訴訟과 行政訴訟(김태호) XXII－2(1)－195

韓國行政判例研究會의 判例研究의 歷史的 考察(金重權)
　　XXII－2(1)－231

이행강제금에 관한 농지법 규정의 위헌 여부(琴泰煥)

XXII-2(1)-275

公法人의 處分(李光潤)　XXII-2(1)-311

행정심판제도의 존재이유(독일에서의 행정심판제도 폐지·축소를 위한
　　입법과정과 그를 둘러싼 논의를 중심으로)(崔正一)
　　XXII-2(1)-337

「부담금관리기본법」을 위반하여 설치된 부담금의 효력(오준근)
　　XXII-2(1)-383

地方議會 再議決에 對한 提訴指示權者와 提訴權者(裵柄皓)
　　XXII-2(1)-429

임대아파트의 분양가와 강행법규이론(김종보)　XXII-2(1)-475

親日殘滓淸算과 追認的 法律(李賢修)　XXII-2(1)-501

정보공개법의 적용범위(유진식)　XXII-2(2)-1

公開된 個人情報 處理의 違法性(咸仁善)　XXII-2(2)-31

행정청의 행위기준으로서의 재량준칙에 대한 법적 고찰(康鉉浩)
　　XXII-2(2)-61

命令·規則 등의 不眞正行政立法不作爲에 대한 法院의 規範統制
　　-특히 獨逸의 規範補充訴訟을 中心으로-(鄭南哲)
　　XXII-2(2)-111

行政訴訟에서 假處分 規定의 準用(河明鎬)　XXII-2(2)-169

公法上 留止請求權 實現의 法治國家的 課題(金鉉峻)
　　XXII-2(2)-209

合議制行政機關의 設置와 條例制定權(張暻源)　XXII-2(2)-245

기초 지방의회의 재의결에 대한 제소권자
　　- 주무부장관의 제소권 인정 여부를 중심으로 - (문상덕)
　　XXII-2(2)-271

지방자치단체에 대한 감독청의 직권취소의 범위와 한계(조성규)
　　XXII-2(2)-305

성소수자의 난민인정요건(崔桂暎) XXII − 2(2) − 351

出入國管理法上 外國人 保護命令 및 强制退去 規定의 問題點과
　　　그 改善方案(成重卓)　 XXII − 2(2) − 389

課稅豫告 通知 누락과 課稅處分의 節次的 違法 여부(金世鉉)
　　　XXII − 2(2) − 429

미국 연방대법원 판결례에서 본 이중배상금지의 원칙(鄭夏明)
　　　XXII − 2(2) − 473

장애를 가진 학생에 대한 특수교육과 개별화교육에 관한 판례 검토
　− 2017년 미국 Endrew사건과 Fry사건을 중심으로 (金聲培)
　　　XXII − 2(2) − 499

[特別寄稿] 行政法研究資料

行政法規(鷹松龍種 著 / 鄭夏重 解題 / 俞珍式 飜譯)　 XXI− 1 − 317

研究判例 總目次
(行政判例研究 Ⅰ ~ ⅩⅩⅦ-1)

〔대 법 원〕

1961. 3.27. 선고 4291행상45 ⅩⅩⅤ-2-155

1964. 5.26. 선고 63누142 ⅩⅩⅤ-2-155

1969. 3. 31. 선고 69다135 ⅩⅩⅥ-2-127

1970. 5.12. 선고 69누149 ⅩⅩⅤ-2-39

1977.11.22. 선고 77누195 ⅩⅩⅤ-2-277

1978. 4.25. 선고 78도246 전원합의체
ⅩⅩⅤ-2-227

1979. 2.13. 선고 78누428 전원합의체
ⅩⅩⅥ-2-92, 107

1980. 6.23. 선고 80마242 ⅩⅩⅤ-2-57

1981. 2.24. 선고 80다2518 ⅩⅩⅤ-2-17

1982. 3. 9. 선고 80누105 판결 Ⅱ-159

1983.12.27. 선고 81누366 판결 Ⅰ-127

1983.12.27. 선고 83누213 ⅩⅩⅥ-2-314

1984. 2.28. 선고 82누154 ⅩⅩⅥ-2-180

1984. 2.28. 선고 83누551 판결 Ⅰ-15

1984. 3.13. 선고 82누83 판결 Ⅰ-279

1984. 3.13. 선고 83누613 판결 Ⅱ-313

1984. 5. 9. 선고 82누332 ⅩⅩⅤ-2-271

1984. 5.29. 선고 84누175 ⅩⅩⅤ-2-273

1984. 9.11. 선고 83누658 판결 Ⅱ-149

1984.10.23. 선고 84누227 판결 Ⅰ-115

1984.11.13. 선고 84누269 판결 Ⅰ-69

1985. 5.28. 선고 81도1045 판결 Ⅱ-325

1985. 6.25. 선고 84누579 판결 Ⅰ-55

1985. 6.25. 선고 85누39 ⅩⅩⅥ-2-147

1985. 9.24. 선고 85누184 판결 Ⅰ-153

1985.12.10. 선고85누674 ⅩⅩⅤ-2-236

1986. 8.11. 고지 86두9 결정 Ⅰ-195

1987. 2.10. 선고 84누350 판결 Ⅰ-87

1987. 3.24. 선고 86누182 판결 Ⅱ-225

1987. 9.29. 선고 86누484 판결 Ⅱ-77

1987.12. 8. 선고 87누861 ⅩⅩⅥ-2-179, 191

1987.12.22. 선고 85누599 판결 Ⅰ-133

1987.12.30. 선고 87마1010 ⅩⅩⅤ-2-57

1988. 2. 9. 선고 86누579 판결 Ⅰ-45

1988. 3. 8. 선고 87누156 ⅩⅩⅥ-2-94

1988. 3.22. 선고 87누654 판결 Ⅱ-77

1988. 5.24. 선고 87누944 판결 Ⅰ-179,
　Ⅱ-77

1989. 4. 11. 선고 87누647판결 XX-2-83

1989. 6.15. 선고 88누6436 판결 Ⅰ-141

1989. 9. 12. 선고 89누2103 XXVI-2-58

1990. 2.27. 선고 89누5287 판결 Ⅰ-207

1990. 4.27. 선고 89누6808 판결 Ⅵ-147

1990. 9.25. 선고 89구4758 판결 Ⅱ-233

1990. 10.23. 선고 89누3243　XXV-2-83, 86

1991. 2.12. 선고 90누288 판결 Ⅱ-263

1991. 4.23. 선고 90도2194 판결 Ⅷ-3

1991. 5.10. 선고 91다6764 판결 Ⅱ-243

1991. 8.27. 선고 90누7920 판결 Ⅵ-147

1992. 2.11. 선고 91누4126 판결 Ⅲ-193

1992. 3.10. 선고 91누6030 XXVI-2-180

1992. 3.31. 선고 91다32053 판결 Ⅲ-121

1992. 4.24. 선고 91누5792 XXV-2-378

1992. 4.24. 선고 91누6634 판결 Ⅲ-157,
　XXVI-2-191

1992. 9.22. 선고 91누8289 판결 Ⅳ-55

1992.10.23. 선고 92누2844 XXV-2-14

1992.11.10. 선고 92누1162 판결 Ⅵ-98

1992.12.24. 선고 92두3335 판결 ⅩⅠ-315

1993. 2.12. 선고 91누12028 XXV-2-86

1993. 2.12. 선고 92누13707 판결 Ⅳ-232

1993. 5.11. 선고 93누4229 판결 Ⅳ-55

1993. 5.27. 선고 93누4854 XXV-2-236

1993. 6. 8. 선고 93다11678 판결 Ⅲ-205

1993. 8.24. 선고 92누17723 XXV-2-231

1993. 8.24. 선고 92누18054 XXVI-2-220

1993.12.21. 선고 93누21255 XXVI-2-18

1993.12.31. 선고 93다43866 판결 Ⅲ-151

1994. 1.28. 선고 93누22029 판결 Ⅳ-105

1994. 2.22. 선고 92누18603 XXVI-2-315

1994. 3. 8. 선고 92누1728 XXVI-2-102

1994. 4.12. 선고 93다11807 판결 Ⅲ-221

1994. 4.26. 선고 93추175 판결 Ⅳ-368

1994. 7.29. 선고 94다4295 XXVI-2-131

1994. 8. 9. 선고 94누3414 판결 Ⅳ-129

1994. 8.12. 선고 94누5489 XXV-2-237

1994. 9.13. 선고 94누3544 XXV-2-236

1994.10.11. 선고 94누4820 XXV-2-144

1994.10.28. 선고 92누9463 판결 Ⅳ-81

1994.11.25. 선고 94누9672 판결 Ⅳ-55

1994.12.27. 선고 94다36285 판결 Ⅷ-251

1995. 2.28. 선고 94다31419 판결 Ⅳ-46

1995. 3.30. 선고 94두57 XXV-2-53

1995. 5.26. 선고 95누3428 판결 Ⅳ-296

1995. 6.13. 선고 93누23046 판결 Ⅳ-232

1995. 6.13. 선고 94다56883 판결 Ⅱ-107

1995. 6.13. 선고 93부39 결정 Ⅳ-232

1995. 7.11. 선고 94누4615 판결 Ⅲ-351

1995. 7.12. 선고 95부15 결정 Ⅳ-232

1995. 7.14. 선고 94누9689 판결 Ⅳ-232

1995. 9.15. 선고 95누6113 XXV-2-236

1995. 9.29. 선고 95누7529 판결 V-373

1995.10.17. 선고 94누14148 판결 IV-209, XXVI-2-147

1995.11.16. 선고 95누8850 판결 IV-55

1995.12. 5. 선고 95누12347 XXVI-2-121

1996. 2.15. 선고 94다31235 판결 VII-317

1996. 2.15. 선고 95다38677 판결 IV-443

1996. 5.16. 선고 95누4810 전원합의체 XXVI-2-88, 92

1996. 5.31. 선고 95누10617 판결 IV-338

1996. 6.14. 선고 95누17823 판결 VIII-3

1996. 7.30. 선고 95누12897 판결 IV-303

1996. 9.10. 선고 95누18437 XXVI-2-85

1996. 9.20. 선고 96누6882 XXV-2-126

1996.10.11. 선고 95다56552 XXV-2-304

1996.11. 8. 선고 96다21331 XXV-2-378

1996.11.12. 선고 96누1221 판결 IV-505

1996.11.22. 선고 96다31703 XXVI-2-107

1997. 2.14. 선고 96누5926 XXVI-2-123

1997. 2.28. 선고 96누14883 XXVI-2-178

1997. 4.11. 선고 96추138 판결 IV-481

1997. 4.25. 선고 96추251 판결 IV-323

1997. 5. 7. 선고 96누2330 판결 VI-327

1997. 5.30. 선고 95다28960 판결 IV-350

1997. 2.11. 선고 95다5110 판결 V-309

1997. 6.13. 선고 96누12269 XXV-2-236

1997. 6.13. 선고 96도1703 XXVI-2-315

1997. 7.11. 선고 97다36835 판결 V-290

1997. 8.29. 선고 96누15213 판결 VI-98

1997. 9.12. 선고 97누1228 XXV-2-236

1997. 9.30. 선고 97다26210 XXV-2-431

1997. 10.14. 선고 96누9829 XXV-2-79

1998. 1. 7. 자 97두22 결정 V-258

1998. 4.23. 선고 95다36466 전원합의체 XXV-2-227

1998. 4.24. 선고 97누3286 판결 V-183

1998. 4.28. 선고 97누21086 판결 VI-127

1998. 6. 9. 선고 97누19915 판결 V-3

1998. 6. 9. 선고 97누19915 판결 VI-3

1998. 6.12. 선고 98두5118 XXV-2-266, 277

1998. 6.26. 선고 96누12030 판결 V-226

1998. 9. 4. 선고 97누19588 판결 V-135

1998. 9. 8. 선고 98두9653 XXV-2- 268, 273

1998. 9.24. 선고 987두7503 XXV-2-236

1998. 9.25. 선고 97누19564 XXV-2-236

1998.11.24. 선고 97누6216 판결 V-502

1999. 1.26. 선고 98다23850 판결 VI-238

1999. 2.23. 선고 98두14471 XXVI-2-220

1999. 5.11. 선고 98두9233 XXVI-2-132

1999. 5.25. 선고 98다53134 판결 XI-383

1999. 5.25. 선고 99두1052 판결 VI-75

1999. 5.28. 선고 97누16329 판결 V-469

1999. 8.19. 선고 98두1857 판결 V-17

1999. 8.20. 선고 97누6889 XXV-2-39, 266

1999. 9.21. 선고 97누5114 판결 V-159

1999. 9.21. 선고 98두3426 판결 V-159

1999.10.12. 선고 99두6026 판결 V-217

1999.11.15. 선고 99다27231 XXV-2-297, 298

1999.11.22. 선고 99누10766 판결 VIII-147

1999.11.23. 선고 98다11529 XXV-2-298

1999.12.20. 선고 99무42 XXV-2-53

2000. 2.11. 선고 98누7527 판결 V-87

2000. 2.25. 선고 99두10520 판결 V-33

2000. 2.25. 선고 99다54004 판결 V-356

2000. 3.23. 선고 98두2768 판결 V-107

2000. 3.23. 선고 99두11851 XXVI-2-180

2000. 4.25. 선고 98두6555 XXV-2-237

2000. 4.25. 선고 2000다348 판결 VI-222

2000. 5.12. 선고 99다18909 XXVI-2-61

2000. 5.16. 선고 98다56997 판결 VII-343

2000. 5.26. 선고 99다37382 XXV-2-313

2000. 5.30. 선고 98두20162 XXV-2-145

2000. 6.13. 선고 98두18596 판결 VI-29

2000.10.13 선고 99두3201 XXVI-2-199

2000.10.19. 선고 98두6265 판결 VII-3

2000.10.27. 선고 99두264 판결 VII-389

2000.10.27. 선고 99두264 XXV-2-126

2000.11.28. 선고 98두18473 판결 VIII-221

2000.12.22. 선고 99두10315 XXV-2-299

2000.12.22. 선고 99두11349 판결 VII-275

2001. 2. 9. 선고 98두17953 판결 VII-49

2001. 2. 9. 선고 98두17593 XXV-2-124, 244

2001. 2. 9. 선고 99다55434 XXV-2-304, 306, 309

2001. 2.15. 선고 96다42420 판결 VII-119

2001. 3. 9. 선고 99두5207 판결 VII-25

2001. 3.13. 선고 2000다20731 판결 VII-146

2001. 3.23. 선고 99두6392 판결 VII-196

2001. 3.23. 선고 2000다70972 판결 VIII-193

2001. 3.27. 선고 99두8039 XXV-2-16

2001. 4.13. 선고 2000두3337 판결 VII-81

2001. 4.24. 선고 2000다57856 XXV-2-304

2001. 4.27. 선고 95재다14 판결 VII-119

2001. 4.27. 선고 2000두9076 판결 VIII-321

2001. 5.29. 선고 99두10292 판결 X-275

2001. 6.26. 선고 99두11592 판결 X-170

2001. 6.26. 선고 99두11592 판결 XIV-101

2001. 6.29. 선고 99다56468 XXV-2-314

2001. 6.29. 선고 99두9902 판결 VII-363

2001. 6.29. 선고 2000다12303 판결 VIII-301

2001. 6.29. 선고 2001두16111 판결 X-139

2001. 8.24. 선고 2000두581 판결 IX-327

2001.11.27. 선고 2001두6746 XXV-2-381

2001.12.11. 선고 2001다33604 XXVI-2-68

2001.12.11. 선고 2001두7541 판결 VII-317

2002. 2. 5. 선고 2001두7138 판결 IX-33

2001. 4.10. 선고 2001두533 XXVI-2-121

2002. 4.12. 선고 2001두9288 판결 Ⅷ-63
2002. 5.17. 선고 2000두8912 판결 Ⅷ-123
2002. 5.24. 선고 2000두3641 XXVI-2-92
2001. 5.29. 선고 99두7432 XXVI-2-92
2002. 5.31. 선고 2000두4408 판결 Ⅸ-135
2002. 6.14. 선고 2000두4095 판결 Ⅹ-405
2002. 7.23. 선고 2000두6237 판결 Ⅸ-135
2001. 7.27. 선고 99두2970 XXVI-2-178
2002. 8.23. 선고 2002다9158 XXV-2-304
2002. 9. 4. 선고 2000다54413 판결 Ⅷ-193
2002. 9.24. 선고 2000두1713 XXVI-2-178
2002.10.11. 선고 2001두151 XXV-2-236
2003.10.23. 선고 2002두4440 XXVI-2-315
2002.10.31. 선고 2000헌가12 전원재판부
　결정 XI-217
2002.11.13. 선고 2002두6392 XXVI-2-178
2003.11.14. 선고 2001두8742 XXVI-2-95
2002.11.26. 선고 2001다44352 XXV-2-292,
　298
2002.12.11.자 2002무32 결정 Ⅸ-236
2003. 1.15. 선고 2002두2444 판결 Ⅸ-257
2003. 3.11. 선고 2001두6425 XXV-2-515
2003. 3.23. 선고 98두2768 판결 Ⅹ-308
2003. 4.11. 선고 2001두9929 판결 Ⅷ-93
2003. 4.25. 선고 2002두3201 XXV-2-231
2003. 5.30. 선고 2003다6422 판결 Ⅸ-86
　XI-151
2003. 6.27. 선고 2001다734 XXV-2-309
2003. 7.11. 선고 2002다48023 XVI-2-221
2003. 7.11. 선고 2002두48023 판결 Ⅹ-370
2003. 7.22. 선고 2002두11066 XXVI-2-180
2003. 7.22. 선고 2003두513 XXV-2-269
2003. 9.23. 선고 2001두10936 판결 Ⅹ-21
2003.10. 9.자 2003무23 결정 Ⅹ-3
2003.11.14. 선고 2002다55304 XXV-2-304
2003.11.28. 선고 2003두674 판결 Ⅹ-213
2003.12.11. 선고 2001두8827 XXV-2-233
2003.12.26. 선고 2003두1875 XXVI-2-18
2004. 1.15 선고 2003두11247 XXVI-2-143
2004. 3.12. 선고 2002다14242 XXV-2-309
2004. 3.12. 선고 2003두2205 판결 Ⅹ-233
2004. 3.25. 선고 2003두12837 판결 XI-117
2004. 4. 9. 선고 2003두12530 XXVI-2-178
2004. 4.22. 선고 2002두7735 전원합의체판
　결 Ⅹ-61
2004. 4.22. 선고 2003두9015 XXVI-2-95
2004. 7. 5. 선고 2004마460 XXV-2-54
2004. 7.22. 선고 2003두7606 XXV-2-231
2004.11.28. 선고 2004추102 판결 XI-347
2004.11.25. 선고 2004두7023 판결 XI-271
2004.11.26. 선고 2004두4482 XXV-2-229
2004.12.11. 선고 2003두12257 판결 XI-271
2005. 1.27. 선고 2003다49566 XXV-2-304
2005. 4.15. 선고 2004두10883 XXV-2-125

2005. 4.28. 선고 2004두13547 XXV-2-237

2005. 6.24. 선고 2004두10968 판결
   XV-1-273

2005. 9.15. 선고 2005두3257 XXV-2-133

2005. 9.29. 선고 2005도2554 판결 XI-243

2005.12.23. 선고 2005두3554 판결 XI-184,
   XXVI-2-145

2006. 1.26. 선고 2004두2196 판결 XII-206

2006. 3.10. 선고 2004추119 판결 XIII-3

2006. 3.16. 선고 2006두330 판결 XII-165

2006. 3.24. 선고 2004두11275 판결 XIII-29

2006. 4.28. 선고 2003두11056 XXV-2-240

2006. 5.18. 선고 2004다6207 전원합의체
   판결 XII-227

2006. 5.25. 선고 2003두11988 판결 XIII-67

2006. 6. 2. 선고 2004마1148, 1149
   XXV-2-384

2006. 6.16. 선고 2004두1445 판결 XIII-461

2006. 6.19. 선고 2006마117 XXVI-2-67

2006. 6.22. 선고 2003두1684 판결 X-107

2006. 9. 8. 선고 2003두5426 판결 XIII-155

2006. 9.22. 선고 2004두7184 판결 XII-271

2006. 9.22. 선고 2006두7430 XXVI-2-219

2006.11. 9. 선고 2006두1227 판결 XIII-186

2006.11. 9. 선고 2006두1227 XXV-2-231

2006.11.16. 선고 2003두12899 전원합의체
   판결 XIII-219

2006.12.12. 선고 2006두14001 판결 XIV-273

2006.12.22. 선고 2006두12883 XIII-257

2007. 1.11. 선고 2004두10432 XXVI-2-191

2007. 2. 8. 선고 2005두10200 판결 XII-333

2007. 3.22. 선고 2005추62 전원합의체
   판결 XIII-309

2007. 3.22. 선고 2005추62 전원합의체
   XXV-2-562

2007. 3.29. 선고 2006두17543 XXVI-2-232

2007. 4.12. 선고 2004두7924 판결 XIV-227

2007. 5.17. 선고 2006다19054 전원합의체
   판결 XIII-34, XXVI-2-105, 108

2007. 5.31. 선고 2006두8235 XXV-2-43

2007. 6.15. 선고 2004다37904, 37911
   XXV-2-304

2007. 7.12. 선고 2006두11507 판결 XIII-387

2007. 7.12. 선고 2005두17287 판결 XIV-141

2007. 7.19. 선고 2006두19297 전원합의체
   XXVI-2-12, 21

2007.10.11. 선고 2005두12404 판결 XIV-2-53

2007.10.26. 선고 2007두9884 XXV-2-388

2007.10.29. 선고 2005두4649 판결 XIV-3

2007.11.22. 선고 2002두8626 전원합의체
   판결 XVII-2-267

2007.12.13. 선고 2005다66770 XXV-2-126

2007.12.13. 선고 2006추52 판결 XIII-420

2008. 1.17. 선고 2007두11139 XXVI-2-317

2008. 1.31. 선고 2005두8269 판결
　ⅩⅤ-1-111
2008. 2.28. 선고 2007다52287 판결
　ⅩⅩⅠ-2-61
2008. 3.13. 선고 2007다29287 ⅩⅩⅤ-2-304
2008. 3.13. 선고 2007다29287, 29295(병합)
　ⅩⅢ-513
2008. 3.20 선고 2007두6342 전원합의체 -
　ⅩⅩⅥ-2-145
2008. 3.27. 선고 2006두3742, 3759 판결
　ⅩⅣ-43
2008. 4.10. 선고 2005다48994 판결 ⅩⅣ-197
2008. 5.8. 선고 2007두10488 판결 ⅩⅩⅣ-2-309
2008. 6.12. 선고 2007다64365 판결 ⅩⅣ-197
2008. 9.11. 선고 2006두7577 ⅩⅩⅤ-2-237
2008.11.13. 선고 2008두13491 ⅩⅩⅥ-2-94
2008.11.20. 선고 2007두18154 판결
　ⅩⅣ-2-123
2008.11.27. 선고 2007두24289 판결
　ⅩⅣ-2-89
2008. 5.29. 선고 2004다33469 판결
　ⅩⅣ-2-203
2008. 6.12. 선고 2006두16328 판결
　ⅩⅣ-2- 235
2008. 7.24. 선고 2007두3930 판결
　ⅩⅤ-1-36
2008. 9.18. 선고 2007두2173 판결

　ⅩⅣ-2-3
2008. 11. 13. 선고 2008두8628 판결
　ⅩⅤ-1-73
2009. 2.26. 선고 2007두13340·2008두
　5124 판결　ⅩⅤ-1-411
2009. 2.12. 선고 2005다65500 판결
　ⅩⅤ-2-271
2009. 2.12. 선고 2007두17359· ⅩⅩⅥ-2-95
2009. 3.12. 선고 2008두22662 판결
　ⅩⅣ-305
2009. 4.16. 선고 2007도6703 전원합의체
　ⅩⅩⅤ-2-43
2009. 4.23. 선고 2006다81035 ⅩⅩⅥ-2-317, 330
2009. 4.23. 선고 2008두8918 판결
　ⅩⅥ-1-3
2009. 5.21. 선고 2005두1237 전원합의체
　판결 ⅩⅥ-1-45
2009. 5.14. 선고 2006두17390 판결
　ⅩⅥ-1-343
2009. 5.28. 선고 2007두24616 판결
　ⅩⅤ-1-345
2009. 5.28. 선고 2008두16933 판결
　ⅩⅤ-1-223
2009. 6.11. 선고 2009두4487 ⅩⅩⅤ-2-237
2009. 6.18. 선고 2008두10997 전원합의
　체 판결 ⅩⅤ-2-227
2009. 6.23. 선고 2003두1684 판결

XV-2-103

2009. 6.23. 선고 2009두2672 XXV-2-308

2009. 7.23. 선고 2008두10560 판결
  XV-2-317

2009. 9.10. 선고 2009다11808 판결
  XV-1-3

2009. 9.17. 선고 2007다2428 판결
  XV-1-381

2009. 9.24. 선고 2009두2825 판결
  XVIII-2-293

2009. 9.24. 선고 2009두8946 XXV-2-231,
  236

2009. 9.24. 선고 2009추53 판결
  XV-2-357

2009. 9. 28. 선고 2009마817, 818, 819, 820,
  821 XXV-2-54

2009.10.29. 선고 2008두12092 판결
  XV-2-189

2009.11.12. 선고 2009두11706 XXV-2-266

2009.11.12. 선고 2009두12648 XXV-2-238

2009.12.10. 선고 2008두22136 XXVI-2-139

2009.12.10. 선고 2009두14606 판결
  XVI-1-187

2009.12.24. 선고 2009추121 판결
  XVI-1-309

2010. 1.28. 선고 2007다82950, 82967
  판결 XV-1-151, XV-1-189

2010. 1.28. 선고 2009두4845 판결
  XVII-1-271

2010. 1.28. 선고 2009두19137 XXV-2-136

2010. 2.11. 선고 2009두18035 판결
  XVIII-2-123

2010. 2.11. 선고 2009두18035 XXV-2-145,
  XXVI-2-219

2010. 2.25. 선고 2009두102 판결
  XVI-1-149

2010. 3.11. 선고 2009추176 판결
  XVII-1-327

2010. 4. 8. 선고 2009두17018 판결
  XVI-2-3

2010. 5.27. 선고 2009두1983 판결
  XVI-2-187

2010. 6.10. 선고 2010두2913 판결
  XVII-2-113

2010. 6.24. 선고 2010두6069,6076 판결
  XVI-2-75

2010. 6.25. 선고 2007두12514 전원합의체
  판결 XVI-2-105

2010. 7.15. 선고 2010두7031 판결
  XVI-2-41

2010. 8.19. 선고 2010다31860, 31877
  XXVI-2-107

2010. 9. 9. 선고 2008다77795 판결
  XXI-2-64

2010. 9. 9. 선고 2008두22631 판결
　XⅥ-1-107

2010. 9. 9. 선고 2008두22631 XXV-2-236

2010. 9. 9. 선고 2008다77795 판결
　XⅥ-1-271

2010.10.14. 선고 2010두13340 판결
　XⅦ-1-95

2010.10.28. 선고 2008다6755 XXⅥ-2-180

2010.11.18. 선고 2008두167 XXV-2-79, 81,
　XXⅥ-2- 51, 55, 57

2010.11.25. 선고 2007다20112 XXV-2-309

2010.11.25. 선고 2008다67828 판결
　XXI-2-66

2010.12.23. 선고 2008두13101 판결
　XⅦ-2-143

2011. 1.20. 선고 2009두13474 전원합의체
　판결 XⅦ-1-415

2011. 1.20. 선고 2010두14954 XXV-2-81

2011. 1.27. 선고 2008다30703 판결
　XⅧ-1-261

2011. 3.10. 선고 2009두23617,23624 판결
　XⅦ-1-143

2011. 3. 24 선고 2010다21962 XXⅥ-2-146

2011. 4.21. 선고 2010무111 전원합의체
　XXV-2-53

2011. 5.13. 선고 2011두1504 XXⅥ-2-325

2011. 5.13. 선고 2011두1993 XXⅥ-2-121

2011. 5.23. 선고 2011다9440 XXV-2-311

2011. 6.10. 선고 2010두28007 XXV-2-245

2011. 7.28. 선고 2005두11784 판결
　XⅦ-2-51

2011. 9.28. 선고 2000두8684 XXV-2-228

2011.10.13. 선고 2008두1832 판결
　XⅦ-1-371

2011.10.13. 선고 2008두179057 판결
　XⅦ-2-189

2011.10.27. 선고 2011두14401 판결
　XⅧ-1-159

2011. 7.28. 선고 2005두11784 XXV-2-79

2011.11.10. 선고 2010다98863, 2010다
　98870(병합) XXV-2-291, 302, 303, 304

2011.11.10. 선고 2011도11109 XXV-2-278

2011.11.24. 선고 2009두19021 판결
　XⅧ-1-89

2011.12.22 선고 2009두19021 판결
　XⅧ-1-303

2011.11.10. 선고 2009두8045 XXV-2-375

2011.11.10. 선고 2009두22942 XXV-2-54

2011.11.24. 선고 2009두19021 판결
　XIX -1-79

2012. 1.12. 선고 2010두12354 판결
　XIX -1-173

2012. 1.12. 선고 2011두24231 XXV-2-71

2012. 1.26. 선고 2009두14439 판결

XIX-1-3

2012. 2.16. 선고 2010두10907 전원합의체
판결 XVIII-1-3

2012. 2.16. 선고 2010두10907 전원합의체
판결 XX-1-123

2012. 2.23. 선고 2011두5001 판결
XVIII-1-53

2012. 3. 15. 선고 2011두27322 XXV-2-231

2012. 3.15. 선고 2011두27322 XXV-2-225

2012. 3.22. 선고 2011두6400 전원합의체
판결 XVIII-2-251

2012. 3.29. 선고 2011두23375 XXVI-2-179

2012. 4.13 선고 2009다33754 판결
XVIII-2-175

2012. 5.10. 선고 2010두11474 XXV-2-381

2012. 5.24. 선고 2012두1891 판결
XVIII-1-29

2012. 6.18. 선고 2010두27363 전원합의체
판결 XVIII-1-187

2012. 6.18. 선고 2011두18963 판결
XVIII-2-41

2012. 6.18. 선고 2011두2361 전원합의체
판결 XVIII-2-41

2012. 7. 5. 선고 2011두19239 전원합의
판결 XVIII-1-349

2012. 7.26. 선고 2012두3484 XXVI-2-121

2012. 8.17. 선고 2012다48534, 2012다

48541(병합) XXV-2- 303

2012. 9.27. 선고 2011두3541 판결
XVIII-1-127, XXVI-2-48

2012.10.25. 선고 2010두18963 판결
XVIII-2-89

2012.10.25. 선고 2010두25107 판결
XVIII-2-213

2012.11.15. 선고 2010두8676 판결
XX-1-359

2013. 1.24. 선고 2010두18918 판결
XIX-1-47

2013. 2.15. 선고 2011두21485 판결
XX-1-159

2013. 3.28. 선고 2012두690 XXVI-2-326,
328, 329

2013. 6.13. 선고 2012다40332 XXVI-2-108

2013. 9.12. 선고 2011두10584 판결
XX-1-3

2013.11.14. 선고 2010추13 판결
XIX-1-359

2013. 4.18. 선고 2010두11733 전원합의체
판결 XIX-1-219

2013.10.24. 선고 2011두13286 판결
XIX-1-173

2013.12.26. 선고 2012두18363 판결
XIX-1-107

2013. 1.31. 선고 2011두11112, 2011두

11129 판결 XIX-2-173

2013. 2.14. 선고 2012두9000 판결
  XIX-2-49

2013. 3.14. 선고 2012두6964 판결
  XIX-2-3

2013. 4.26. 선고 2011두9874 판결
  XIX-2-87

2013. 5.16. 선고 2012다202819 전원합의체
  XXⅤ-2-572

2013. 6.14. 선고 2010다9658 XXⅤ-2-299

2013. 6.27. 선고 2009추206 판결
  XIX-2-125

2013. 6.28. 선고 2011두18304 XXⅤ-2-381

2013.12.26. 선고 2011두8291 판결
  XIX-2-173

2014. 2.13. 선고 2011다38417 판결
  XXI-2-67

2014. 2.13. 선고 2013두20899 XXⅤ-2-578

2014. 2.27. 선고 2012추213 판결
  XX-1-231

2014. 4.10. 선고 2011두6998 판결
  XX-1-65

2014. 4.14. 선고 2012두1419 전원합의체
  판결 XX-2-163

2014. 4.24. 선고 2012두21437 XXⅤ-2-434

2014. 4.24. 선고 2013두10809 판결
  XX-1-201

2014. 4.24. 선고 2013두10809 XXⅤ-2-262

2014. 4.24. 선고 2013두26552 판결
  XX-2-3

2014. 5.16. 선고 2014두274 판결
  XX-2-131, XXⅥ-2-189

2014. 5.29. 선고 2013두12478 XXⅤ-2-314

2014. 7.10. 선고 2012두13795 XXⅥ-2-243

2014. 7.16. 선고 2011다76402 전원합의체
  XXⅥ-2-61

2014. 9. 4. 선고 2012두10710 판결
  XX-1-281

2014.12.24 선고 2013두21564 XXⅥ-2-200

2014.12.24. 선고 2010다83182 XXⅥ-2-52, 60

2014.12.24. 선고 2014두9349 판결
  XX-2-41

2014. 2.27. 선고 2011두7489 판결
  XXI-1-123

2014. 7.10. 선고 2012두23358 XXⅤ-2-382

2014. 7.10. 선고 2013두7025 XXⅤ-2-424,
  430, 433

2015. 1.29. 선고 2012두4746 XXⅥ-2-121

2015. 2.12. 선고 2014두13140 판결
  XXI-2-219

2015. 3.26. 선고 2012두26432 판결
  XXⅡ-1-127

2015. 3.26. 선고 2014두42742 판결
  XXⅡ-1-183

2015. 4.23. 선고 2012두26920 판결
　XXI-2-3
2015. 5.19.선고 2015두40040 XXV-2-178
2015. 6.24. 선고 2011두2170　XXV-2-44
2015. 6.25. 선고 2014다5531 전원합의체
　판결 XXI-2-149
2015. 7. 9. 선고 2015두1632 XXV-2-177
2015. 8.20. 선고 2012두23808 전원합의체
　XXVI-2-10
2015. 8.27. 선고 2015두41449 판결
　XXI-1-57
2015. 8.27. 선고 2012두7950 판결
　XXI-1-81
2015. 9.10. 선고 2013추517 판결
　XXII-1-221
2015. 9.10. 선고 2013추524 판결
　XXII-1-221
2015. 9.15. 선고 2014두557 판결
　XXII-1-263
2015.10.29. 선고 2013두27517 판결
　XXI-2-97
2015.11.19. 선고 2015두295 판결
　XXI-1-157
2015.12.10. 선고 2011두32515 XXV-2-551
2015.12.10. 선고 2012두6322 판결
　XXI-2-181
2015.12.23. 선고 2015두51804 XXV-2-177

2016. 1.28. 선고 2013두21120 XXVI-2-185
2016. 1.28. 선고 2013두21120 XXVI-2-191
2016. 2.18. 선고 2015두57161 XXV-2-177
2016. 3.24. 선고 2015두48235 판결
　XXIII-1-75
2016. 4.12. 선고 2015두60198 XXVI-2-327
2016. 4.15. 2015두52784 XXVI-2-326, 327
2016. 5.19. 선고 2009다66549 판결
　XXIII-1-309
2016. 7. 7. 선고 2016두36154 XXVI-2-327
2016. 7.14. 선고 2014두47426 판결
　XXIII-1-153
2016. 7.21. 선고 2013도850 판결
　XXIII-1-35
2016. 8.29. 선고 2014두45956 XXV-2-240
2016. 8.30. 선고 2015두60617 판결
　XXIII-1-185, XXVI-2-51, 62
2016.10.13. 선고 2016다221658 판결
　XXIII-1-219
2016.10.27. 선고 2015두41579 XXVI-2-186
2016.10.27. 선고 2015두42817 XXV-2-156,
　XXVI-2- 177
2016.10.27. 선고 2016두41811 판결
　XXII-1-71
2016.12.15. 선고 2016두47659 판결
　XXII-1-71
2017. 2. 3. 선고 2015두60075 XXVII-1-

105, 107, 108

2017.2.9. 선고 2014두43264 판결
　XXIII-2-93

2017.2.15. 선고 2015다23321 판결
　XXIII-2-249

2017. 2.15. 선고 2015다23321 XXV-2-306

2017. 3. 9. 선고 2016두59249 XXVI-2-301

2017. 3.15. 선고 2014두41190 판결
　XXIII-1-111

2017. 3.15. 선고 2016두55490 판결
　XXIII-2-353, XXVI-2-187

2017. 3.15. 선고 2016두55490 XXV-2-189

2017. 3.30. 선고 2016추5087 판결
　XXIII-1-263

2017. 4. 7. 선고 2015두50313 XXVI-2-66

2017. 4.13. 선고 2013다207941 XXVI-2-61

2017. 4.13. 선고 2014두8469 판결
　XXIII-2-211

2017. 4.28. 선고 2016두39498 판결
　XXIII-2-403

2017. 5. 30. 선고 2017두34087 판결
　XXIV-1-41

2017. 6.15. 선고 2013두2945 판결
　XXIII-2-47

2017. 6.15. 선고 2016두52378
　XXIV-1-81

2017. 6. 19. 선고 2016두30866 XXVI-2-176,

186

2017. 6.29. 선고 2014두14389 24-2-3

2017. 7.11. 선고 2013두25498 XXVI-2-221

2017. 7.11. 선고 2016두35120 XXIV-1-123

2017. 7.11. 선고 2016두35120 XXV-2-270,
　409, 424, 428

2017.10.12. 선고 2017두48956 XXV-2-156,
　XXVI-2-186

2017.10.31. 선고 2015두45045 XXVI-2-145

2017.10.31. 선고 2017두46783 XXV-2-189

2017.11.9. 선고 2017두47472 판결
　XXIII-2-169

2017.12.21. 선고 2012다74076 판결
　XXIII-2-311

2018. 1.25. 선고 2017두61799 판결 XXIV-2-36

2018. 2.28. 선고 2017두51501 XXV-2-190

2018.3.22. 선고 2012두26401전원합의체판결
　XXIV-1-277

2018. 3.22. 선고 2012두26401 전원합의체
　XXV-2-192

2018. 4.12. 선고 2017두71789 XXVI-2-188

2018. 5.15. 선고 2014두42506 판결 XXIV-2-171

2018. 6.15. 선고 2016두57564 XXIV-1-215,
　XXVI-2-191

2018. 6.28. 선고 2018두35490, 35506
　XXV-2-239

2018.7.12. 선고 2015두3485판결 24-2-337

2018.7.12. 선고 2017두48734 XXIV-1-3

2018.7.12. 선고 2017두65821 판결 XXIV-2-251

2018. 7.24. 선고 2016두48416 판결 XXV-1-41

2018. 7.24. 선고 2016두48416 XXV-2-399

2018. 7.26. 선고 2018두38932 XXVI-2-95

2018. 8.30. 선고 2017두56193 판결 XXIV-2-411

2018.10.25. 선고 2016두33537 XXVI-2-51, 55

2018.10.25. 선고 2018두43095 XXV-2-44

2018.11.29. 선고 2015두52395 XXVI-2-46

2018.11.29. 선고 2016두38792 XXIV-1-13

2018.11.29. 선고 2016두38792 XXV-2-414

2018.11.29. 선고 2017두34940 XXVI-2-46

2018.10.25. 선고 2018두44302 XXIV-2-39

2019. 1.10. 선고 2017두43319 XXV-2-111, 115, XXVI-2- 190, 191

2019. 1.17. 선고 2016두56721, 56738 XXV-2-3

2019. 1. 24. 선고 2016다26455 전원합의체 XXV-2-215

2019. 1.31. 선고 2016두52019 XXVI-2-222

2019. 2.18. 선고 2018두61611 XXVI-2-215

2019. 2.14. 선고 2017두65357 XXV-2-44

2019. 2.21. 선고 2014두12697 전원합의체 판결

2019. 2.28. 선고 2017두71031 XXV-2-94

2019. 4.11. 선고 2018두42955 XXV-2-37

2019. 5.10. 선고 2015두46987 XXVI-2-46

2019. 5.30. 선고 2016두49808 XXV-2-278

2019. 6.27. 선고 2018두49130 판결 XXV-1-209

2019. 7.11. 선고 2017두38874 판결 XXIV-2-91

2019. 7.11. 선고 2017두38874 판결 XXV-2-270

2019. 7.11. 선고 2017두38874 XXV-2-239

2019. 7.11. 선고 2017두38874 판결 XXIV-2-125

2019. 8. 9. 선고 2019두38656 XXV-2-255

2019. 8.30 선고 2019두38342, 38366 XXVI-2-198

2019. 9. 9. 선고 2018두48298 XXV-2-384

2019. 9.10. 선고 2016두49051 XXV-2-349, 383

2019.10.17. 선고 2018두104 판결 XXV-1-3

2019.10.31. 선고 2016두50907 XXV-2-99, XXVI-2-27

2019.10.31. 선고 2016두50907 XXVI-1-125

2019.10.31. 선고 2017두74320 XXV-2-213

2019.11.21. 선고 2015두49474 전원합의체 XXV-2- 167, 170

2019.11.28. 선고 2018두227 XXV-2-287

2019.12.13. 선고 2018두41907 XXV-2-191

2019.12.24. 선고 2019두45579 XXVI-2-189

2020. 2.17. 선고 2017두42149 XXV-2-349

2020. 2.20. 선고 2019두52386 전원합의체 XXVI-2-119

2020. 2.27. 선고 2016두60898 XXV-2-266, 267

2020. 2.27. 선고 2018두67152 ⅩⅩⅥ-2-20
2020. 4. 9. 선고 2019두61137 판결
　ⅩⅩⅣ2-1-241, ⅩⅩⅦ1-63
2020. 4.29. 선고 2017두31064 ⅩⅩⅤ-2-238
2020. 5.14. 선고 2018다298409 ⅩⅩⅥ-2-67
2020. 5.28. 선고 2017두66541 ⅩⅩⅥ-2-45
2020. 6.4. 선고 2015두39996　ⅩⅩⅣ-1-3,
　11, 17
2020. 6.11. 선고 2020두34384 ⅩⅩⅥ-2-184
2020. 6.25. 선고 2018두67251 ⅩⅩⅤ-2-575
2020. 7. 9. 선고 2017두39785 ⅩⅩⅥ-2-161
2020. 7.16. 선고 2019도13328 ⅩⅩⅤ-2-192
2020. 7.23. 선고 2019두31839 ⅩⅩⅤ-2-235,
　238
2020. 7.29. 선고 2017두63467 ⅩⅩⅥ-1- 201,
　205, 211, 212
2020. 9. 3. 선고 2016두32992 전원합의체
　ⅩⅩⅤ-2-69

2020. 9. 3. 선고 2016두32992　ⅩⅩⅤ-2-192,
　226
2020. 9. 3. 선고 2020두34070 ⅩⅩⅥ-2-213,
　217
2020. 7.23. 선고 2019두31839 ⅩⅩⅤ-2-246
2020.10.15. 선고 2019두45739 ⅩⅩⅤ-2-244
2020.10.15. 선고 2019두45739 ⅩⅩⅥ-1-47
2020.10.15. 선고 2020두35035 ⅩⅩⅥ-2-243
2020.10.29. 선고 2017다269152 ⅩⅩⅥ-2-79,
　83
2020.12.24. 선고 2018두45633 ⅩⅩⅥ-1-83,
　85
2020.12.29. 선고 2020두30450 ⅩⅩⅥ-2-234
2021. 2.10. 선고 2020두48031 ⅩⅩⅥ-2-88
2021. 9. 9. 선고 2019두53464 전원합의체
　ⅩⅩⅥ-2- 3, 312
2021. 9.30. 선고 2021두44357 ⅩⅩⅥ-2-217

〔서울고등법원〕

1988. 3.17. 선고 87구1175 판결 Ⅰ-79
1993. 2. 3. 선고 92구14061 판결 Ⅲ-139
1994.10.25. 선고 94구1496 판결 Ⅳ-277
1998. 1.14. 선고 97누19986 판결 Ⅳ-243
1998. 7.16. 선고 97구18402 판결 Ⅴ-435
1999. 9.29. 선고 99누1481 판결 Ⅷ-147
2000. 8.29. 선고 99나53140(병합) 판결

Ⅷ-193
2001. 3.16. 선고 2000누14087 판결 Ⅵ-55
2002.11.14. 선고 2002누914 판결 Ⅹ-213
2006. 7.14. 선고 2005누21950 판결 ⅩⅡ-165
2007.12.27. 선고 2007누8623 판결 ⅩⅦ1-371
2010.12.16. 선고 2010누19449 ⅩⅩⅥ-2-325,
　327, 328, 329

2011. 9. 9. 선고 2010누43725 XXV-2-71
2013. 6.10. 선고 2012누16291 판결
　XVⅢ-2-3
2015. 2.10. 선고 2014누5912 XXV-2-177
2015. 7.15. 선고 2014누61394 XXV-2-170
2015.11.19. 선고 2015누37442 XXV-2-177
2015.12. 9. 선고 2015누49032 XXⅥ-2-326
2016. 3.18. 선고 2015누48862 XXⅥ-2-327
2016. 7.26. 선고 2016누30929 XXV-2-350,
　383
2016.10. 5. 선고 2016누35924 XXⅥ-2-303
2017. 3.10. 선고 2016누30967 XXⅥ-2- 166
2017. 7.18. 선고 2017누41117 XXⅥ-2-307

2017. 8.23. 선고 2017나2005431 XXⅥ-2-82
2017.11.15. 선고 2017누54618 XXV-2-214
2018. 3.20. 선고 2017누77987 XXV-2-40
2018. 3.20. 선고 2017아1565 XXV-2-41
2018.10.26. 선고 2018누49477 XXⅥ-2-215
2019. 4. 3. 선고 2018누70501 XXV-2-258
2019. 9. 4 선고 2019누30487 XXⅥ-2-120
2020. 1.21. 선고 2019누59259 XXⅥ-2-216
2020. 4.23. 선고 2019누54810 XXⅥ-2-200,
　201
2020. 7.16. 선고 2019누63814 XXV-2-246
2021. 3.17. 선고 2020누47092 XXⅥ-2-169
2021. 5.27. 선고 2020누53837 XXⅥ-2-217

〔부산고등법원〕

2012. 5. 8. 선고 2011나9457, 201나9464
　(병합) XXV-2-303

2017. 3.31. 선고 2016누24236 XXV-2-352

〔대전고등법원〕

2017. 4. 6. 선고 2016누12934 XXV-2-113

〔광주고등법원〕

1997.12.26. 선고 96구3080 판결 X-308
2010.12.24. 선고 2010나5624 XXV-2-311

2016. 7.21. 선고 2015누7509 XXV-2-407
2019. 9. 5. 선고 2018누6187 XXⅥ-2-4

〔의정부지방법원〕

2015. 4. 7. 선고 2014구합1609 XXVI-2-197   2017. 9.27. 선고 2016구단6083 XXV-2-39

〔수원지방법원〕

2001. 3.21. 선고 2000구7582 판결 VII-165   2015.12. 9. 선고 2014구합61225 XXVII-2-164

〔대전지방법원〕

2016.10.12. 선고 2015구합105055 XXV-2-112

〔광주지방법원〕

2015.11.26. 선고 2015구합10773 XXV-2-406   2018.10.11. 선고 2018구합10682 XXVI-2-4

〔부산지방법원〕

2016.11.24. 선고 2015구합 22685 XXV-2-354

〔서울북부지방법원〕

2016.12.21. 선고 2016가합22251 XXVI-2-82

〔서울행정법원〕

2000. 6. 2. 선고 99두24030 판결 VI-175   2014. 9.18. 선고 2014구합9257 XXV-2-178

2001. 8.30. 선고 2001구18236 판결 VII-165   2015. 1.22. 선고 2014구합62449 XXV-2-177

2001. 3. 9. 선고 2000구32242 판결 VII-165   2015. 2. 5. 선고 2014구합64940 XXV-2-177

2003. 1.14. 선고 2003아95 판결 VIII-279   2015. 6. 5. 선고 2014구합11021 XXV-2-177

2010.11. 5. 선고 2010구합27110 XXV-2-71   2017. 2.10. 선고 2016구합71447 XXVI-2-48

2014. 8.28. 선고 2013구합28954 XXV-2-170   2017. 5.18. 선고 2016구합78271 XXV-2-214

2017.12.15. 선고 2016구합86098 XXV-2-235
2015.12.17. 선고 2015구합68796 XXV-2-383
2018. 5.25. 선고 2014구합14204 XXVI-2-215
2018.10.19. 선고 2018구단65753 XXV-2-258
2018.12.13 선고 2017구합6235 XXVI-2-120

2019. 9. 6. 선고 2019구합63843 XXVI-2-216
2020. 7.22. 선고 2019구단66302 XXV-2-259
2021.11.24. 선고 2020구단65886 XXVI-2-331

〔헌법재판소〕

1989. 7.21. 선고 89헌마28결정 Ⅰ-291
1989. 9. 8. 선고 88헌가6 결정 Ⅱ-347
1990. 9. 3. 선고 89헌마120·212 결정
　Ⅱ-367
1991. 3.11. 선고 91헌마21 결정 Ⅱ-347
1991. 5.13. 선고 89헌마21 결정 Ⅱ-55
1994. 4.28. 선고 89헌마221 전원재판부 -
　XXVI-2- 273, 281, 282, 288
1994.12.29. 선고 93헌바21 결정 Ⅶ-119
1997. 3.27. 선고 96헌바21 XXV-2-307
1997.11.27. 선고 97헌마60 XXVI-2-13
1998. 2.27. 선고 94헌바13 XXV-2-83
1998. 4.30. 선고 95헌바55 결정 Ⅵ-303
1998. 9. 30. 선고 98헌마18 전원재판부
　XXV-2-53
1999.11.25. 선고 95헌마154 XXV-2-90
1999.12.23. 선고 98헌마363 XXV-2-199
1999. 6.24. 선고 97헌마315 결정 Ⅶ-275
1999. 7.22. 선고 98헌라4 결정 Ⅴ-405
1999. 7.22. 선고 97헌바76, 98헌바

50·51· 52·54·55(병합) 결정 Ⅵ-205
2000. 2.24. 선고 97헌마13·245(병합)
　결정 Ⅵ-275
2000. 11.30. 선고 98헌바103 XXV-2-384,
　385
2001.7. 19. 선고 2000헌마546 XXVI-2-13
2003. 4. 24. 선고 99헌바110, 2000헌바46
　(병합) XXV-2-308
2003. 5.15. 선고 2003헌가9·10(병합)
　결정 Ⅸ-303
2003.10.30. 선고 2002헌가24 전원재판부
　결정 Ⅹ-92
2004. 2.26. 선고 2001헌바80·84·102·103,
　2002헌바26(병합) 전원재판부 XXV-2-44
2004.12.16. 선고 2002헌마478 XXVI-2-13
2005.12.12. 선고 2003헌바109 결정
　XⅡ-248
2007. 1.17. 선고 2005헌마1111, 2006헌마
　18(병합) 결정 XⅣ-339
2008. 1.10. 선고 2007헌마1468 전원재판부

XXVI-2- 280

2008. 5.29. 선고 2005헌라3 결정
  XV-1-303

2008.12.26, 2008헌마419 · 423 · 436
  (병합) 결정 XV-2-129

2009. 7.30. 선고 2008헌가14 결정
  XIV-2-151

2009. 9.24. 선고 2007헌바114 결정
  XVI-1-229

2009. 5.28. 선고 2008헌바18 · 32 결정
  XVII-2-227

2010. 5.4. 선고 2010헌마249 결정
  XVII -2-149

2011. 6. 30. 선고 2008헌바166, 2011헌바
  35(병합) XXV-2-424

2011. 6.30. 선고 2009헌바406 결정
  XVII-2-267

2011.12.29. 선고 2010헌바343 전원재판부
  XXV-2- 51, 58

2012. 2.23. 선고 2010헌마660결정 XXV-1-299

2012. 5.31. 선고 2009헌바123 XXVI-2-316

2012. 8.23. 선고 2009헌가27 XXV-2-182

2014. 8.28. 선고 2012헌마686결정

XX-2-209

2015. 5.28. 선고 2013헌마671 XXV-2-88, 97

2016.12.29. 선고 2013헌마142
  XXII-1-289

2017. 7.27. 선고 2016헌가9 XXVI-2-214

2017. 7.27. 선고 2016헌바374 전원재판부
  XXV-2-384

2018. 1.25. 선고 2016헌바208 XXVI-2-226,
  227

2018. 5.31. 선고 2014헌마346결정 XXV-1-337

2018. 5.31. 선고 2015헌마853결정 XXIV-2-447

2018. 6.28. 선고 2012헌마538 XXIV-1-415

2019. 2.28. 선고 2017헌마432 XXIV-1-317

2019. 2.28. 선고 2017헌바196 XXVI-2-287

2020. 3.26. 선고 2016헌바55 등(병합)
  X XVII-1-143

2020. 4.23. 선고 2018헌마551 XXV-1-271

2020. 7.16. 선고 2015헌라3 XXVI-1-165,
  193

2021. 1.28. 선고 2020헌마264 · 681(병합)
  XXVI-2-263

〔EU판례〕

유럽법원, 1987. 3.12. 판결(사건번호 178/84) XII-298

EuGH, Rs. C-286/14, ECLI:EU:C:2016:183 XXIV-2-545

CJEU, Judgement of the Court, 24 septembre 2019, C-136/17 XXV-2-523

CJEU, Judgement of the Court, 25 July 2018, C-528/16 XXV-2-529

〔독일판례〕

연방헌법재판소(Bundesverfassungsgericht) 1975.10.28. 판결(BVerfGE 40, 237) Ⅲ-57

연방헌법재판소 1998. 5. 7. 판결(BVerfGE 98, 83: 98, 106) Ⅵ-355

연방행정법원(Bundesverwaltungsgericht) 1979.12.13. 판결(BVerwGE 59, 221) Ⅳ-3

연방행정법원 1980.12. 3. 판결(BVerwGE 73, 97) Ⅰ-219

연방행정법원 1982.12. 1. 판결(BVerwGE 66, 307) Ⅱ-7

연방행정법원 1985.12.19. 판결(BVerwGE 72, 300) Ⅱ-83, Ⅱ-193

연방행정법원 2000. 3. 2. 판결 — 2C1.99- Ⅶ-407

연방행정법원 2006. 4.26. 판결 — 6C19/05 XⅣ-479

연방행정법원 2006.10.17. 판결 — 1C18/05 XⅣ-458

연방행정법원 2006.12.21. 결정 — 1C29/03 XⅣ-465

연방행정법원 2007. 7.25. 판결 — 6C27/06 XⅣ-469

연방행정법원 2007. 8 22. 결정 — 9B8/07 XⅣ-475

연방행정법원 2008. 2.21. 결정 — 4 C 13/0 XⅣ-2-321

연방행정법원 2008. 3.13. 판결 — 2 C 128/07 XⅣ-2-321

연방행정법원 2008. 4.15. 결정 — 6 PB 3/08 XⅣ-2-321

연방행정법원 2008. 4.29. 판결 — 1 WB 11/07 XⅣ-2-321

연방행정법원 2008. 6.26. 판결 — 7 C 50/07 XⅣ-2-321

연방행정법원 2009. 2.25. 판결 — 6 C 25/08 XⅤ-2-459

연방행정법원 2009. 6. 9. 판결 — 1 C 7/08 XⅤ-2-459

연방행정법원 2009. 9. 7. 결정 — 2 B 69/09 XⅤ-2-459

연방행정법원 2009.11.11. 결정 — 6 B 22/09 XⅤ-2-459

연방행정법원 2009.12.30. 결정 — 4 BN 13/09 XⅤ-2-459

연방행정법원 2010. 1.28. 판결 — 8 C 19/09 XⅥ-2-328

연방행정법원 2010. 4.29. 판결 − 5 C 4/09 und 5/09 XVI−2−343

연방행정법원 2010. 5.27. 판결 − 5 C 8/09 XVI−2−345

연방행정법원 2010. 6.3. 판결 − 9 C 3/09 XVI−2−352

연방행정법원 2010. 6.24. 판결 − 7 C 16/09 XVI−2−332

연방행정법원 2010. 6.24. 판결 − 3 C 14/09 XVI−2−335

연방행정법원 2010. 6.30. 판결 − 5 C 3.09 XVI−2−353

연방행정법원 2010. 8.19. 판결 − 2 C 5/10 und 13/10 XVI−2−350

연방행정법원 2010. 9.23. 판결 − 3 C 32.09 XVI−2−336

연방행정법원 2010. 9.29. 판결 − 5 C 20/09 XVI−2−343

연방행정법원 2010. 10.27. 판결 − 6 C 12/09, 17/09 und 21/09 XVI−2−338

연방행정법원 2010. 10.28. 판결 − 2 C 10/09, 21/09, 47/09, 52/09 und 56/09
   XVI−2−346

연방행정법원 2010. 11.4. 판결 − 2 C 16/09 XVI−2−348

연방행정법원 2010. 11.16. 판결 − 1 C 20/09 und 21/09 XVI−2−340

연방행정법원 2010. 11.18. 판결 − 4 C 10/09 XVI−2−326

연방행정법원 2010. 11.24. 판결 − 9 A 13/09 und 14/09 XVI−2−326

연방행정법원 2010. 11.24. 판결 − 8 C 13/09, 14/09 und 15/09 XVI−2−330

BVerwG, Urteile vom 13. Oktober 2011-4 A 4000.10 und 4001.10 XVII-2-593

BVerwG, Urteil vom 28. Juli 2011-7 C 7.10 XVII-2-595

BVerwG, Urteil vom 22. Juli 2011-4 CN 4.10 XVII-2-598

BVerwG, Urteil vom 23. Februar 2011-8 C 50.09 und 51.09 XVII-2-600

BVerwG, Urteile vom 17. August 2011-6 C 9.10 XVII-2-602

BVerwG, Urteile vom 31. August 2011-8 C 8.10 und 9.10 XVII-2-604

BVerwG, Urteile vom 25. August 2011-3 C 25.10, 28.10 und 9.11 XVII-2-606

BVerwG, Urteile vom 26. Mai 2011-3 C 21.10 und 22.10 XVII-2-608

BVerwG, Urteil vom 30. November 2011-6 C 20.10 XVII-2-610

BVerwG, Urteil vom 24. November 2011-7 C 12.10 XVII-2-611

BVerwG, Urteile vom 3. November 2011-7 C 3.11 und 4.11 XVII-2-613

BVerwG, Urteile vom 19. April 2011-1 C 2.10 und 16.10 XVII-2-615

BVerwG, Urteil vom 25. Oktober 2011-1 C 13.10 XVII-2-617

BVerwG, Urteil vom 1. September 2011-5 C 27.10 XVII-2-619

BVerwG, Urteile vom 3. Maz 2011-5 C 15.10 ung 16.10 XVII-2-621

BVerwG, Urteil vom 30. Juni 2011-2 C 19.10 XVII-2-622

연방행정법원 2012.1.25. 판결(BVerwG 6 C 9.11) XVIII-2-455

연방행정법원 2012.2.2. 판결(BVerwG 4 C 14. 10) XVIII-2-444

연방행정법원 2012.2.29. 판결(BVerwG 7 C 8. 11) XVIII-2-448

연방행정법원 2012.3.22. 판결(BVerwG 3 C 16. 11) XVIII-2-450

연방행정법원 2012.3.22. 판결(BVerwG 7 C 1. 11) XVIII-2-462

연방행정법원 2012.4.4. 판결(BVerwG 4 C 8.09 und 9. 09, 1. 10 - 6. 10)
    XVIII-2-464

연방행정법원 2012.5.23. 판결(BVerwG 6 C 8.11) XVIII-2-442

연방행정법원 2012.7.19. 판결(BVerwG 5 C 1. 12) XVIII-2-453

연방행정법원 2012.7.10. 판결(BVerwG 7 A 11. 11, 12. 11) XVIII-2-458

연방행정법원 2012.9.26. 판결(BVerwG 2 C 74. 10) XVIII-2-461

연방행정법원 2012.10.10. 판결(BVerwG 9 A 10. 11, 18. 11 - 20. 11) XVIII-2-466

연방행정법원 2012.10.18. 판결(BVerwG 3 C 25. 11) XVIII-2-468

연방행정법원 2012.11.28. 판결(BVerwG 8 C 21. 11) XVIII-2-45

만하임 고등행정법원 1987. 1.20. 결정(VBIBW 1987, 423=NVwZ 1987, 1101) II-23

카쎌 고등행정법원 1989.11. 6. 결정(NJW 1990, 336) I-265

BVerwG 4 C 3. 12 - Urteil vom 10. April 2013 XIX-2-343

BVerwG 8 C 10. 12, 12. 12 und 17. 12 - Urteile vom 20. Juni 2013 XIX-2-343

BVerwG 5 C 23. 12 D und 27. 12 D - Urteile vom 11. Juli 2013 XIX-2-343

BVerwG 7 A 4. 12 - Urteil vom 18. Juli 2013 XIX-2-343

BVerwG 2 C 12. 11 und 18. 12 - Urteile vom 25. Juli 2013 XIX-2-343

BVerwG 4 C 8. 12 - Urteil vom 12. September 2013 XIX-2-343

BVerwG 3. C 15. 12 - Urteil vom 19. September 2013 XIX-2-343

BVerwG 6 C 11. 13 - Urteil v. 6. April 2014 XX-2-369

BVerwG 1 C 22. 14 - Urteil vom 16. Juli. 2015 XXI-2-407

BVerwG 1 C 32.14 - Urteil vom 27. Okt. 2015 XXI-2-410

BVerwG 1 C 4.15 - Urteil vom 16. Nov. 2015 XXI-2-415

BVerwG 7 C 1.14, 2.14 - Urteile vom 25. Juni 2015 XXI-2-416

BVerwG 7 C 10.13 - Urteil vom 23. Juli 2015 XXI-2-419

BVerwG 2 C 13.14, 15.14, 18.14, 27.14, 28.14, 5.15-7.15, 12.15 - Urteile vom 17. Sep. 2015 XXI-2-422

BVerwG 1 C 3. 15 — Urteil vom Apr. 2016 XXIII-1-443/439

BVerwG 2 C 4.15 — Urteil vom 21. Apr. 2016 XXIII -1-447/439

BVerwG 2 C 11.15 — Urteil vom 11. Okt. 2016 XXIII-1-448/439

BVerwG 3.C 10.14 — Urteil vom 6. Apr. 2016 XXIII-1-450/439

BVerwG 3 C 10.15 — Urteil vom 6. Apr. 2016 XXIII-1-451/439

BVerwG 3 C 16.15 — Urteil vom 8. Sep. 2016 XXIII-1-454/439

BVerwG 4 C 6.15 und 2.16 — Urteile vom 22.Sep. 2016 XXIII-1-455/439

BVerwG 6 C 65.14 und 66.14 — Urteile vom 16. März. 2016 XXIII-1-457/439

BverwG 7 C 4.15 — Urteil vom 30. Jun. 2016 XXIII-1-458/439

BVerwG 6 A 7.14 — Urteil vom 15. Jun. 2016 XXIII-1-459/439

BVerwG 2 C 59. 16 - Urteil vom 19. April 2018 XXIV-2-581

BVerwG 9 C 2.17 - Urteil vom 21. Juni 2018 XXIV-2-581

BVerwG 9 C 5.17 - Urteil vom 6. September 2018 XXIV-2-581

BVerwG 8 CN 1.17 - Urteil vom 12. Dezember 2018 XXIV-2-581

BVerwG 5 C 9.16 - Urteil vom 9. August 2018 XXIV-2-581

BVerwG 3 C 25.16 - Urteil vom 24. Mai 2018 XXIV-2-581

BVerwG 2 WD 10. 18 - Urteil vom 5. Juni 2018 XXIV-2-581

BVerwG 3 C 19.15 - Urteil vom 2. März 2017 XXIV-2-581

BVerwG 6.C 3.16 - Urteil vom 21. Juni 2017 XXIV-2-581

BVerwG 3 C 24.15 - Urteil vom 6. April 2017 XXIV-2-581

BVerwG 6 C 45.16 und 46.16 - Urteile vom 25 Oktober 2017 XXIV-2-581

BVerfGE 35, 263(276) = NJW 1973, 1491 XXV-2-421

BVerfGE 104, 1(11) = NVwZ 2001, 1024 XXV-2-421

BVerwG, Urteil vom 6. 6. 1975 -IV C 15/73, NJW 1976, 340 XXV-2-421

BVerwG, Urteil vom 23. 3. 1973 -IV C 49/71, NJW 1973, 1518 XXV-2-423

BVerwG 3 C 24.17 - Urteil vom 4. Juli 2019 XXV-2-449

BVerfG 1 BvR 3237/13 - Beschluss vom 8. Nov. 2016 XXV-2-451

BVerwG, 11 C 48.92 - Urteile vom 16. März 1994 XXV-2-452

BVerfGE 40, 371 (377) XXV-2-452

BVerfGE 59, 275 (278) XXV-2-452

BVerwG, 3 B 12.16 - Beschluss vom 8. Februar 2017 XXV-2-452

BGH, VI ZR 92/81 - Urteil vom 25. Januar 1983 XXV-2-452

BVerfGE 59, 275 (279) XXV-2-453

BVerwG 2 C 3.18 und 4.18 - Urteile vom 24. Oktober 2019 XXV-2-455

VG Berlin vom 23. November 2016 Az: VG 80 K 25.15 OL XXV-2-455

OVG Berlin-Brandenburg vom 28. Februar 2018 Az: OVG 80 D 1.17 XXV-2-455

BVerwGE 140, 185 Rn. 21 XXV-2-456

BVerwGE 152, 228 Rn. 12 XXV-2-457

BT-Drs. 16/7076 S. 117 zum BBG XXV-2-457

BT-Drs. 16/4027 S. 34 zum BeamtStG XXV-2-457

BVerwGE 112, 19 〈26 f.〉; 147, 127 Rn. 24 XXV-2-457

BVerfG, Kammerbeschluss vom 19. Februar 2003 - 2 BvR 1413/01 XXV-2-457

BVerwG 2 C 13.14, 15.14, 18.14, 27.14, 28.14, 5.15-7.15, 12.15 - Urteile vom 17.
  Sep. 2015 XXV-2-457

BVerwG, Urteil vom 19. August 2010 - 2 C 5.10 XXV-2-458

BVerwG, 2 C 5.10 - Urteil vom 19. August 2010 XXV-2-458

BVerwGE 152, 228 Rn. 39 XXV-2-458

BVerwGE 124, 252 (258 f.) XXV-2-459

BVerwGE 46, 64 (66 f.) XXV-2-459

BVerwGE 147, 229 Rn. 21 XXV-2-459

BVerwGE 149, 117 Rn. 16 f. XXV-2-459

BVerfGK 4, 243 (257 f.) XXV-2-460

BVerwGE 146, 98 Rn. 29 XXV-2-460

BVerwG 6 A 7.18 - Urteil vom 18. Sep. 2019 XXV-2-462

BVerwG 6 A 1.17 - Urteil vom 39. Jan. 2019 XXV-2-463

BVerwG, 6 C 65.14 - Urteile vom 16. März 2016 XXV-2-464

BVerwG, 6 C 12.14 - Urteil vom 25. März 2015 XXV-2-464

BVerwGE 151, 348 Rn. 29 XXV-2-464

BVerfGE 20, 162 (174 ff.) XXV-2-464

BVerwG, 6 C 65.14 - Urteil vom 16. März 2016 XXV-2-465

BVerwG, 6 A 1.17 - Urteil vom 30. Januar 2019 XXV-2-465

BVerwG, 6 C 50.15 - Urteil vom 17. August 2016 XXV-2-465

BVerfGE 146, 1, Rn. 94 f., 109, 112 ff XXV-2-465

BVerwGE 47, 247 (253 f.) XXV-2-466

BVerwG, 7 C 22.08 - Urteil vom 29. Oktober 2009 XXV-2-467

BVerwG 6 C 18.18 - Urteil vom 30. Oktober 2019 XXV-2-467

VG Köln vom 2. September 2016 (Az: VG 19 K 3287/15) XXV-2-468

OVG Münster vom 16. Mai 2018 (Az: OVG 19 A 2001/16) XXV-2-469

BVerfGE 58, 1 (40) XXV-2-469

BVerfGE 51, 268 (284) XXV-2-470

BVerfGE 103, 142 (156 f.) XXV-2-470

BVerfGE 129, 1 (20 ff.) XXV-2-470

BVerwGE 138, 186 Rn. 42 XXV-2-470

BVerwGE 156, 75 Rn. 32 XXV-2-470

BVerwG, 6 C 17.14 - Urteile vom 14. Oktober 2015; 6 C 50.15 - Urteil vom 17. August 2016 XXV-2-470

BVerfGE 84, 34 (49 f.) XXV-2-70

BVerfGE 129, 1 (22 ff.) XXV-2-470

BVerwGE 156, 75 Rn. 32 XXV-2-470

BVerfGE 84, 34 (49 f.) XXV-2-471

BVerwGE 91, 211 (215 ff.) XXV-2-471

BVerwG 6 C 9.18 - Urteil vom 19. Juni 2019 XXV-2-472

VG Dresden vom 23. Juni 2016 (Az: VG 4 K 286/16) XXV-2-474

BVerfGE 144, 20 XXV-2- 474

OVG Bautzen vom 16. März 2018 (Az: OVG 3 A 556/17) XXV-2-474

BVerwG 3 C 13.17, 14.17, 25.17, 2. 18, 7.18 - 9.18 - Urteile vom 11. Apr 2019 XXV-2-476

VG München vom 21. November 2016(Az: VG M 26 K 15.1494) XXV-2-477

VGH München vom 25. April 2017 (Az: VGH 11 BV 17.33) XXV-2-477

BVerwG, Urteil vom 23. Oktober 2014 - 3 C 3.13 XXV-2-478

OVG Berlin-Brandenburg, Urteil vom 16. Juni 2016 - OVG 1 B 37.14 XXV-2-478

OVG Bremen, Beschluss vom 25. Februar 2016 - 1 B 9/16 XXV-2-478

BVerfG, Kammerbeschluss vom 20. Juni 2002 - 1 BvR 2062/96 XXV-2-478

BVerwG 3 C 24.15 - Urteil vom 6. Apr. 2017 XXV-2-479

BVerwG 2 C 32.18 und 33.18 - Urteile vom 26. September 2019 XXV-2-480

VG Potsdam vom 8. Dezember 2015 (Az: VG 3 K 2258/13) XXV-2-480

OVG Berlin-Brandenburg vom 5. September 2018 (Az: OVG 4 B 3.17) XXV-2-481

BVerfGE 128, 1 (42) XXV-2-482

BVerfGE 65, 1 (45) XXV-2-482

BVerfGE 139, 19 Rn. 57 XXV-2-482

BVerfG, 2 BvF 1/15 - Urteil vom 19. September 2018 XXV-2-483

BVerwG, Urteil vom 16. April 2015 - 4 CN 2.14. XXVI-2-26

BVerwGE, ZUR 2016, 120 XXVI-2-26

VGH München NJOZ 2014, 1392 Rn. 19 XXVI-2-98

OVG Berlin NVwZ-RR 1990, 195 XXVI-2-99

BVerwG NVwZ 1988, 184 XXVI-2-99

BVerwG NVwZ 2012, 1547 Rn. 39 f XXVI-2-99

Urteile vom 3. November 2020 - BVerwG 9 A 6.19, 7.19, 9.19, 11.19 - 13.19 - ХХVII-1-316

Urteil vom 14. Oktober 2020 - BVerwG 3 C 10.19 - ХХVII-1- 322

Urteil vom 5. Juni 2020 - BVerwG 5 C 3.19 D - ХХVII-1- 325

Urteil vom 8. Juli 2020 - BVerwG 7 C 19.18 - ХХVII-1- 328

Urteil vom 24. Juni 2020 - BVerwG 6 C 3.19 - ХХVII-1- 331

Urteil vom 27. Februar 2020 - BVerwG 7 C 3.19 - ХХVII-1- 334

LG Heilbronn, Urteil vom 29.4.2020(Az.: I 4 O 82/20) - ХХVII-1- 342

LG Berlin, Urteil vom 13.10.2020 (Az.: 2 O 247/20) - ХХVII-1- 343

LG Hannover, Urteil vom 9.7.2020 (Az.: 8 O 2/20) - ХХVII-1- 343

LG München I Urteil vom 1.10.2020(Az.: 12 O 5895/20) - ХХVII-1- 344

LG Hamburg, Urteil vom 4. 11. 2020(Az.: 412 HKO 83/20) - ХХVII-1- 344

LG Oldenburg, Urteil vom 14.10.2020,(Az.:13 O 2068/20) - ХХVII-1- 345

〔프랑스판례〕

국참사원(Conseil d'État) 1951. 7.28. 판결(Laruelle et Delville, Rec. 464) II-243

국참사원 1957. 3.22. 판결(Jeannier, Rec. 196) II-243

국참사원 1954. 1.29. 판결(노트르담 뒤 크레스커 학교 사건)(Institution Norte Dame du

Kreisker, Rec. 64) Ⅰ-23

헌법위원회(Conseil constitutionnel) 1971. 7.16. 결정(J. O., 1971. 7. 18., p. 7114; Recueil des decisions du Conseil constitutionnel 1971, p. 29) Ⅰ-305

관할재판소(Tribunal de conflits) 1984.11.12. 판결(Interfrost회사 對 F.I.O.M 사건) Ⅰ-239

파훼원(Cour de cassation) 1987.12.21. 판결(지질 및 광물연구소 對 로이드콘티넨탈회사 사건)(Bureau des Recherches Geologiques et Minie res(B.R.G.M.)C/S.A. Lloyd Continental) Ⅱ-55

국참사원 2005. 3.16. 판결(Ministre de l'Outre-mer c/ Gouvernement de la Polynésie française, n°265560, 10ème et 9ème sous-section réunies) XIV-505

국참사원 2006. 3.24. 판결(Société KPMG et autres, n°288460, 288465, 288474 et 28885) XIV-508

국참사원 2006. 5.31. 판결(이민자 정보와 지지단체 사건, n°273638, 27369) XIV-510

국참사원 2006. 7.10. 판결(Association pour l'interdiction des véhicule inutilement rapides, n°271835) XIV-512

국참사원 2007. 2. 8. 판결(Gardedieu, n°279522) XIV-514

국참사원 2007. 2.22. 판결(Association du personel relevant des établissement pour inadaptés, n°264541) XIV-517

국참사원 2007. 3. 9. 판결(간염예방접종 사건, n°267635 · 278665 · 283067 · 285288) XIV-520

국참사원 2007. 4. 6. 판결(코뮌 Aix-en-Provence 사건, n°284736호) XIV-525

국참사원 2007. 5. 7. 판결(수변(水邊)보호전국연합 사건, n°286103, 286132) XIV-527

국참사원 2008.10. 3. 판결(l'acte législatif et administratif, n°297931) XIV-Ⅱ-361

국참사원 2008.12.19. 판결(n°274923) XIV-2-361

국참사원 2008. 5. 6. 판결(n°315631) XIV-2-361

국참사원 2008. 6.18. 판결(n°295831) XIV-2-361

국참사원 2009. 2.13. 판결(n°317637) XV-2-495

국참사원 2009. 2.16. 판결(n°315499) XV-2-495

국참사원 2009. 3. 6. 판결(n°306084) XV－2－495

국참사원 2009. 5.15. 판결(n°322053) XV－2－495

국참사원 2009. 6. 8. 판결(n°321974) XV－2－495

국참사원 2009. 6. 8. 판결(n°32236) XV －2－495

국참사원 2009. 7.24. 판결(n°305314) XV－2－495

국참사원 2009.10.30. 판결(n°298348) XV－2－495

국참사원 2010. 2.11. 판결(프랑스 공영TV방송 야간광고폐지사건, n°324233,324407)
XVI－2－376

국참사원 2010. 4.14. 판결(연금결정사건, n°336753) XVI－2－379

국참사원 2010. 7.19. 판결(이동통신중계탑설취허가취소사건, n°328687) XVI－2－389

국참사원 2010. 10.4.판결(운전면허 벌점누적에 따른 면허취소조항 우선적 위헌
(합헌)심사(QPC)사건, n°341845) XVI－2－383

국참사원 2010. 10.4. 판결(프로축구단 서포터 해산명령 폐지소송, n°339257)
XVI－2－386

꽁세이데타 2011. 7.11. 판결(꼬뮌 Trélazé 사건, n°308544) XVII-2-474

꽁세이데타 2011. 7.19. 판결(론지역자유사상과사회행동연합 사건, n°308817) XVII-2-475

꽁세이데타 2011. 7.19. 판결(망스도시공동체 사건, n°309161) XVII-2-476

꽁세이데타 2011. 7.19. 판결(꼬뮌 Montpellier 사건, n°313518) XVII-2-477

꽁세이데타 2011. 7.19. 판결(마담 Vayssiere 사건, n°320796) XVII-2-479

꽁세이데타 2011. 2.24. 판결(축구클럽연맹사건, n°340122) XVII-2-481

꽁세이데타 2011. 2. 2. 판결(Le Ralse씨 전보조치사건, n°326768) XVII-2-482

꽁세이데타 2011. 3.16. 판결(TF1(SociétéTélévision francaise Ⅰ사건, n°334289)
XVII-2-484

꽁세이데타 2011.11.16. 판결(포룸데알지구재개발공사중기긴급가처분사건, n°353172,
n°353173) XVII-2-486

꽁세이데타 2011.12.23. 판결(시장영업시간규칙사건, n°323309) XVII-2-489

꽁세이데타 2012.6.20. 판결(R. et autres, n° 344646) XVIII－2－491

꽁세이데타 2012.7.13. 판결(Communauté de communes de Endre et Gesvres, Les Verts des Pays de la Loire et autres, association Acipa et autres, nos 347073 et 350925) XVIII-2-485

꽁세이데타 2012.7.10. 판결(SA GDF Suez et Anode, Les Verts des Pays de la Loire et autres, association Acipa et autres, nos 347073 et 350925) XVIII-2-487

꽁세이데타 2012.7.27 판결(Mme L. épouse B., n° 347114) XVIII-2-482

꽁세이데타 2012.11.26. 판결(Ademe, n° 344379) XVIII-2-489

꽁세이데타 2012.12.21 판결(Sociétés groupe Canal Plus et Vivendi Universal, n° 353856; CE, Ass., 21 décembre 2012, Sociétés group Canal Plus et Vivendi Universal, n° 362347, Société Parabole Réunion, n° 363542, Société Numericable, n° 363703) XVIII-2-477

꽁세이데타 assemblée, 12 avril 2013, *Fédération Force ouvrière énergie et mines et autres* n° 329570, 329683, 330539 et 330847. XIX-2-323

꽁세이데타 13 août 2013, *Ministre de l'intérieur c/ commune de Saint-Leu*, n° 370902. XIX-2-323

꽁세이데타 1er août 2013, *Association générale des producteurs de maïs (AGPM) et autres, n°s 358103, 358615 et 359078.* XIX-2-323

꽁세이데타 Sec. 6 décembre 2013, *M. T., no 363290.* XIX-2-323

꽁세이데타 assemblée, 12 avril 2013, *Association coordination interrégionale Stop THT et autres,* n°s 342409 et autres. XIX-2-323

꽁세이데타 16 décembre 2013, *Escota et sécurité Arcour,* n°s 369304 et 369384. XIX-2-323

꽁세이데타 CE 8 novembre 2013, *Olympique lyonnais et autres,* n°s 373129 et 373170. XIX-2-323

꽁세이데타, 15 janvier 2014, *La Poste SA,* n° 362495, A. XX-2-351

꽁세이데타, ssemblée, 4 avril 2014, *Département du Tarn-et-Garonne,* n° 358994, A. XX-2-351

꽁세이데타, assemblée, 14 février et 24 juin 2014, Mme F...I... *et autres, nos 375081, 375090, 375091.* XX-2-351

꽁세이데타, 29 décembre 2014, *Société Bouygues Télécom, no 368773.* XX-2-351

꽁세이데타, section, 28 avril 2014, *Commune de Val-d'Isère,* n° 349420. XX-2-351

꽁세이데타, section, 5 novembre 2014, *Commune de Ners et autres,* n° 379843. XX-2-351

꽁세이데타 CE, 17 juin 2015, sociééen commandite simple La Chaîe Info(LCI), n° 384826 ; CE, 17 juin 2015, sociééParis Premièe n° 385474. XXI-2-395

꽁세이데타 CE, 19 juin 2015, societe «Grands magasins de la Samaritaine-Maison Ernest Cognacq» et Ville de Paris, nos 387061, 387768. XXI-2-392

꽁세이데타 CE, 27 mars 2015, Commission nationale des comptes de campagnes et des financements politiques c/Mme C. et sociééitrice de Méiapart, n° 382083. XXI-2-394

꽁세이데타 CE, 13 mai 2015, Association de déense et d'assistance juridique des intéêets des supporters et autres, nos 389816, 389861, 389866, 389899. XXI-2-393

꽁세이데타 CE, 5 octobre 2015, Association des amis des intermittents et precaires et autres, nos 383956, 383957, 383958. XXI-2-391

꽁세이데타 CE, 9 novembre 2015, SAS Constructions metalliques de Normandie, n° 342468. XXI-2-388

꽁세이데타 CE, 9 novembre 2015, MAIF et association Centre lyrique d'Auvergne, n° 359548. XXI-2-388

꽁세이데타 CE, section, 11 decembre 2015, n° 395002. XXI-2-383

꽁세유데타, CE 5 mai 2017, req. n 388902   XXⅢ-1-469/467

꽁세유데타, CE 30 juin 2017, req. n 398445   XXⅢ-1-471/467

꽁세유데타, CE Ass. 19 juillet 2017, req. n 370321   XXⅢ-1-474/467

꽁세유데타, CE 31 juillet 2017, req. n 412125   XXⅢ-1-477/467

꽁세유데타, CE 16 octobre 2017, req. nos 408374, 408344   XXⅢ-1-479/467

꽁세유데타, CE 25 octobre 2017, req. n 392578　XXIII −1−482/467

꽁세유데타, CE 6 décembre 2017, UNAFTC, req. n°403944　XXIV−1−357

꽁세유데타, CE, avis, 26 juillet 2018, M. B..., req. n°419204　XXIV−1−367

꽁세유데타, CE, ass., 18 mai 2018, CFDT Finances req. n°414583　XXIV−1−377

Cons. Const., décision n° 2018-5581 AN du 18 mai 2018 XXV-2-499

CE, 28 février 2020, n° 429646, 431499 XXV-2-501

CE, 28 février 2020, n° 433886 XXV-2-501

Conseil d'État, "Le Conseil d'État annule partiellement les lignes directrices de la CNIL relatives aux cookies et autres traceurs de connexion", Actualités, 19 juin 2020 XXV-2-503

CE, 18 décembre 2019, n° 428811, 428812 XXV-2-509

CE, 18 décembre 2019, n° 419898, 420016, 420100 XXV-2-509

CE, 18 décembre 2019, n° 419897, 420024, 420098 XXV-2-509

Cons. const., décision n° 2019-809 QPC du 11 octobre 2019 XXV-2-521

CE, 6 décembre 2019, n° 393769 XXV-2-523

CE, 6 déc. 2019, n° 397755 XXV-2-523

CE, 6 décembre 2019, n° 397755 XXV-2-523

CE, 6 décembre 2019, n° 391000 XXV-2-523

CE, 6 décembre 2019, n° 403868 XXV-2-523

CE, 6 décembre 2019, n° 393769 XXV-2-523

CE, 6 décembre 2019, n° 401258 XXV-2-523

CE, 6 décembre 2019, n° 405910 XXV-2-523

CE, 6 décembre 2019, n° 395335 XXV-2-523

CE, 6 décembre 2019, n° 403868 XXV-2-523

CE, 6 décembre 2019, n° 429154 XXV-2-523

CE, 6 décembre 2019, n° 403868 XXV-2-523

CE, 6 décembre 2019, n° 405464 XXV-2-523

CE, 6 décembre 2019, n° 429154 XXV-2-523

CE, 6 décembre 2019, n° 391000 XXV-2-524

CE, 6 décembre 2019, n° 397755 XXV-2-524

CE, 6 décembre 2019, n° 399999 XXV-2-524

CE, 6 décembre 2019, n° 407776 XXV-2-524

CE, 6 décembre 2019, n° 423326 XXV-2-524

CE, 12 juillet 2017, n° 394254 XXV-2-524

CE, 29 octobre 2003, n° 259440 XXV-2-525

CE, réf., 9 avr. 2021, n° 450884 - XXVII-1- 281

CE, réf., 26 juin 2020, n° 441065 - XXVII-1- 283

CE, réf., 22 mai 2020, nos 440216 440317 - XXVII-1- 286

CE, réf., 22 mars 2020, n° 439674 - XXVII-1- 287

CE, réf., 15 mai 2020, n° 440211 - XXVII-1- 292

CE, réf., 15 oct. 2020, nos 444425 444916 444919 445029 445030 - XXVII-1- 294

CE, réf., 12 févr. 2021, n° 448972 - XXVII-1- 300

CE, réf., 30 avr. 2021, n° 440179 - XXVII-1- 301

CE, réf., 21 janv. 2021, nos 447878 447893 - XXVII-1- 302

〔미국판례〕

연방대법원 2000.12.12. 판결(Supreme Court of United States, No-00-949) VI-395

연방대법원 Tahoe-Sierra Preservation Council, Inc., et al. v. Tahoe Regional Planning Agency et al. 122 S. Ct. 1465(2002) VIII-349

연방대법원 National Cable & Telecommunications Association, et al. v. Brand X Internet Services. 125 S.Ct. 2688(2005) XII-137

연방대법원 Rapanos v. United States 126 S.Ct. 2208(2006) XIV－380

연방대법원 Gonzales v. Oregon126 S. Ct. 904(2006) XIV－385

연방대법원 Phillip Morris U.S.A v. Williams 127 S. Ct. 1057(2007) XIV-396

연방대법원 Exxon Shipping Co. v. Grant Baker128 S.Ct. 2605(2008) XIV-399

연방대법원 Summers v. Earth Island Inst. 129 S. Ct. 1142(Mar. 3, 2009) XIV-2-271

연방대법원 Coeur Alaska, Inc. v. Southeast Alaska Conservation Council 129 S. Ct.
   2458(Jun. 22, 2009)

연방대법원 Negusie v. Holder 129 S. Ct. 1159(Mar. 3, 2009) XIV-2-271

연방대법원 Entergy Corp. v. Riverkeeper Inc. 129 S. Ct. 1498(Apr. 1, 2009)
   XIV-2-271

연방대법원 Herring v. U.S. 129 S. Ct. 695(Jan. 14, 2009) XIV-2-271

연방대법원 Ariz. v. Johnson 129 S. Ct. 781(Jan. 26, 2009) XIV-2-271

연방대법원 Ariz. v. Gant 129 S.Ct. 1710(Apr. 21, 2009) XIV-2-271

연방대법원 Atl. Sounding Co. v. Townsend Atl. Sounding Co. v. Townsend, 129 S.
   Ct. 2561, 2579(Jun. 25, 2009) XIV-2-271

연방대법원 New Process Steel, L.P. v. NLRB, 130 S. Ct. 2635(2010) XV-2-391

연방대법원 Michigan v. Fisher, 130 S. Ct. 546(2009) XV-2-391

연방대법원 Kucana v. Holder, 130 S. Ct. 827(2010) XV-2-391

연방대법원 Hui v. Castaneda, 130 S.Ct. 1845(2010) XV-2-391

연방대법원 Stop the Beach Renourishment, Inc. v. Florida Dept. of Environmental
   Protection, 130 S.Ct. 2592(2010) XV-2-391

연방대법원 Free Enterprise Fund v. Public Company Accounting Oversight Bd., 130
   S. Ct. 3138(2010) XV-2-391

연방대법원 Mayo Foundation for Medical Education and Research v. U.S., 131 S.
   Ct. 704(2011) XVI -2-237

연방대법원 Talk America v. Michigan Bell Telephone Co., 131 S. Ct. 2254(2011)
   XVI -2-241

연방대법원 Holder v, Martinez Guitierrez, 132 S.Ct. 2011 XVII-2-423, 567

연방대법원 Judulang v, Holder, 132 S.Ct. 476 2011 XVII-2-423

연방대법원 Arizona Christian School Tuition Organization v. Winn, 131 S, Ct,
1436(2011) XVII-2-557

연방대법원 Thompson v, North American Stainless. LP, 131 S. Ct. 863(2011)
XVII-2-562

연방대법원 United States v, Home Concrete & Supply, LLC, 132 S. Ct. 1836(2012)
XVII-2-571

연방대법원 Christopher v, Smithkline Beecham Corporation, 132 S. Ct. 2156(2012)
XVII-2-574

연방대법원 Kloeckner v. Solis, 133 S. Ct. 596, 600-01 (Dec. 10, 2012) XVIII-2-373

연방대법원 United States v. Bormes, 2012 WL 5475774 (Nov.13, 2012) XVIII-2-358

연방대법원 Lefemine v. Wideman, 133 S.Ct. 9 (November 05, 2012) XVIII-2-362

연방대법원 Arkansas Game & Fish Comm'n v. United States, 133 S. Ct. 511
(Dec. 4, 2012) XVIII-2-367

연방대법원 Sebelius v. Auburn Regional Medical Center, 2013 WL 215485
(Jan. 22, 2013) XVIII-2-374

연방대법원 Los Angeles County Flood Control District v. Natural Resources Defense
Council, Inc., 133 S. Ct. 710 (Jan. 8, 2013) XVIII-2-377

연방대법원 Clapper v. Amnesty International USA, 133 S. Ct. 1138 (Feb. 26, 2013)
XVIII-2-379

연방대법원 Decker v. Northwest Environmental Defense Center, 133 S. Ct. 1326
(Mar. 20, 2013) XVIII-2-339

연방대법원 Wos v. E.M.A. ex rel. Johnson, 133 S. Ct. 1391, 1402 (Mar. 20, 2013)
XVIII-2-352

연방대법원 Millbrook v. United States, 133 S.Ct. 1441 (March 27, 2013)
XVIII-2-383

연방대법원 Hollingsworth v. Perry, 3 S.Ct. 2652 (June 26, 2013) XVIII-2-385

연방항소법원 Patricia STEPHENS v. COUNTY OF ALBEMARLE, VIRGINIA 524 F.3d

485, 486(4th Cir. 2008), cert. denied, 129 S. Ct. 404(2008) XIV-2-271

연방항소법원 Humane Society v. Locke, 626 F. 3d 1040(9th Cir. 2010)
XVI-2-245

연방항소법원 Sacora v. Thomas, 628 F. 3d 1059(9th Cir. 2010) XVI-2-251

연방항소법원 Johnson v. Astrue 628 F. 3d. 991(8th Cir. 2011) XVI-2-248

연방항소법원 General Electric Company v. Jackson, 610 F. 3d 110 (D.C.Cir. 2010),
131 S. Ct 2959(2011) XVI 2-258

연방항소법원 Arkema v. E.P.A., 618 F. 3d 1(D.C.Cir. 2010) XVI-2-255

연방항소법원 Nnebe v, Daus, 644 F, 3d 147(2d Cir. 2011) XVII-2-554

연방항소법원 American Bottom Conservancy v. U. S. Army Corps of Engineers, 650
F. 3d 652(7th Cir. 2011) XVII-2-565

연방항소법원 Electronic Privacy Information Center v. U. S. Department of Home
Land Securities, 653 F. 3d 1(D.C.Cir.2011) XVII-2-577

플로리다州대법원 2000. 12. 8. 판결(Supreme Court of Florida, No. SC00-2431)
VI-395

오하이오州대법원City of Norwood v. Horney 853 N.E.2d 1115(Ohio 2006) XIV-391

연방대법원 Scialabba v. Cuellar de Osorio, 134 S. Ct. 2191 (2014) XIX-2-229

연방대법원 U.S. v. Apel, 134 S. Ct. 1144, 186 L. Ed. 2d 75 (2014) XIX-2-229

연방대법원 Plumhoff v. Rickard, 134 S. Ct. 2012 (2014) XIX-2-229

연방대법원 lmbrook School Dist. v. Doe, 134 S. Ct. 2283 (2014) XIX-2-229

연방대법원 Utility Air Regulatory Group v. E.P.A., 134 S. Ct. 2427 (2014)
XIX-2-229

연방대법원 E.P.A. v. EME Homer City Generation, L.P., 134 S. Ct. 1584, 78 Env't.
Rep. Cas. (BNA) 1225 (2014) XIX-2-229

연방대법원 Marvin M. Brandt Revocable Trust v. U.S., 134 S. Ct. 1257, 188 L. Ed. 2d
272 (2014) XIX-2-229

연방대법원 Town of Greece, N.Y. v. Galloway, 134 S. Ct. 1811 (2014) XIX-2-229

연방대법원 U.S. v. Apel, 134 S.Ct. 1144, 1149 - 1154 (2014) XIX−2−229

연방대법원 Wood v. Moss, 134 S.Ct. 2056 (2014) XIX−2−229

연방대법원 N.L.R.B. v. Noel Canning, 134 S.Ct. 2550 (2014) XIX−2−229

연방대법원 King v. Burwell, 2015 WL 2473448 (U.S. 2015) XX−2−257

연방대법원 Perez v. Mortgage Bankers Ass'n, 135 S. Ct. 1199   XX−2−257

연방대법원 Michigan v. E.P.A., 135 S. Ct. 2699, 192 L. Ed. 2d 674 (2015)
 XX−2−257

연방대법원 Kerry v. Din, 135 S.Ct. 2128 (2015) XXI−1−211

연방대법원 Campbell−Ewald Co. v. Gomez, 136 S.Ct. 663 (2016) XXI−2−273

연방대법원 F.E.R.C. v. Electric Power Supply Ass'n, 136 S.Ct. 760 (2016)
 XXI−2−313

연방대법원 Sturgeon v. Frost, 136 S.Ct. 1061 (2016) XXI−2−307

연방대법원 Heffernan v. City of Paterson, N.J., 136 S.Ct. 1412 (2016) XXI−2−285

연방대법원 Sheriff v. Gillie, 136 S.Ct. 1594 (2016) XXI−2−268

연방대법원 Green v. Brennan, 136 S.Ct. 1769 (2016) XXI−2−290

연방대법원 U.S. Army Corps of Engineers v. Hawkes Co., Inc., 136 S.Ct. 1807 (2016)
 XXI−2−295

연방대법원 Simmons v. Himmelreich, 136 S.Ct. 1843 (2016) XXI−2−262

연방대법원 Ross v. Blake, 136 S.Ct. 1850 (2016) XXI−2−279

연방대법원 Kingdomware Technologies, Inc. v. U.S., 136 S.Ct. 1969 (2016)
 XXI−2−301

연방대법원 BNSF Ry. Co. v. Tyrrell, 137 S.Ct. 1549   XXIII−1−376/371

연방대법원 Town of Chester, N.Y. v. Laroe Estates, Inc., 137 S.Ct. 1645
 XXIII−1 - 378/371

연방대법원 Perry v. Merit Systems Protection Bd., 137 S.Ct. 1975
 XXIII−1−381/371

연방대법원 State Farm Fire and Cas. Co. v. U.S ex rel. Rigsby, 137 S.Ct. 436

XXⅢ -1-384/371

연방대법원 Coventry Health Care of Missouri, Inc. v. Nevils, 137 S. Ct. 1190, 197 L. Ed. 2d 572　XXⅢ-1-388/371

연방대법원 Trump v. Hawaii, 138 S. Ct. 2392　XXⅣ-1-398

연방대법원 Sessions v. Dimaya, 584 U.S.___　XXⅣ-1-402

연방대법원 Jennings v. Rodriguez, 583 U.S.___　XXⅣ-1-404

연방대법원 South Dakota v. Wayfair, 585 U.S.___　XXⅣ-1-406

연방대법원 Carpenter v. United States, 585 U.S.___　XXⅣ-1-412

연방대법원 Weyerhaeuser Company v. United States Fish and Wildlife Service, 586 U.S.___　XXⅣ-1-416

연방대법원 Murphy v. National Collegiate Athletic Association, 584 U.S.___　XXⅣ -1-418

연방대법원 Murphy v. National Collegiate Athletic Association, 584 U.S.___　XXⅣ-1 -419

연방대법원 Masterpiece Cakeshop v. Colorado Civil Rights Commission, 584 U.S.___　XXⅣ-1-420

연방대법원 Mount Lemmon Fire District v. Guido 585 U.S.___　XXⅣ-1-421

연방대법원 Husted v. A. Philip Randolph Institute　XXⅣ-1-422

연방 제9항소법원 Washington v. Trump, 847 F.3d 1151　XXⅣ-1-399

연방대법원 2019. 6. 21. 선고 139 S. Ct. 2162 (2019)　XXⅣ-2-517

연방대법원 Hernández v. Mesa, 140 S. Ct. 735 (2020) XXV-2-321, 322, 325

연방제1심법원 Hernández v. United States, 802 F. Supp. 2d 834, 838 (W.D. Tex. 2011) XXV-2-324

연방제5항소법원 Hernández v. United States, 757 F.3d 249, 280 (5th Cir. 2014) XXV-2-324

연방제5항소법원 Hernández v. United States, 785 F.3d 117, 119 (5th Cir. 2015) (en banc)(per curiam) XXV-2-324

연방제5항소법원 Kipps v. Caillier, 197 F.2d 765, 768(5th Cir.) XXV-2-324

연방대법원 전원합의체 Hernández v. Mesa, 137 S. Ct. 2003, 2006 (2017)(per curiam) XXV-2-324

연방대법원 전원합의체 Hernández v. Mesa, 137 S. Ct. 2003, 2007 (2017)(per curiam) XXV-2-325

연방제5항소법원 Hernández v. Mesa, 885 F. 3d 811, 823 (5th Cir, 2018)(en banc) XXV-2-325

연방제5항소법원 Hernández v. Mesa, 885 F. 3d 811, 821 (5th Cir, 2018)(en banc) XXV-2-325

연방대법원 Hernández v. Mesa, 140 S. Ct. 735, 741 (2020) XXV-2-326

연방대법원 Carlson v. Green, 446 U.S. 14 (1980) XXV-2-326, 337, 339

연방대법원 Davis v. Passman, 442 U.S. 228 (1979) XXV-2-326

연방대법원 Hernández v. Mesa, 140 S. Ct. 735, 741 (2020) XXV-2-326

연방대법원 Hernández v. Mesa, 140 S. Ct. 742 (2020) XXV-2-326

연방대법원 Hernández v. Mesa, 140 S. Ct. 744 (2020) XXV-2-326

연방대법원 Hernández v. Mesa, 140 S. Ct. 746 (2020) XXV-2-327

연방대법원 Hernández v. Mesa, 140 S. Ct. 749 (2020) XXV-2-327

연방대법원 Hernández v. Mesa, 140 S. Ct. 750 (2020) XXV-2-327, 328

연방대법원 Hernández v. Mesa, 140 S. Ct. 752 (2020) XXV-2-327

연방대법원 Hernández v. Mesa, 140 S. Ct. 756 (2020)　XXV-2-328

연방대법원 Hernández v. Mesa, 140 S. Ct. 760 (2020) XXV-2-328

연방대법원 Bivens v. Six Unknown Named Agents of Federal Bureau of Narcotics, 403 U.S. 388 (1971) XXV-2-332

연방대법원 Davis v. Passman, 442 U.S. 228, 248-249 (1979) XXV-2-334

연방대법원 Carlson v. Green, 446 U.S. 14, 16-18 (1980) XXV-2-334

연방대법원 Ashcroft v. Iqbal, 129 S. Ct. 1937 (2009) XXV-2-334

연방대법원 Ashcroft v. Iqbal, 129 S. Ct. 1949 (2009) XXV-2-335

연방대법원 Ashcroft v. Iqbal, 129 S. Ct. 1948 (2009) XXV-2-335

연방대법원 Hui v. Castaneda, 130 S. Ct. 1845 (2010) XXV-2-336

연방대법원 Ziglar v. Abbasi, 137 S. Ct. 1843 (2017) XXV-2-337, 340

연방대법원 Hernández v. Mesa, 140 S. Ct. 735 (2020) XXV-2-339

연방대법원 Carlson v. Green, 446 U.S. 14, 17-18 (1980) XXV-2-339

연방대법원 SEC. v. Cherney 332 U.S. 194(1947) XXVI-1-87

연방대법원 Morton v. Ruiz 415 U.S. 199(1974) XXVI-1-88

연방대법원 Trump v. Mzars USA, LLP, 591 U.S. (2020) - XXVI-1-245

연방대법원 Watkins v. United States, 354 U.S. 178 (1957) XXVI-1-247, 248

연방대법원 Kilbourn v. Thompson, 103 U.S. 168 (1880) XXVI-1-247

연방대법원 McGrain v. Daugherty, 273 U.S. 135 (1927) XXVI-1-248

연방대법원 Quinn v. U.S., 349 U.S. 155 (1955) XXVI-1-248

연방대법원 United States v. Nixon, 418 U.S. 683 XXVI-1-248

연방대법원 Chiafalo v. Washington, 591 U.S. (2020) XXVI-1-250, 252

연방대법원 Department of Homeland Security v. Regents of the University of California, 591 U.S. (2020) XXVI-1-257

연방대법원 Hecker v. Chaney, 470 U. S. 821 (1985) XXVI-1-259

연방대법원 Department of Homeland Security. v. Regents of University of California XXVI-1-259, 263

연방대법원 Rodriguez, 583 U.S. XXVI-1-260

연방대법원 Moda Health Plan, Inc. v. United States (2020) XXVI-1-264

연방대법원 Bostock v. Clayton County, 590 U.S. (2020) XXVI-1-265, 266

연방대법원 Financial Oversight and Management Board for Puerto Rico v. Aurelius Investment, LLC, 590 U.S. (2020) - XXVI-1-267

연방대법원 Little Sisters of the Poor Saints Peter and Paul Home v. Pennsylvania, 591 U.S. (2020) XXVI-1-269

연방대법원 Trump v. Vance, 591 U.S. (2020) XXVI-1-269

연방대법원 Roman Catholic Diocese of Brooklyn v. Cuomo, 592 U.S. ___ (2021) - X X VII-1- 192

연방대법원 Alabama Association of Realtors v. HHS, 141 S. Ct. 2485, 2488-90, 594 U.S. ___ (2021) - X X VII-1- 194

연방대법원 Van Buren v. United States, 593 U.S. ___ (2021) - X X VII-1- 198

연방대법원 Americans for Prosperity Foundation v. Bonta, 594 U.S. ___ (2021) - X X VII-1- 199

〔일본판례〕

최고재판소 1994.10.27. 판결 III-249

최고재판소 1995. 7. 7. 제2소법정판결(국도43호선상고심판결) IV-458

최고재판소 1996. 7.12. 제2소법정판결 V-333

최고재판소 1999.11.25. 판결 VI-420

최고재판소 2001.12. 18. 판결(민집 55권 7호, 1603면) VIII-168

최고재판소 2006. 1.13. 판결(判例時報1926号 17면) XIV-432

최고재판소 2006. 2. 7. 판결(判例時報1936号 63면) XIV-426

최고재판소 2006. 3. 1. 판결(判例時報1923号 11면) XIV-414

최고재판소 2006. 6.13. 판결(判例時報1935号 50면) XIV-424

최고재판소 2006. 7.14. 판결(判例時報1947号 45면) XIV-440

최고재판소 2006. 9. 4. 판결(判例時報1948号 26면) XIV-434

최고재판소 2006.10. 5. 판결(判例時報1952号 69면) XIV-446

최고재판소 2006.10.26. 판결(判例時報1953号 122면) XIV-437

최고재판소 2006.11. 2. 판결(判例時報1953号 3면) XIV-429

최고재판소 2007. 2. 6. 판결(判例時報1964号 30면) XIV-421

최고재판소 2007. 9.18. 판결(判例時報1923号 11면) XIV-417

최고재판소 2007.10.19. 판결(判例タイムズ1259号 197면) XIV-443

최고재판소 2007. 4.15. 판결(民事判例集62巻 5号 1005면) XIV-2-313

최고재판소 2007. 6. 4. 판결(判例時報2002号 3면) XIV-2-311

최고재판소 2007. 9.10. 판결(判例時報2020号 10면) XIV-2-306

최고재판소 2008.12. 7. 판결(判例時報1992号 43면) XIV-2-300

최고재판소 2008.11.14. 결정(判例時報1989号 160면) XIV-2-304

최고재판소 2009. 4.17. 判決(判例時報2055号 35면) XV-2-423

최고재판소 2009. 4.28. 判決(判例時報2045号 118면) XV-2-423

최고재판소 2009. 6. 5. 判決(判例時報2053号 41면) XV-2-423

최고재판소 2009. 7. 9. 判決(判例時報2057号 3면) XV-2-423

최고재판소 2009. 7.10. 判決(判例時報2058号 53면) XV-2-423

최고재판소 2009.10.15. 判決(判例タイムズ 1315号 68면) XV-2-423

최고재판소 2009.10.23. 判決(求償金請求事件) XV-2-423

최고재판소 2010. 3. 23. 제 3 소법정 판결(平21行ヒ) 214号) XVI-2-310

최고재판소 2010. 6. 3. 제 1 소법정판결(平21 (受) 1338号) XVII-2-289

최고재판소 2000. 7. 16. 제 2 소법정판결(平20 (行ヒ) 304号) XVI-2-304

최고재판소 2011. 6. 7. 판결(平21 (行ヒ) 91号) XVII-2-500

최고재판소 2011. 6.14. 판결(平22 (行ヒ) 124号) XVII-2-516

최고재판소 2011. 7.27. 결정(平23 (行フ) 1号) XVII-2-525

최고재판소 2011.10.14 판결(平20 (行ヒ) 67号) XVII-2-508

최고재판소 2011.12.15 판결(平22年 (行ツ) 300号, 301号, 平22年 (行ヒ) 308号)
   XVII-2-531

최고재판소 2012.2.3. 제2소법정판결(平23(行ヒ) 18号) XVIII-2-405

최고재판소 2012.2.9. 제1소법정판결(平23(行ツ) 第177号, 平23(行ツ) 第178号, 平23
   (行ヒ) 第182号) XVIII-2-412

최고재판소 2012.2.28. 제3소법정판결(平22(行ツ) 392号, 平22(行ヒ) 第416号)
   XVIII-2-397

최고재판소 2012.4.2. 제2소법정판결(平22(行ヒ) 367号) XVIII-2-397

최고재판소 2012.4.20. 제2소법정판결(平22(行ヒ) 102号) XVIII-2-423

최고재판소 2012.4.23. 제2소법정판결(平22(行ヒ) 136号)   XVⅢ-2-423

동경고등재판소 2010. 2. 18. 판결(平20(ネ) 2955号)   XVI-2-285

동경고등재판소 2011. 7. 25. 판결(平23年(行コ)99号)   XVII-2-521

동경지방재판소 1974. 7. 16. 제3 민사부판결   Ⅲ-27

神戸地法 2000. 1.31. 판결   VII-431

名古屋高裁金澤支部 2003. 1.27. 판결 X-346

岡山地裁 2006.10.15. 결정(判例時報1994号 26면) XIV-2-309

東京地裁 2007. 2.29. 판결(判例時報2013号 61면) XIV-2-308

横浜地裁 2008. 3.19. 判決(判例時報2020号 29면) XV-2-423

千葉地裁 2008. 8.21. 판결(判例時報2004号 62면) XIV-2-302

동경지방재판소 2010. 4. 16. 판결(平21(行ウ) 46号)   XVI-2-297

동경지방재판소 2010. 1.22 판결(平20(行ウ)601号, 617号, 618号, 619号)
    XVI-2-279

최고재판소 第2小法廷 平成25 (2013). 1. 11. 平成24年(行ヒ) 第279号, 判例時報 2177
    号, 35면. XIX-2-281

최고재판소 平成25(2013).4.16. 平24(行ヒ)第245号, 122면. XIX-2-281

최고재판소 平成25(2013).7.12. 平成24年(行ヒ) 第156号, 判例タイムズ 1396号, 2014.3,
    147면. XIX-2-281

최고재판소 平成25(2013).11.20. 平成25年(行ツ) 第209号, 第210号, 第211号, 判例タイ
    ムズ 1396号, 2014.3, 122면. XIX-2-281

최고재판소 第一小法廷 平成25(2013).3.21. 平成22年(行ヒ)第242号, 民集 67巻3号,
    438면, 判例タイムズ 第1391号, 2013.10, 113면. XIX-2-281

최고재판소 第一小法廷 平成25(2013).3.21. 平成23年(行ツ) 第406号, 民集67巻3号, 375면.
    XIX-2-281

최고재판소 第二小法廷 平成26(2014).7.18. 平成24年(行ヒ)第45号, 判例地方自治 386号,
    78면. XX-2-311

최고재판소 第一小法廷 平成26(2014).9.25.　平成25年(行ヒ)第35号, 民集68巻7号, 722면.
　XX-2-311

최고재판소 第二小法廷 平成26(2014).7.14. 平成24年(行ヒ)第33号, 判例タイムズ 1407号,
　52면.　XX-2-311

최고재판소 第二小法廷 平成26(2014).8.19. 平成26年(行ト)第55号, 判例タイムズ 1406号,
　50면.　XX-2-311

최고재판소 第一小法廷 平成26(2014).10.9. 平成26年(受)第771号, 判例タイムズ 1408号,
　32면.　XX-2-311

최고재판소 第一小法廷 平成26(2014).10.9. 平成23年(受)第2455号, 判例タイムズ 1408号,
　44면.　XX-2-311

최고재판소 第三小法廷 平成26(2014).5.27. 平成24年(オ)第888号, 判例タイムズ 1405号,
　83면.　XX-2-311

최고재판소 第二小法廷決定 平成27(2015).1.22. 平成26年(許)第17号 判例タイムズ1410号
　55頁. XXI-2-350

최고재판소 第二小法廷決定 平成27(2015).1.22. 平成26年(許)第26号 判例タイムズ1410号
　58頁. XXI-2-350

최고재판소 第三小法廷 平成27(2015).3.3. 平成26年(行ヒ)第225号 民集69巻2号143頁.
　XXI-2-343

최고재판소 第二小法廷　平成27(2015).3.27. 平成25年(オ)第1655号 判例タイムズ1414号
　131頁. XXI-2-356

최고재판소 第三小法廷 平成27(2015).9.8. 平成26年(行ヒ)第406号 民集69巻6号1607頁.
　XXI-2-347

최고재판소 大法廷判決 平成27(2015).12.16. 平成25年(オ)第1079号 判例タイムズ1421号
　61頁. XXI-2-367

최고재판소 大法廷判決 平成27(2015).12.16. 平成26年(オ)第1023号 判例タイムズ1421号
　84頁. XXI-2-360

최고재판소 最高裁判所第一小法廷 平成28年4月21日, 判例タイムズ1425号 122면

XXIII －1－414/407

최고재판소 最高裁判所第三小法廷 平成28年4月12日, 判例タイムズ1427号 63면

　XXIII－1－ 419/407

최고재판소 最高裁判所第二小法廷 平成28年7月15日, 判例タイムズ1430号, 121면

　XXIII－1－422/407

최고재판소 最高裁判所第一小法廷 平成28年3月10日, 判例タイムズ1426号, 26면

　XXIII－1－426/407

平成16年4月27日最高裁判所第三小法廷判決 · 平成13年(受)1760号　　XXIV－1－255

最判 1992· 10· 29 民集46巻 7号 1174頁 XXV-2-133, 157

最判 2006· 2· 7 民集 60巻 2号 401頁 XXV-2-135

長崎地判 平30. 7. 9. 判所ウェブサイト[平成27年 (行ウ) 第4号] XXV-2-548

最判 平18. 11. 2. 民集60, 9, 3249 [平成16年 (行ヒ) 第114号] XXV-2-550

最判 昭27. 1. 25. 民集6, 1, 22 [昭和25年 (オ) 第220号] XXV-2-550

最判 平元. 2. 17. 民集43, 2, 56 [昭和57年 (行ツ) 第46号] XXV-2-550

最判 令1. 7. 22. 裁時1728, 4 [平成30年 (行ヒ) 第195号] XXV-2-552

最判 令2. 2. 25. 裁時1742, 1 [平成30年 (行ヒ) 第215号] XXV-2-556

最判 令2. 3. 26. 裁時1745, 9 [令和1年 (行ヒ) 第367号] XXV-2-558

最判 平30. 10. 23. 裁時1710, 4 [平成 29 (行ヒ) 第185号] XXV-2-563

徳島地判 平27. 12. 11. 判例自治423, 42 [平成26年 (行ウ) 第11号] XXV-2-563

高松高判 平29. 1. 31. 判タ1437, 85 [平成28年 (行コ) 第4号] XXV-2-564

最判 平24. 4. 20. 民集66, 6, 2583 [平成22年 (行ヒ) 第102号] XXV-2-565

最判 平24. 4. 20. 判時2168, 45 [平成21年 (行) 第235号] XXV-2-565

最判 平24, 4, 23, 民集66, 6, 2789 [平成22年 (行ヒ) 第136号] XXV-2-565

最判 平24, 4. 20. 民集66, 6, 2583 [平成22年 (行ヒ) 第102号] XXV-2-565

最判 平24, 4, 23, 民集66, 6, 2789 [平成22年 (行ヒ) 第136号] XXV-2-565

最判 平31. 1. 17. 判所ウェブサイト [平成30年 (行ウ) 第8号] XXV-2-566

東京地判 平5. 4. 27. 判時1482, 98 [平成4年 (行ウ) 第5号] XXV-2-568

福岡高判 平31. 3. 7. 判所ウェブサイト [平成 30年 (ネ) 第70号] XXV-2-570

福岡高判 平16. 5. 24. 判時1875, 62 [平成14年 (ネ) 第511号] XXV-2-571

新潟地判 平16. 3. 26. 訟月50, 12, 3444 [平成11年 (ワ) 第543号] XXV-2-571

東京高判 平17. 7. 19 訟月53, 1, 138 [平成14年 (ネ) 第4815号] XXV-2-571

長野地判 平18. 3. 10. 判時1931, 109 [平成9年 (ワ) 第352号] XXV-2-571

東京高判 平19. 3. 13. 訟月53, 8, 2251 [平成15年 (ネ) 第3248号] XXV-2-571

東京地判 平15. 9. 29. 判時1843, 90 [平成8年 (ワ) 第24230号] XXV-2-571

神戸地判 令1. 10. 8. 判例集未登載 [平成29年 (ワ) 第1051号] XXV-2-573

東京高判 平19. 5. 31 判時1982, 48 [平成18年 (行コ) 第267号] XXV-2-574

東京地判 平30. 9. 19. 判例タイムズ1477, 147 [平29年 (ワ) 第21485号] XXV-2-576

東京高判 平31. 3. 20. [平成30年 (ネ) 第4640号] XXV-2-576

最決 令1. 9. 25. [令1年 (オ) 第1057号] XXV-2-576

最判 平25. 12. 10. 判時 2211, 3 [平24年 (受) 第1311号] XXV-2-2-576, 577

最判 平30. 7. 19. 裁判所ウェブサイト [平成28年 (受) 第563号] XXV-2-578

最判 平23. 6. 6. [平成22年 (オ) 第951号] XXV-2-579

最判 平23. 5. 30. 判時 2123, 2 [平成22年 (行ツ) 第54号] XXV-2-579

最判 平24. 1. 16. 判時2147, 127 [平成23年 (行ツ) 第263号] XXV-2-579

최고재판소 2021년 6월 4일(最高裁判所第二小法廷 令和3年6月4日判決, 令和2年(行ヒ)第133号) - ⅩⅩⅦ-1－212

최고재판소 2020년 6월 30일(最高裁判所第三小法廷令和2年6月30日判決, 令和2年(行ヒ)第68号) - ⅩⅩⅦ-1－216

최고재판소 2021년 5월 14일(最高裁判所第二小法廷令和3年5月14日判決, 令和2年(行ヒ)第238号) - ⅩⅩⅦ-1－219

최고재판소 2020년 11월 25일(最高裁判所大法廷令和2年11月25日判決, 平成30年(行ヒ)第417号) - ⅩⅩⅦ-1－222

최고재판소 2020년 7월 14일(最高裁判所第三小法廷令和2年7月14日判決, 平成31年(行ヒ)第40号) - ⅩⅩⅦ-1－225

최고재판소 2021년 6월 15일 판결(最高裁判所第三小法廷 令和3年6月15日 判決, 令和2年(行ヒ)第102号) - ⅩⅩⅦ-1 – 229

오사카지방재판소 2021년 2월 22일(大阪地方裁判所令和3年2月22日判決, 平成26年(行ウ)第288号, 平成28年(行ウ)第47号) - ⅩⅩⅦ-1 - 232

센다이고등재판소 2020년 3월 12일(仙台高等裁判所令和2年3月12日判決, 令和2年(ネ)第164号) - ⅩⅩⅦ-1 - 236

센다이고등재판소 2020년 9월 30일(仙台高等裁判所令和2年9月30日判決, 平成29年(ネ)第373号, 令和2年(ネ)第56号, 令和2年(ネ)第62号) - ⅩⅩⅦ-1 - 238

센다이지방재판소 2020년 10월 28일(仙台地方裁判所令和2年10月28日判決, 平成29年(ワ)第1175号) - ⅩⅩⅦ-1 – 239

行政判例研究 XXVII-1

2022년 6월 25일　초판인쇄
2022년 6월 30일　초판발행

편저자　사단법인 한국행정판례연구회
　　　　대　표　박　정　훈

발행인　안종만·안상준

발행처　(주)박영사

　　　　서울특별시 금천구 가산디지털2로 53, 210호
　　　　(가산동, 한라시그마밸리)
　　　　전화　(733) 6771　FAX (736) 4818
　　　　등록　1959. 3. 11.　제300-1959-1호(倫)

편저자와
협의하여
인 지 를
생 략 함

www.pybook.co.kr　e-mail: pys@pybook.co.kr

파본은 구입하신 곳에서 교환해 드립니다. 본서의 무단복제행위를 금합니다.
정 가　46,000원

ISBN 979-11-303-4299-3
ISBN 978-89-6454-600-0(세트)
ISSN 1599-7413　40